افکارِ تازہ

عارف محمود کسانہ

ISBN 978-91-639-0546-9

کتاب	:	افکارِ تازہ
مصنف	:	عارف محمود کسانہ
رابطہ مصنف	:	arifkisana@gmail.com
		http://www.afkaretaza.com/
سالِ اشاعت	:	فروری 2016ء
پبلشر	:	نیشنل انسٹی ٹیوٹ آف کشمیر سٹڈیز (نِکس) میرپور
کمپوزنگ	:	عدیل ساجد
سرِورق	:	کاشر سعید
پروف ریڈنگ	:	توصیف احمد ، نہدیہ مدثر
تعداد	:	1000
قیمت	:	15 ڈالر

Kisana Books

Trollvägen 20, 63191 Sollentuna

SWEDEN

بیشک اللہ کے نزدیک جانداروں میں بدترین مخلوق وہ ہیں جو بہرے اور گونگے بنے رہتے ہیں اور عقل و فکر سے کام نہیں لیتے

(سورۃ الانفال آیت ۲۲)

کیا آپ یہ خیال کرتے ہیں کہ ان میں سے اکثر لوگ سنتے یا سمجھتے ہیں؟ (نہیں) وہ تو چوپایوں کی مانند ہیں بلکہ ان سے بھی بدتر گمراہ ہیں۔

(سورۃ الفرقان آیت ۴۴)

جہانِ تازہ کی افکارِ تازہ سے ہے نمود!
کہ سنگ و خشت سے ہوتے نہیں جہاں پیدا

(علامہ محمد اقبال)

انتساب

اپنے

والدین، اساتذہ، دوستوں

اور

اُن شخصیات

کے

نام

جن کی تعلیم و تربیت، صحبت اور افکار میرے لیے مشعلِ راہ ہیں

عارف محمود کسانہ

فہرست

ا	ابتدائیہ	محمد شریف بقا	9
ب	حرفِ تحسین	غلام صابر	12
ج	حرفِ آغاز	ڈاکٹر غلام حسین	14
د	دیباچہ	عارف محمود کسانہ	19
1	اقلیتوں کا تحفظ ـ ہماری دینی ذمہ داری		22
2	عورت کا اصل مسئلہ		27
3	عورت اپنے خالق کی نظر میں		31
4	بھارت سے دوستی اور امن کی خواہش		36
5	سوشل میڈیا اور غلط معلومات کا فروغ		39
6	یہ ہے جمہوریت کی اصل روح		43
7	بیرونِ ملک کے سرکاری دورے		47
8	ہر شخص وہاں لٹیرا ہے		51
9	تخلیقِ کائنات کی عقدہ کشائی، بگ بینگ اور قرآن		55
10	تخلیقِ کائنات، بگ بینگ اور قرآن		58
11	معمارِ حرم کا پیامِ انقلاب		61
12	جموں ۳۰ کلومیٹر		65

13	جشنِ مسرت	69
14	جہاد اور فساد	73
15	علامہ اقبال اور میاں محمد بخشؒ	77
16	کیا اقبال محض ایک شاعر تھے	81
17	پاکستانی عوام کی حالت کیوں نہیں بدلتی	84
18	مستقبل سکول سے شروع ہوتا ہے	88
19	اسٹریس ۔ ذہنی دباؤ آپ کا مقدر کیوں ہو؟	91
20	میرا پیمبر عظیم تر ہے	95
21	حضورﷺ اہلِ یورپ کے لیے بھی رحمت	100
22	مکالمہ کی ضرورت	105
23	دہشت گردی کے خلاف فکری جہاد	109
24	اسلام کیا ہے؟	112
25	پاکستان، سویڈن سے بہت کچھ سیکھ سکتا تھا	119
26	جینیاتی سائنس کی حیرت انگیز دنیا	123
27	تو باقی نہیں ہے	127
28	وہی ذبح بھی کرے ہے، وہی لے ثواب الٹا	130
29	چانکیہ کے پیروکار	133
30	اقبال اور داگ ہمارشولد	137
31	بابِ کشمیر	140
32	چونڈہ تو آباد رہے گا	145
33	ایک اور پاکستان کی بنیاد	148
34	شہادتِ امام حسینؓ اور علامہ اقبال	150

35	آزادیٔ صحافت اور میڈیا کا کردار	154
36	سیالکوٹ تو زندہ رہے گا	157
37	حرمتِ قلم اور ہمارے اہلِ قلم	160
38	خصوصی افراد کے ساتھ ہمارا رو	163
39	لوگوں کی مشکلات کم کیوں نہیں کرتے	167
40	اقبال کا پیغامِ عمل	170
41	چھوڑیں دوسروں کے گلے شکوے اور اپنے رب سے تعلق قائم کریں	174
42	حقوقِ نسواں اور قرآنِ حکیم	177
43	ختمِ نبوت ۔ انسانیت پر احسانِ عظیم	181
44	راہبروں کے ضمیر	184
45	مسلمانوں کی پستی : وجوہات اور حل	187
46	قرآن فہمی اور نوجوان نسل کی مشکلات	191
47	ہماری دعائیں کیوں قبول نہیں ہوتیں؟	197
48	دورِ حاضر کے خضرِ راہ	202
49	قرآن، سائنس اور وجودِ باری تعالیٰ	207
50	اُمتِ مسلمہ میں زوالِ علم و حکمت	213
51	تلاش	217
52	اقبال اور جناح کا تصورِ پاکستان	221
53	اقبال، اجتہاد اور عصرِ حاضر	227
54	ہمارے بارے میں خدائی فیصلہ	232
55	قیامت موجود	237
56	نقاشِ پاکستان کا تصورِ پاکستان	240

244	57	اسلام اور سیکولرازم کی بحث
248	58	امورِ مملکت اور قرآن
252	59	نظریہ پاکستان سے پاکستانی قوم تک
257	60	عوام خود ذمہ دار ہیں
261	61	نسل انسانی کی بقا خطرے میں
265	62	صرف تعلیم نہیں بلکہ تربیت بھی

ابتدائیہ

یہ ایک تسلیم شدہ حقیقت ہے کہ انسان کو ہر دور میں اپنی زندگی گزارنے کے لئے کسی ضابطۂ حیات کی ضرورت رہی ہے۔ اس بات سے انکار نہیں کیا جاسکتا کہ انسانوں کے بنائے ہوئے سارے اصول اور قوانین ان کی ہدایت اور فلاح کے لئے مکمل اطمینانِ قلب و جان کا سامان مہیا نہ کر سکے۔ خدائے رحیم و کریم نے ان کی مکمل اور دائمی ہدایت کے لئے انبیائے کرام علیہم السلام کا سلسلہ شروع کیا جو ہادیِ اعظم حضرت محمد صلی اللہ علیہ وسلم کی نبوت و رسالت پر اختتام پذیر ہوا۔ خوش قسمت ہیں وہ لوگ جو خالقِ کائنات کی آخری منزل من اللہ تعالٰی کتاب یعنی ''قرآنِ حکیم'' کی ہدایت و روشنی کو صدقِ دل سے پھیلانے میں شب و روز مصروف ہیں۔ ڈاکٹر عارف محمود کسانہ صاحب بھی سویڈن میں رہتے ہوئے اس نیک اور انسانیت ساز مشن کو بڑی باقاعدگی سے جاری رکھے ہوئے ہیں وہ ہر ماہ ''سٹاک ہوم سٹڈی سرکل'' کے زیرِ اہتمام درسِ قرآن کی نشست منعقد کرتے ہیں جس میں ہر شعبۂ حیات سے تعلق رکھنے والے حضرات شریک ہو کر قرآنی بصیرت سے فیض یاب ہوتے ہیں۔ انہوں نے اپنی رہائش گاہ پر ایسی پر روح تقریب کا آغاز نومبر ۲۰۰۷ء میں کیا تھا۔ بفضل خدا وہ اب بھی جاری و ساری ہے۔ خدا تعالٰی سے دعا ہے کہ وہ ان کی مساعیِ جمیلہ کو بار آور کرے اور انہیں یہ نیک کام جاری رکھنے کی مزید توفیق دے۔

ایں دُعا از من و از جملہ جہاں آمین باد

عارف محمود کسانہ ایک بے حد ذہین، محنتی، روشن دماغ اور پر خلوص انسان ہیں۔ ان کی رائے میں قرآنِ مجید اور فرقانِ حمید ایک ایسی لاجواب کتابِ ہدایت ہے جو لا زوال حقائق و معارف کا انمول خزینہ بھی ہے اور انسانی زندگی کے جملہ مسائل کا تسلی بخش حل بھی ہے۔ اگر انسان صدقِ دل سے اس کا مطالعہ کرے تو اسے پتا چلے گا کہ یہ کتاب زندہ ہے، ہمارے عصری مسائل کی عقدہ کشائی بھی کر سکتی ہے، بقولِ اقبالؒ :

آں کتاب زندہ قرآنِ حکیم

حکمت اُو لازوال است و قدیم

حرفِ او لا ریب نے، تبدیل نے

آیہ اش شرمندۂ تاویل نے

محترم کسانہ صاحب کا تعلیمی پس منظر بھی دلچسپی سے خالی نہیں۔ نصابی تعلیم کے ساتھ ساتھ وہ اپنے کالج میں انعقاد پذیر مباحثوں اور تقریری مقابلوں میں بھی بڑھ چڑھ کر حصہ لیتے رہے اور اکثر مواقع پر انہیں بہترین کارکردگی کی بنا پر مختلف انعامات سے نوازا گیا۔ مرے کالج سیالکوٹ اور زرعی یونیورسٹی فیصل آباد میں ان کا جو سلسلہ تحریر و تقریر شروع ہوا تھا وہ سویڈن میں مزید تقویت کا باعث ہوا۔ پیشہ کے لحاظ سے وہ میڈیکل ریسرچ میں ہیں۔ لکھنا پڑھنا ان کا محبوب مشغلہ بن گیا ہے اس لئے وہ کئی سالوں سے مختلف اخبارات و رسائل میں اپنے رشحاتِ قلم سے اپنے قارئین کرام کے قلب و ذہن کو متاثر کر رہے ہیں، ان کی تحریریں متعدد اخبارات و رسائل کے صفحات کی زینت بن رہی ہیں۔ روزنامہ ''جنگ'' لندن'' میں ان کی سویڈن کی ڈائری کافی شہرت پا چکی ہے۔ آج کل وہ روزنامہ ''اوصاف'' (لندن) کے لئے سویڈن میں بیورو چیف کی حیثیت سے کام کر رہے ہیں۔ اس اخبار میں ان کا ہفتہ وار کالم ''افکارِ تازہ'' شائع ہو رہا ہے۔ علاوہ ازیں آن لائن اور اخبارات و جرائد کے ذریعے اپنے افکار و نظریات کی اشاعت بھی کر رہے ہیں۔

اللہ کرے زورِ قلم اور زیادہ

یہ امر باعثِ صد افسوس ہے کہ ہمارے اکثر اہلِ علم و ادب نے ہماری نئی نسل خصوصاً یورپ اور امریکہ وغیرہ میں مقیم بچوں اور بچیوں کے بارے میں بہت کم کتب تصنیف یا مرتب کی ہیں۔ اگر ہم چاہتے ہیں کہ ہماری نژادِ نو ہماری ملی روایات اور تاریخ و علم سے گہرا تعلق قائم رکھے تو پھر ہمیں اپنے نوجوانوں اور نئی نسل کو اپنے علمی و ادبی ذخائر سے واقف رکھنا ہوگا۔ یہ بات وجہ مسرت و انبساط ہے کہ محترم عارف کسانہ نے علمی انکشافات کی روشنی میں اسلامی تاریخ سے متعلق کہانیاں اور قرآنی تعلیمات پر مبنی مختصر مگر دلچسپ انداز میں مضامین لکھے ہیں۔ ان کی یہ کاوش یقیناً قابلِ ستائش اور لائقِ تقلید ہے۔

امید ہے ان کی یہ سعیٔ بلیغ بفضل خدا بار آور ہوگی۔ علامہ اقبالؒ کے درجِ ذیل اشعار ان کی دِلی آرزو کے آئینہ دار ہیں۔ ؎

خدایا ! آرزو میری یہی ہے
میرا نورِ بصیرت عام کر دے

محمد شریف بقا
صدرِ مجلس اقبال لندن، برطانیہ۔ 2016ء

حرفِ تحسین

عارف کسانہ، علامہ اقبال سے محبت کرنے والا انسان ہے اور اُس کے دل میں اپنی قوم سے کتنی محبت ہے یہ مجھے اُس وقت معلوم ہوا جب میں نے ۲۰۰۸ء میں انہیں یومِ اقبال کے موقع پر مدعو کیا تھا۔ اُس محفل میں وہ ہمارے مہمان خصوصی تھے۔ میری اُن سے یادﷲ البتہ بہت پہلے سے تھی لیکن اُس دن مجھے معلوم ہوا کہ اُن کا دل انسانیت کی ہمدردی اور دین کی محبت سے سرشار ہے۔ یومِ اقبال کی اس تقریب میں انہوں نے اپنے حسنِ بیان سے سامعین کے دلوں کو گرما دیا تھا۔ وہ اپنی بیگم کے ہمراہ میرے غریب خانہ پر بھی تشریف لائے تھے۔ یہ ایک تقریب بہر ملاقات تھی۔ اُس وقت تک وہ روزنامہ جنگ لندن اور دیگر اخبارات میں اپنے مضامین، قومی معاملات اور علامہ اقبال کے حوالے سے لکھا کرتے تھے جو کہ بعد میں انہوں نے باقاعدہ طور پر افکارِ تازہ کے عنوان سے لکھنا شروع کر دیا ہے۔ اُن کا یہ ہفت روزہ کالم بہت سے اخبارات و جرائد میں شائع ہو رہا ہے۔ انہوں نے اپنے سلسلہ مضامین کا عنوان علامہ اقبال کے اس شعر سے لیا ہے۔

جہانِ تازہ کی افکارِ تازہ سے ہے نمود !

کہ سنگ و خشت سے ہوتے نہیں جہاں پیدا

عارف کسانہ اپنے انہی ہفتہ وار کالموں کا مجموعہ ایک کتاب کی شکل میں پیش کر رہے ہیں جو کہ ان کے اہم مضامین پر مبنی ہے۔ ان میں سے بیشتر اقبالیات، پاکستان، پاکستانی قوم کے مسائل، کشمیر اور اُمتِ مسلمہ سے متعلق اُن کا اظہارِ خیال ہے۔ اس کے علاوہ اکثر وہ سائنسی معلومات اور انکشافات کو اسلامی نقطہ نظر سے قرآن پاک کے حوالے سے انتہائی مدلّل اور پُراثر انداز میں پیش کرتے ہیں مثلاً اپنے ایک کالم میں انہوں نے تاریخِ کائنات اور سائنس کی بگ بینگ تھیوری سے متعلق وضاحت کی کہ یہ پیش گوئی اور تخلیقِ کائنات کی تفصیل قرآن حکیم نے ابتداء میں ہی بیان کر دی تھی جسے سائنس اب دریافت کر رہی ہے۔ سورہ القمر کی آیت ۵۰ میں باری تعالٰی نے فرمایا ہے کہ ہمارا حکم تو آنکھ

جھکنے کی طرح ایک بات ہوتی ہے۔ بِگ بینگ تھیوری بھی یہی کہتی ہے کہ یہ سب ایک سیکنڈ سے بھی بہت ہی کم وقت میں ہوا۔

مجھے امید ہے کہ عارف کسانہ کی یہ کتاب ایک عام فہم اردو دان اور ایک ادیب کے لیے یکساں طور پر دلچسپ ثابت ہوگی۔

غلام صابر

چیئرمین اقبال اکیڈمی اسکینڈے نیویا

کوپن ہیگن ۔ ڈنمارک

حرفِ آغاز

سیالکوٹ ہمارا مردم خیز ضلع ہے جہاں اس نے ہمیں علامہ اقبالؒ اور فیض احمد فیض جیسی نابغہ روزگار عظیم شخصیات عطا کیں ۔ وہاں سویڈن میں پاکستانی کمیونٹی کو سیالکوٹ کے ڈاکٹر عارف محمود کسانہ حاصل ہوئے انہوں نے پاکستان سے اعلیٰ تعلیم حاصل کرنے کے بعد سائنس کی اعلیٰ تعلیم اور میڈیکل ریسرچ میں کام کرنے کے ساتھ Genetics and Embryology میں مزید تعلیم سویڈن سے حاصل کی ہے ۔ فہم قرآن میں بھی گہری نظر رکھتے ہیں ۔ لکھنے پڑھنے کی مہارت رکھتے ہیں اور مختلف اخباروں میں ان کے مضمون شوق سے پڑھے جاتے ہیں ۔ سٹاک ہوم شہر میں پاکستانیوں کے ہر دلعزیز مرنجان مرنج شخصیت ہیں اور سماجی کاموں میں بڑھ چڑھ کر حصہ لیتے ہیں ۔ قرآن فہمی میں ان کا علم و فضل کافی عمیق ہے اور پُر تحقیق ہے ۔ کافی سالوں سے وہ اپنے گھر میں ماہانہ محفل قرآن با قاعدگی سے منعقد کرتے ہیں جس میں موضوع پہلے دیا جاتا ہے اور اس موضوع کو قرآنی حوالوں سے بیان کرتے ہیں ۔ اس دینی محفل میں پڑھے لکھے پاکستانی شوق سے شرکت کرتے ہیں ۔

محفل کا آغاز ڈاکٹر صاحب قرآنی آیات اور تفسیر کے ذریعے TV سکرین پر کمپیوٹر کے ذریعے بیان کرتے ہیں اور دوستوں کے سوالوں کے جواب دیتے ہیں اور پھر سب حاضرین باری باری موضوع پر اپنے خیالات کا اظہار کرتے ہیں اور بہت اچھے ماحول میں دو گھنٹے کی محفل میں ایمان تازہ کرنے اور قرآن فہمی کا موقع ملتا ہے ۔ مجلس کے اختتام پر High Tea سے مہمانوں کی تواضع کی جاتی ہے اور اس کی تفصیل web site پر بھی upload کی جاتی ہے تا کہ عوام الناس اس سے فیضیاب ہو سکیں ۔ محفل میں جو دوست با قاعدگی سے شمولیت کرتے ہیں وہ خود بھی صاحب علم و دانش ہوتے ہیں اور اکثر ہمارے پاکستان کے سفیر صاحب بھی تشریف لاتے ہیں ۔

پاکستان سے باہر ایسی دینی ، علمی محفلیں اللہ تعالیٰ کا خاص انعام اور رحمت باری تعالیٰ ہیں کہ ہم لوگ سویڈن میں رہتے ہوئے بھی اپنے دین اور کلچر کے قریب تر رہتے ہیں ۔ اور اس طرح پاکستانی

دوستوں کے میل جول سے وطن کی دُوری اور پردیس کا احساس کچھ کم ہوجاتا ہے۔اور دین اسلام کے بارے میں سیر حاصل معلومات میسر ہوتی ہیں۔اس ماہانہ مجلس قرآن میں مذہبی معاملات کے علاوہ حالاتِ حاضرہ اور سیاسی معاملات پر بھی بحث ہوتی ہے اور صاحب علم دوست مختلف موضوعات پر اپنے مقالے بھی اس محفل میں پڑھتے ہیں اور پھر دیگر دوست اس پر تبصرہ کرتے ہیں۔کبھی کبھی مجھے بھی موقع مل جاتا ہے جب میں پاکستان سے گرمیوں میں سویڈن آتا ہوں۔

قرآنِ پاک کی ہر ایک آیت مبارکہ اپنے معجزاتی کرشموں کی مظہر ہوتی ہے لیکن صد افسوس کہ انسانوں کی ایک اکثریت نہ تو اس نسخے کو تسلیم کرتی ہے اور نہ ہی اس سے مستفیض ہو رہی ہے اور جو ہم اس کی حقانیت کو تسلیم بھی کرتے ہیں ان کی عملی زندگی میں قرآنی احکامات پر عمل نہایت محدود ہے اور نہ ماننے والے تو یقیناً جہالت کے گھپ اندھیروں میں بھٹک رہے ہیں۔

انسان جب مسلمان سے مؤمن بن جاتا ہے تو اللہ تعالیٰ کے ڈر کے سوا اس کے سارے ڈر ختم ہو جاتے ہیں۔اسی لئے کہا گیا ہے کہ جہاں ڈر ہے وہاں اسلام نہیں اور جہاں اسلام ہے وہاں ڈر نہیں۔ ایک دفعہ ایک بزرگ سے پوچھا گیا کہ مسلمان اور مؤمن میں کیا فرق ہے؟ تو انہوں نے بڑا خوبصورت جواب دیا کہ ....

’’مسلمان خدا کو مانتا ہے اور مؤمن خدا کی مانتا ہے ....!!‘‘۔

بقول جناب امجد اسلام امجد کہ ہندو ڈاکٹر دیا شنکر ما نے کافی عرصہ پہلے قرآنِ مجید کے حوالے سے مسلمانوں کو یوں مخاطب کیا تھا ....

☆ ...... قرآن ایک عمل کی کتاب تھی تم نے اسے دُعا کی کتاب بنا دیا ہے۔

☆ ...... یہ زندوں کا دستور تھا تم نے اسے مردوں کا منشور بنا دیا ہے۔

☆ ...... یہ علم کی کتاب تھی تم نے اسے لاعلموں کے ہاتھ تھما دیا ہے۔

☆ ...... یہ تسخیرِ کائنات کا درس تھی تم نے اسے مردوں کا نصاب بنا دیا ہے۔

☆ ...... یہ مردہ قوموں کو زندہ کرنے کی کتاب تھی تم نے اسے مردوں کے بخشوانے پر لگا دیا ہے۔

☆ ...... اے مسلمانو! تم نے یہ کیا کیا ہے؟ ......!!!

سویڈن نہایت خوبصورت، ترقی یافتہ، جمہوری، پُر امن، فلاحی مملکت ہے۔ تعلیم، صحت اور دیگر بنیادی سہولتیں ہر شخص کو حاصل ہیں۔ عدل ہونے کی وجہ سے جدل نہ ہونے کے برابر ہے۔ اصلی جمہوریت اور اقتصادی و سماجی انصاف کا راج ہے۔ سویڈن کے ماضی کی تاریخ کافی جنگ و جدل سے بھری پڑی ہے۔ ان کے بزرگ Vikings جنگ و جدل میں بہت شہرت رکھتے تھے اور لُوٹ مار کو اپنا پیشہ بنائے ہوئے تھے۔

جب سے سوشل ڈیموکریٹ پارٹی کی قیادت ملک کو نصیب ہوئی ہے انہوں نے نہایت دانش مندی سے بنیادی سیاسی فیصلے کئے۔ انہوں نے فیصلہ کیا کہ وہ آئندہ جنگ سب سے بڑی عوام دشمن ''جہالت'' سے کریں گے اور دیگر جنگوں میں حصہ نہیں لیں گے کیونکہ ''جہالت'' ہی سب مصیبتوں اور برائیوں اور پسماندگی کی جڑ ہے جس گھر سے یا ملک سے جہالت ختم ہو جاتی ہے وہاں سے غربت بھی ختم ہو جاتی ہے۔ اس لئے سویڈن نے عالمی جنگوں سے اجتناب کیا اور اپنے سارے وسائل، جہالت کے خلاف اور لوگوں کی بنیادی ضرورتوں تعلیم و صحت اور فلاح و بہبود پر لگا دیئے۔ دِفاع کی پالیسی یہ بنائی کہ ہم نے کسی ملک پر حملہ نہیں کرنا اور اگر سویڈن پر حملہ ہوا تو اس کے لئے انہوں نے فوج کی تعداد بہت کم کر دی ہے۔ ہر 18 سال سے 24 سال کی نوجوان آبادی پر لازم قرار دیا کہ وہ 18 ماہ کی فوجی Training ضرور لیں گے اور اس کے بعد اپنے دیگر وقت Profession میں کام کریں گے اس طرح انہوں نے پوری قوم کو فوجی ٹریننگ Tough اور Disciplined بنا دیا ہے اور ان کا کہنا ہے کہ آج کی جنگ کوئی پانی پت والی جنگ نہیں کہ فوجیں لڑیں بلکہ آج کی جنگ میں پوری قوم کو لڑنا ہوتا ہے۔ جنگ عظیم دوم میں سویڈن غیر جانبدار رہا اور ہٹلر نے ناروے پر جب حملہ کیا تو وہ سویڈن سے گزر کر ناروے پر حملہ آور ہوئے لیکن سویڈن کو کوئی نقصان نہ پہنچایا بلکہ سویڈن نے اس جنگ میں صنعت و تجارت میں بہت مال کمایا۔ سویڈن سوئی سے لے کر ایٹمی پلانٹ، کاریں، ریل، سٹیل، فرنیچر اور Digital مصنوعات میں Best quality کی شہرت رکھتا ہے۔

سویڈن میں اصلی جمہوریت کار فرما ہے یہاں Working class R uling Class ہے۔ اکثریت اسمبلیوں میں کما کے کھانے والے طبقے سے ہے۔ متناسب نمائندگی کا سسٹم

انتخاب میں لاگو ہوتا ہے۔ ووٹ پارٹی، اس کے منشور، اور ٹیم کو دیکھ کر دیا جاتا ہے صرف شخصیت کو نہیں۔ اس طرح دھاندلی کا امکان ختم ہو جاتا ہے۔ اور ہر پارٹی اپنے بہترین قابل ممبر اسمبلی میں بھیجتی ہے۔ لوکل گورنمنٹ بلدیاتی اور مقامی سطح پر قائم ہے جسے Komun کہتے ہیں۔ ہر کمیون ٹیکس کی وصول شدہ رقم کا 80% کمیون میں خرچ کرتی ہے اور 20% مرکز کو دیتی ہے۔ لہٰذا لوگ جو ٹیکس دیتے ہیں ان پر ہی خرچ ہوتا ہے جو ان کو نظر آتا ہے اور منتخب نمائندوں کے ذریعے خرچ ہوتا ہے۔ سب ادارے قانون اور آئین کے تابع چل رہے ہیں۔ دھاندلی، سیاسی ہو یا اقتصادی یہاں نہیں چل سکتی کیونکہ عدالتیں پوری انصاف کرتی ہیں۔ کسی کو جرأت نہیں کہ ان کے آگے دم مارے۔ سویڈن کی آبادی صرف 90 لاکھ ہے۔ ہمارے کراچی سے بھی نصف لیکن پوری آبادی کو فعال بنایا گیا ہے تعلیم اور تربیت کے ذریعے اور یہی وجہ ہے کہ آج سویڈن دنیا کی بہترین فلاحی مملکت بن چکی ہے۔ اور دن بدن مزید ترقی کر رہا ہے۔ ہمارا ملک پاکستان اس سے بڑا ہے۔ وسائل سے بھرپور ہے، جغرافیہ اور موسم بہترین ہیں۔ لوگ محنتی ہیں 20 کروڑ آبادی ہے ایٹمی قوت ہے۔ 1000 میل ساحل سمندر ہے۔ دنیا کی آبادی اس کی ہمسایہ ہے۔ لیکن بدقسمتی سے قیادت کا بحران ہے اور عالمی سامراج کے حواریوں نے لوٹ مار کا نظام لاگو کیا ہوا ہے۔ کوئی ادارہ بھی اصول پر نہیں چل رہا۔ ہر بندہ اپنی ذات میں گم ہے اور لوٹ مار کا عادی ہو چکا ہے۔ عدل نہ ہونے کی وجہ سے جدل ہر طرف پھیلا ہوا ہے۔ ملک ہے کمانے والوں کا اور راج پر قابض ہیں لوٹ کے کھانے والے۔ تاریخ کا یہ سبق ہے کہ جو طبقہ Rule کرتا ہے وہ اپنے طبقے کی welfare کرتا ہے۔ ہمارے ہاں لٹیروں کا راج ہے اور ان کی عیش بھی۔ 5% حکمران طبقہ 95% آبادی کی مصیبتوں اور پریشانیوں کا باعث ہے۔ لہٰذا مدت سے میرا نعرہ ہے کہ Status Quo Must go اس موجودہ حکمران طبقے سے اقتصادی و سماجی انصاف کبھی بھی حاصل نہیں ہو سکتا جب تک Working class کی اکثریت اسمبلیوں میں نہ ہوگی عوام کی بھلائی کا نہ قانون بنے گا Welfare State نہ بن سکے گی جو پاکستان کا مطلب اور قائداعظم کا خواب تھا۔

سویڈن کی بے مثال ترقی سلطانی جمہور، مضبوط ادارے، خود مختار عدلیہ۔ آزاد پریس اور تعلیم کے فروغ پر استوار ہے۔ یہاں ٹیکس چوری سخت ترین جرم سمجھا جاتا ہے۔ اور 90% لوگ ٹیکس ادا

کرتے ہیں ۔ پاکستان میں 20 کروڑ میں سے صرف 8 لاکھ ٹیکس ادا کرتے ہیں اور وہ بھی پورا نہیں ۔ پھر اقتصادی و سماجی ترقی اور بہبود کہاں سے آئے ۔ پاکستان اپنی ترقی کے لئے سویڈن سے بہت کچھ سیکھ سکتا ہے ۔ لیکن اس کے لئے اس کو سوشل ڈیموکریٹ پارٹی کی قیادت سے اور ملیشیا کے لیڈر مہاتیر محمد سے سیکھنا ہوگا ۔ اور اپنے بجٹ کا 30% تعلیم پر لگانا ہوگا ۔ 10 سال تک جہالت کے خاتمے کے لئے اور سیاسی شعور کی بیداری اور حقوق و فرائض سے عوام کی آگاہی اور باعمل ہونے کے لئے فی الحال تو افسوس کے ساتھ کہنا پڑتا ہے کہ ہم اسلامی جمہوریہ پاکستان میں بطور شہری اتنے ہی محفوظ ہیں جتنی مسجد میں اتاری چپل ......!!! ۔

انسان کے کردار کی دو منزلیں ہیں '' یا دِل میں اتر جانا یا دِل سے اتر جانا''۔

ڈاکٹر عارف صاحب دل میں اترنے کے ماہر بھی ہیں اور عادی بھی ۔ میری دُعا ہے کہ اللہ تعالیٰ ڈاکٹر عارف صاحب کو عطا کرے زورِ تعلیم اور زیادہ کہ وہ ہمارا قابلِ فخر قیمتی سرمایہ ہیں ۔ اللہ تعالیٰ ہم سب کا حامی و ناصر ہو، آمین ۔

ڈاکٹر غلام حسین
سابق وفاقی وزیر پاکستان

دیباچہ

جب میں نے اخبارات و جرائد میں لکھنا شروع کیا تو اُس وقت یہ ذہن میں نہیں تھا کہ ان تحریروں کو کسی وقت کتاب کی صورت میں شائع کیا جائے گا۔لیکن بہت سے احباب اور قارئین نے اصرار کیا کہ چونکہ میری اکثر تحریریں مستقل نوعیت کی ہیں اس لیے انہیں ایک کتاب کی شکل میں شائع ہونا چاہیے۔اسی نوعیت کا مشورہ محترم غلام صابر چیئرمین اقبال اکیڈمی اسکینڈے نیویا ڈنمارک اور محترم محمد شریف بقا صدر مجلس اقبال لندن نے بھی دیا۔یہ دونوں حضرات خود بہت بڑے محقق، اہل علم، بہت سے کتابوں کے مصنف اور یورپ میں فکرِ اقبال کو متعارف کرانے میں ہر لحظہ مصروفِ عمل ہیں۔محترم غلام صابر کو اُن کی ایک کتاب پر صدر پاکستان کی جانب سے صدارتی تمغہ برائے حسن کارکردگی ملا ہے۔ محترم محمد شریف بقا اسلام، قرآن حکیم، پاکستان اور اقبالیات پر ساٹھ سے زائد کتابوں کے مصنف ہیں۔ ان دونوں بزرگ ہستیوں کی شفقت اور رہنمائی میرے لیے بہت بڑا اثاثہ ہے۔میرے لیے ان کے مشورہ کو قبول کرنا باعثِ سعادت ہے۔ان کے علاوہ کچھ اہل قلم اور احباب نے بھی ایسا ہی مشورہ دیا تو میں نے اپنے لکھے گئے مضامین سے اُن کا انتخاب کیا جو قارئین کی جانب سے بہت پسند کیے گئے تھے۔ یہ کالم چونکہ مختلف اوقات میں لکھے گئے اس لیے یہ ممکن ہے کہ ایک ہی بات کئی ایک جگہ پر پڑھنے کو ملے۔ میرے نزدیک یہ کتاب کا حسن ہے کہ مصنف جس بات کو اہم سمجھتا ہے اُسے مختلف زاویوں اور طریقوں سے قارئین تک پہنچاتا ہے۔یہ انداز میں نے قرآن حکیم کے مطالعہ سے سیکھا ہے کہ ربّ العالمین تصریفِ آیات سے ایک ہی بات کو مختلف مقامات پر بار بار دہراتا ہے۔مجھے امید ہے کہ قارئین بھی اسے پسند کریں گے۔قرآن حکیم انسان کو اُس کے اصل مقام سے آگاہ کرتے ہوئے سوچنے سمجھنے اور غور و فکر کی دعوت دیتے ہوئے عمل کی اہمیت پر زور دیتا ہے۔فکرِ اقبال سے بھی ہمیں یہی درس ملتا ہے۔ وحی خداوندی کی رہنمائی میں عقلِ انسانی سے تمام مسائل کا حل دریافت کیا جا سکتا ہے۔آئینِ نو اور افکارِ تازہ میں انسانی ترقی کا راز پنہاں ہے۔انسانوں اور حیوانوں میں سب سے بڑا فرق یہی ہے کہ حیوان

سوچنے اور سمجھنے کی صلاحیت سے محروم ہیں۔ اس سلسلہ مضامین کا سب سے اہم مقصد غور و فکر کی دعوت دینا ہے۔

کسی بھی لکھنے والے کو حرمتِ قلم کا امین ہونا چاہیے تا کہ وہ پوری دیانت داری سے اپنی بات قارئین تک پہنچا سکے۔ الحمد اللہ یہ اہمیت میرے ہمیشہ پیشِ نظر رہی اور بفضل تعالیٰ اس ذمہ داری کو بطریق احسن نبھایا ہے۔ اپنے قلم کو نہ تو غلو اور خوشامد کی آلائشوں سے آلودہ کیا اور نہ ہی حق اور سچ بات لکھنے میں کوئی خوف اور تردد ہوا۔ حکیم الامت کی پیروی میں سازِ سخن کو بہانہ بناتے ہوئے اپنی سوچ اور افکار کو لفظوں میں پرویا اور سپردِ قلم کیا ہے۔ یہ ایک لگن ہے، ایک جنون ہے، ایک جذبہ ہے اور ایک جدوجہد ہے جو خلوص سے ساتھ جاری ہے اور اس مشن کا کچھ حصہ اس کتاب کی صورت میں اب آپ کے ہاتھوں میں ہے۔

دورِ حاضر میں بچوں کے لیے اردو میں بہت کم لکھا جا رہا ہے۔ بچوں کے ذہن میں طرح طرح کے سوالات آتے ہیں اور وہ اپنے دین کے حوالے سے بھی سوال پوچھتے ہیں۔ اس ضرورت کے پیشِ نظر بچوں کے لیے اسلامی معلومات کی روشنی میں انوکھی اور دلچسپ کہانیاں ایک نئے تناظر میں پیش کی ہیں۔ امید ہے کہ بچوں کے ساتھ بڑوں کو بھی وہ کتاب پسند آئے گی اور بہت سے والدین اسے پڑھ کر اپنے بچوں کے سوالوں کے جواب دے سکیں گے۔ مجھے اردو کا کوئی ادیب یا ماہر ہونے کا دعویٰ نہیں بلکہ یہ اردو سے محبت کا بھی اظہار ہے کہ سویڈن اور شمالی یورپ میں اپنی بساط کے مطابق اس کے فروغ کے لیے کوشش کی ہے اور یہ سلسلہ جاری ہے جس کے تحت چند اور کتب جلد ہی قارئین کی خدمت میں پیش کی جائیں گی۔ مستقبل میں جب بھی کوئی سویڈن اور اسکینڈے نیویا میں اردو کی تاریخ لکھے گا تو وہ اس کوشش سے صرفِ نظر نہیں کر سکے گا۔

یہ حقیقت ہے کہ جو لوگ بیرونِ ممالک میں مقیم ہیں وہ حبّ الوطنی کے جذبہ سے سرشار ہیں اور وہ ہر معاملہ میں جس ملک کو وہ چھوڑ کر آئے ہوتے ہیں، اُس کا وطنِ ثانی کے ساتھ موازنہ کرتے ہیں۔ ہر ایک کی خواہش ہوتی ہے کہ جس ملک سے ہجرت کی تھی وہ بھی خوشحالی، امن اور ترقی کی راہ پر گامزن ہو۔ میرے ساتھ بھی یہی معاملہ ہے اور اس کا عکس قارئین کو میری تحریروں میں واضح طور پر نظر آئے

گا۔اس کتاب کی اشاعت میں جن احباب نے جس طرح سے بھی تعاون کیا میں اُن سب کا مشکور ہوں۔خصوصی طور پر اپنی اہلیہ بحیلہ عارف کسانہ اور بچوں کا بھی شکریہ ادا کرنا چاہوں گا کہ انہوں نے بھی میری ہمت افزائی کی۔میری رفیقہ حیات میری بہترین دوست ہے۔زندگی کے ہر مرحلے اور نشیب و فراز میں بہت خوش اسلوبی سے میرا ساتھ دیا اور گھر کو جنت کا ایک نمونہ بنایا۔اس کتاب کی اشاعت کے لیے میں جناب محمد سعید اسعد ڈائریکٹر نیشنل انسٹیٹیوٹ آف کشمیر سٹڈیز میرپور کا بہت مشکور ہوں کہ اُن کے توسط سے یہ کتاب قارئین تک پہنچ رہی ہے۔اُن سے میرا ایک طویل عرصہ سے تعلق ہے،وہ میرے چھوٹے بھائی کی طرح ہیں۔آخر میں مجھے یہی کہنا ہے کہ ایک طالب علم کی حیثیت سے سیکھنے کے عمل سے گذرتے ہوئے جو کچھ محسوس کیا اسے سپرد قلم کر کے قارئین کی خدمت میں پیش کر رہا ہوں۔سہو اور غلطیاں انسانی فطرت میں شامل ہیں اور کوئی انسان بھی ان سے مبرا نہیں اس لیے قارئین سے گذارش ہے کہ اپنی رائے سے مجھے ضرور آگاہ کریں تا کہ میری اصلاح ہو سکے۔اللہ تعالیٰ ہمیں سوچنے سمجھنے اور پھر عمل کرنے کی توفیق عطا فرمائے۔

عارف محمود کسانہ

سٹاک ہوم۔سویڈن

جنوری 2016ء

اقلیتوں کا تحفظ ـ ہماری دینی ذمہ داری

کیا دنیا کے کسی بھی مذہب کی تعلیمات میں اپنے پیروکاروں کو یہ حکم دیا گیا ہے کہ اپنے مخالف مذہب کی عبادت گاہوں کا تحفظ اپنی جانوں کا نذرانہ دے کر کرو۔ کیا کسی بھی مذہب نے یہ تعلیم دی ہے کہ تمام انسان مذہب اور تمام تفریقات بالائے طاق رکھتے ہوئے محض انسان ہونے کے ناطے یکساں واجب الاحترام ہیں۔ اسلام کے علاوہ دنیا کے کسی مذہب میں یہ احکامات نہیں ملیں گے۔ دوسرے مذہب کی عبادت گاہیں ہیں جہاں خدا کی توحید کے منافی عبادت اور تعلیمات کا پرچار کیا جاتا ہے اور شرک جیسا گناہِ عظیم نہ صرف کیا جاتا ہے بلکہ اس کی ترویج ہوتی ہے اور ہونا تو چاہیے تھا کہ اگر انہیں کوئی منہدم کرنا چاہیے تو اُس کے اس عمل کی نہ صرف تائید کی جاتی بلکہ ثواب عظیم کا مژدہ سنایا جاتا مگر تا آفرین ہے اسلام کی تعلیمات پر کہ جبر اور ظلم کو اللہ نے اپنے مخالفین کے لیے بھی پسند نہیں کیا۔ سورہ الحج کی آیت 40 میں کہا ہے کہ یہ امتِ مسلمہ کا فریضہ ہے کہ وہ اس کا انتظام کریں کہ مسجدوں کے ساتھ ساتھ دوسروں کی عبادت گاہیں ہیں، گرجے اور یہودیوں کے معبد محفوظ رہیں۔ دیکھا آپ نے اگر کوئی اسلام کا نام لیوا بھی ان عبادت گاہوں کو نقصان پہنچانے کی کوشش کرے تو اللہ کا یہ حکم ہے انہیں بھی روکا جائے۔ اسلام برداشت اور آزادی رائے کی تعلیمات دینے والا دین ہے۔ لیکن بدقسمتی سے انتہا پسندی، دوسروں پر اپنے نظریات مسلط کرنے اور اختلاف رائے کی عدم برداشت نے معاشرہ میں خوف اور عدمِ تحفظ کی جو صورتِ حال پیدا کر دی ہے اس سے سب سے آگاہ ہیں۔ انہی حالات کی ستم ظریفی کی وجہ سے کچھ احباب سیکولرازم کو اپنانے کا درس دیتے ہیں۔ جب وہ سیکولرازم کی بات کرتے ہیں تو وہ یہ کہنا چاہتے ہیں کہ مذہب ذاتی مسئلہ ہے اور امورِ مملکت اور معاشرتی زندگی میں اس کا کوئی عمل دخل نہیں ہونا چاہیے۔ مذہب اور سیکولرازم دنوں کی غلط تشریح انہیں اس مقام پر لا کھڑا کرتی ہے۔ دین اللہ کے نزدیک صرف اسلام ہی ہے جس کی قرآنِ حکیم نے سورہ آل عمران کی آیت انیس میں وضاحت کی ہے۔ یہاں یہ حقیقت بھی بیان کی ہے کہ یہ دین یعنی نظامِ زندگی اور ضابطۂ حیات ہے نہ کہ مذہب جو کہ چند رسوم اور پوجا پاٹ کا نام

ہوتا ہے۔اسی لیے قرآن حکیم نے دین کی اصطلاح استعمال کی ہے۔خدا کے دین اور نظام کے مقابل کسی اور کی پیروی کو وہ شرک قرار دیتا ہے۔اس کی قرآنِ پاک میں بہت سے مقامات پر وضاحت کردی گئی ہے لیکن شرک کے گناہِ عظیم ہونے کے باوجود رب العالمین ہر انسان کو مذہبی آزادی اور اُس کے مذہب کے احترام کا حکم دیتا ہے۔کتاب اللہ میں متعدد جگہوں پر مذہبی آزادی کی ضمانت دی گئی ہے خصوصاً قرآنِ حکیم نے ان مقامات پر 61/9، 10/99، 9/6، 2/256 اور 18/29 اس کی وضاحت کردی ہے۔اسلام نے دین یا مذہب اختیار کرنے اور اس پر عمل کرنے کی آزادی دینے کے ساتھ ساتھ دوسروں کے مذاہب کے احترام کا بھی حکم دیا ہے چنانچہ سورہ الانعام کی آیت 108 میں حکم ہے کہ دوسروں کے جھوٹے معبودوں کو گالی نہ دو۔ اِن واضح تعلیمات کے باوجود بعض اوقات کچھ جذباتی عناصر کی طرف سے ایسے اقدامات سرزد ہو جاتے ہیں جو دینِ اسلام کے پیغام کے سراسر منافی ہوتے ہیں۔ایسے عناصر جبر اور طاقت کے ذریعہ اپنی بات منوانا اور اپنا نظام نافذ کرنا چاہتے ہیں۔کسی کو یہ حق کیسے حاصل ہو سکتا ہے جبکہ خود رسول پاک صلی اللہ علیہ وسلم کے بارے میں اللہ تعالیٰ نے قرآن مجید میں کہہ دیا ہے کہ آپ صلی اللہ علیہ وسلم فرما دیجیے کہ اے لوگو بے شک تمھارے رب کی طرف سے حق آ گیا ہے اب جس نے ہدایت اختیار کی اس نے اپنا فائدہ کیا اور جو گمراہ ہوا اس نے اپنا نقصان کیا اور آپ کو ان پر داروغہ مقرر نہیں کیا گیا کہ آپ صلی اللہ علیہ وسلم ان کو زبردستی اپنے راستے پر چلائیں (10/108۔ جب حضور صلی اللہ علیہ وسلم کو یہ کہا گیا تو جو لوگ مذہب کی آڑ میں دوسروں پر اپنا جبر مسلط کرنا چاہتے ہیں انہیں اپنا احتساب خود کر لینا چاہیے۔ مذہبی تنگ نظری اور شدت پسندی نے عوام الناس کی زندگی اجیرن بنا رکھی ہے۔رسول اعظم صلی اللہ علیہ وسلم کی سیرت مطہرہ سے علم ہوتا ہے کہ ایک غیر مسلم کا جنازہ جا رہا ہوتا ہے اور آپ صلی اللہ علیہ وسلم اس کے احترام میں کھڑے ہو جاتے ہیں اور ساتھ صحابہ اکرامؓ بھی یہی عمل دہراتے ہیں۔ مجھے بہت ہی افسوس کے ساتھ اس حقیقت کا اعتراف ہے کہ پاکستان میں ہمارا اقلیتوں کے ساتھ سلوک اور سماجی رویہ سراسر اسلام کی تعلیمات کے منافی ہے اور وہ سب ہندوانہ ثقافت ہے جسے ہم نے روا رکھا ہے۔

انتہا پسندی کا طرزِ عمل اس وقت بھی سامنے آتا ہے جب سنی سنائی معلومات کی بنا پر ایک ہجوم

قانون کو اپنے ہاتھ میں لیکر دوسروں پر قہر بن کر ٹوٹتا ہے۔ حالانکہ قرآنِ حکیم میں اللہ تعالیٰ کا ارشاد ہے کہ جب کوئی خبر تم تک پہنچے تو پہلے تحقیق کر لیا کرو یہ نہ ہو کہ تم نادانی میں کسی کو نقصان پہنچا دو اور بعد میں پچھتاتے رہ جاؤ (49/6) ۔ قرآنِ حکیم تمام انسانوں کو واجب التکریم اور قابلِ عزت قرار دیتا ہے چناچہ سورہ بنی اسرائیل کی آیت 70 میں ہے لقد کرمنا بنی آدم یعنی اللہ نے تمام اولادِ آدم کو محترم پیدا کیا ہے۔ پھر چار مختلف سورتوں (39/6,7/189,6/98,4/1) میں یہ واضح طور پر کہا کہ تمام انسانوں کو خالقِ کائنات نے نفسِ واحدہ سے پیدا کیا ہے ۔ پروردگارِ عالم تمام انسانوں کو اپنی تخلیق قرار دیتے ہوئے انہیں قابلِ احترام ٹھہراتا ہے ۔ وہ تمام انسانی جانوں کو یکساں عزت کا مقام دیتا ہے ۔ اللہ تعالیٰ بغیر کسی رنگ و نسل اور مذہب کی تفریق کے ہر انسانی جان کو ایک جیسا اور برابر گردانتا ہے ۔ سورہ المائدہ کی آیت 32 میں ہے جس نے کسی ایک جان کو ناحق قتل کیا گویا اس نے پوری نوعِ انسانی کو قتل کر دیا اور جس نے کسی ایک انسان کی بھی جان بچائی تو گویا اُس نے پوری انسانیت کو زندگی بخش دی۔ یعنی انسان ہونے کی جہت سے تمام انسان یکساں عزت اور احترام کے لائق ہیں ۔ اور کسی ایک انسان کا ناحق قتل پوری نوعِ انساں کے قتل کے مترادف ہے ۔ انسان ہونے کی عظمت دینے کے ساتھ وہ زندگی اپنی مرضی سے گذارنے کی مکمل آزادی دیتا ہے۔ جہاں سورہ البقرہ (2/256) میں یہ اعلان فرمایا کہ لا اکراہ فی الدین یعنی مذہب، دین اور نظامِ زندگی اختیار کرنے میں کسی پر کوئی دباؤ اور جبر نہیں ہے۔ صرف اتنا ہی نہیں بلکہ یہاں تک کہ جو بھی خواہ مسلمان ہی کیوں نہ ہوں اور وہ مذہب اور دین کے معاملہ میں زبردستی کریں قرآن اُن کے ساتھ جنگ کرنے کا حکم دیتا ہے ۔ یہاں تک کہ وہ زبردستی کرنا چھوڑ دیں اور دین کا معاملہ صرف اللہ کے لئے رہ جائے (22/40, 8/39, 2/193) ۔ جو کوئی اسلام لانے کے بعد اسے چھوڑ بھی دے اس کے بارے میں صرف یہ کہا کہ جو دین سے پھر جائے یعنی مرتد ہو جائے اور حالتِ کفر میں ہی مر جائے تو اُس کے اعمال ضائع ہو جائیں گے اور وہ لوگ ہمیشہ جہنم میں رہیں گے (2-217) قرآن نے ایسے افراد کے بھی قتل کا حکم نہیں دیا ۔ قرآنِ حکیم کی اس قدر واضح تعلیمات کے باوجود جب اُس کے پیروکار مذہب کے نام پر ایک دوسرے کو قتل کریں، عبادت گاہوں کو نقصان پہنچایا جائے تو سب خدا اور رحمت اللعالمین ﷺ کی تعلیمات کے نہ صرف خلاف

طرزِعمل ہے بلکہ قہرِخداوندی کودعوت دینے کے مترادف ہے۔

مؤمن کا معنی ہی امن کی ضمانت دینے والا ہے۔یعنی وہ جو امنِ عالم کا ضامن ہو،جس پر بھروسہ کرکے سب بے فکر ہوجائیں اور سلامتی کا علمبردار ہو۔مگر یہ کیسے مؤمن ہیں جودوسروں کے لئے پیغامِ اجل بن رہے ہیں۔جن سے دوسروں کی جان و مال اور عبادت گاہیں محفوظ نہیں۔کیا یہ اُس خدائے واحد کی تعلیمات کے منافی نہیں جواپنے آپ کوالمؤمن (23/59) کہتا ہے یعنی پوری کائنات کا محافظ اور جس نے پیغمبر آخرالزمان صلی اللہ علیہ وآلہ وسلم کو پوری دنیا کے لئے رحمت بنا کر مبعوث کیا۔وہ خداجو امن وسلامتی کا ضامن ہے اور اُس کے بندے اس زمین پر اسی تعلیم کے پیرو ہیں۔لہذا مسلمان ہونے کے دعویٰ داروں کو انہی تعلیمات کا عملی پیکر بننا ہوگا۔دوسری جانب یہ بھی ایک حقیقت ہے کہ انتہا پسندی اورمتشدد رویہ صرف مذہبی لوگوں تک ہی محدود نہیں بلکہ یہ کیفیت اُن میں بھی پائی جاتی ہے جواپنے آپ کولبرل اور ترقی پسند گردانتے ہیں اور وہ بھی جب دوسروں پر تنقید کرتے ہیں تو کھلے بندوں زبان کے نشتر چلاتے ہیں اور اختلافِ رائے کو برداشت کرنے کا حوصلہ نہیں رکھتے۔یہ بھی درست ہے کہ بعض اوقات کسی فرد یا کچھ عناصر کی تحریروتقریر سے جذبات کو ٹھیس پہنچ سکتی ہے اور لامحالہ جذبات بھڑک سکتے ہیں۔ایسے ہی مواقع کے لیے قرآن حکیم نے بہت ہی سلجھا اور باوقار انداز اپنانے کا درس دیا ہے کہ اگر کسی جگہ خدا کی آیات کا انکار کیا جارہا ہو اور مذاق اُڑایا جار ہا ہو تو وہاں سے خاموشی سے اُٹھ کر چلے جاؤ۔جب وہ محفل کسی اور بات میں مشغول ہوجائے اور تمسخراور مذاق کو موضوع چھوڑ دے تو پھر دوبارہ اسی مجلس میں شامل ہونے میں کوئی ہرج نہیں (4/140۔اس سے بہتر امن اور سلامتی کی تعلیم اور کیا ہوسکتی ہے اور اس سے اچھااور سلجھا انداز اور کیا ہوسکتا ہے۔یہی احتجاج کا سنجیدہ اور متین طریقہ ہے جسے ہمیں پیشِ نظر رکھنا چاہیے۔

اگر کسی جگہ کوئی جرم سرزد ہوتا ہے تو یہ ملک کے قانون نافذ کرنے والے اداروں اور عدالتوں کا کام ہے کہ وہ اس کا فیصلہ کریں نہ کہ ہر کوئی اُٹھ کر خود ہی پولیس اور جج بن جائے۔یہ نظامِ مملکت کی ذمہ داری ہے،کسی فرد یا جماعت کوکوئی حق حاصل نہیں کہ وہ لٹھ لے کر ایک متوازی نظام وضع کرے۔دورِ رسالت صلی اللہ علیہ وآلہ وسلم اور خلفائے راشدینؓ کے دور میں بھی کسی نے ذاتی طور پر سزا و جزا کا کام نہیں کیا تھا

بلکہ نظامِ مملکت یہ فریضہ سرانجام دیتا تھا۔ لہٰذا یہ شعور بیدار کرنے کی ضرورت ہے اور معاشرے کے باشعور افراد پر ذمہ داری عائد ہوتی ہے کہ وہ صدائے حریت بلند کریں اور اقلیتوں کے تحفظ کے سلسلہ میں اپنا فریضہ سرانجام دیں کیونکہ یہ ہماری دینی ذمہ داری بھی ہے۔

خلفائے راشدینؓ کے دور میں کسی نے بھی ذاتی طور پر سزا و جزا کا کام نہیں کیا تھا بلکہ نظامِ مملکت یہ فریضہ سرانجام دیتا تھا۔ لہٰذا یہ شعور بیدار کرنے کی ضرورت ہے۔ دینی و مذہبی جماعتوں، علما و دانشوروں، ادیبوں و صحافیوں، کالم نگاروں اور معاشرے کے دوسرے باشعور افراد پر ذمہ داری عائد ہوتی ہے کہ وہ صدائے حریت بلند کریں اور قوم کی درست سمت میں رہنمائی کریں۔ جذباتی طرزِ عمل کی بجائے ہوش و خرد سے کام لینے کی تلقین کریں۔ اس طرح کے واقعات جہاں ایک طرف دینِ حق کی تعلیمات کے منافی ہیں وہاں یہ دنیا بھر میں ہماری بدنامی کا باعث بن رہے ہیں۔ ہمیں اُس وقت تک جدو جہد کرنی ہوگی جب تک ہر شخص کو عزتِ نفس حاصل نہ ہو جائے اور زندگی کسی کے لیے جُرم نہ ہو اور حیات کسی کے لیئے بھی وبال نہ ہو۔

عورت کا اصل مسئلہ

یہ کیسا معائدہ ہے کہ جو دو فریقین باہمی رضامندی سے کرتے ہیں لیکن جونہی معائدہ پر دستخط ہوتے ہیں ایک حاکم بن جاتا ہے اور دوسرے کی حیثیت محکوم کی ہوجاتی ہے حالانکہ معائدہ میں ایسی کوئی شرط موجود ہوتی ہی نہیں۔ ہمارے سماج میں بالکل ایسا ہی ہوتا ہے اور نکاح کے بعد بیوی محکوم اور خاوند حاکم اور مجازی خدا بن جاتا ہے جو بعض اوقات مجاز کے سابقہ کو بھی اتار پھینکتا ہے۔ بدقسمتی سے ہماری سماجی اور مروجہ مذہبی تشریحات ان رویوں کی تائید میں یک جان ہیں حالانکہ اسلام کی تعلیمات اس کے برعکس ہیں۔ قرآن حکیم نے نکاح کو ایک معائدہ قرار دیا ہے (۲۱/ ۴) اور مرد کی عورت کو بھی اپنے جیون ساتھی کے انتخاب کا پورا حق دیتا ہے (۱۹/ ۴)۔ قرآن نکاح کے موقع پر لڑکی کو کچھ (مہر) دینے کا حکم دیتا ہے نہ کہ لینے کا، جو ہمارے ہاں جہیز کی صورت میں ہوتا ہے۔ کتنی لڑکیاں ہیں جن کے والدین جہیز کا مطالبہ پورا نہیں کر سکتے اور وہ بیچاری ایسے ہی بیٹھی رہتی ہیں۔ میاں بیوی کے حقوق و فرائض کی تعلیمات دیتے ہوئے قرآن حکیم نے اس رشتہ کو حاکم اور محکوم کا رشتہ نہیں کہا بلکہ اسے سکون، رحمت اور محبت کا تعلق قرار دیا ہے (۲۱/ ۳۰)۔ مردوں پر معاشی ذمہ داری ڈالتے ہوئے انہیں ذمہ داری سونپی ہے جس کا معانی حاکم نہیں ہے جسے بعض سورہ نساء کی آیت ۳۴ **الرجال قوامون علی النساء** سے مطلب اخذ کرتے ہیں۔ اسی آیت میں قرآن حکیم اس حقیقت کا بھی اعلان کرتا ہے کہ کچھ خوبیاں مردوں میں ہیں اور کچھ عورتوں میں اور پھر عورتوں کو مردوں کا ہمدوش قرار دیتے ہوئے اُن تمام صلاحیتوں اور خوبیوں کی تفصیل الگ الگ کر کے بیان کر دیتا ہے کہ جو خوبیاں مردوں میں ہیں وہی عورتوں میں بھی موجود ہیں (۳۵/ ۳۳)۔ قرآن یہ بھی کہتا ہے کہ جس قدر عورتوں کی ذمہ داریاں ہیں اسی قدر ان کے حقوق ہیں (۲/ ۲۲۸)۔ جب قرآن حکیم یہ کہتا ہے کہ تمام بنی نوع آدم قابلِ عزت ہیں (۷۰/ ۱۷) تو اُس میں مرد اور عورتیں دونوں شامل ہیں۔ مردوں کو یہ تاکید کی کہ عورتوں سے حسن سلوک سے پیش آؤ اور اگر کوئی بات ناگوار بھی گزرے تو تحمل سے کام لو (۱۹/ ۴) جس کی وضاحت آقا صلی اللہ علیہ وآلہ وسلم

نے یوں کی کہ اگر اپنی عورت کی کوئی بات اچھی نہیں لگتی تو اسے نظر انداز کر کے اُس کی اچھی بات کو مدِ نظر رکھو۔ عورت کی اللہ نے یوں عزت افزائی کی کہ قرآن حکیم کی ایک بڑی سورۃ کا نام النساء رکھ دیا۔

عورت کی ہمارے معاشرہ میں بہت عزت ہے صرف اس وقت جب وہ ماں، بیٹی یا بہن ہوتی ہے لیکن جب یہی عورت بیوی کے رشتہ میں ہوتی ہے تو وہاں صورت حال مختلف ہو جاتی ہے۔ حالانکہ آقا صلی اللہ علیہ وسلم نے بار بار تاکید کی اور اپنے آخری خطبہ میں بھی یہی فرمایا کہ عورتوں سے حسنِ سلوک سے پیش آؤ اور اس معاملہ میں اللہ سے ڈرو۔ انسان کی تخلیق کا ذکر کرتے ہوئے قرآن حکیم نسبی اور سسرالی دونوں رشتوں کا بتایا ہے اور دونوں کو اہمیت دی ہے (۵۴؍۲۵)۔ مگر ہمارے معاشرے کا چلن دیکھیے سسرال کے تمام رشتوں کو گالی بنا دیا گیا ہے۔ ہندو معاشرہ کے اثرات ابھی بھی ہمارے اندر رچ بس گئے ہیں جہاں بیٹی والے ہمیشہ دبے اور جھکے رہتے ہیں۔ یہی وجہ ہے کہ لوگ بیٹیوں کی پیدائش پر افسردہ ہو جاتے ہیں اور انہیں مستقبل کی فکر لاحق ہوتی ہے۔ بیٹیوں کا استحصال بعض اوقات خود اُن کے والدین بھی کرتے ہیں جب وہ بہت سے امور میں بیٹوں کو بیٹیوں پر ترجیح دیتے ہیں۔ خرابی یہیں سے شروع ہوتی ہے جب مرد کو یہ احساس دلایا جاتا ہے کہ اس کی اہمیت عورت سے زیادہ ہے۔ اسی رویہ کے باعث مرد عورت کو اپنی طرح کا انسان نہیں سمجھتا اور شادی کے بعد وہ عورت کو بچے پیدا کرنے، کھانا پکانے اور خدمت گذاری کا ذریعہ سمجھتا ہے اور خود جو چاہے مرضی کرتا ہے۔ اس کے ساتھ جیسا مرضی سلوک کرے اور چاہے تو تین لفظ بول کر اسے بے گھر کر دے۔ عورت کا تو کوئی گھر نہیں اور نہ کوئی عورت کی فریاد سننے والا اور نہ کوئی اس کا مداوا۔ اگر کوئی خاوند اچھا سلوک کر بھی لے تو بڑا احسان جتائے گا اور وہ ایسا کیوں نہ کرے کہ جب اسے بچپن سے تربیت ہی ایسی دی گئی ہے۔ اگر کوئی عورت اپنا حق لینا چاہے تو معاشرہ اور رشتہ دار اسے بُرا سمجھیں گے۔ مرد کے لیے مجازی خدا اصطلاح ہی غلط، غیر انسانی اور غیر اسلامی ہے۔ غیرت صرف عورت کے لیے ہی کیوں؟ مرد کے معاملہ میں غیرت کیوں نہیں؟ اگر لڑکی کوئی جرم کر لے تو وہ گردن زنی کے قابل لیکن اگر وہی جرم لڑکا کرے تو خاموشی۔

عورت کے ساتھ یہ رویہ رکھنے والے مسلمان ہونے کے دعویٰ دار ہیں جن کے رسول پاک صلی اللہ علیہ وسلم نے فرمایا کہ عورتوں کے ساتھ حسن سلوک سے پیش آؤ۔ حضرت عائشہؓ سے روایت ہے

آپ صلی اللہ علیہ وسلّم نے فرمایا کہ وہ آدمی تم میں سے زیادہ اچھا اور بھلا ہے جو اپنی بیوی کے حق میں اچھا ہے اور فرمایا کہ میں اپنی بیویوں کے لئے بہت اچھا ہوں۔ آپ صلی اللہ علیہ وسلّم نے کبھی اپنی کسی بیوی کو نہ گالی دی اور نہ ہی اُس پر ہاتھ اٹھایا۔ اپنے آخری خطبہ میں امت کو تاکید کی کہ عورتوں کے ساتھ اچھا برتاؤ کرنے کے پابند رہو اور اس معاملہ میں اللہ سے ڈرتے رہو۔ تم نے ان کو اللہ کی امانت کے طور پر حاصل کیا ہے اور اللہ کے کلمات کے ذریعے ان کو اپنے لیے جائز و حلال کیا ہے۔ بیوی اور اولاد کو قرآن حکیم نے آنکھوں کی ٹھنڈک قرار دیا (۲۵/۷۴)۔ عورت کو دنیا میں سب سے پہلے یہ عظیم مقام اور مرتبہ دینے والے نبی رحمت صلی اللہ علیہ وسلّم کے ساتھ بدقسمتی سے ایسی روایات جن میں عورتوں کو کم تر، منحوس، کم عقل اور اسی طرح کی اور باتیں منسوب کر دی گئیں جو واضح طور پر وضعی اور من گھڑت ہیں۔ یہ بھی کہا جاتا ہے اللہ کے منع کرنے کے باوجود آدم نے حوا کے کہنے پر ہی وہ شجر ممنوع کے پاس گئے اور پھل کھایا جس کی قرآن حکیم نے کھلے الفاظ میں تردید کر دی اور کہا کہ وہ دونوں اس کے ذمہ دار تھے (۳۶/۲)۔ مغربی معاشرہ نے عورت کو آزادی تو دی لیکن اسے مقام انسانیت نہیں دیا۔ یورپ، امریکہ اور دیگر ممالک جو عورتوں کے حقوق کے دعوے دار ہیں انہوں نے بھی عورت کو اس کا اصل مقام نہیں دیا۔ عورت کو یہ ذہن نشین کرایا کہ تم مقصود بالذات نہیں ہو بلکہ تم مرد کی تفریح اور تسکین کے لیے پیدا کی گئی ہو۔ اسی لیے عورت کو اشتہار بنا دیا گیا ہے۔ عورت کی حیثیت ایک Commodity اور ایک پرکشش چیز کی بنا دی گئی ہے اور وہ مردوں میں جاذبِ نظر بننے کے لیے ہر طرح کے جتن کرتی ہے یعنی اسکی اپنی کوئی ذات ہی نہیں۔ مشرق میں عورت کا استحصال جبر کے ساتھ اور مغرب میں مکر کے ساتھ ہو رہا ہے۔ سویڈن اور بہت سے اور یورپی ممالک میں عورتوں کی تنخواہ مردوں کی نسبت کم ہے۔ خواتین کے حقوق کے علمبردار ملک سویڈن میں آج تک کوئی عورت وزیر اعظم نہیں بن سکی۔ لیکن اس کے ساتھ یہ بھی حقیقت ہے کہ یورپ میں اکیلی عورت اپنی زندگی اپنی مرضی سے بسر کر سکتی ہے، ملازمت اور سفر بغیر کسی خدشہ کے کر سکتی ہے لیکن مشرقی معاشرہ میں یہ ممکن نہیں اور اس کی وجہ مردوں کا رویہ ہے۔ یورپ میں عورت معاشرتی دباؤ کے بغیر اپنی مرضی کی زندگی بسر کر سکتی ہے۔ ایک بیوہ یا طلاق یافتہ کو اکیلا رہنے میں دوسروں کی جانب سے کوئی مداخلت نہیں ہوتی مگر پاکستانی معاشرہ میں ایسا ہونا تقریباً ناممکن ہے۔ عورت کا اصل

مسئلہ ہی مردوں کا رویہ اور جبر و تسلط ہے اور یہ تب ہی دور ہوگا جب بچپن سے ہی ہم اپنے بچوں کو عورت کی عزت کرنا سکھائیں گے اور انہیں یہ باور کرائیں گے کہ وہ بھی انسان ہے۔ تصویر کا دوسرا پہلو بھی ہے کہ جب عورت کو موقع ملتا ہے تو بھی موقع ہاتھ سے نہیں جانے دیتی۔ ساس بھی تو عورت ہی ہوتی ہے جو اپنی بہو کے ساتھ زیادتی کرتی ہے۔ اور بہو بھی عورت ہی ہے کہ بہت سے سسرال والوں کو دن میں تارے دکھا دیتی ہے۔ عورت کو بھی چاہیے کہ وہ بھی اپنی حیثیت کا ناجائز فائدہ نہ اٹھائے اور گھر وہی جنت کا نمونہ ہوتا ہے جس میں سب اپنے حقوق و فرائض کو پورا کریں اور حد سے نہ بڑھیں۔

عورت اپنے خالق کی نظر میں

عورت کے بارے میں بہت کچھ کہا گیا اور کہا جا تا ہے۔ ماہرین نفسیات ہوں یا شعراء، مذہبی راہنما ہوں یا سماجی شخصیات، سب نے اپنے اپنے علم اور تجربہ کی بنیاد پر بہت کچھ کہا ہے۔ مختلف ممالک اور تہذیبوں میں عورت کے بارے میں طرح طرح کی کہاوتیں موجود ہیں۔ کہیں عورت کو کم عقل، مسائل کی ذمہ دار اور نجانے کیا کیا کہا جاتا تو کچھ نے اسے ایسا پیچیدہ معمہ قرار دیا کہ جسے سمجھنے کے لیے عمرِ خضر چاہیے لیکن دوسری طرف عورت کا مقام و مرتبہ اجا گر کرنے والوں کی بھی کمی نہیں۔ مولانا حالی عورت کو خراجِ تحسین پیش کرتے ہوئے کہتے ہیں۔

اے ماؤ، بہنو، بیٹیو!   دنیا کی عزت تم سے ہے

ملکوں کی بستی ہو تم ہی   قوموں کی عزت تم سے ہے

ابو الاثر حفیظ جالندھری بھی اپنی نظم میں عورتوں کی یوں عزت افزائی کرتے ہیں

یہ ہماری مائیں بہنیں اور بیوی بچیاں

ہم سمجھتے ہیں انہیں اتنا مقدس بے گماں

اس قدر پاک اور مقدس اتنی محبوب و عزیز

جس قدر عورت کی عفت ہے ، نہیں ہے کوئی چیز

عورت کے بارے میں مختلف نوعیت کے تصورات اور نظریات کے پیشِ نظر ضروری ہے کہ عورت کے خالق کی طرف رجوع کیا جائے اور معلوم کیا جائے کہ اصل حقائق کیا ہیں۔ یہ حقیقت تو سب ہی تسلیم کریں گے کہ کسی بھی چیز کے بارے میں اُس کو بنانے والا ہی سب سے بہتر بتا سکتا ہے اس غرض سے ہم عورت کے خالق اور اسے پیدا کرنے والے رب کی طرف رجوع کرتے ہیں اور اُس نے جو عورت کی بابت کہا ہے اُس سے آگاہی حاصل کرتے ہیں تا کہ عورت کی اصل حقیقت آشکار ہو سکے۔ رب کائنات نے انسانیت کے نام اپنے آخری پیغام میں انسان کی تخلیق اور اُس کی خصوصیات کا ذکر کیا

ہے اور کہا کہ ہم نے تمام بنی نوع انسان کو قابلِ عزت پیدا کیا ہے (۱۷/۷۰) ظاہر ہے اس میں عورت بھی شامل ہے۔ انسان ہونے کے ناطے سے جو پیدائشی خصوصیات مردوں میں ہیں وہی خوبیاں عورتوں میں بھی موجود ہیں کیونکہ اللہ تعالیٰ نے مرد اور عورت دونوں کو انسان قرار دیا ہے اس ضمن میں کوئی فرق روا نہیں رکھا۔ قرآن حکیم کی روشنی میں انسانوں کی بحیثیت مجموعی خوبیوں اور خامیوں کے بارے میں ایک الگ سے کالم لکھا جائے گا سردست ہم یہ دیکھنا چاہیں کہ بطور خاص عورت کے حوالے سے اللہ تعالیٰ نے قرآن حکیم میں کیا کہا ہے یعنی عورت قرآن کی روشنی میں ہے۔ چونکہ موضوع اہم ہے اس لیے قرآنی آیات کے حوالے بھی ساتھ دیئے جا رہے ہیں تا کہ قارئین مزید تفصیل خود دیکھ لیں۔

ابتدائے آفرینش سے چونکہ عورت معاشی طور پر مرد کی مرہونِ منت رہی ہے اور اسے اپنے تحفظ کے لیے بھی مرد کے سہارے کی ضرورت تھی لیکن یہی انحصار مرد کی حاکمیت کا باعث بن گیا۔ قبائلی معاشرہ، رسوم و رواج اور مذہبی تعلیمات نے یہ تصور دیا کہ عورت کی اپنی کوئی حیثیت نہیں بلکہ وہ مرد کے لیے پیدا کی گئی ہے۔ یعنی عورت پیدائش کے اعتبار سے اہم نہیں اور اس کی ذات کو پیدا کرنا مقصود نہ تھا بلکہ اس کی حیثیت ثانوی ہے اور وہ مرد کی دلجوئی کے لیے پیدا کی گئی ہے۔ اس تصور کو اسلام نے رد کرتے ہوئے سورۃ نساء کی پہلی ہی آیت میں انسان کی تخلیق کے بارے میں بتایا کہ اُسے نفسِ واحدہ سے پیدا کیا۔ دورِ حاضر کے مفسرین نفسِ واحدہ سے مراد ایک خلیہ لیتے ہیں جس سے تمام انسانوں کی تخلیق ہوئی۔ یہی تصور جدید سائنسی تحقیقات کے بھی مطابق ہے گویا تمام انسان یعنی مرد اور عورتوں کی تخلیق کا آغاز ایک سیل سے ہوا تھا لہذا پیدائش کے اعتبار دونوں یکساں ہیں۔ اسی حقیقت کو سورۃ الاعراف کی آیت ۱۸۹ میں پھر دہرایا کہ تمام انسانوں کو نفسِ واحدہ (Single Cell) سے پیدا کیا۔ ان دونوں قرآنی آیات سے اس تصور کی نفی ہو جاتی ہے کہ تخلیق کے لحاظ سے عورت کی حیثیت ثانوی ہے۔ ہمارے ہاں یہ تصور بھی عام ہے کہ حضرت آدم نے اپنی بیوی یعنی حضرت حوا کے کہنے پر ہی شجر ممنوع کھایا تھا۔ گویا آدم کے جنت سے نکلوائے جانے کا ذمہ دار عورت کو قرار دیا جاتا ہے۔ قرآن حکیم نے اس تصور کو بھی رد کر دیا اور بتایا کہ شیطان نے دونوں کو ورغلایا اور دونوں نے غلطی کا ارتکاب کیا (سورہ بقرہ ۳۶)۔ چونکہ دونوں مشترکہ طور پر اس کے ذمہ دار تھے اور دونوں نے اس کا اعتراف کرتے

ہوئے بیک زبان دونوں نے توبہ کی دعا کی (سورہ الاعراف ۲۳) اللہ تعالیٰ نے دونوں کی توبہ قبول کی ۔ یہاں یہ امر بھی اہم ہے کہ قرآن مجید میں حوا کا نام تک نہیں آیا۔

خالق کائنات نے بھی واضح کر دیا کہ مرد ہو یا عورت جو بھی نیک اعمال کرے گا اُسے جنت ملے گی (۱۹۵/ ۳، ۱۷/ ۹) ۔ اس کی مزید وضاحت سورہ نساء کی آیت ۱۲۴ میں یوں کی، اور جو کوئی نیک اعمال کرے گا (خواہ) مرد ہو یا عورت درآنحالیکہ وہ مومن ہے پس وہی لوگ جنت میں داخل ہوں گے اور ان کی تِل برابر (بھی) حق تلفی نہیں کی جائے گے۔ سورہ النحل کی آیت ستانوے میں یہی اصول پھر دہرایا، جو شخص نیک عمل کرے مرد ہو یا عورت، لیکن با ایمان ہو تو ہم اسے یقیناً نہایت بہتر زندگی عطا فرمائیں گے۔ اور ان کے نیک اعمال کا بہتر بدلہ بھی انہیں ضرور دیں گے۔ اس حقیقت کو تو سب تسلیم کرتے ہیں کہ اسلام سے پہلے وراثت میں عورت کا حصہ نہیں ہوتا تھا اور اسلام نے ہی عورت کو یہ حق دیا۔ قرآن حکیم نے اعلان کیا کہ، مردوں کے لئے اس (مال) میں سے حصہ ہے جو ماں باپ اور قربی رشتہ داروں نے چھوڑا ہو اور عورتوں کے لئے (بھی) ماں باپ اور قربی رشتہ داروں کے ترکہ میں سے حصہ ہے۔ وہ ترکہ تھوڑا ہو یا زیادہ (اللہ کا) مقرر کردہ حصہ ہے (سورہ نساء آیت ۷)۔ اسلام نے عورتوں کو کام کرنے اور کمانے کی اجازت دیتے ہوئے یہ اعلان کیا کہ عورتیں کما بھی سکتی ہیں اور وہ اپنے مال کی مالک و مختار بھی ہیں۔ سورہ نساء کی آیت ۳۲ میں اس کی وضاحت یوں کی، اور تم اس چیز کی تمنا نہ کرو جس میں اللہ نے تم میں سے بعض کو بعض پر فضیلت دی ہے، مردوں کے لئے اس میں سے حصہ ہے جو انہوں نے کمایا، اور عورتوں کے لئے اس میں سے حصہ ہے جو انہوں نے کمایا، اور اللہ سے اس کا فضل مانگا کرو، بیشک اللہ ہر چیز کو خوب جاننے والا ہے۔ عورت کو اپنی زندگی کا سب سے اہم فیصلہ یعنی شادی اور اپنے جیون ساتھی کو اپنی مرضی سے چننے کا حق بھی اسلام نے دیا اور قرآن حکیم میں واضح کیا کہ عورت کی زبردستی شادی نہ کی جائے (۱۹/ ۴)۔ اسی طرح شادی کے لیے بلوغت کو بھی اہم قرار دیا تا کہ اپنی زندگی کے اہم ترین فیصلہ کے وقت وہ با شعور ہوں اس طرح کم سنی کی شادی کا راستہ بند کیا (۶/ ۴)۔

خالق کائنات نے مرد و عورت کو ایک دوسرے کا لباس قرار دیا ہے (۱۸۷/ ۲) یعنی وہ ایک دوسرے کا زوج یعنی complementary part ہیں۔ قرآن حکیم عورتوں کو مردوں کا ہمدوش قرار

دیتا ہے۔ انہیں نہ صرف اس دنیا میں بلکہ آخرت میں بھی ایک دوسرے کا ساتھی اور مددگار کہا ہے۔ سورہ توبہ کی آیت ۷۱ میں ہے اور اہلِ ایمان مرد اور اہلِ ایمان عورتیں ایک دوسرے کے رفیق و مددگار ہیں۔ وہ اچھی باتوں کا حکم دیتے ہیں اور بری باتوں سے روکتے ہیں اور نماز قائم رکھتے ہیں اور زکوٰۃ ادا کرتے ہیں اور اللہ اور اس کے رسول (صلی اللہ علیہ وآلہ وسلم) کی اطاعت بجا لاتے ہیں، ان ہی لوگوں پر اللہ عنقریب رحم فرمائے گا، بیشک اللہ بڑا غالب بڑی حکمت والا ہے۔ خالقِ کائنات مردوں اور عورتوں کو زندگی کے ہر شعبہ میں دونوں کو ساتھ ساتھ رکھتا ہے۔ سورہ احزاب کی آیت ۳۵ کو دیکھیے اور جھوم جائیے کہ کس طرح وضاحت سے یہ بیان کیا ہے کہ جو خوبیاں مردوں میں ہیں وہی عورتوں میں بھی موجود ہیں۔ مرد و زن کی تفاوت کے حوالے سے دنیا کے کسی بھی لٹریچر میں ایسی تفصیلی یکسانیت اور ادبی حسن نظر نہیں آئے گا۔ ارشاد ہوتا ہے بیشک مسلمان مرد اور مسلمان عورتیں، اور مومن مرد اور مومن عورتیں، اور فرمانبردار مرد اور فرمانبردار عورتیں، اور صدق والے مرد اور صدق والی عورتیں، اور صبر والے مرد اور صبر والی عورتیں، اور عاجزی والے مرد اور عاجزی والی عورتیں، اور صدقہ و خیرات کرنے والے مرد اور صدقہ و خیرات کرنے والی عورتیں اور روزہ دار مرد اور روزہ دار عورتیں، اور اپنی شرم گاہوں کی حفاظت کرنے والے مرد اور حفاظت کرنے والی عورتیں، اور کثرت سے اللہ کا ذکر کرنے والے مرد اور ذکر کرنے والی عورتیں، اللہ نے اِن سب کے لئے بخشش اور عظیم اجر تیار فرما رکھا ہے۔ غور کریں کہ زندگی کا کون سا گوشہ اور خوبی رہ گئی ہے جو صرف مردوں میں ہو اور عورتیں اس سے محروم ہوں۔ علامہ اقبال نے عورت کی عظمت اور اہمیت کو کس خوبصورتی سے پیش کیا ہے کہ

وجودِ زن سے ہے تصویرِ کائنات میں رنگ

اُسی کے ساز سے ہے زندگی کا سوزِ دروں

شرف میں بڑھ کے ثریا سے مشتِ خاک اس کی

کہ ہر شرف ہے اُسی دُرج کا درِ مکنوں

مکالماتِ فلاطوں نہ لکھ سکی لیکن

اُسی کے شعلے سے ٹوٹا شرارِ افلاطوں

بھارت کی چائنہ کٹنگ

مسائل جنگوں سے نہیں بلکہ گفت و شنید اور امن سے حل ہوتے ہیں ۔ پاکستان اور بھارت کو آپس میں امن سے رہنا چاہیے ۔ یہ آواز دونوں جانب سے کہی جاتی ہے ۔ اس حقیقت سے کسے انکار ہے کہ مسائل جنگوں سے حل نہیں ہوتے اور امن و سلامتی کا راستہ ہی سب کے فائدہ مند ہے لیکن امن اور دوستی کس قیمت پر۔ کیا ظلم ، زیادتی اور دوسروں کے خلاف جارحانہ کاروائیوں کے تسلسل میں امن اور دوستی ممکن ہے ۔ اکھنڈ بھارت کے نظریہ کی موجودگی کے باعث کیا آپس میں دوستی ممکن ہے ۔ بھارت سے امن ، دوستی اور تجارت کی خواہش رکھنے والوں سے گزارش ہے کہ آیئے غیر جانبدارانہ اور عدل و انصاف کے ترازو میں ماضی کی تاریخ اور موجودہ طرزِ عمل کا جائزہ لیتے ہیں پھر اس کے بعد فیصلہ خود کریں۔ پہلے ایک اصول طے کریں اور پھر اُس کی روشنی میں امن اور دوستی کی جانب بڑھیں اور اس بات کا فیصلہ کریں کہ ۷ ۱۹۴ء سے اب تک کس ملک نے ناجائز اور جبری قبضہ کر کے اپنا رقبہ بڑھایا، دوسروں کی آزادی اور خودمختاری، اور حق خود ارادیت سے محروم کیا۔ کس نے بین الاقوامی قانون اور اقوام عالم سے اپنے کیے ہوئے وعدے پورے نہیں کئے ۔ انصاف کے ترازو میں یہ معاملات تول کر کوئی فیصلہ کریں۔

پندرہ اگست ۷ ۱۹۴ء کو جو بھارت آزاد ہوا تھا وہ ہی حقیقی اور قانونی بھارت ہے اور اس کے بعد بھارت نے جو بھی اپنے رقبے میں اضافہ کیا ہے وہ غیر قانونی اور ناجائز ہے ۔ کیا امن اور سلامتی کے لیے بھارت پہل کرتے ہوئے پندرہ اگست ۷ ۱۹۴ء کے بعد قبضہ کئے ہوئے تمام علاقے خالی کرنے پر تیار ہوگا۔ آزادی کے بعد بھارت نے پانچ ریاستوں پر جبری قبضہ کر کے اُن کی آزادی اور خودمختاری کو سلب کرتے ہوئے وہاں کے عوام کو غلام بنا رکھا ہے ۔ بین الاقوامی اصول و ضوابط پامال کرتے ہوئے مشرقی پاکستان کو جدا کرنے میں جو گھناؤنا کردار ادا کیا اُس کا اعتراف خود بھارتی وزیرِ اعظم مودی نے ڈھاکہ میں کیا ہے ۔ بھارت کی موجودہ سرکار اُسی اصول پر عمل پیرا ہوتے ہوئے اعلانیہ اکھنڈ بھارت

کے حصول کو اپنا قومی نظریہ قرار دے رہی ہے۔ کیا اس طرزِ عمل سے امن و دوستی ممکن ہے؟ بھارت نے اپنی آزادی کے فوری بعد ۲۶ اکتوبر کو ریاست جموں کشمیر پر غاصبانہ قبضہ کیا۔ اُس نے مہاراجہ کی جانب سے نہاد الحاق کو اس کی بنیاد بنایا لیکن آج تک بھارت الحاق کی وہ دستاویزات نہیں دکھا سکا اور نہ اقوام عالم سے کشمیری عوام کو آزادانہ رائے شماری کا وعدہ بھی پورا کیا۔

بھارت دوسرا غاصبانہ قبضہ ۹ نومبر ۱۹۴۷ء کو ریاست جونا گڑھ اور مناور پر قبضہ کر کے کیا حالانکہ اس ریاست نے پاکستان کے ساتھ الحاق کرنے کا فیصلہ کیا تھا۔ جونا گڑھ کے وزیر اعظم سر شاہنواز بھٹو نے پاکستان کے ساتھ الحاق کی درخواست کی جسے گورنر جنرل قائدِ اعظم محمد علی جناح نے قبول کیا اور اس طرح یہ ریاست قانون آزادی ہند کے تحت پاکستان کا حصہ بن گئی۔ بھارت نے تیسرا جبری اور غاصبانہ قبضہ ریاست حیدر آباد دکن پر کیا۔ ۱۹۴۷ء میں تقسیم ہندوستان کے قانون کے تحت برصغیر کی دیسی ریاستوں کو حق حاصل تھا کہ وہ بھارت یا پاکستان کے ساتھ الحاق کر لیں یا پھر اپنی آزادی اور خود مختاری کا اعلان کر دیں۔ اسی اصول کے تحت حیدر آباد ریاست کے حکمران نظام حیدر آباد نے خود مختاری کا فیصلہ کیا اور یوں انگریزوں کے جانے کے بعد برصغیر میں پاکستان، بھارت اور حیدر آباد تین ملک بن گئے۔ پاکستان نے حیدر آباد کی خود مختاری کو قبول کیا اور مشتاق احمد خان اُس کے سفیر کی حیثیت سے پاکستان میں تعینات ہوئے۔ قائدِ اعظم کی وفات کے فوراً بعد حیدر آباد پر فوج کشی کر دی ۱۳ تا ۱۸ ستمبر ۱۹۴۸ء حیدر آباد میں بھارتی افواج اور بلوائی قتلِ عام میں مصروف رہے اور ہزاروں افراد کے قتل کے بعد سقوطِ حیدر آباد ہو گیا۔ اس طرح بھارت نے حیدر آباد پر جبری قبضہ کر لیا۔

اکھنڈ بھارت کی پالیسی کے تحت ۱۹۶۱ء میں دادرا، نگر حویلی اور گوا پر قبضہ کر لیا گیا۔ سکم کی ریاست اس سلسلہ کی پانچویں مثال بنی جسے اکھنڈ بھارت اپریل ۱۹۷۵ میں ہڑپ کر گیا۔ مشرقی پاکستان میں اگر چہ حالات خراب تھے لیکن وہ پاکستان کا اندرونی معاملہ تھا جس میں بھارت کو مداخلت کا کوئی حق حاصل نہ تھا۔ بنگلہ دیش کی جانب سے سابق بھارتی وزیر اعظم کے لیے سب سے بڑے اعزاز اور وہاں دیئے گئے بھارتی وزیر اعظم کے بیانات اعترافِ جرم کی حیثیت رکھتے ہیں۔ افغانستان میں اُن کی سرگرمیاں، بلوچستان اور کراچی کے حالات میں مداخلت، کیا سابقہ پالیسی تسلسل نہیں ہے۔

کشمیر کا مسئلہ اگر نہ بھی ہوتا تو پھر بھی اکھنڈ بھارت پالیسی کے ہوتے ہوئے خطے میں امن ممکن نہیں تھا۔ اگر پاکستان کی ایک مضبوط فوج نہ ہوتی تو اس کا حشر یا تو اُن پانچ ریاستوں جیسا ہونا تھا جسے بھارت ہڑپ کر گیا یا پھر بھوٹان اور نیپال کی طرح کہ وہ اس کی مطیع ہو کر رہ گئی ہیں۔

بھارت نے جس طرح سے پاکستان کو توڑا اور اب بھی اسے غیر مستحکم کرنے کی پالیسی پر عمل پیرا ہے اس کے برعکس پاکستان کا رویہ مختلف ہے۔ یہ درست ہے کہ کشمیر کی آزادی کی تحریک کی پاکستان حمایت کرتا ہے اور آزادی کے لیے ۱۹۶۵ء میں فوجی کوشش بھی کی لیکن اس کے ساتھ ہی یہ بھی حقیقت ہے کہ ۱۹۵۸ء میں آزاد کشمیر اور مہاجرین جموں کشمیر مقیم پاکستان کی جانب سے سیز فائر لائن کو توڑنے اور واپس جموں کشمیر جانے کی تحریک کشمیر لبریشن موومنٹ کو پاکستان نے روک دیا جس پر بھارت نے اُس کا شکریہ ادا کیا۔ پاکستان نے بھارت کے سلامتی اور تحفظ کے لیے صدر ایوب خان کے دور میں مشترکہ دفاع کی پیش کش بھی کی۔ پاکستان نے تو بھارت کے ہوائی جہازوں گنگا اور بوئنگ ۷۳۷ کو اغواہ کرنے والے کشمیری حریت پسندوں ہاشم قریشی، اشرف قریشی اور عبدالحمید دیوانی کے سات ساتھیوں اور دوسرے بہت سے کشمیریوں پر وہ ظلم و تشدد دکیا کہ آج بھی شاہی قلعہ، دلائی کیمپ، قلعہ چلاس اور دوسرے عقوبت خانے اُس کے گواہ ہیں۔ ۱۹۹۲ء میں جموں کشمیر لبریشن فرنٹ کی عظیم عوامی مارچ کو پاکستان نے قوت کے زور پر روکا اور آٹھ افراد شہید ہو گئے۔ اگر اس مارچ کو نہ روکا جاتا تو ممکن ہے آج کشمیر کی تاریخ مختلف ہوتی۔ اسی طرح بھارت کو پاکستان کا احسان مند ہونا چاہیے کہ اس نے خالصتان کی تحریک کو ختم کرنے میں اُس کی مدد کی۔ اس برعکس بھارت نے ہمیشہ پاکستان کے بھگوڑوں کی نہ صرف مدد کی بلکہ انہیں تربیت دے کر اسلحہ سمیت واپس بھیجا جاتا کہ وہ اپنی کاروائیاں جاری رکھیں۔

امن اور دوستی کے لیے ضروری ہے کہ ایک دوسرے کی آزادی، خود مختاری، قومی وقار اور سلامتی کا احترام کیا جائے۔ باہمی تنازعات عدل و انصاف کے اصولوں اور بین الاقوامی قوانین کی پاسداری کرتے ہوئے حل کئے جائیں۔ عالمی برادری سے کیئے گئے وعدے پورے کیے جائیں اور توسیع پسندانہ پالیسی کو ترک کر کے دوسروں کو بھی آزادی اور خود مختاری کے ساتھ جینے کا حق دیا جائے تب ہی امن ممکن ہے۔

سوشل میڈیا اور غلط معلومات کا فروغ

یہ دور بلاشبہ میڈیا کا دور ہے اور آج کل پوری دنیا میں کوئی بھی میڈیا سے لاتعلق نہیں رہ سکتا۔ اخبارات، ٹیلی وژن، آن لائن ویب سائٹس اور دوسرے ذرائع سے خبریں اور معلومات اتنی زیادہ موجود ہیں کہ نہ تو ہم سب تک رسائی حاصل کر سکتے ہیں اور نہ ہی کسی کے پاس اتنا وقت ہے۔ اس حقیقت سے کسی کو انکار نہیں ہو سکتا کہ میڈیا کی ہی بدولت عام عوام کو ہر شعبہ زندگی کے بارے میں بہت زیادہ معلومات حاصل ہوئی ہیں۔ دنیا کے کسی خطہ میں کچھ بھی ہو وہ چشم زدن میں روئے زمین کا ہر شخص اس سے آگاہ ہو رہا ہے جبکہ دور ماضی میں اس کے لیے بہت وقت درکار ہوتا تھا۔ میڈیا ہی کی بدولت عوام النّاس کو سیاست، صحت، تعلیم، مذہب، کھیل، سماجی امور غرض ہر ایک شعبہ کے بارے میں نت نئی معلومات با آسانی میسر ہیں۔ یہ میڈیا کا بہت ہی مثبت اور اہم کردار ہے لیکن ساتھ ہی تصویر کا دوسرا رخ بھی ہے کہ بعض اوقات میڈیا اپنی ذمہ داری کا مظاہرہ نہیں کرتا اور غلط معلومات کو بھی پھیلانے کا باعث بنتا ہے۔ مستند اخبارات اور ٹی وی چینل اگرچہ بہت محتاط ہوتے ہیں لیکن سب ایسے نہیں ہوتے۔ روایتی میڈیا میں ایسے لوگ ضرور ہوتے ہیں جن کی ذمہ داری ہوتی ہے کہ وہ خبروں اور معلومات کی تصدیق کے بعد ہی اسے جاری کریں لیکن سوشل میڈیا بے لگام ہوتا ہے کیونکہ پرنٹ میڈیا میں ایڈیٹر اور اس کا عملہ نگرانی کے فرائض سر انجام دیتا ہے لیکن سوشل میڈیا میں ایسا کوئی انتظام نہیں۔ سوشل میڈیا سے ہر طرح کی معلومات، خبریں اور مواد بغیر کسی تصدیق کے ایک سیلاب کی طرح پھیلتا جاتا ہے اور کوئی تصدیق و تحقیق کی زحمت گوارا ہی نہیں کرتا جس سے وہ غلط اطلاعات وائرس کی طرح پھیل جاتی ہیں۔

انٹرنیٹ کی سہولت عام ہونے اور سمارٹ فون کی بدولت لوگوں کا انحصار اب سوشل میڈیا کی طرف زیادہ ہو گیا ہے اور سمارٹ فون نے لوگوں کے ہاتھ سے بھی کتاب چھڑا دی ہے اور اب ریل گاڑیوں، بسوں اور انتظار گاہوں میں بیٹھے لوگ انٹرنیٹ استعمال کر رہے ہیں۔ اس سے کتاب بینی کا شوق بہت کم ہوا ہے۔ سمارٹ فون میں چونکہ ہر طرح کی دلچسپیاں اور سہولتیں موجود ہوتی ہیں اس لیے یہ

دور جدید میں ہر شخص کی ضرورت بن چکا ہے۔ گھر میں کھانا نہ بھی پکا ہوتو بچے صبر کرلیں گے لیکن اگر WiFi میں خلل ہے تو وہ آسمان سر پر اٹھالیں گے۔ اسی سمارٹ فون کی بدولت معلومات کی فراہمی اور سوشل میڈیا کا استعمال بہت بڑھ گیا ہے۔ اس کے جہاں مثبت پہلو ہیں وہاں اس کے منفی پہلوؤں کو بھی نظر انداز نہیں کیا جاسکتا۔ دوسروں سے ملنے والی معلومات کو آگے پہنچانے اور مزید پھیلانے کے لیے صرف ایک بٹن کو دبانا پڑتا ہے۔ معلومات درست ہوں یا غلط کوئی اس جھنجٹ میں پڑتا ہی نہیں ۔ بطور خاص جب مذہبی قسم کی معلومات ہوں جن میں بہت سے ثواب کی نوید یا پھر شیطان کے روکنے کا ذکر کیا گیا ہو۔ اس صورت حال میں سوشل میڈیا استعمال کرنے والے بغیر تحقیق اور تصدیق کے بس شیئر کیے جا رہے ہیں ۔ مذہب، صحت عامہ، سماجی شعبہ اور دیگر امور کے بارے بہت بہت سی غلط معلومات با قاعدگی سے پھیلائی جا رہی ہیں اور قابل افسوس پہلو یہ ہے کہ اعلیٰ تعلیم یافتہ بھی اسی روش میں بہے چلے جا رہے ہیں حالانکہ ہمارے رسول اکرم صلی اللہ علیہ وسلم نے بغیر تصدیق کے بات آگے پھیلانے سے منع کیا ہے اور اسے جھوٹ قرار دیا ہے۔ اس صورت حال کا تدارک کرنے کی کوشش ہم سب کی ذمہ داری ہے۔

کبھی ایسا پیغام گردش میں ہوتا ہے کہ رات ساڑھے بارہ بجے کے بعد موبائل فون بند کردیں کیونکہ خلا سے بہت خطرناک قسم کی تابکاری اور دوسری لہریں زمین پر آرہی ہیں جو موبائل فون کے ذریعہ انسان کو نقصان پہنچائیں گی ۔ پیغام پڑھتے ہی اس کی تصدیق کرنے کی کوشش کی تو یہ غلط ثابت ہوا ۔ اسی طرح کچھ عرصہ قبل ایک پتھر کی تصویر گردش میں تھی جو کہ ہوا میں معلق تھا اور یہ بتایا گیا تھا کہ جب رسول پاک صلی اللہ علیہ وسلم معراج پر جا رہے تھے تو انہوں نے اسے ہاتھ کے اشارے سے روک دیا تھا اور تب سے وہ پتھر اسی جگہ زمین سے اوپر ہوا میں معلق تھا جو کہ فوٹوشاپ کی کارستانی تھی لیکن اسے غلط طور پر رسول پاک صلی اللہ علیہ وسلم سے منسوب کیا جا رہا تھا۔ اسی نوعیت کی اور بہت سی معلومات اور اطلاعات آئے روز گردش میں رہتی ہیں جنہیں لوگ بغیر تصدیق کے Share کرتے چلے جاتے ہیں ۔ کہیں معجزانہ طور پر پتھر ہوا میں معلق، کہیں کوئی اور خود ساختہ کرامت، کہیں ضعیف اور وضعی روایات کو پیش کیا جاتا ہے اور کہیں ناقص معلومات اور فضولیات کو پھیلایا جا رہا ہوتا ہے۔ ایک اور انتہائی خطرناک عمل صحت کے بارے میں غلط معلومات پھیلانا ہے جہاں ذیابیطس، بلڈ پریشر، سرطان اور بہت سی دوسری بیماریوں

کا مستقل علاج تجویز کیا ہوتا ہے ۔ یہ حقیقت پیشِ نظر رہے کہ دنیا میں ان بیماریوں کا کوئی مستقل علاج نہیں اور اگر کسی کی دی گئی غلط معلومات کی بنا پر کوئی مریض عمل کرے اپنی صحت اور خراب کر بیٹھا تو کون ذمہ دار ہے ۔ خدارا لوگوں کی صحت سے کھیلنا بند کر دیں ۔

ذیابیطس کے علاج کے لیے دیسی انڈوں کو نمک میں دبا کر کھانے کا مشورہ بھی سوشل میڈیا پر گردش میں رہا ہے ۔ بہت سے لوگوں نے ان کی معلومات کو دوسروں سے شیئر بھی کیا ۔ دوسروں کی صحت تباہ کرنے والی غلط معلومات کو ثواب سمجھ کر آگے پھیلایا جا رہا ہے ۔ معمولی سائنس کا طالبِ علم بھی یہ جانتا ہے کہ ذیابیطس کا تعلق جسم میں شکر کے میٹابولزم سے ہے جس کے لیے انسولین یا شوگر کی ادویات سے ہی علاج ممکن ہے اور کوئی ایسی دوا موجود نہیں کہ اسے کچھ عرصہ کھا لیں تو ذیابیطس ہمیشہ کے لیے ختم ہو جائے گی ۔ انڈے اور نمک کھانے سے تو شوگر کا مرض اور بڑھ جائے گا کیونکہ ذیابیطس کے اکثر مریضوں کو بلڈ پریشر اور خون میں کلیسٹرول کی زیادتی بھی ہو جاتی ہے جبکہ نمک اور انڈے ان دونوں میں اور زیادتی کا باعث بنیں گے ۔ برائے مہربانی معالج مت بنیں ، یہ جن کا کام ہے انہی کے سپرد رہنے دیں ۔ سوشل میڈیا استعمال کرنے والے اس حقیقت کو بخوبی جانتے ہیں ۔ آج کے دور میں معلومات بہت جلدی کے ساتھ آگے پھیلتی ہیں اس لیے ہم سب کی ذمہ داری ہے کہ بغیر اطمینان اور تصدیق کے کوئی بھی سوشل میڈیا پر دی گئی معلومات کو شیئر یا Like نہ کریں بلکہ اس طرح کی معلومات اور پیغام دینے والے کو اپنی رائے سے آگاہ کریں کہ ایسی چیزیں آگے پھیلانے سے گریز اور نظر انداز کر دیں ۔ اگر سوشل میڈیا میں Share اور Like کے ساتھ Dislike کی بھی سہولت تو بہتر ہے تا کہ فضول اور غلط معلومات والی پوسٹ کو Dislike کیا جا سکے ۔ اسی طرح لوگ Like کا استعمال بھی غیر ضروری کرتے ہیں ۔ کوئی بیمار ہے ، یا پریشان ہے یہاں تک کہ کسی کا انتقال بھی جائے تو لوگ Like کر رہے ہوتے ہیں ۔ جو لوگ محض یہ بتانا چاہیں کہ انہوں نے یہ پوسٹ پڑھ لی ہے ان کے لیے seen کا آپشن ہونا چاہیے جب تک ایسا آپشن نہیں تو کچھ نہ کرنا بہتر ہے ۔ موجودہ صورت میں ہر ایک اپنی ذمہ داری کا احساس کرنا چاہیے صرف مصدقہ اور مستند معلومات ہی آگے دوسروں کو بھیجیں ۔ ضروری نہیں کہ ہر پوسٹ کو Share کیا جائے بلکہ انہیں نظر انداز کر دیں ۔ یہ زیادہ بہتر ہے ۔

یہ ہے جمہوریت کی اصل روح

بدترین جمہوریت بہترین آمریت سے بہتر ہے۔ اکثر یہ مقولہ دہرایا جاتا ہے۔ مگر سوال یہ ہے کہ جسے بدترین جمہوریت کہا جاتا ہے کیا وہ جمہوریت ہی ہے یا کچھ اور۔ شخصی جمہوریت اور خاندانی جماعتوں کو جمہوریت کا نام دینا جمہوریت کے منہ پر ایک طمانچہ ہے۔ کوئی بھی نظام ہو وہ اپنی اصل شکل میں ہونا چاہیے، اگر کفر بھی اپنی خالص صورت میں ہو تو وہ بھی نتیجہ خیز ہوتا ہے۔ مغربی جمہوریت کے بھی مختلف ماڈل ہیں جن میں برطانوی، فرانسیسی، سوئٹزرلینڈ اور سویڈش ماڈل اہم ہیں۔ سویڈن میں ہر چار سال بعد ستمبر کے دوسرے اتوار کو سویڈش پارلیمنٹ کی 349 نشستوں، 21 ریجنل (صوبائی) اسمبلیوں اور 290 لوکل کونسل کے انتخابات ایک ہی دن ہوتے ہیں۔ یہ انتخابات متناسب نمائندگی کی بنیاد پر ہوتے ہیں اور چار فی صد سے کم ووٹ حاصل کرنے والی جماعت پارلیمنٹ میں نہیں پہنچ سکتی یعنی وہاں رسائی کے لیے کم از کم اٹھارہ نشستوں کی ضرورت ہوتی ہے جبکہ لوکل کونسلوں کے لیے کم از کم تین فی صد ووٹ حاصل کرنا ضروری ہیں۔ پاکستان کی طرح نہیں کہ ایک دو نشستیں لے کر بھی پارلیمنٹ میں پہنچ جائیں۔ ان انتخابات میں قبل از ووٹ ڈالنے کی بھی سہولت سب کے لیے ہوتی ہے اور لوگ مقامی کونسلوں، لائبریریوں اور دیگر مقامات پر دو ہفتے قبل سے جا کر اپنا ووٹ ڈال سکتے ہیں۔ نہ وہاں کوئی پولنگ ایجنٹ ہوتا ہے نہ دھاندلی کی شکائیت ہوتی ہے۔ وہاں نہ پولیس ہوتی ہے اور نہ ہی پولنگ بکس غائب ہونے کا خطرہ۔ یہ سلسلہ دو ہفتے جاری رہتا ہے اور جن لوگوں نے قبل از وقت ووٹ نہیں ڈالے ہوتے وہ انتخاب کے روز پولنگ اسٹیشن پر جا کر ووٹ ڈالتے ہیں۔ مجھے پاکستان میں دو مرتبہ بحیثیت پری زائڈنگ آفیسر انتخابات کروانے کا بھی تجربہ ہے مگر یہاں کا ماحول ہی مختلف ہوتا ہے۔ ایسے لگتا ہے کہ جیسے فرشتے ووٹ ڈال رہے ہیں۔ مختلف جماعتوں کے پولنگ ایجنٹ اکٹھے کھڑے اپنے اپنے امیدواروں کے بیلٹ پیپر دے رہے ہوتے ہیں۔ پاکستانی سیاستدانوں، میڈیا اور دیگر کو ان دنوں سویڈن آ کر یہاں کی انتخابی مہم اور جمہوریت کا یہ انداز بھی دیکھنا چاہیے۔

پاکستان میں موجودہ سیاسی بے چینی کی وجہ وہاں کے نظام اور عدلیہ کا کردار ہے۔اگر وہاں نظام عدل درست ہوتا اور عدلیہ اپنا کردار ادا کرتی تو یہ حالات پیدا نہ ہوتے ۔ جہاں عدل نہیں ہوگا وہاں ظلم اور خرابیاں ہوں گی۔ ناقص عدالتی نظام پاکستان کے بیشتر مسائل کی وجہ ہے۔اگر اعلیٰ عدلیہ انتخابی دھاندلیوں کی شکایات پر فوری داد رسی کرتی اور ماڈل ٹاؤن کے واقعہ پر اور دیگر بہت سے معاملات میں اپنا کردار ادا کرتی تو آج پاکستان کے حالات بہت بہتر ہوتے ۔ ملکی معیشت کو اربوں کا نقصان اٹھانا نہ پڑتا اور نہ ہی عالمی سطح پر جگ ہنسائی ہوتی ۔ جہاں تک جمہوریت کا تعلق ہے تو وہاں مروجہ جمہوری نظام کے بارے میں مصور پاکستان علامہ اقبال نے بزبان ابلیس یوں کہا تھا کہ

ہم نے خود شاہی کو پہنایا ہے جمہوری لباس

جب ذرا آدم ہوا ہے خود شناس و خود نگر

اور علامہ سے تھوڑی معذرت کے ساتھ

تو نے کیا دیکھا نہیں پاکستان کا جمہوری نظام؟

چہرہ روشن، اندرون چنگیز سے تاریک تر

پاکستان میں آغاز سے ہی بالا دست طبقہ نے قبضہ گروپ کی حیثیت اختیار کی ہوئی ہے اور وہ چہرے بدل بدل کر چاہے فوجی آمریت ہو یا شخصی جمہوری آمریت، اقتدار میں رہے اور وسائل کو اپنے مفادات کے لیے استعمال کرتے رہے اور عوام صرف نعرے لگاتے رہے ۔ اب بھی ''سٹیٹس کو'' کی حامی جماعتوں اور اسے ختم کرنے والوں میں محاذ آرائی جاری ہے ۔ کبھی سویڈن میں بھی یہی استحصالی نظام تھا۔ بادشاہ اور کلیسا کے گٹھ جوڑ نے عوام کا جینا محال کیا ہوا تھا۔ جا گیر دار اور امراء تو مزے لیتے رہے جبکہ عوام غربت کے ہاتھوں مجبور ہو کر امریکہ ہجرت کرنے پر مجبور ہو گئے ۔ آج بھی شمالی امریکہ میں ہزاروں سویڈش قیام پذیر ہیں ۔ سٹاک ہوم کے بعد شکاگو میں سویڈش باشندوں کی سب سے بڑی تعداد آباد ہے ۔ آج بھی امریکہ میں سٹاک ہوم،لنڈ،سویڈن، مالمو، گوٹھن برگ،اپسالا،مورا،کارلستاد،نورا اور بہت سے سویڈش شہروں کے نام پر شہر اور قصبے موجود ہیں ۔ پھر ایک وقت آیا اور سویڈش لوگوں نے اپنے حقوق کی جدوجہد شروع کی ۔ بادشاہ کو آئینی کردار اور کلیسا کو ریاست سے الگ کر کے اپنے لیے مثالی

جمہوریت اور ایک دنیا کی بہترین ویلفیئر سٹیٹ قائم کی۔ انہوں نے سٹیٹس کو ختم کرکے جہالت کے خلاف جدوجہد کی جس سے غربت بھی ختم ہوگئی اور خوشحالی کا دور آ گیا۔ پاکستانی عوام کو بھی ایسی ہی جدوجہد کرنا ہے۔ بالادست طبقہ کے مفادات کے تحفظ اور اُن کے اقتدار کو جمہوریت نہیں کہا جاسکتا ہے۔ پاکستان کے اکثر سیاستدان جب بھی نجی محفل میں ہوتے ہیں تو یہ اعتراف کرتے ہیں کہ پاکستان میں کبھی بھی جمہوریت نہیں رہی اور وہاں نظریات اور اصولوں کی سیاست نہیں ہے بلکہ مفادات اور منافقت کا نام ہی سیاست ہے۔

بدقسمتی سے پاکستان میں جمہوریت کا راگ الاپنے والے سارے رہنما مغربی جمہوریت کو اپنی آنکھوں سے دیکھنے کے بعد بھی پاکستان میں رائج کرنے کے لیے تیار نہیں۔ نہ سیاسی جماعتوں میں رکنیت سازی ہوتی ہے، نہ اُن میں باقاعدگی سے انتخابات ہوتے ہیں۔ سیاسی جماعتیں خاندانی کمرشل ادارے بن چکے ہیں۔ لوگوں کے اکثریتی مسائل کا تعلق مقامی سطح سے ہوتا ہے لیکن کسی بھی جمہوری حکومت نے بلدیاتی انتخابات نہیں کروائے اور جب بھی پاکستان میں بلدیاتی انتخابات ہوئے تو وہ ایوب خان، ضیاء الحق اور مشرف جیسے فوجی آمروں نے کروائے۔ جمہوریت کا درد رکھنے والی جماعتوں کو معلوم ہونا چاہیے کہ یورپ میں بلدیاتی انتخابات باقاعدگی سے ہوتے ہیں اور وہ بھی جماعتی بنیادوں پر۔ پاکستان میں سرکاری اور نیم سرکاری اداروں کے ملازمین کے لیے سیاسی جماعتوں کا رکن بننا تو دور کی بات ہے، اُن کے ساتھ ہمدردی بھی نہیں رکھی جاسکتی۔ وہاں ملازمین کی سالانہ خفیہ رپورٹ میں یہ بھی لکھا جاتا ہے کہ اُس کا تعلق کسی جماعت کے ساتھ تو نہیں جبکہ اصل جمہوریت میں جو کہ یہاں یورپ میں ہے سیاسی جماعتوں کا رکن بننے یا انتخابات میں حصہ لینے کے لیے سرکاری ملازمت آڑے نہیں آتی۔ سویڈن میں بہت سے سرکاری ملازمین جن میں پولیس بھی شامل ہے انتخابات میں حصہ لیتے ہیں اور منتخب ہوکر پارلیمان میں اپنی ذمہ داریاں ادا کرتے ہیں اور بعد میں پھر اپنے محکمہ میں واپس اپنی ڈیوٹی پر چلے جاتے ہیں۔ سویڈن میں انتخابات کے موقع پر جامعات میں تمام سیاسی جماعتوں کے رہنما جا کر اپنا موقف پیش کرتے ہیں اور طلبہ کے سوالوں کے جوابات دیتے ہیں۔ سب سے دلچسپ یہ کہ انتخابات سے قبل سرکاری سطح پر ملک بھر کے ہائی سکولوں میں انتخابات کروائے جاتے ہیں۔ ان انتخابات کے لیے

ایک الگ الیکشن کمیشن سرکاری طور پر بنایا جاتا ہے اور ہائی سکول کے طلبہ میں سے ہی اس کمیشن کے رکن ہوتے ہیں جو انتخابی نگرانی کرتے ہیں۔ سکولوں میں تمام سیاسی جماعتوں کا لٹریچر اور منشور رکھا جاتا ہے اور سیاسی جماعتوں کے رہنما ایک دن مشترکہ طور پر سکول کی اسمبلی میں اپنی اپنی جماعت کا منشور پیش کرتے ہیں جس کے بعد بچے سوالات کرتے ہیں۔ اس انتخابی عمل میں سکولوں کے اساتذہ غیر جانبدار رہتے ہیں۔ ساتویں سے نویں جماعت کے طلبہ ووٹ ڈال سکتے ہیں۔ عام انتخابات کے سال سویڈن کے سکولوں میں ستمبر کے پہلے دو ہفتوں میں انتخابات ہوتے ہیں جن کے نتائج بھی شائع کیے جاتے ہیں۔ سیاسی جماعتوں کے یوتھ ونگ سیاسی عمل کا حصہ ضرور ہوتے ہیں لیکن پاکستان کی طلبہ تنظیموں کی طرح جلسے جلوس، وال چاکنگ، اشتہارات اور تصادم کی صورت نظر نہیں آتی۔ سکولوں میں جمہوری عمل میں طلبہ کی عملی شرکت کے باوجود تعلیم سرگرمیاں معمول کے مطابق جاری رہتی ہیں۔ 2014 میں سکولوں میں ہونے والے انتخابات کے موقع پر میرا بیٹا حارث محمود کسانہ اپنے بریڈنگ سکول کے انتخابی کمیشن کا رکن تھا۔ بچوں کو جمہوریت کی عملی تربیت دینے کا یہ طریقہ نہایت کارگر ہے۔

انتخابات کے موقع پر تمام جماعتوں کے سربراہوں کے درمیان ٹیلی وژن پر براہ راست مباحثہ ہوتا ہے جہاں گھنٹوں انہیں کھرا رہ کر تند و تیز سوالوں کا جواب دینا پڑتا ہے جسے عوام براہ راست دیکھ رہے ہوتے ہیں۔ تمام سیاسی جماعتوں کے ایک ہی جگہ پر قائم سیاسی کیمپ دوستانہ ماحول میں اپنی اپنی جماعتوں کے حق میں مہم چلا رہے ہوتے ہیں۔ یہ ہے جمہوریت جہاں سسٹم اور جماعت کی اہمیت ہوتی ہے نہ کہ فرد کی۔ یہ ہے جمہوریت کی اصل روح اور جمہوریت کے مداحوں کو اس کو سمجھنے کی ضرورت ہے۔ جمہوریت کو اس کی اصل صورت میں نافذ کرنے کی ضرورت ہے بصورت دیگر جو ہو رہا ہے وہی ہوتا رہے گا۔ عوام کو بھی یہ فیصلہ کرنا ہوگا کہ وہ اسی چکی میں پستے رہیں یا پھر اپنی نجات کے لیے جدوجہد کریں گے۔

F

بیرونِ ملک کے سرکاری دورے

یہ خبر پڑھتے ہی قلم اٹھانے پر مجبور ہوگیا کہ چینی صدر شی چن ینگ کے دورے (اپریل ۲۰۱۵ء) کا ایک اہم اور قابلِ غور پہلو یہ ہے کہ اس دورے میں پارلیمنٹ ہاؤس، وزیرِاعظم کے دفتر اور دیگر مقامات پر پاکستان اور چین کے جو قومی پرچم آویزاں کئے گئے تھے وہ ترکی سے درآمد کئے گئے تھے۔ چیئرمین سی ڈی اے نے یہ بات بڑے فخر کے ساتھ اسپیکر قومی اسمبلی کو بتائی۔ وہ تو بڑے فخر سے بتا رہے تھے اور اسپیکر صاحب بھی بڑے اطمینان سے درآمد شدہ قومی پرچموں کے بارے میں سُن رہے تھے مگر مجھے شرمندگی اور افسوس ہو رہا ہے کہ جو ملک اپنا قومی پرچم بھی خود نہیں بنا سکتا وہ خاک ترقی کرے گا۔ ملک بھی ایسا ہو کہ جو دنیا میں کپڑے اور ٹیکسٹائل کی مصنوعات کے لیے نمایاں مقام رکھتا ہو۔ حال ہی میں یورپی یونین کی جانب سے پاکستانی ٹیکسٹائل کی مصنوعات کے کوٹے میں اضافہ سے حکومت اپنی کارکردگی کا ہر طرف راگ الاپ رہی تھی لیکن یہ کیا ہمیں خود اپنا قومی پرچم بنانا بھی گوارا نہیں۔ حالانکہ حکومت پاکستان کی پالیسی ہے کہ غیر ملکی ٹیکسٹائل کی مصنوعات ملک میں درآمد نہ کی جائیں۔ جس چین کی طرف ہم مدد اور سرمایہ کاری کے لیے دیکھ رہے ہیں وہ تو ایسا نہیں کرتا۔ دنیا بھر کے ممالک اپنی بنی ہوئی چیزوں پر فخر کرتے ہیں لیکن ہمارے ہاں غلامانہ ذہنیت ہے کہ بدیسی اشیاء کو اہمیت دی جاتی ہے اور اب تو بات قومی پرچم تک جا پہنچی ہے۔ قومیں اپنے آپ پر فخر کرکے ہی آگے بڑھتی ہیں۔ جب تک قوم کی قیادت میں خود اعتمادی، وقار اور حمیت نہیں ہوگی دیگر اقوام میں سر فخر سے اٹھا کر نہیں چل سکتے۔ ضرورت اس امر کی ہے کہ احساسِ کمتری کی بجائے اپنے آپ پر فخر کرنا سیکھا جائے۔ ہمارے اربابِ اختیار کو کچھ تو سوچنا چاہیے۔ کچھ باخبر ذرائع کا یہ کہنا ہے کہ یہ سب کمیشن مافیا کی کارستانی ہے وگرنہ وہ پرچم پاکستان میں بھی بن سکتے تھے۔ علامہ اقبال کا یہ پیغام کیوں اربابِ اختیار کی نگاہوں سے اوجھل ہو گیا ہے کہ

تیرے صوفے ہیں افرنگی تیرے قالین ہیں ایرانی

لہُو مُجھ کو رُلاتی ہے جوانوں کی تن آسانی

یورپ میں موسم بہار اور خوشگوار گرمیوں کے شروع ہوتے ہی پاکستان سے سرکاری وفود کی یہاں آمد کا سلسلہ شروع ہوجاتا ہے۔ان دوروں کا اہم مقصد یہ بتایا جاتا ہے کہ دنیا نے جو ترقی اور خوشحالی حاصل کی ہے اس سے سبق سیکھ کر پاکستان کو بھی اسی شاہراہِ ترقی پر گامزن کیا جائے۔ پینسٹھ سالوں سے سرکاری دورے بھی جاری ہیں۔حکومتی خرچ پر ہزاروں افراد نے اعلیٰ تعلیم بھی بیرونی ممالک سے حاصل کی ہے۔ سیاستدانوں، بیورو کریسی، اربابِ اقتدار اور طلباء کے وفود بھی غیر ملکی دورے کرتے رہتے ہیں۔ان دوروں پر کروڑوں روپے خرچ ہوتے ہیں۔غریب عوام کے منہ سے نوالہ چھین کر ہی یہ سرکاری دورے ممکن بنائے جاتے ہیں۔سوال یہ ہے کہ ان دوروں سے آج تک کیا حاصل ہوا ہے۔کیا وہاں کوئی تبدیلی آئی ہے۔یوں لگتا ہے کہ جو بھی بیرونی دورے پر جاتے ہیں اور وہاں کی ترقی اور بہترین نظام سے متاثر ہوتے ہیں لیکن پاکستان پہنچتے ہی جب وہ گھڑی کی سوئیاں بدلتے ہیں ساتھ اپنا پہلے والا ذہن اور رویہ اختیار کر لیتے ہیں یوں ان دوروں کا عوام کو کوئی فائدہ نہیں ہوتا۔ دوروں کا مقصد واپس جا کر عوامی فلاح و بہبود کی مثبت تبدیلیوں کا آغاز ہونا چاہیے نہ کہ سیر سپاٹے اور وہ بھی اس ملک کے اربابِ اختیار کی جانب سے جو بیرونی قرضوں میں ڈوبا ہوا ہے اور دوسروں کا دست نگر ہے۔اگر ان دورں سے ملک اور قوم کو فائدہ نہیں ہو رہا تو انہیں بند کر کے وہی رقم سکولوں، ہسپتالوں، سماجی بہبود اور سائنسی ترقی پر خرچ کی جائے۔دورِ جدید میں اب ایسے ذرائع میسر ہیں جن کی مدد سے وہاں رہ کر بہت کچھ سیکھا جا سکتا ہے اور دورے کرنا ہی لازم نہیں۔یہی بات سویڈش میڈیا نے ۱۹۷۶ء میں اس وقت کے پاکستانی وزیر اعظم ذوالفقار علی بھٹو کو بھی کہی تھی جو ۷۰ افراد پر مشتمل وفد لے کے سویڈن اور کینیڈا کے دورے پر آئے تھے۔ بیٹی باپ سے بھی دو قدم آگے نکلیں اور بے نظیر بھٹو اپنی وزارتِ عظمیٰ میں اس سے بھی بڑا وفد لے کر سویڈن آئیں اور حکومتی بیرونی دوروں کا یہ سلسلہ ایسا جاری ہے کہ ہر حکومت سابقہ ریکارڈ توڑنے کے لیے یہ سرگرم رہتی ہے۔

اسکینڈے نیویا کے ممالک کا دورہ کرنے والے وفود کے بارے میں معلوم نہیں کہ انہوں نے یہاں سے سیکھ کر پاکستان میں کیا تبدیلیاں لائی ہیں۔اگر انہوں نے کچھ سیکھنا ہے تو یہ سیکھیں کہ یہاں

کے سرکاری اہلکار قومی وسائل کو شیرِ مادر نہیں سمجھتے ۔ یہاں ٹیکس چوری جرمِ عظیم ہے ۔ سرکاری اہلکار صرف قانون کی پاسداری کرتے ہیں اور قانون سب کے لیے ایک جیسا ہے ۔ تعلیم اور صحت کی سہولتیں سب کے لیے برابر ہیں ۔ افتتاح ، سنگ بنیاد اور سرکاری تشہیر کا یہاں کوئی تصور نہیں ۔ تمیز بندہ و آقایوں ختم کی ہے کہ سرکاری دفتروں میں چپراسی اور گھروں میں بیٹ مین نہیں ہیں ۔ سرکاری رہائشوں ، گاڑیوں اور ڈرائیوروں کی سہولت نہیں ۔ Sir اور Peon کے الفاظ ہی ڈکشنری سے غائب ہیں ۔ یہاں عوام کو اپنے مسائل حل کروانے لے لیے دفتروں کے چکر نہیں لگانا پڑتے اور سب کام خط ، فون یا ای میل کے ذریعہ ہو جاتے ہیں ۔ کیا پاکستان کی بیوروکریسی یورپ کے ان دوروں کے بعد وہاں کے دفتری نظام کو بدل سکے گی ۔ کیا سائلوں کے ہاتھوں سے فائلیں چھڑا کر ان کے کام سویڈن کی طرح حل کرائے جا سکیں گے ۔ کب تک ہر کام کی تان ڈی جی اور سیکریٹری پر ہی جا کر ٹوٹے گی ۔ کیا پاکستان کے عوام کو افسر شاہی سے نجات مل سکے گی ۔ سویڈن میں کوئی سی سی ایس پی کلچر نہیں ۔ عہدہ و کٹورہ یا دفتری نظام اور کا غذی کاروائی کا دور کب ختم ہو گا ۔ صاحب اور آقا کا کلچر کیا ختم ہو سکے گا ۔ سویڈن میں صفائی کرنے والا اور ادارے کا سر براہ ایک ہی لنچ روم استعمال کرتے ہیں گویا یا محمود و ایاز میں فرق نہیں روا رکھا جاتا ۔ ان دوروں سے اگر وہاں کا نظام ا بدل سکے پھر تو یہ واقعی ضروری ہیں بصورت دیگر یہ سرکاری خرچ پر محض سیر و تفریح ہے ۔ اگر پاکستانی وفد سویڈش وزیرِ اعظم کا یہ پیغام کہ مستقبل سکول سے شروع ہوتا ہے ہی ساتھ لے جائے تو ملک کی تقدیر بدل جائے ۔ سویڈش وزیرِ اعظم کا کہنا ہے کہ طلباء کو بہترین اساتذہ ، ماحول اور منصفانہ وسائل مہیا کریں گے تا کہ اگلی نسل ہمیں اچھا مستقبل دے سکے کیونکہ مستقبل سکول سے شروع ہوتا ہے ۔ سویڈن میں ایک ہی طرح کا نظام تعلیم اور سکول ہیں ۔ پرائیوٹ سکول نہ ہونے کے برابر ہیں ۔ اعلیٰ حکومتی عہدیدار ہوں یا سرکاری ملازمین سب بچے سرکاری سکولوں میں جاتے ہیں ۔ جس دن پاکستان کے ارباب اختیار اور بیوروکریسی کے بچے سرکاری سکولوں میں جانا شروع کر دیں گے ملک کا ترقی کے طرف سفر شروع ہو جائے گا ۔ قومیں علم کی بدولت ہی ترقی کرتی ہیں ۔ علامہ اقبال نے بھی یہی کہا تھا کہ تعلیم و افکار سے نئے جہاں پیدا ہوتے ہیں نہ کہ سنگ و خشت اور بڑی تعمیرات کرنے سے ۔ سیکھنا ہے تو اقوام یورپ سے یہ سیکھو ۔ ممکن ہے یہ نالہ و فریاد کسی پر اثر کرے اور وہ کم از کم اپنے دائرہ اختیار میں جو

بہتری لا سکتا ہو لے آئے اور بارش کا پہلا قطرہ ثابت ہو۔ قوموں کی بہتری کا سفر ایسے ہی شروع ہوتا ہے کیونکہ ہر فرد ہے ملت کے مقدر کا ستارہ۔

ہر شخص وہاں لٹیرا ہے

ایک مغربی مفکر کا قول ہے کہ جو کچھ ہم سیاست میں اپنی جماعت، سیاسی سرگرمیوں اور حصولِ اقتدار کے لیے کرتے ہیں اگر وہی کچھ اپنی ذات کے لیے کریں تو سب سے بڑے شیطان کہلائیں۔ اگر اس تجزیہ پر غور کریں تو واقعی یہ بات سچ ثابت ہوتی ہے۔ اپنے اہلِ سیاست پر نگاہ دوڑا لیں کہ کیا دورِ حاضرہ میں کوئی ایک بھی سیاست دان جھوٹ، ریا کاری، منافقت، ہوسِ اقتدار، الزام تراشیوں اور دوسری برائیوں سے مبرا ہے۔ بدقسمتی سے اس فہرست میں وہ سب بھی شامل ہیں جو نظریاتی سیاست کے دعویٰ دار ہیں اور وہ بھی جو مذہب کے نام پر کارِ زارِ سیاست میں سرگرمِ عمل ہیں۔ کوئی خال خال مثال ان خرابیوں سے ماورا ہو سکتی ہے جو میدان سیاست میں بھی اعلیٰ اوصاف کی حامل ہو لیکن غالب اکثریت تو میکاولی سیاست کی امین ہے۔ جب وہ حزبِ اختلاف میں ہوتے ہیں تو ان کی سیاست کا ہدف اور مطالبات اور ہوتے ہیں اور انہیں ہر طرح کا احتجاج اور جدوجہد عین عبادت نظر آتی ہے لیکن جب انہی کے سر پر اقتدار کا ہما بیٹھتا ہے تو پھر سارے معیار بدل جاتے ہیں اور ہر سیاسی جدوجہد کو وہ ملک دشمنی سے تعبیر کرتے ہیں۔ اپنی جماعت کی قیادت کی ہر بات عطر و گلاب میں دھلی ہوئی اور سچ نظر آتی ہے جبکہ مخالف کی درست بات کو بھی جھوٹ کا پلندہ قرار دیتے ہیں۔ انہیں اپنی آنکھ کا شہتیر بھی دیکھائی نہیں دیتا لیکن دوسرے کی آنکھ کا تنکا بھی واضح نظر آتا ہے۔ ہمارے سیاسی رہنما اس قدر اخلاقی دیوالیہ پن کا شکار کیوں ہیں۔ چونکہ رہنما ملک و قوم کی قیادت کرتے ہیں اور قوم ان کے پیچھے چلتی ہے اس لیے ان پر عام لوگوں سے کہیں زیادہ ذمہ داری عائد ہوتی ہے۔ کیا ہمارے رہنما کردار میں اسلام کے بدترین دشمنوں سے بھی گئے گزرے ہیں؟ بات بہت سخت ہے مگر سچ تو یہ ہے کہ رسول صلی اللہ علیہ وسلم کا بدترین دشمن اور کفار مکہ کا سردار ابوسفیان کا کردار بھی سچ بولنے کے حوالے سے ان سب سے کہیں بہتر تھا۔ تاریخ گواہ ہے کہ جب بازنطینی بادشاہ ہرکولیس نے اپنے یروشلم کے دربار میں (اُس وقت کے) دشمن رسول صلی اللہ علیہ وسلم ابوسفیان سے پوچھا کہ محمد صلی اللہ علیہ وسلم کیسے انسان ہیں، کیا وہ جھوٹ بولتے ہیں، کیا امانت دار ہیں، کیا وہ

وعدہ پورا کرتے ہیں؟ بازنطینی بادشاہ کو رسول اکرم صلی اللہ علیہ وسلم کی جانب سے دعوت اسلام کے لیے خط ملا تھا اور وہ حضور صلی اللہ علیہ وسلم کے بارے میں کسی ایسے شخص سے جاننا چاہتا تھا جو اُس علاقہ سے تعلق رکھتا ہو اور آپ صلی اللہ علیہ وسلم کو اچھی طرح جانتا ہو اس لیے اُس نے ابوسفیان سے حضور صلی اللہ علیہ وسلم کی شخصیت اور کردار کے بارے میں پوچھا تو ابوسفیان نے بلا تعامل کہا کہ محمد صلی اللہ علیہ وسلم سچے انسان ہیں اور جھوٹ نہیں بولتے، امانت دار ہیں اور وعدہ خلافی نہیں کرتے۔ مقام غور ہے کہ حضور صلی اللہ علیہ وسلم کا جانی دشمن اور کفار مکہ کا سردار کیا جواب دیتا ہے۔ اُس دشمن رسول کے کردار کا بھی جائزہ لیجیے اور آج کے سیاستدانوں کا ۔ حضور صلی اللہ علیہ وسلم کا سخت مخالف ہونے کے باوجود وہ سچ بولتا ہے۔ اگر ابوسفیان کی جگہ آج کا کوئی بھی سیاستدان ہوتا تو کیا جواب دیتا؟ وہ بہت سے الزامات، من گھڑت باتیں اور جھوٹ آپ صلی اللہ علیہ وسلم کی طرف منسوب کر دیتا۔ ہمارے سیاست دان تو کفار مکہ کے سردار ابوسفیان جتنے بھی صاحب کردار نہیں۔ علامہ اقبال نے زبان ابلیس سے درست ہی کہلوایا تھا کہ

جمہور کے ابلیس ہیں ارباب سیاست

باقی نہیں اب میری ضرورت تہ افلاک

قیادت اور عوام سب ایک جیسے ہیں اور اس حمام میں سب ننگے ہیں۔ عام آدمی سے لیکر اوپر تک سب ہی اخلاقی دیوالیہ پن کا شکار ہیں۔ کہنے کو کہا جاتا ہے کہ ہم زندہ وقوم ہیں۔ لیکن زندہ قوم کیا ایسی ہوتی ہیں کہ ہر برائی ہمارے اندر موجود ہے۔ قرآن حکیم نے اقوام سابقہ اور ان کے جرائم کی فہرست بھی دی ہے جن کے باعث وہ ہلاک ہوئے اور نشان عبرت بنے۔ ان سب جرائم کی ایک فہرست مرتب کر لیں اور اپنا جائزہ لیں، وہ تمام برائیاں اور جرائم ہمارے اندر موجود ہیں۔ ہم ایک نظریہ اور ضابطہ حیات کے مطابق زندگی بسر کرنے کے دعوٰی دار ہیں لیکن اُس کی معمولی سی بھی جھلک ہمارے اندر نظر نہیں آتی۔ اس کے برعکس دنیا کی بہت سی اقوام اخلاق و کردار میں کیوں بہت بہتر ہیں۔ سویڈن کی ایک تخ بستہ رات کو جہاں ہو کا عالم تھا اور ایک شخص رات کو ٹریفک سگنل کے پاس پہنچتا ہے اور دیکھتا ہے کہ کوئی بھی نہیں اور وہ کچھ سوچے سمجھے بغیر سرخ بتی ہونے کے باوجود اپنی گاڑی گذار لیتا ہے لیکن گھر آتے ہی ضمیر کی خلش اُسے سونے نہیں دیتی۔ وہ اپنے جرم پر ناداں ہو کر پولیس اسٹیشن جا کر اعتراف جرم کر کے

اپنے لیے سزا کا مطالبہ کرتا ہے کیونکہ اُس کا زندہ ضمیر اُسے مجبور کردیتا ہے۔ لیکن ہم جو زندہ قوم ہونے کے دعویٰ دار ہیں وہاں کیوں لوگوں کا ضمیر نہیں جاگتا۔ وہاں ادویات میں ملاوٹ کرنے والوں، مردہ گوشت بیچنے والوں، مصنوعی دودھ بنانے والوں، انتڑیوں سے گھی تیار کرنے والوں، کھانے پینے کی چیزوں میں ملاوٹ، جھوٹ بول کر مال فروخت کرنے والوں اور رشوت لینے والوں کے ضمیر کیوں نہیں جاگتے۔ ہمارے اساتذہ کلاس میں پڑھانے کی بجائے ٹیوشن میں زیادہ دلچسپی لیں، ڈاکٹر مریضوں کو ہسپتال کی بجائے پرائیویٹ دیکھیں، جہاں نکاح خواں بھی حکومتی متعین شدہ فیس سے زائد لیں، جہاں مذہبی رہنماء قوم کو فرقوں میں بانٹ دیں اور حرام مال شیرِ مادر کی طرح حلال سمجھا جائے وہاں کیا ضمیر زندہ رہے گا۔ زندگی کو کوئی سا بھی شعبہ لے لیں یہی صورت حال نظر آئے گی۔ ساغر صدیقی نے درست ہی کہا تھا کہ

رہبروں کے ضمیر مجرم ہیں ، ہر شخص وہاں لٹیرا ہے

معبدوں کے چراغ گل کر دو قلبِ انساں میں اندھیرا ہے

یہاں سویڈن میں رہتے ہوئے آئے روز ایسے واقعات دیکھنے کو ملتے ہیں کہ سوچنے پر مجبور ہو جاتے ہیں کہ ہم میں اس کردار کی جھلک کب نظر آئے گی۔ ایک دفعہ ایک خوانچہ فروش سے تین پیکٹ اسٹرابیری کے خریدے اور رقم دے کر جب جانے لگا تو اُس نے آواز دے کر کہا کہ ان میں کچھ خراب بھی ہو سکتی ہیں۔ کیا پاکستان بھر سے اس طرح ایک مثال بھی پیش کی جاسکتی ہے۔ سویڈن میں اکثر ہسپتالوں میں مریضوں کی عیادت کے لیے آنے والوں کے لیے مہمان خانہ میں کافی اور چائے وغیرہ کا انتظام ہوتا ہے اور ساتھ ہی ایک ڈبہ بھی پڑا ہوتا ہے جس میں چائے یا کافی لیکر اُس کی قیمت خود ہی ڈالنا ہوتی ہے اور اس کھلے ڈبہ میں لوگ رقم اپنی ایمانداری سے ڈالتے ہیں جبکہ ہماری مساجد میں تعمیر مسجد کے بکس کو تالے اور زنجیریں ڈالی ہوئی ہوتی ہیں۔ کیا ہماری کوئی ایک بھی ایسی مسجد یا درگاہ ہے جہاں رقم جمع کرنے والا بکس بغیر تالے کے ہو۔ ہمارے قافلہ حجاز میں ایک حسینؓ بھی نہیں۔ تبدیلی اور انقلاب صرف حکومتوں کے بدلنے سے ہی نہیں آتے بلکہ جب تک قلب و ذہن میں تبدیلی نہیں آتی حقیقی انقلاب نہیں آ سکتا۔ جہاں با کردار اور سچی قیادت انقلاب اور تبدیلی کے لیے ضروری ہے وہیں عوام کے

53

فکر و نظر کو بھی بدلنا اتنا ہی ضروری ہے۔ اس اصول کو تو خالق کائنات نے انسانیت کے نام اپنے آخری پیغام میں بالکل واضح بتا دیا ہے کہ جب تک کوئی قوم اپنے قلب و ذہن میں اور اپنے سوچنے کے انداز میں تبدیلی نہیں لاتی، اپنی طرزِ فکر کو نہیں بدلتی تو خدا بھی اُس قوم کے حالات نہیں بدلتا۔ اس انقلاب اور تبدیلی میں سب کا کردار اہم اور بنیادی نوعیت کا ہوتا ہے اور یہ وہ ذمہ داری ہے جو سب پر عائد ہوتی ہے اور ہر ایک کو اپنا کردار ادا کرنا ہے بصورت دیگر ہم اسی دلدل میں ہی پھنسے رہیں گے۔

تاریخِ کائنات کی عقدہ کشائی، بگ بینگ اور قرآن

وہ جنہیں اپنی زبان دانی پر بڑا ناز تھا اور جو اپنے علاوہ دوسروں کو عجمی یعنی گونگا کہتے تھے جب ان کے سامنے قرآن مجید پیش کیا گیا تو وہ اس کے سامنے سرِ تسلیم خم کرنے پر مجبور ہو گئے۔ وہ سمجھنے سے قاصر تھے کہ کیسا کلام ہے جو آج تک انہوں نے نہیں سنا تھا۔ واقعی کوئی عام کتاب نہیں تھی بلکہ کچھ اور ہی تھا جس کی طرف اشارہ کرتے ہوئے حکیم الامت نے فرمایا کہ

فاش گویم آں کہ در دل مضمر است

ایں کتابے نیست چیزے دیگر است

علامہ فرماتے ہیں کہ جو بات دل میں ہے وہ صاف کہتا ہوں کہ قرآن حکیم محض ایک کتاب نہیں بلکہ کچھ اور چیز ہے۔ یہی وجہ ہے کہ قرآن حکیم کے اولین مخاطبین کا ردِعمل یہ تھا کہ یہ شاعری نہیں بلکہ سحر یعنی جادو ہے۔ ان کے اس طرزِ عمل کا ذکر کرتے ہوئے قرآن حکیم نے سورۃ الاسراء کی آیت ۴۷ اور الفرقان کی آیت ۸ میں اُن کفار کی ذہنیت بیان کرتے ہوئے کہا کہ یہ ظالم کفار ہیں جو کہتے ہیں کہ آپ سحر زدہ ہیں اور آپ پر جادو ہو گیا ہے جبکہ قرآن نے اس کی قطعی تردید کی۔ انبیاء کرام پر کسی کے جادو یا سحر کا اثر ہو ہی نہیں سکتا جس کی مزید وضاحت قرآن حکیم نے سورۃ الاعراف کی آیت ۱۱۹ میں حضرت موسیٰ کا ذکر کرتے ہوئے کر دی کہ جادوگران کا کچھ نہ بگاڑ سکے اور کسی جادو کا اثر نہ ہوا۔ ان واضح حقائق کے باوجود بدقسمتی سے یہ مشہور ہے کہ حضور صلی اللہ علیہ وسلم پر جادو کیا گیا اور جس کا تقریباً ایک سال تک اس کا اثر ہوا اور پھر قرآن حکیم کی آخری دو سورتیں نازل ہوئیں جن کے اثر سے آپ صلی اللہ علیہ وسلم پر ہونے والا جادو ختم ہوا۔ حقیقت یہ کہ حضور پاک صلی اللہ علیہ وسلم پر کسی جادو کا اثر نہ ہوا جس کی گواہی خود قرآن نے دے دی کہ آپ صلی اللہ علیہ وسلم سحر زدہ نہیں ہیں۔ دلچسپ بات یہ ہے کہ حضور پاک صلی اللہ علیہ وسلم پر جادو ہونے کا جو وضعی واقعہ بیان کیا جاتا ہے وہ ۷ ہجری کا ہے جبکہ قرآن کی دونوں آخری سورتیں ہجرت سے بہت سال قبل مکہ میں نازل ہو چکی تھیں یعنی یہ مدنی سورتیں ہیں ہی نہیں اور نزول قرآن کے اعتبار سے وہ

بیسویں اور اکیسویں سورہ ہیں ۔ یہ دونوں آخری سورتیں دراصل تخلیقِ کائنات کا عقدہ کشائی ہیں ۔

سورہ فلق جادو اتارنے کے لیے نہیں اتری بلکہ یہ کائنات کی عظیم دھماکہ BIG BANG سے تخلیق کی وضاحت کر رہی ہے جبکہ سورہ الناس کائنات کے ایک مقررہ مدت تک برقرار رہنے کی اطلاع دے رہی ہے ۔ فلق کا معنی کسی چیز کا ایک بیک دھماکے کے ساتھ پھٹ جانا ۔ بیج کا پھٹ کر کھول سے نکلنا، دن کا اندھیرا رات سے نکلنا جبکہ خنس کا معنی سکڑنا، سمٹنا، ستاروں کا چھپنا اور ظاہر ہونا ۔ سورہ فلق میں یہی حقیقت آشکار کرنے کے لیے کہا کہ آپ ﷺ وہ عظیم راز جو صدیوں بعد معلوم ہو گا اس کا اعلان کر دیں کہ میں دھماکے سے مادے کے مرکب کو اجزائے بسیط میں لانے والے پالنہار کی پناہ میں آتا ہوں، ہر اُس چیز کے خطرات سے جو مادے کے اجزا اجدا ہونے کے نتیجے میں پیدا ہوئی ہے ۔ جو حقیقت زبان مصطفیٰ ﷺ سے چھٹی صدی عیسوی میں دنیا کو بتائی گئی وہ عقل انسانی نے اب دریافت کی ہے کہ کائنات کی تخلیق ایک عظیم دھماکے Big BANG سے ہوئی اور اگر مادے کے اجزاء کو توڑا جائے تو بہت بڑی تباہی ہوتی ہے جس کا مظاہرہ دوسری جنگ عظیم میں امریکہ نے جاپان پر دو ایٹم بم پھینک کر کیا ۔

سورہ الناس میں اللہ رب العزت نے رسول پاک ﷺ سے کہا کہ اعلان کیجیے کہ میں انسانوں کے کفیل، انسانوں کے حاکم اور انسانوں کے معبود کی پناہ میں آتا ہوں، اس فکر مندی سے جو چھپنے والے کے چھپ جانے سے پیدا ہوتی ہے ۔ قرآن حکیم نے دو اصطلاحات خنس اور کنس بیان کی ہیں ۔ دونوں ایک دوسرے مقابل قوتیں ہیں ۔ خنس مرکز ریز یا مرکز مائل قوت Centripital Force ہے جبکہ کنس مرکز گریز قوت Centrifugal Force ہے ۔ یہ دونوں قوتیں سورج اور سیاروں کے درمیان حدِ فاصل قائم رکھے ہوئے ہیں ۔ قرآن حکیم ان دونوں کا تذکرہ سورۃ التکویر میں کیا ہے جو کہ نزول کے اعتبار سے ساتویں سورہ ہے ۔ یہ تھا قرآن کا اعجاز جسے دیکھ کر اپنے آپ کو فصاحت و بلاغت کے سرخیل کہلانے والے ایک اس جیسی ایک آیت بھی نہ بنا سکے ۔ قرآن کا ادبی اور علمی انداز دیکھیے کہ کیسے ایک پیچیدہ سائنسی حقیقت کو بیان کر دیا ۔

خنس مرکز مائل قوت سورج کے گرد گھومنے والے سیاروں کو اس سمت میں بڑھاتی ہے جس

سمت میں سورج بڑھتا ہے ۔ جبکہ کنُس مرکز گریز قوت سورج کی طرف بڑھنے والے سیاروں کو اپنی طرف کھینچ کر رکھتی ہے ۔ان دونوں قوتوں سے ایک توازن رہتا ہے اور سیارے اپنے اپنے مداروں میں محوِ گردش رہتے ہیں ۔جس دن سیاروں میں خنُس اور کنُس ختم ہوگا سورج اور سیارے ٹکرا جائیں گے اور تمام مادہ الفا بیٹا اور گاما شعاعوں میں بدل جائے گا اور کائنات پھر اسی گولے کی صورت اختیار کر لے گی جو بگ بینگ سے پہلے موجود تھا ۔ علامہ اختر کاشمیری اس بارے میں وضاحت بیان کرتے ہوئے لکھتے ہیں کہ پھر جب کبھی رب الفلق اس گولے کو پھاڑ کر اس میں خنُس و کنُس ڈال دے گا تو یہی کائنات دوبارہ وجود میں آ جائے گی ۔ یہ کائنات کے وجود میں آنے کے ساتھ دوبارہ تشکیل پانے اور آخرت کا سائنسی ثبوت ہے ۔قرآن حکیم کی یہ دونوں آخری سورتیں تخلیق کائنات کا عقدہ کشائی ہیں ۔ان سورتوں کے الفاظ اور معانی پر اگر غور کیا جائے تو یہ حقیقت آشکار ہوتی ہے کہ یہ کائنات کی تاریخ،اس کے آغاز اور انجام کو کس قدر مختصر انداز میں بیان کر دیا ہے ۔لیکن مقامِ افسوس ہے کہ ہم نے اِن پر غور کرنے کی بجائے انہیں جھاڑ پھونک کے لیے استعمال کرتے ہیں ۔

تخلیق کائنات، بگ بینگ اور قرآن

دورِ حاضر کا تعلیم یافتہ انسان پانچ ہزار سال کے علم اور تجربہ کی بنیاد پر یہ جانتا ہے کہ موجودہ کائنات ۱۵ ارب سال پہلے Hydrogen کے ایک بڑے گولے Nebula کے طور پر خلا میں موجود تھی۔ جب یہ گولہ پھٹا تو وہ بڑا دھما کہ Big Bang ہوا جس صدائے بازگشت آج بھی فضا میں گونج رہی ہے۔ ہمارے سامنے کائنات کی موجودہ صورت اسی عظیم دھماکے کی مرہونِ منت ہے۔ یہ سب تو انسان جان گیا ہے لیکن یہ نہیں جان سکا کہ یہ عظیم دھماکے سے پھٹنے والا Nebula کب اور کیسے موجود میں آیا۔ سائنس دان کائنات کی تخلیق کے تین نظریات، عظیم دھماکے کا نظریہ Theory of Big Bang، مستقل حالت کا نظریہ Theory of Steady State، اور ارتعاشی نظریہ Theory of Oscillation۔ سائنس دانوں کی اکثریت بگ بینگ کے نظریہ کی حامل ہے۔ سائنس دان جس ابتدائی گیس کے گولے کی بات کرتے ہیں اس بارے قرآن حکیم کی سورہ حم السجدہ میں ہے کہ اللہ آسمان کی طرف متوجہ ہوتو وہ سب دھواں تھا۔ تخلیق کے ایک اہم مرحلے کا ذکر کرتے ہوئے سورہ الانبیاء میں فرمایا کہ اور کیا کافر لوگوں نے نہیں دیکھا کہ جملہ آسمانی کائنات اور زمین (سب) ایک اکائی کی شکل میں جڑے ہوئے تھے پس ہم نے ان کو پھاڑ کر جدا کر دیا، اور ہم نے (زمین پر) پیکرِ حیات (کی زندگی) کی نمود پانی سے کی، تو کیا وہ (قرآن کے بیان کردہ اِن حقائق سے آگاہ ہو کر بھی) ایمان نہیں لاتے۔ سورہ القمر کی آیت ۵۰ میں باری تعالیٰ نے فرمایا ہے کہ ہمارا حکم تو آنکھ جھپکنے کی طرح ایک بات ہوتی ہے۔ سورہ الانعام کی آیت ۷۳ میں ہے کہ جب حکمِ الٰہی ہوتا ہے کہ ہو جا تو پھر وہ ہو جاتا ہے۔ بگ بینگ تھیوری بھی یہی کہتی ہے کہ یہ سب ہونے میں ایک سیکنڈ کے کروڑویں حصہ سے بھی کم وقت لگا۔

سورہ الذاریات میں تخلیق کائنات کے بارے میں فرمایا اور آسمانی کائنات کو ہم نے بڑی قوت کے ذریعہ سے بنایا اور یقیناً ہم (اس کائنات کو) وسعت اور پھیلاؤ دیتے جا رہے ہیں۔ سائنس دان کائنات کے اختتام پذیر ہونے کے بھی قائل ہیں اور دو نظریات بگ کرنچ اور بلیک ہول پیش کرتے

ہیں ۔ اس حقیقت کو قرآن حکیم نے متعدد بار بہت ہی مثالوں سے واضح کیا ہے کہ یہ کائنات ختم ہو جائے اور پھر زندگی کا ظہور ہوگا جسے آخرت کہا ہے ۔ کائنات کی یہ تعمیر اور اس کی کارکردگی خُنس وکُنس سے قائم ہے جب سورج اور سیاروں کی یہ طاقت سلب ہوگی تو ایک محشر برپا ہوگی اور اسی محشر کی کوکھ سے ایک نئی زندگی برآمد ہو جائے گی ۔

کائنات کی ابتدائی تخلیقی مراحل میں وہ گیس کا گولہ جس کا الساعہ کا نتیجہ تھا اس بارے میں کتاب عظیم نے سورۃ التکویر میں وہ منظر پیش کیا ہے ۔ زیادہ تر مترجمین نے سورۃ التکویر کو زمانہ مستقبل پر محمول کیا ہے لیکن کچھ اہل علم نے اسے زمانہ ماضی بھی قرار دیا ہے ۔ ماضی کا یہ محشر ایک کائنات میں برپا ہوا، جس میں زندگی تھی ۔ قرآن مجید نے لفظ اذا کے ذریعے اس کی خبر دی ہے ۔ اس محشر کے نتیجے میں جزا پانے والے جزا پا گئے اور سزا کو پہنچنے والے سزا کو پہنچے تو اس زندگی کا دفتر لپیٹ دیا گیا ۔ بگ بینگ کے بعد موجودہ کائنات وجود میں آئی ۔ یہ حیات ختم ہوگی تو نئی حیات وجود میں آ جائے گی ۔

سائنس دان یہ معلوم کرنے کی جستجو کرتے ہیں کہ کائنات کیسے وجود میں آئی لیکن یہ نہیں معلوم کر سکتے کہ کیوں وجود میں آئی ۔ اس کا اُن کے پاس کوئی جواب نہیں ۔ اس کا جواب خالق کائنات نے خود دیا ہے ۔ قرآن حکیم میں پندرہ مقامات پر ہے کہ اللہ نے کائنات کو حق کے ساتھ پیدا کیا ہے ۔ اس سے یہ بتانا بھی مقصد تھا کہ یہ کائنات ایک حقیقت ہے، یہ محض افسانہ، کھیل تماشا یا اتفاق نہیں بلکہ ایک مقصد کے لیے وجود میں لائی گئی ہے ۔ اس سے افلاطون اور دوسرے یونانی مفکرین اور قدیم تصورات کی نفی کی ہے جو اس کائنات کو محض فریب یا پرچھائیاں خیال کرتے تھے ۔ قرآن حکیم کے اس نظریہ سے اُن تمام تصورات کا رد ہو گیا جس نے ایک طویل عرصہ تک نسل انسانی کو الجھائے رکھا اور انسان میں بے عملی کو فروغ دیا ۔ قرآن حکیم نے مزید کہا کہ سلسلہ کائنات اس خوبی سے چل رہا ہے اس لیے تمہارا رب حق ہے ۔ حق قرآن حکیم کی جامع اصطلاح ہے جس کا بنیادی معنی کسی چیز کا اس طرح موجود اور واقع ہونا (Concrete Form) کہ اس میں کوئی شک ہی نہ رہے ۔ کوئی ٹھوس واقعہ یا چیز جو حقیقت بن کر سامنے آ جائے اور وہ محض نظری بتانہ ہو بلکہ یقینی چیز ہو ۔ وہ چیز جو وہ زمانے کے تقاضوں کو پورا کرتی ہو اور قوانین فطرت کے مطابق ہو ۔ خود خدا کی ذات حق مطلق ہے اور اُس نے اس کائنات کو حق پر پیدا کیا ہے ۔ یہ ایک ٹھوس حقیقت ہے جو تعمیری نتائج کے لیے بنائی گئی اور پھر انبیاء اکرام کے وساطت سے

انسانوں کی رہنمائی کا سلسلہ شروع کیا گیا۔ خدا خود حق ہے۔ اُس کے بھیجے ہوئے رسول حق ہیں، اُن کی لائی ہوئی وحی حق ہے، قرآن حق ہے، اُس کا دین حق ہے۔ دنیا میں حق (تعمیری) اور باطل (تخریبی قوتوں) کے درمیان مقابلہ جاری رہتا ہے اور آخر کار حق ہی غالب آتا ہے اور یہ اللہ کے بندوں کے ہاتھوں ہوتا ہے۔

اللہ تعالیٰ نے اپنے آپ کو مشرقوں اور مغربوں کا رب کہا ہے۔ ہماری زمین پر تو ایک ہی مشرق اور مغرب ہی ممکن ہے تو مطلب یہ ہوا کہ لامحدود کائنات میں کئی مشرق اور مغرب ہیں۔ اللہ کی بنائی ہوئی کائنات کی وسعت جس کا اندازہ سائنس دان ابھی تک جو دریافت کر سکے ہیں اس کے مطابق ہماری زمین جس نظام شمسی میں ہے وہ یعنی ملکی وے گلیکسی یعنی ہماری کہکشاں ہے۔ زمین سے مشابہ آٹھ سیارے دریافت ہو چکے ہیں جن پر پانی اور حیات کا امکان ہے۔ اگر ہم روشنی کی رفتار یعنی ۳لاکھ کلومیٹر فی سیکنڈ سے سفر کریں تو اپنے نظام شمسی کے قریب ترین سیارے تک پہنچنے میں چار سال لگیں گے۔ ہماری کہکشاں میں زمین کے حجم کے برابر دو سو ارب یا دو سو بلین سیارے ہیں۔ صرف ہماری کہکشاں میں کئی ارب نظام شمسی موجود ہیں اور جس طرح کی ہماری کہکشاں ہے ایسی پانچ ارب کہکشائیں (5 بلین) موجود ہیں۔ اب بات سمجھ آئی کہ اللہ تعالیٰ نے اپنے آپ کو کیوں مشرقوں اور مغربوں کا رب کہا ہے اور اسی طرح حضور صلی اللہ علیہ وسلم بھی رحمت الا عالمین یعنی کہکشاوں میں بکھرے ہوئے تمام جہانوں کے لیے رحمت ہیں۔

اس وسیع کائنات میں کہیں زندگی ارتقائی مراحل Evolution طے کر رہی ہے اور کہیں بہت آگے جا چکی ہے اور کہیں Big Crunch عظیم تباہی آچکی ہے اور وہاں والے اپنی جزا و سزا کی منزل کو پہنچ چکے ہیں اور باقی ہماری طرح منتظر ہیں۔ یہ نظام کائنات اسی طرح چلتا رہے گا بقا صرف وہی ذات ہے جو ہمیشہ سے ہے اور ہمیشہ رہے گی۔ سورہ رحمٰن میں حقیقت واضح کر دی کہ ہر کوئی جو بھی زمین پر ہے فنا ہو جانے والا ہے اور رب ہی کی ذات باقی رہے گی جو صاحب عظمت و جلال اور صاحب انعام و اکرام ہے۔

معمارِ حرم کا پیامِ انقلاب

دو ہی شخصیات ایسی ہیں جن کی زندگی کو خالقِ کائنات نے اپنی کتابِ عظیم میں صراحت کے ساتھ آنے والوں کے لیے قابلِ تقلید نمونہ قرار دیا ہے۔ ایک خاتم المرسلین صلی اللہ علیہ وسلم (سورہ احزاب) اور دوسرے اُن کے جدِ امجد اور ابوالانبیاء حضرت ابراہیمؑ (سورہ الممتحنہ)۔ اللہ تعالیٰ کے ان دونوں برگزیدہ نبیوں میں بہت سی خوبیاں مشترک تھیں۔ دونوں کی صداقت اور سچا ہونے کی گواہی بھی خود کلامِ الہی میں دی گئی ہے۔ ایک حبیبُ اللہ تھے تو دوسرے خلیلُ اللہ۔ دونوں نے ہجرت کی اور قوم مخاطب کو اللہ کی وحدانیت کا پیغام عقل و شعور کی صلاحیتوں کو بیدار کرتے ہوئے دیا۔ دونوں نے تشکیلِ قوم کی آئیڈیالوجی کا تصور رنگ و نسل یا زبان و مکاں کی بجائے مشترکہ نظریات کی بنیاد پر رکھا اور جو دین پیش کیا وہی اللہ کا پسندیدہ دین ٹھہرا۔ حضرت ابراہیم کی خوبیاں بیان کرتے ہوئے قرآن حکیم گواہ ہے کہ آپ قلبِ سلیم رکھنے والے اور اللہ کے سامنے جھکنے والے تھے۔ انہوں نے سب سے پہلے مسلم ہونے کا انقلابی اعلان کیا اور اسی کا اعادہ رسول اکرام صلی اللہ علیہ وسلم نے کیا۔ امتِ مسلمہ ملتِ ابراہیمی اور امتِ حنفیہ قرار پائی۔ علامہ اقبالؒ نے حضور صلی اللہ علیہ وسلم کے حضرت ابراہیمؑ سے تعلق بہت خوبصورتی میں یوں بیاں کیا ہے

شعلہ ہائے او صد ابراہیم سوخت

تا چراغ یک محمد صلی اللہ علیہ وسلم بر فروخت

اپنے عزیز ترین بیٹے کو بھی راہِ حق میں قربان کر دینے کا جذبہ فلک عالم نے پہلے کبھی نہیں دیکھا تھا۔ ایک حضرت ابراہیمؑ ہیں جو اپنے بیٹے کو قربان کرنے کے لیے زمین پر لٹا دیتے ہیں تو دوسرے حضرت امام حسینؓ ہیں جو خود اپنے بیٹوں کو مقتل میں دین کی سربلندی کے لیے بھیج رہے ہیں گویا قربانیِ اسماعیل سے جو آغاز ہوا اس کی تکمیل شہادتِ حسینؓ پر ہوئی بقول اقبالؒ

غریب و سادہ و رنگین ہے داستانِ حرم

نہایت اس کی حسینؓ ابتدا ہے اسماعیلؑ

حضور صلی اللہ علیہ وسلم نے جب دین کی دعوت پہنچائی تو کفار کو کہا کہ میری صرف ایک بات سنو۔ وہ بولے کہیے تو آپ صلی اللہ علیہ وسلم نے قرآن کے الفاظ میں کہا تتفکرون سوچا کرو۔ یہ وہی حکمت عملی تھی جو حضرت ابراہیم نے اپنے دور میں اختیار کی تھی۔ صنم کدوں کو معبد بنانے والوں سے کہا کہ تم سوچ اور سمجھ سے کیوں کام نہیں لیتے اور پیغمبرانہ فراست دیکھیے کہ کفار خود بولے کہ ہم بڑے بت سے یہ کیسے پوچھ سکتے ہیں کہ چھوٹے بت کس نے توڑے، یہ نہ تو اپنی جگہ سے ہل سکتے ہیں اور نہ ہی بول سکتے ہیں تو خلیل اللہؑ نے کہا میں بھی تو یہی کہہ رہا ہوں۔ اسلاف پرستی اور اندھی تقلید کی جڑ کاٹ کر رکھ دی کہ چاہے باپ ہو یا کوئی اور، قابل تقلید صرف اللہ کا حکم ہے۔ چاند، تاروں اور سورج کو معبود سمجھنے والی قوم کو عقلی دلائل سے ثابت کیا کہ یہ ایک وقت میں خود غائب ہوجاتے ہیں پھر یہ کیسے معبود ہو سکتے ہیں۔ انہوں نے کوئی مافوق الفطرت چیز پیش نہ کی بلکہ انہیں دعوت غور و فکر دی۔ نمرود جیسے بادشاہِ وقت کے سامنے بھی عقل و شعور کی روشنی میں ایسے دلائل دیئے کہ وہ مبہوت ہو کررہ گیا۔ بیت اللہ کی تعمیر کے بعد حضرت اسماعیلؑ کے ساتھ سلامتی اور فراوانیِ رزق کی دعا کی۔ خلیل اللہؑ یہ جانتے تھے کہ یہ دونوں چیزیں کس قدر اہم ہیں۔

علامہ اقبال کہتے ہیں کہ ایک صبح یورپ سے واپس آتے ہوئے قرآن مجید کی تلاوت کر رہا تھا کہ حضرت ابراہیم کی دعا سامنے آ گئی:

وَارزق اَھلَہ مِن ثمراتِ رزقا   یعنی خدایا حرم کعبہ کے اہالی کو پھلوں سے رزق عنائیت فرما

فرماتے ہیں کہ طبیعت بے حد متاثر ہوئی۔ چار ہزار سال اس دعا کو گذر چکے ہیں، اس کی مقبولیت ایک بدیہی حقیقت بن چکی ہے۔ تمام اسلامی ملک جو حرم کعبہ سے وابستہ ہیں پھلوں سے لدے پھندے ہیں لیکن یورپ اور امریکہ ان پھلوں کی اس بوقلمونی اور اس فراوانی سے محروم ہیں۔

دورِ حاضر کو ابراہیم کی تلاش ہے اور یہی عید الاضحیٰ کا پیغام ہے۔ اور ضرورت اس امر کی ہے کہ معمارِ کعبہ کے اس انقلاب آفرین پیغام کو سمجھا جائے جس نے انسانیت کو ہر قسم کی غلامی سے نجات دلا کر محبت اور اتحاد کا درس دیا۔ ایک طرف قربانی کا یہ جذبہ کہ راہِ حق میں متاعِ عزیز بھی قرباں کرنے کے لیے تیار رہا اور دوسری طرف حج کی صورت میں عالمگیر یکجہتی کا نمونہ پیش کیا۔ قرآنِ حکیم کا مطالعہ کرتے وقت انسان یہ سوچنے پر مجبور ہوجاتا ہے کہ باقی تمام عبادات کا حکم دیتے وقت یہ کہا کہ مسلمانوں اور

مومنین پر فرض ہے لیکن صرف حج کی تمام آیات میں یہ کہا کہ یہ لوگوں پر فرض ہے۔ مقصد یہ تھا کہ دنیا کا دیکھا دیا جائے کہ اسلام کا نظامِ انسانیت کی فلاح و بہبود اور عالمگیر بھائی چارہ کے لیے کس طرح کام کر رہا ہے۔ یہ ایک طرح سے سالانہ عالمگیر اجتماع ہے اور اقوام متحدہ کے تحت ہونے والے سالانہ اجلاس کو بقول اقبال یہ دعوتِ فکر دے رہا ہے کہ

مکہ نے دیا خاک جینوا کو یہ پیغام

جمعیتِ اقوام کہ جمعیتِ آدم

لیکن مقام افسوس ہے آج قربانی دکھاوا اور امارت پرستی کی نشانی بن چکی ہے۔ بقول علامہ عید ہجوم مومنین اور حج محض ایک اجتماع بن کر رہ گیا ہے اور ان کی روح سے ذہن غافل ہو چکے ہیں۔ ایسی قوم جس کی یہ تعلیمات ہوں اور ہر سال جس کا اتنا بڑا عالمگیر اجتماع ہو جس میں دنیا بھر سے لوگ کچھ دنوں کے لیے شریک ہوں لیکن اس کے اثرات قوم کی اجتماعی سطح پر نظر نہ آئیں اور کوئی تبدیلی، لائحہ عمل اور کوئی پروگرام سامنے نہ آئے بلکہ انفرادی زندگی میں بھی کوئی بڑی تبدیلی سامنے نہ آئے تو ضرور سوچنا چاہیے کہ علامہ نے یہ کیوں کہا تھا کہ

ہے طوافِ وحج کا ہنگامہ اگر باقی تو کیا

کند ہو کر رہ گئی مومن کی تیغِ بے نیام

آج روحِ ابراہیم درسِ حریت دے رہی ہے اور پکار پکار کر کہہ رہی ہے کہ

معمارِ حرم! باز بہ تعمیرِ جہاں خیز

از خوابِ گراں، خوابِ گراں، خوابِ گراں خیز!

اے مردِ مسلماں، تو بھی معمارِ حرم ہے اس لیے جہاں کی از سرِ نو تعمیر کے لیے اٹھ اور اس خوابِ گراں سے بیدار ہو۔ اور اُسی جذبہ اور حکمتِ عملی کو بروئے کار لاتے ہوئے وقت کے ہر ظالم کے سامنے نعرۂ حق بلند کر۔ آج کے مردِ مسلماں کے نام حضرت ابراہیمؑ کا انقلابی پیغام حکیم الامت نے اپنے اس شعر میں سمو دیا ہے کہ

صنم کدہ ہے جہاں اور مردِ حق ہے خلیل

یہ نکتہ وہ ہے کہ پوشیدہ لا الہ میں ہے

یہ نکتہ وہ ہے کہ پوشیدہ لا الہ میں ہے

جموں ۳۰ کلومیٹر

سویڈن میں ایک طویل عرصہ سے قیام ہے اور اب یہ بھی ہمارا وطنِ عزیز ہے مگر وطنِ ثانی میں مستقل قیام کے ساتھ ساتھ اپنے خطہ جنت نشان کی یاد کب محو ہوتی ہے۔ علامہ اقبال خود سیالکوٹ میں پیدا ہوئے تھے اور اُن کے آباؤ اجداد کشمیر سے تعلق رکھتے تھے یہی وجہ ہے کہ علامہ اپنے آپ کو بھی اُس خطہ کا باسی قرار دیتے ہوئے کہتے ہیں

ہندوستان آئے ہیں کشمیر چھوڑ کر

بلبل نے آشیانہ بنایا چمن سے دور

اور

کشمیر کا وطن جو مجھے دلپذیر ہے

اُسی باغِ جاں فضا کا یہ بلبل اسیر ہے

میرے تو والدین کی پیدائش جموں میں ہوئی تھی اور ۱۹۴۷ء میں انہیں اپنے وطنِ عزیز کو چھوڑ کر سیالکوٹ آنا پڑا اور دوبارہ لیلیٰ وطن کے دیدار کی حسرت لیے اِس دارِ فانی سے عالمِ بقا کی جانب کوچ کر گئے۔ اُن کی طرح ہزاروں یہی حسرت لیے دنیا سے چلے گئے۔ بہت سے لوگوں کو میں نے وطن کی جدائی میں روتے دیکھا ہے اور ہزاروں اب بھی امانتاً دفن ہیں کہ شائد کبھی وطن کی مٹی انہیں نصیب آ جائے۔ سنِ شعور میں قدم رکھتے ہی اپنے داد، دادی اور نانا، نانی سے وطن کا ہی ذکر سنا۔ مرحوم داد جان تو ہمیشہ کہا کرتے تھے وطن کیا خوب وطن تھا جو میرے لیے اُس وقت سمجھنا مشکل تھا۔ ایک طویل عرصہ گذر جانے کے باوجود وہ دو اپنے وطن کو فراموش کرنے کے تیار نہ تھے بلکہ ہر وقت وہاں جانے کے لیے کمربستہ تھے اور یہ تو ۱۹۷ء کی پاک بھارت جنگ کے بعد دِل پر پتھر رکھ کر انہوں نے اپنے آپ کو یہاں رہنے کے لیے آمادہ کیا۔

اپنے گذشتہ دورہ پاکستان میں سرزمینِ جموں کا نظارہ اور وہاں سے آنے والی ہواؤں کی مہک

سے معطر ہونے کے لیے پاک جموں سرحد کے دورہ کا قصد کیا۔ پاکستان اور مقبوضہ جموں کشمیر کے مابین ورکنگ باؤنڈری پر یہ پوسٹ تاریخی جموں سیالکوٹ روڈ پر موضع سوچیت گڑھ کے مقام پر واقع ہے۔ یہاں کھڑے ہو کر جب میں مقبوضہ جموں کی سرزمین کو دیکھ رہا تھا تو مجھے ۷۴۹۱ء کا وہ وقت یاد آ رہا تھا جب لاکھوں مہاجرین اِسی راستے سے پاکستان میں داخل ہوئے تھے۔ میں اُن قافلوں کی صدائے بازگشت محسوس کر رہا تھا جن میں میرے والدین بھی شامل تھے۔ یہ وہی مقام تھا جہاں شہیدِ کشمیر مقبول بٹ شہید نے اپنے ساتھوں کے ساتھ مقبوضہ جموں کشمیر کی مٹی ہاتھ میں لیکر حلف دیا تھا کہ مادرِ وطن کی آزادی کے لیے اپنی جان دینے سے بھی دریغ نہیں کروں گا۔ انہوں نے ۱۱ فروری ۱۹۸۴ کو تہاڑ جیل میں جامِ شہادت پی کر اپنے حلف کو سچ کر دکھایا۔ یہاں سرحد سے ریلوے لائن اور سٹرک دونوں خطوں کے مابین رابطہ کا کام کرتی تھی۔ اقوامِ متحدہ کے فوجی مبصرین دونوں جانب آنے جانے کے لیے یہی راستہ استعمال کرتے ہیں۔ باؤنڈری لائن سے صرف چند میٹر پہلے جموں سیالکوٹ شاہراہ پر سنگِ میل جموں کے تیس کلومیٹر دور ہونے کا پتہ دے رہا ہے جبکہ سری نگر ۳۴۰ کلومیٹر اور ستواری صرف ۳ کلومیٹر ہے۔ میرا اپنا شہر رنبیر سنگھ پورہ یہاں سے ساڑھے پانچ کلومیٹر ہے۔ نواں شہر فقط ساڑھے پانچ کلومیٹر۔ یہ نشانِ میل دیکھ کر مجھے اپنی دادی مرحومہ کی وہ بات یاد آئی جو وہ اکثر کیا کرتی تھیں کہ اگر مجھے اپنے وطن جانے کی اجازت مل جائے تو میں صبح کے وقت یہاں سے پیدل چلوں تو دو پہر تک اپنا کھانا اپنے گھر جا کر کھاوں گی۔ میں پوچھتا تھا کہ دادی جان کیا آپ کا وطن اتنا نزدیک ہے۔ وہ جواب دیتی تھیں ہاں بالکل قریب ہی تو ہے مگر مجھے اِس بات کا اندازہ اب ہو رہا تھا جب میں سنگِ میل پر رنبیر سنگھ پورہ کا فاصلہ صرف ساڑھے پانچ کلومیٹر دیکھ رہا تھا اور اپنی دادی جان کی روح سے مخاطب ہو کر کہہ رہا تھا کہ آپ نے بجا فرمایا تھا۔

پاک جموں سرحد پر ایک درخت ہے جو آدھا پاکستان اور آدھا جموں میں ہے اور جس کی جڑیں دونوں جانب ہیں جو دونوں خطوں کے انمٹ رشتہ کی عکاسی کرتا ہے۔ پیپل کا یہ درخت دونوں خطوں پر اپنا برابر سایہ کیے ہوئے محبت اور یکجہتی کا منہ بولتا ثبوت نظر آ رہا ہے۔ درخت کا تنازہ میں سے تھوڑا ہی اوپر جا کر دو حصوں میں ایسے تقسیم ہو جاتا ہے جیسے دِل کو خون مہیا کرنے والی شریانیں بائیں

اور دائیں میں بٹ جاتی ہیں کچھ اسی انداز میں یہ درخت بھی دو برابر حصوں میں بٹا نظر آتا ہے۔ درخت پر بسنے والے پرندے خوش بخت ہیں انھیں انسانوں جیسی پابندیوں کا سامنا نہیں وہ جس شاخ پر چاہے اپنا آشیانہ بنائیں اور کہیں بھی آئیں جائیں۔ سرحد پر آہنی باڑ نے لوگوں کو منقسم کیا ہوا ہے یہاں رات بھر تیز روشنی روا رکھی جاتی ہے۔ اپنے اہلِ خانہ کے ہمراہ یہ دورہ ہمیشہ یاد رہے گا۔ سرحد پر ایک جانب دیوار پر پاکستان کا پرچم ہے جبکہ دوسری جانب ہندوستان کا ترنگا ہے۔ دلچسپ بات یہ ہے کہ دونوں ممالک نے اپنے اپنے پرچموں پر علامہ اقبال کا ایک ایک مصرعہ لکھ رکھا ہے۔ ہندوستان نے لکھا ہے

سارے جہاں سے اچھا ہندوستاں ہمارا،   جبکہ پاکستان میں مسلم ہیں ہم وطن ہیں سارا

جہاں ہمارا۔ دونوں ممالک نے علامہ کے اشعار کو اپنی شناخت کے لیے استعمال کیا ہے جبکہ علامہ کے آبا و اجداد کا وطن منقسم اور جبری تقسیم کا شکار ہے اور جس کے بارے میں علامہ نے کہا ہے۔

آج وہ کشمیر ہے محکوم و مجبور و فقیر

کل جسے اہلِ نظر کہتے تھے ایرانِ صغیر

اور

توڑ اُس دستِ جفا کیش کو یا رب جس نے

روحِ آزادئ کشمیر کو پامال کیا

سوچیت گڑھ بارڈر کے علاوہ بجوات کے علاقہ میں پاک جموں سرحد دیکھنے کا بھی منظر نہ بھلانے والا ہے۔ بجوات کے گاؤں گلے چک میں میرے بہنوئی چوہدری مطاہر کی زرعی اراضی اور فارم دیکھنے کے تمام اہل و عیال کے ساتھ ایک سہانی صبح کو جنوری کھر ٹہ سیداں سے روانہ ہوئے اور سید پور بند سے گذر کر علاقہ بجوات میں دریائے توی پر نئے تعمیر ہونے والے پُل سے گزرے۔ علاقہ بجوات کے لوگوں کا اس کی تعمیر سے بہت بڑا مطالبہ پورا ہو گیا ہے کیونکہ برسات کے دنوں میں اس علاقہ کے ۸۵ دیہات کا رابطہ پوری دنیا سے کٹ جاتا تھا۔ ہمارا پڑاؤ گلے چک میں تھا جہاں لہلہاتی فصلیں بہت خوبصورت منظر پیش کر رہی تھیں۔ بجوات کا یہ علاقہ ایک چھوٹی سی پٹی کی صورت میں ہے جس کے تینوں طرف ریاست جموں کشمیر ہے۔ قریب ہی سرحد کے پاکستان رینجر کی پوسٹ ڈیرہ کے ٹاور سے دور تک ریاست جموں

ہی تاحدِ نگاہ نظر آ رہی تھی ۔ یہاں سے اکھنور کا شہر بالکل سامنے نظر آ رہا تھا ۔ یہاں اپنی دلی کیفیت کا اظہار مشکل ہے اور اُن لوگوں کے احساسات کا اندازہ لگانا تو واقعی مشکل ہے جن کا خمیر ہی اُس مٹی سے اُٹھا ہو ۔ لوگ منقسم ہیں اور خاندان بٹے ہوئے ہیں ۔ دونوں جانب سے ایک دوسرے کو ملنے جانا جوئے شیر لانے کے مترادف ہے ۔ سیالکوٹ سرحد سے جموں صرف تیس کلومیٹر ہے مگر یہاں سے یا وہاں سے اپنے عزیزوں کو ملنے کے لیے جانے والوں کو براستہ واہگہ ایک طویل اور تھکا دینے والا سفر کرنا پڑتا ہے ۔ گھنٹوں کا سفر دنوں میں طے ہوتا ہے ۔ سیاسی اختلافات اپنی جگہ پر مگر انسانی مسئلہ کو اہمیت دیتے ہوئے پاک جموں سرحد پر کم از کم سینہ چاک اِن وطن کو سینہ چاک سے صرف ملنے کی ہی سہولت دے دی جائے اور میٹنگ پوائنٹ بنا کر دونوں جانب کے ہزاروں لوگوں کی مشکلات آسان کی جا سکتی ہیں تا کہ وہ ایک دوسرے کو جی بھر دیکھ ہی لیا کریں ۔ اس سے محبت اور بھائی چارے کو فروغ حاصل ہوگا ۔

جشنِ مسرت

دنیا کی ہر قوم اور مذہب کے ماننے والوں نے اپنے لوگوں کے لیے کوئی خاص ایام مقرر کئے ہوتے ہیں جنہیں وہ بھر پور طریقے سے مناتے ہیں۔ دورِ جدید میں ہر مملکت کا قومی دن اور دیگر تہوار اس مملکت کے اہم ایام تصور ہوتے ہیں۔ یہ مذہبی اور قومی تہوار دراصل کسی بھی قوم و ملک کی شناخت اور ملی جذبے کا اظہار ہوتے ہیں۔ کوئی ملک، مذہب یا قوم دنیا میں ایسی نہیں ہوگی جو اس طرح کے مخصوص ایام کی حامل نہ ہو۔ کیا اسلام نے بھی اپنے پیروکاروں کے لیے کوئی تہوار یا ایام مقرر کئے ہیں تا کہ مسلمان بھی دیگر مذہب کے ماننے والوں کی کوئی بڑی تقریب منا سکیں۔ ہمارے عیدین کو بڑی اہمیت حاصل ہے اور یہ اسی تناظر میں مخصوص ایام کی طرح منائی جاتی ہیں۔ عید کی اہمیت اور اس کے شرعی احکام تو بڑے تفصیل کے ساتھ بیان کئے جاتے ہیں لیکن یہ وضاحت نہیں کی جاتی کہ ہم عید مناتے کیوں ہیں؟ قبل اس کے ہم دیکھیں کہ قرآن حکیم اس ضمن میں کیا تعلیم دیتا ہے پہلے عید کے لفظ پر غور کرتے ہیں۔ عید بنیادی طور پر عود سے نکلا ہے جس کا مطلب ہے پلٹ کر آنا یعنی عید کے معنی ہیں بار بار لوٹ کر آنے والا دن۔ قرآن حکیم میں یہ لفظ صرف ایک جگہ آیا ہے اور وہ ہے سورہ مائدہ کی آیت ۱۱۴ میں جہاں حضرت عیسیٰ علیہ السلام کے ساتھیوں نے آپ سے عرض کہ اللہ سے التجا کریں کہ ہمارے لیے آسمان سے ہمارے لیے رزق اتارے جو ہماری جسمانی نشوونما کے ساتھ اطمینانِ قلب کا بھی باعث بھی ہو جس پر حضرت مسیح علیہ السلام نے یہ دعا فرمائی۔ اس کے علاوہ عید کے لیے قرآن حکیم میں کوئی اور ذکر نہیں تو پھر وہی سوال کہ ہم عید کیوں مناتے ہیں۔

قرآن حکیم کی سورہ یونس کی آیت ۵۷ میں ارشاد ہے کہ اے نوع انسان! تمھاری طرف تمھارے رب کی طرف سے ایک ضابطہ قوانین نازل ہوا ہے جو تمام نفسیاتی امراض کا علاج ہے اور جو اس پر ایمان رکھتے ہیں ان کے لیے منزل تک پہنچنے کی رہنمائی ہے۔ اس کے ساتھ اگلی آیت میں فرمایا کہ اے رسول ﷺ ان کو کہہ دیں کہ اللہ کے فضل اور رحمت سے ایسا ضابطہ حیات ملا ہے کہ تم کیا

ساری دنیا کے انسان مل کر بھی اس طرح کا ضابطہ نہیں بنا سکتے لہذا اس قدر عظیم نعمت ملنے پر جشن مسرت مناؤ اور یہ اس ساری مال و دولت سے کہیں بہتر ہے جو تم جمع کرتے ہو۔ گویا اس دن منانے کا حکم خود اللہ تعالیٰ نے قرآن حکیم میں دیا ہے اور اس کی وجہ قرآن حکیم کا ملنا ہے۔ اسی حکم کی تعمیل میں ہم نزول قرآن کی خوشی میں رمضان کے بعد عید الفطر مناتے ہیں اور چونکہ قرآن اور صاحب قرآن کو ایک دوسرے سے الگ کیا ہی نہیں جا سکتا اس لیے صاحب قرآن کی تشریف آوری پر ربیع الاول میں جشن مناتے ہیں جسے عید میلاد النبی ﷺ سے موسوم کیا جاتا ہے۔ وہ جشن بھی حکم الٰہی کی تعمیل ہے۔ عید الفطر یعنی جشن نزول قرآن اس لیے رمضان کے اختتام پر منایا جاتا ہے کیونکہ اللہ تعالیٰ نے سورہ بقرہ کی آیت ۱۸۵ میں ارشاد فرمایا ہے کہ ہم نے اس قرآن کو رمضان میں نازل کیا ہے۔ نزول قرآن کا ذکر کرتے ہوئے سورہ قدر میں فرمایا کہ ہم نے اس کتاب مبین کو عظمتوں والی رات میں نازل کیا ہے۔ اس طرح پورا رمضان اس قرآن کی تلاوت، سمجھنے اور غور و فکر کرنے میں گذرتا ہے اور بعد میں اس کے نازل ہونے کی خوشی میں جشن مسرت عید الفطر کی صورت میں مناتے ہیں۔

یہ ضابطہ حیات جو کہ خدا کا آخری کلام ہے واقعی انسانیت کے لیے بیش بہا اور گراں قدر نعمت ہے۔ ممکن ہے کہ کسی کے ذہن میں سوال پیدا ہو کہ یہ کیسے اس قدر اہم ہو سکتا ہے یا کوئی غیر مسلم یہ کہے کہ اس میں تمام نوع انسانی کو کیوں مخاطب کیا گیا ہے اور اس کے نازل ہونے کا احسان ہے تو مسلمانوں پر ہوگا، غیر مسلم اسے کیوں تسلیم کریں۔ سوال واقعی بہت اہم ہے۔ اس کے جواب کے لیے قرآن حکیم پر غور کریں تو یہ حقیقت واضح ہو جائے گی کہ یہ کوئی مذہبی کتاب نہیں جس میں رسمی عبادات کی تفصیل اور ان کا طریقہ کار بیان کیا گیا ہے بلکہ قرآن ایک ایسا ضابطہ حیات ہے جس کا موضوع انسان ہے اور یہ انسان کو اس کے مقام سے آشنا کرتی ہے۔ اسے یہ باور کراتی ہے کہ یہ کائنات تیرے لیے مسخر کی گئی ہے اور تو مسجود ملائکہ ہے۔ تو اس دنیا پر خدا کی بہترین تخلیق ہے اور کائنات تیرے لیے بنائی گئی ہے تو نہیں جہاں کے لیے۔ انسان نے جب اس انقلاب آفرین پیغام پر غور کیا تو اُس نے اس دنیا کا انداز ہی بدل ڈالا اور وہ کائنات کی وسعتوں کی تسخیر کرتا چلا گیا۔ تو کیا پھر یہ تمام انسانوں کے لیے عظیم نعمت نہیں۔ اس حقیقت کو علامہ اقبال نے یوں بیان کیا ہے کہ وحی انسان کو وہ سب رہنمائی فوری طور پر پیش کر دیتی ہے

جس تک انسانی عقل کو پہنچنے میں لاکھوں سال لگیں۔علامہ فرماتے ہیں کہ

عشق کی ایک جست نے کر دیا قصہ تمام

اس زمین و آسمان کو بے کراں سمجھا تھا میں

اس کتابِ عظیم پر عمل کرنے والوں کے علم کی بدولت یورپ کو تاریک دور سے نجات ملی اور مسلمانوں کے سائنسی اندازِ فکر اور علم سے فیض یابی کرتے ہوئے وہ ترقی کی اس شاہراہ پر گامزن ہوئے جس پر سفر طے کرتے ہوئے وہ آج اس مقام پر موجود ہیں۔اس حقیقت کا اعتراف خود اہل یورپ کرتے ہیں۔یورپ کے بادشاہوں اور کلیسا کے پاپاؤں نے قرآن پڑھا اور 788-1200 تک اس کا طرزِ جہاں بانی اختیار کر کے زمینوں، سمندروں، ہواؤں اور فضاؤں پر چھا گئے۔آٹھویں صدی عیسوی سے پانچ سو سال بعد تک عربی یورپ کی علمی زبان اور قرآن یورپ کا ضابطہ حیات رہا ہے۔یہی نہیں بلکہ عربی ہی نوع بشر کی سائنسی زبان رہی ہے۔اور وہ عربی زبان سیکھے بغیر آگے نہیں بڑھ سکتے تھے۔

یورپ کے اہل دانش خود اعتراف کرتے ہیں کہ عظمت کے اعتبار سے کوئی زبان قرآن کا مقابلہ نہیں کر سکتی۔اس کی برتری اس کا ذخیرہ الفاظ اور اسلوب ہے۔اس کی صرفی و نحوی خصوصیات کسی دوسری زبان میں نہیں پائی جاتیں۔ان کے اہل علم مانتے ہیں کہ ہم سائنس کا قرآن سے تعلق قائم کیے بغیر اس کا صحیح ادراک کیسے حاصل کرتے ہیں؟ زندگی کا شائد ہی کوئی ایسا گوشہ ہو جس میں قرآن نے مغربی روایات کو مالا مال نہ کیا ہو۔سائنس، طب، صنعت و حرفت، تجارت و ایجادات بلکہ سارے علوم کا علمی و فنی ذوق قرآن سے حاصل ہوا ہے۔اگر جدید سائنسی اصطلاحات سے صرف نظر کر بھی لیا جائے تو قرآن کا زندگی میں جو علمی حصہ ہے اس کی حوالہ جاتی فہرست ہی کے لیے بہت سے صفحات درکار ہوں گے اور پھر بھی وہ ناممکن رہے گی۔سائنس پر قرآن کے احسانات کا اہل یورپ اعتراف کرتے ہیں۔ قرآن نے ایسے سائنسی،معاشی، معاشرتی، سیاسی اور ادبی تصورات دیئے ہیں جس کا ان کی زبان پر اثر پڑا ہے۔انگریزی زبان میں آج بھی ایک ہزار سے زائد عربی کے الفاظ کی موجودگی اس کا منہ بولتا ثبوت ہے۔یورپی سائنسدان Roger Bacon نے اہل یورپ کو نصیحت کی سائنسی ترقی کے لیے

عربی زبان سیکھیں اور مسلمان سائنسدانوں کی کتب پڑھیں۔ مسلمان سائنس کے میدان میں Pioneer تھے اور آج کی سائنسی ترقی ان کی مرہونِ منت ہے۔ یہ بات یقین سے کہی جاسکتی ہے کہ قرآن کے بغیر انسانی تہذیب اس حد تک نہ پہنچتی جس پر پہنچ کر وہ ارتقاء کی تمام سابقہ حالتوں پر سبقت لے گئی۔ قرآن میں ایسے محکم اصول موجود ہیں جن کی بنیاد پر پوری دنیا کے ملکوں اور قوموں کی تشکیلِ نو ہوسکتی ہے۔ دنیا اس غلط فہمی میں مبتلا رہی کہ جدید سائنس کا موجد یونان تھا لیکن جدید تحقیقات سے یہ ناقابلِ تردید حقیقت سامنے آئی کہ یونان نے بعض نظریات ضرور قائم کیے تھے لیکن تجرباتی علم کو عمومی طور پر اختیار کرنا یونانی مزاج کے خلاف تھا۔ قرآن ہی وہ کتاب ہے جس نے اپنے پڑھنے والوں کے لیے معروضی تحقیقات اور تجربی معلومات کو لازم قرار دیا ہے۔

اس تمام تفصیل سے یہ واضح ہوجاتا ہے کہ قرآن سے صرف مسلمان ہی فیض یاب نہیں ہوئے بلکہ غیر مسلمانوں نے بھی اس فائدہ اٹھایا ہے اس لیے اس کتابِ عظیم کے نازل ہونے کی خوشی میں تمام انسانوں کو جشنِ مسرت منانا چاہیے اور صاحبِ کتاب کی ولادت پر بھی خوشی اور جشن اسی کا تسلسل ہے کیونکہ حضور صلی اللہ علیہ وآلہ وسلم مجسم قرآن تھے اور کتاب اور صاحبِ کتاب کو ایک دوسرے سے الگ نہیں کیا جاسکتا۔

جہاد اور فساد

دنیا کی اقوام علم و آگہی اور سائنس و ٹیکنالوجی کے میدان میں ہمہ وقت تحقیق و جستجو میں مصروف ہیں۔ سمندری گہرائیاں ہوں یا کائنات کی وسعتیں، مریخ پر کمند ڈالنی ہو یا خلیہ کے اندر ایک جہاں کی کھوج، غرض ہر شعبۂ زندگی میں نت نئی ایجادات اور دریافتیں سامنے آرہی ہیں۔ نئے نئے علوم اور بہترین درسگاہیں قائم کرنے میں ایک دوسرے کے ساتھ مقابلہ جاری ہے مگر صد افسوس کہ امت مسلمہ کے افراد ایک دوسرے کے گلے کاٹنے اور حکومتیں ایک دوسرے کو نیچا دکھانے میں اپنی تمام توانائیاں صرف کر رہی ہیں۔ یہ درست ہے کہ غیر مسلم طاقتیں اس کی پشت پناہی کر رہی ہیں لیکن آلہ کار کون بنا ہوا ہے۔ کیا مسلم دنیا سے دانش اور حکمت بالکل اٹھ گئی ہے اور کسی کو بھی اس کا احساس نہیں۔ نسلی، علاقائی اور مذہبی تعصّبات کے پس منظر میں اپنے سیاسی اور دوسرے مفادات کی خاطر ملت اسلامیہ کو ناکارہ اور دنیا میں تماشہ بنا دیا ہے۔ حکیم الامت نے کچھ ایسی ہی صورت حال پر بارگاہ رسالت صلی اللہ علیہ وآلہ وسلم میں یہ فریاد کی تھی کہ

کل ایک شوریدہ خواب گاہ نبی پہ رو رو کے کہہ رہا تھا

کہ مصر و ہندوستاں کے مسلم بنائے ملت مٹا رہے ہیں

غضب ہیں تیرے مرشدان خود بیں خدا تری قوم کو بچائے!

بگاڑ کر تیرے مسلموں کو یہ اپنی عزت بنا رہے ہیں

اللہ تعالیٰ نے فرقے بنانے سے سخت منع کیا ہے (آل عمران ۱۰۳، الشوریٰ ۱۳) اس کے باوجود ہم اپنے آپ کو کسی نہ کسی فرقہ سے منسلک کرتے ہیں اور سینہ تان کر اپنے آپ کو سُنی، شیعہ اور سلفی وغیرہ کہتے ہیں۔ غیر مسلم طاقتوں نے مسلمانوں کو تباہ اور آپس میں لڑانے کا راز بھانپ لیا ہے کہ اس کے لیے انہیں خود سامنے آنے کی ضرورت ہی نہیں۔ فرقہ پرستی، عربی و عجمی، علاقائی اور نسلی تعصّبات کی موجودگی میں کسی بیرونی دشمن کی ضرورت ہی نہیں۔ علاقائی اور فرقہ وارانہ کشیدگی ایک عذاب کی صورت

مسلمانوں پر مسلط ہے اور یہ ہو بھی کیوں نہ جب اللہ تعالیٰ نے فرقہ بندی کا نتیجہ عذاب قرار دیا ہے (آل عمران ۱۰۵)۔ فرقہ اور گروہ بندی ضد اور ہٹ دھرمی کا نتیجہ ہے (الشوریٰ ۱۴) تعصّبات اور فرقہ واریت کی بنیاد پر امتِ مسلمہ کو پارہ پارہ کرنے والے افراد، رہنما یا حکومتیں وہ یہ ضرور ذہن میں رکھیں کہ روزِ قیامت خدا اُن سے اس جرمِ عظیم کے بارے میں ضرور پر پچھے گا۔ اور اللہ تعالیٰ فیصلہ کر دے گا (الجاثیہ ۱۷) کیونکہ اللہ تعالیٰ نے یہ بھی واضح کر دیا کہ جنہوں نے بھی فرقے بنائے رسولِ پاک ﷺ کا اُن سے کوئی تعلق نہیں (انعام ۱۵۹)۔ پاکستان اور مشرقی وسطیٰ جس آگ میں جل رہا ہے وہ اسی فرقہ واریت کی لگائی ہوئی ہے اور اب نہ بجھی تو سب کا گلستان جل اٹھے گا۔

جہاد جیسی اہم اصطلاح کو بہت غلط معنی پہنائے گئے ہیں۔ جہاد کا لفظ سنتے ہی ایک تصور ابھرتا ہے کہ داڑھی والے مذہبی دیوانوں کا ایک مسلح گروہ نعرۂ تکبیر بلند کرتا ہوا آگے بڑھ رہا ہے اور جو بھی مخالف سامنے آئے گا اُن کی گردن اُڑا دے گا۔ غیر مسلم تو ایک طرف خود مسلمانوں میں جہاد کا اسی نوعیت کا تصور ہے یعنی بوئے خون آتی ہے اس قوم کے افسانوں سے۔ حالانکہ جہاد کا معنی جنگ کرنا یا قتل کرنا ہی نہیں ہے بلکہ اس کا معنی کوشش اور مصروفِ جدوجہد ہونا ہے۔ کسی مقصد کے حصول کے لیے اپنی پوری کوشش اور طاقت استعمال کرنا اور اس میں کوئی کسر اٹھا نہ رکھنا۔ قرآنِ حکیم نے اسی مفہوم میں جہاد کا لفظ استعمال کیا ہے۔ اسی کے اندر ایک گوشہ دین کی سربلندی کے لیے میدانِ کارزار میں اترنا ہے اور اس مقصد کے لیے اپنی جان کی بھی پروا نہ کرنا اور جو دشمنِ دین پر حملہ آور ہوں ان کا خاتمہ کرنا جسے قرآن نے قتال سے موسوم کیا ہے۔ لہٰذا ہر جہاد جنگ یا لڑائی نہیں البتہ قرآنی احکامات کی روشنی میں کی جانے والی جنگ جہاد کے ذمرے میں آئے گی۔ قرآن مسلمانوں کو جنگ کی اجازت دیتا ہے صرف اس لیے کہ فتنہ اور ظلم ختم ہو جائے اور دنیا میں امن قائم ہو۔ اسلام صرف اپنے دفاع کے لیے جنگ کا حکم دیتا ہے یا پھر ظلم اور زیادتی روکنے کے لیے چاہے یہ کسی کی بھی طرف ہو۔ یہ جنگ بنیادی حقوقِ انسانی کے لیے ہو گی جس کی کچھ شرائط ہیں۔ جنگ کا مقصد مالِ غنیمت کا حصول نہیں۔ جنگی قیدی جن میں عورتیں بھی شامل ہیں انہیں فدیہ لے کر یا اپنے قیدیوں کے تبادلہ میں یا پھر احسان کر کے چھوڑنا ہو گا۔ انہیں غلام یا لونڈی نہیں بنایا جا سکتا (۴ / ۷ ۴) پورے قرآن میں ایک آیت بھی ایسی نہیں جس میں یہ کہا گیا ہو کہ جنگی قیدیوں کو

غلام اور لونڈیاں بنالو۔ قرآنِ حکیم میں جہاں یہ ذکر آیا کہ کافروں سے لڑو اس کا اطلاق دورِ حاضر کے ہر غیر مسلم پر نہیں کیا جاسکتا بلکہ وہ احکامات اُن مشرکین اور کفار کے بارے میں ہیں جنہوں نے بار بار معائدے توڑے اور جن سے مسلمان محفوظ نہ تھے۔ سورۃ توبہ کا آغاز اسی اعلان سے ہوتا ہے۔ دوسری اہم بات یہ ہے کہ جہاں بھی قرآنِ حکیم میں یہ آیا کہ اللہ کی راہ میں لڑو۔ محکوم عورتوں اور بچوں کو آزاد کراؤ وغیرہ۔ یہ احکامات مسلمانوں کی حکومت کے لیے ہیں اور نظامِ مملکت ہی جنگ کا فیصلہ کرے گا جیسا کہ دورِ حاضر میں ہر ملک کرتا ہے۔ ان آیات کا مطلب یہ نہیں ہر مسلمان اٹھے اور جہاں جہاں غیر مسلم دیکھے اُن کو قتل کرتا جائے۔ دورِ رسالت ﷺ ہو یا خلفائے راشدینؓ کا عہد ایک بھی ایسی مثال نہیں کہ کسی صحابی نے انفرادی طور پر یا صحابہ اکرامؓ کے کسی گروہ نے اپنے طور پر کوئی فیصلہ کیا ہو اور وہ جہاد کے نام پر از خود مسلح کاروائیاں کی ہوں۔ جب بھی تلوار کے جہاد کی ضرورت پیش آئی اُس وقت کی حکومت نے فیصلہ کیا۔ اس لیے اسلامی ممالک جہاں مسلمانوں کی اکثریت رہ رہی ہو وہاں صرف حکومت ہی جہاد بالسیف کا اعلان کرسکتی ہے۔ اگر کوئی مسلمان حکومت ایسا اعلان نہیں کر رہی لیکن یا گروہ یہ سمجھتا ہے کہ ایسا ضروری ہے تو وہ اس مقصد کے لیے رائے عامہ ہموار کرسکتا ہے لیکن پھر بھی از خود مسلح جہاد کا نہ اعلان کرسکتا ہے اور نہ ہی کوئی ایسی کاروائیاں کرنے کا مجاز ہے۔ البتہ جو مسلمان محکوم ہیں اور اپنی آزادی کی جنگ لڑ رہے ہیں وہ باہم متحد ہوکر جہادِ آزادی کرنے میں حق بجانب ہیں۔ ایسے مسلمان جو غیر مسلم ممالک میں اقلیت کی صورت میں رہ رہے ہیں، انہیں وہاں کے قوانین کی پابندی لازمی ہے بصورتِ دیگر وہ پہلے اُن ممالک کی شہریت سے دستبردار ہوجائیں اور پھر جہاں مرضی جائیں کیونکہ قرآنِ حکیم ہمیں معائدوں کی پابندی کا حکم دیتا ہے۔

اپنے بچوں کو نام نہاد جہادیوں کے چنگل میں جانے سے بچائیے۔ یہ ہمارا فرض ہے کہ بچوں کو جہاد کی اصل تعلیمات سے روشناس کروائیں کیونکہ وہ شدت پسند عناصر قرآن کی چند آیات اور کچھ احادیث لیکر بچوں کو اپنا شکار بناتے ہیں۔ جہاد کے نام پر جو فساد ہو رہا ہے اس سے آگہی بہت ضروری ہے۔ چونکہ بچے ناسمجھ ہوتے ہیں اور یہ عناصر اس کا فائدہ اٹھاتے ہیں۔ بچوں کو جہاد اور قتال کی اصل صورت سے آگاہ کرنے کے ساتھ یہ بتانا بھی ضروری ہے کہ اللہ نے ناحق قتل کرنے کو حرام قرار دیا ہے

(۳۳/۱۷، ۱۵۲/۶)۔ اگر فریق مخالف رک جائے تو تم بھی رک جاؤ اور زیادتی نہ کرو (۱۹۲/۲ ـ ۳)۔ اگر دشمن صلح کی طرف جھک جائے تو تم بھی جھک جاؤ (۶۱/۸)۔ اگر مشرکوں میں سے کوئی پناہ طلب کرے تو انہیں پناہ دو اور امن کی جگہ پہنچا دو (۶/۹)۔ جن لوگوں نے تم سے دین کے بارے میں لڑائی نہیں کی اور تمہیں جلا وطن نہیں کیا ان کے ساتھ احسان اور منصفانہ سلوک کرو (۸/۶۰)، دشمن سے بھی عدل کرو (۵/۸)، دشمن سے نرمی سے بات کرو ممکن ہے کہ وہ سمجھ جائے (۴۴/۲۰)، جنگ سے پہلے معائدہ صلح پیش کرو اور دشمن کے سربراہوں کو عزت سے مخاطب کرو (۲۹/۲۷)۔ کیا ایسی تعلیمات دینے والا دین امن کا پیامبر نہیں لیکن نام نہاد جہادی عناصر یہ آیات نہ پڑھتے ہیں اور نہ اپنے پیروکاروں کے سامنے رکھتے ہیں ۔ دین نے فتنہ کو قتل سے بھی بدتر قرار دیا ہے چاہیے اس فتنہ کے لیے شمشیر اٹھے یا نعرہ تکبیر، بقول اقبال

اللہ سے کرے دور تو تعلیم بھی فتنہ

املاک بھی اولاد بھی جاگیر بھی فتنہ

ناحق کے لیے اٹھے تو شمشیر بھی فتنہ

شمشیر ہی کیا نعرہ تکبیر بھی فتنہ

علامہ اقبالؒ اور میاں محمد بخشؒ

پنجابی برصغیر کی ایک بڑی زبان ہے اور اس کا دامن بہت وسیع ہے۔ اس زبان کے بہت سے شعراء ہیں جن کا کلام ہر دور میں عوام میں مقبول رہا ہے۔ برصغیر میں آنے والے صوفیا اکرام جب خطہ پنجاب میں آئے تو انہوں نے یہاں کی زبان کو اپنی رائے اظہار کا ذریعہ بنایا جن کا کلام آج بھی وجد آفرین ہے۔ اُن کے کلام میں انسان دوستی، محبت و یگانگت، برداشت، صلح جوئی اور احترام باہمی کا پیغام ملتا ہے جسے دورِ حاضر میں پھیلانے کی بہت ضرورت ہے۔ انہی صوفی شعراء میں ایک میاں محمد بخش ہیں جن کا تعلق ریاست جموں کشمیر کے علاقہ کھڑی ضلع میرپور سے ہے۔ یہ علاقہ چونکہ پنجاب سے ملحق ہے اس لیے یہاں کی زبان پنجابی ہے جس پر پوٹھواری کا بہت اثر ہے۔ میاں محمد بخش کی ولادت ۱۸۳۰ء کو میاں شمس الدین کے ہاں ہوئی جو قبیلہ گوجر پسوال کے ایک معزز شخص اور صوفی منش تھے۔ میاں محمد بخش کے دادا میاں محمد دین پیرا شاہ غازی دمڑی والی سرکار کے سجادہ نشین تھے۔ بعد ازاں آپ کے والد اور پھر خود میاں صاحب نے یہ منصب سنبھالا۔ انہوں نے زمانے کے دستور کے تحت عربی، فارسی اور دینی علوم سیکھے۔ آپ کا دور ریاست جموں کشمیر کے مسلمانوں کے لیے بہت پرآشوب تھا کیونکہ ۱۸۴۶ء کو مہاراجہ گلاب سنگھ نے عہدنامہ امرتسر کے تحت انگریزوں سے ریاست کا اقتدار حاصل کیا تھا اور مطلق العنان حکمران بن گیا۔ برصغیر کے مسلمان بھی جنگ آزادی میں شکست کے بعد محکومی کی زندگی بسر کر رہے تھے۔ میاں صاحب کے کلام میں جابجا ان حالات کی عکاسی ہوتی ہے۔ ریاست جموں کشمیر کے معروف محقق ڈاکٹر غلام حسین نے آپ کی پندرہ تصانیف کا ذکر کیا ہے جن میں سیف الملوک، سوہنی مہینوال، تحفہ میراں، نیرنگ خیال، تحفہ رسولیہ، شیریں فرہاد، مرزا صاحباں، ہیر رانجھا، شاہ منصور اور ہدایت المسلمین شامل ہیں۔ میاں صاحب نے عوام الناس خصوصاً کم تعلیم یافتہ طبقہ کو عشق حقیقی کی طرف لے جانے کے لیے مجاز کی مثالوں سے سمجھایا ہے۔ انہوں نے پنجابی کے اہم صوفی شعراء کو زبردست خراج عقیدت پیش کیا ہے جن میں سلطان باہو، بابا فرید شکر گنج، بلھے شاہ، وارث شاہ اور شاہ مراد شامل

ہیں۔ میاں محمد بخش کے بارے میں بہت کتب لکھی گئی ہیں جن میں معروف ادیب اور صحافی کلیم اختر کی اقبال اور مشاہیرِ کشمیر، پروفیسر نذیر احمد تشنہ کی مطالعہ کشمیر اور پروفیسر ڈاکٹر غلام حسین اظہر مرحوم کی میاں محمد شخصیت اور فن شامل ہیں۔ میری خوش نصیبی ہے ان تینوں شخصیات کی شاگردی اور صحبت حاصل رہی ہے۔

میاں محمد بخش کا دور علامہ اقبال سے کچھ ہی عرصہ پہلے کا ہے اور اتفاق یہ ہے کہ جب ان کا انتقال ۱۹۰۷ء میں ہوا علامہ اقبال کی شاعری کا وہ دور شروع ہوا جس نے انہیں حکیم الامت کے مرتبہ پر فائز کیا۔ علامہ اقبال کی چونکہ مادری زبان پنجابی تھی اس لیے انہیں میاں محمد بخش کا کلام بہت پسند تھا۔ بقول صوفی تبسم علامہ اقبال پنجابی کے مشاہیر شعراء کے بہت مداح تھے۔ ایک دفعہ لاہور میں علامہ اقبال نعت خوانی کی ایک محفل میں شریک تھے جہاں کسی نے میاں محمد بخش کی تصنیف سیف الملوک کا کلام پڑھنا شروع کیا

ملک عبادت خاصی اندر دائم رہن کھلوتے

پر عشقے دی لہرے دے اندر ما نہ سکدے غوطے

یہ سننا تھا کہ علامہ پر رقت طاری ہوگئی اور آنکھیں پرنم تھیں بعد میں فرمایا کہ میاں صاحب اگر آج زندہ ہوتے تو میں اُن کے ہاتھ چوم لیتا۔ میاں صاحب کی اسی شعر کو علامہ اقبال نے یوں کہا ہے کہ

مقام شوق تیرے قدسیوں کے بس کا نہیں

انہیں کا کام ہے یہ جن کے حوصلے ہیں زیادہ

میاں محمد بخش اور علامہ اقبال دونوں بہت بڑے عاشق رسول تھے اور انسانیت کے ترجمان تھے۔ دونوں کا تعلق خطہ جموں کشمیر سے ہے۔ اقبال کے آباؤ اجداد کشمیر سے ہجرت کر کے سیالکوٹ جا بسے لیکن اقبال کشمیر کو ہی اپنا وطن کہتے رہے جبکہ میاں محمد بخش تو رہنے والے ہی کھڑی شریف میر پور کے تھے۔ علامہ اقبال نے فارسی اور اردو کو اپنے پیغام کا ذریعہ بنایا جبکہ میاں صاحب نے یہی کام پنجابی میں کیا۔ دونوں کے کلام میں بہت اشتراک پایا جاتا ہے جس کی وجہ دونوں کا مولانا روم سے متاثر ہونا ہے۔ دونوں حضرات کا تعلق سلسلہ قادریہ سے تھا۔ علامہ اقبال نے قاضی سلطان محمود کے ہاتھوں پر بیعت کی اور سلسلہ قادریہ سے وابستہ ہوئے۔ قاضی سلطان محمود اور میاں محمد بخش ہم عصر تھے اور دونوں میں اکثر

ملاقاتوں کا سلسلہ رہتا تھا اور ایک دفعہ جب قاضی صاحب سے ملنے کے بعد جانے لگے تو میاں صاحب نے اُن کے رخصت ہونے پر ایک رباعی بھی لکھی۔ اس اعتبار سے علامہ اقبال کی میاں محمد بخش سے الفت قدرتی امر ہے۔ تصوف میں غیر اسلامی تعلیمات کے اثرات کے بارے میں علامہ اقبال سید سلیمان ندوی کو ایک خط میں لکھتے ہیں کہ خواجہ نقشبندی سرہند کی میرے دل میں بہت عزت ہے مگر افسوس کہ آج یہ سلسلہ بھی عجمیت کے رنگ میں رنگ گیا ہے۔ یہی حال سلسلہ قادریہ کا ہے جس میں، میں خود بیعت رکھتا ہوں حالانکہ حضرت محی الدین کا مقصود اسلامی تصوف کو عجمیت سے پاک کرنا تھا۔ علامہ اقبال اور میاں محمد بخش کے کلام میں بہت مماثلت پائی جاتی ہے۔ اسی تناظر میں میاں محمد بخش اور علامہ اقبال کے وہ چند اشعار پیش ہیں جن کا پیغام ایک ہی ہے۔

میاں صاحب

لوئے لوئے بھر لے کڑیئے جے توں بھانڈا ں بھرناں

شام پئی بن شام محمد گھر چاندی نے ڈرنا

علامہ اقبال

عمل سے زندگی بنتی ہے جنت بھی جہنم بھی

یہ خاکی اپنی فطرت میں نہ نوری ہے نہ ناری ہے

میاں صاحب

بال چراغ عشق دا میرا روشن کر دے سیناں

دل دے دیوے دی روشنائی جاوے وچ زمیناں

علامہ اقبال

خدایا آرزو میری یہی ہے

میرا نور بصیرت عام کر دے

میاں صاحب

دل وچ کرے دمیل شہزادہ کیہہ کم کرن تارے

آپ تخت توں ڈھیندے جاندے او غریب وچارے

علامہ اقبال

ستارہ کیا مری تقدیر کی خبر دے گا

وہ خود فراخئ افلاک میں ہے خوار و زبوں

میاں صاحب

سچے مرد صفائی والے جو کچھ کہن زبانوں

مولا پاک سنیدا   اوہو کئی خبر اسانوں

علامہ اقبال

ہاتھ ہے اللہ کا بندۂ مومن کا ہاتھ

غالب و کار آفرین کار کشا کار ساز

میاں صاحب

جے لکھ واری عطر گلابوں دھوئیئے نت زباناں

نام انہاں دے لائق ناہیں کی کلمے دا کاناں

علامہ اقبال

چوں بنام مصطفیٰ صلی اللہ علیہ وسلم خوانم درود

از خجالت آب می گردد وجود

سید نذیر نیازی جو بہت عرصہ علامہ اقبال کی صحبت میں رہے اور علامہ کے خطبات کا اردو ترجمہ بھی کیا، ان کا کہنا ہے کہ ایک دفعہ کچھ لوگ علامہ اقبال سے ملنے آئے اور دوران گفتگو علامہ نے اپنے کچھ شعر پڑھے تو ان لوگوں نے میاں محمد بخش کے اشعار سنائے جن میں وہی پیغام تھا تو علامہ نے فرمایا کہ میاں سودا نا اور ایک ہی بات ہے۔

کیا اقبال محض ایک شاعر تھے

دنیائے صحافت کی دو عظیم شخصیات کے مابین گذشتہ دنوں ایک عجیب سی بحث چھڑی ہوئی تھی۔ ایک کا کہنا ہے کہ علامہ اقبال نہ تو شاعرِ مشرق تھے اور نہ ہی کوئی قومی شاعر ہیں بلکہ وہ صرف ایک مقامی شاعر تھے اور اُن کا پیغام اب فرسودہ ہو چکا ہے۔ انہوں نے جو کہا وہ ان کے دور تک درست تھا مگر اب وہ تھیسز آؤٹ ڈیٹیڈ ہو چکا ہے۔ جبکہ اس کا جواب دیتے ہوئے ایک بہت معروف کالم نگار نے لکھا ہے کہ علامہ اقبال صرف پاکستان کے ہی نہیں بلکہ ایران، تاجکستان اور ترکستان میں بھی انہیں قومی شاعر تسلیم کیا جاتا ہے۔ بھارت میں اُن کی شاعری پر بہت کام ہو رہا ہے بلکہ دنیا بھر میں اُن کی شاعری کی دھوم ہے اور وہ بلا شبہ شاعرِ مشرق ہیں۔ ان دونوں شخصیات کی رائے سے میں متفق نہیں ہوں۔ علامہ اقبال کے بارے میں ایسی رائے رکھنے والوں کو اصل میں غلط فہمی اس لیے ہوتی ہے کہ انہوں نے اقبال کے چند اشعار سنے ہوتے ہیں وہ لیکن اقبال کی فکر اقبال سے نا آشنا ہوتے ہیں۔ اقبال شاعر تھے ہی نہیں، اس لیے اُن کے مقام و مرتبہ کو شاعری کے پیمانے سے ماپنا درست نہیں۔ یہ صحیح ہے کہ انہوں نے شاعری کو اپنے پیغام کا ذریعہ بنایا مگر اس میں اور شاعرانہ ذہنیت میں بہت فرق ہے۔ قرآن نے شاعری کو ایک ذہنیت قرار دیتے ہوئے اس کی مذمت کی ہے جس کا کوئی نصب العین نہیں ہوتا۔ قابل مذمت اسلوب بیان نہیں بلکہ ذہنیت ہے۔ اصل اہمیت پیغام کی ہوتی ہے اسلوب بیان چاہے کوئی سا بھی کیوں نہ ہو۔ اگر کوئی حقائق اور سچ کی بات کے اظہار کے لیے شاعری کو ذریعہ بنائے وہ قابل گرفت نہیں ہوتا۔ قابل اعتراض پیغام اور انداز فکر ہوتا ہے۔ شاعر ایک وقت میں ہجر و فراق کی بات کر رہے ہوتے ہیں لیکن ساتھ ہی وصل کی لذت سے بھی محظوظ ہو رہے ہوتے ہیں۔ اُن کے ذہن کی اڑان ہوتی ہے کہ کبھی گل و بلبل کے قصے کبھی محبوب کی تعریف میں زمین و آسمان کے قلابے اور ہجو پہ آ جائیں تو رقیب کو روسیا قرار دے دیں۔ اسی شاعرانہ طرزِ عمل کے بارے میں علامہ اقبال نے کہا کہ

شاعر کی نوا مردہ و افسردہ و بے ذوق

افکار میں سرمست نہ خوابیدہ نہ بیدار

علامہ نے تو شاعری ترک کردی تھی مگر اپنے استاد سرآرنلڈ اور قریبی دوست شیخ عبدالقادر کے
کہنے پر دوبارہ شاعری کو ذریعۂ پیغام بنایا۔ انہوں نے خود کہا کہ میری شاعری سے کوئی تعلق نہیں میں نے
تو اسے صرف اپنے پیغام کا ذریعہ بنایا ہے وہ کہتے ہیں کہ

نغمہ کجا و من کجا! ساز سخن بہانہ است

سوئے قطار می کشم ناقہ بے زمام را

جو انہیں شاعر کہتے تھے انہیں وہ جواب دیتے ہوئے کہتے ہیں کہ وہ میرے پیغام پر غور
کریں اور اسے روایتی شاعری پر معمول نہ کریں۔ بال جبریل میں وہ لکھتے ہیں کہ

میری نوائے پریشاں کو شاعری نہ سمجھ

کہ میں ہوں محرم راز درونِ ے خانہ

علامہ درد ِدل سے شکوہ کرتے ہوئے کہتے ہیں کہ جو میں نے کہا ہے اس پر تم غور نہیں کرتے
بلکہ مجھ پر شاعر ہونے کی تہمت لگا دیتے ہو اور انہوں نے بہت ہی سخت بات کہہ دی کہ

نہ پنداری کہ من بی بادہ مستم

مثال شاعراں افسانہ بستم

نہ بینی خیر از آن مرد فرودست

کہ بر من تہمت شعر و سخن بست

ہم انہیں خراج عقیدت پیش کرتے ہوئے شاعرِ مشرق قرار دیتے ہیں لیکن اقبال چیخ چیخ کر
کہتے ہیں کہ میں شاعر نہیں ہوں۔ وہ بارگاہِ رسالت ﷺ میں شکایت کرتے ہیں کہ

من اے میر امم داداز تو خواہم

مرا یاراں غزل خوانے شمر دند

وہ کہتے یہ ہیں کہ اے میرے اور ساری کائنات کے آقا ﷺ! میں آپ کی خدمت

میں یہ فریاد لے کر حاضر ہوا ہوں کہ میں نے تو اپنی قوم کو آپ صلی اللہ علیہ وسلم کا پیغام سنایا لیکن میری قوم نے مجھے محض ایک شاعر سمجھا۔ وہ مثنوی اسرار و رموز میں مزید عرض کرتے ہوئے کہتے ہیں کہ اگر میرے پیغام میں قرآن کے سوا کچھ اور ہے تو روزِ محشر مجھے سب کے سامنے رسوا کیا جائے

پردہ   ناموس   فکرم   چاک   کن

ایں   خیاباں   راز   خارم   پاک   کن

یہی نہیں بلکہ مجھے حضور صلی اللہ علیہ وسلم کے قدموں کے بوسے سے بھی محروم کر دیا جائے۔

روز   محشر   خوار   و   رسوا   کن   مر

اے   نصیب   از   بوسہ   پاکن   مرا

فکرِ اقبال کا تھیسز آؤٹ ڈیٹیڈ کیسے ہو سکتا ہے کیونکہ اس کا منبع قرآن ہے۔ وہ عشق مصطفیٰ صلی اللہ علیہ وسلم کا پیغام ہے۔ وہ ہر دور کے لیے قابلِ عمل رہے گا۔ اقبال نے تو اپنے پیغام کو فردا قرار دیتے ہوئے آنے والے دور کا پیغام قرار دیا ہے اقبال کا اصل مقام پیامبرِ قرآن کا ہے۔ وہ حکیم الامت تھے اور جن لوگوں نے اُن کی فارسی شاعری، خطبات اور باقی کلام کو غور سے پڑھا ہے وہ اقبال کو یہی مقام دیتے ہیں۔ آج پوری دنیا میں اقبال کے کروڑوں چاہنے والے اُس کی اس دعا کی قبولیت کا ثبوت ہے جو اس نے بارگاہِ ایزدی میں کی تھی کہ

خدایا   آرزو   میری   یہی   ہے

میرا   نور   بصیرت   عام   کر دے

پاکستانی عوام کی حالت کیوں نہیں بدلتی

جب بھی دو پاکستانی آپس میں ملتے ہیں تو وہ ملکی حالات کا رونا روتے ہیں۔ سماجی تقریبات ہوں یا کوئی بھی اجتماع ہر جگہ لوگوں کا یہی موضوع ہوتا ہے۔ ٹی وی پروگرام ہوں، اخبارات کے صفحات ہوں، سوشل میڈیا ہو یا نجی ملاقاتیں ہر جگہ عوام کی گفتگو کا محور پاکستان کی صورت حال ہوتا ہے۔ بیرون ملک مقیم پاکستانی اس کرب کو زیادہ شدت کے ساتھ محسوس کرتے ہیں۔ بیرون ملک پاکستانی جب دنیا کی دیگر ترقی یافتہ اقوام اور وہاں کے خوشحال معاشرہ دیکھتے ہیں جہاں بنیادی انسانی ضروریات کی فراہمی کوئی مسئلہ ہی نہیں ہوتا اُس پر اُن کی شدید خواہش ہوتی ہے کہ ان کے اپنے ملک میں بھی اسی سماجی ترقی اور خوشحالی کا راج ہو۔ پاکستان کی سیاسی جماعتیں اور اُن کے قائدین عوام کو نوید دیتے آرہے ہیں کہ ہم اقتدار میں آ کر دودھ اور شہد کی نہریں بہا دیں گے اور یہ کر دیں گے وہ کر دیں گے لیکن عوام کی حالات تو نہیں بدلتے۔ یہ ضرور ہے کہ ان کے اثاثوں میں بہت زیادہ اضافہ ہو جاتا ہے۔ نیب کی جانب سے سپریم کورٹ میں میگا کرپشن کی پیش کی جانے والی رپورٹ نے تو سب کچھ صاف ظاہر کر دیا ہے کہ ملک کے ۱۵۰ کرتا دھرتا دراصل کرپشن کے بڑے مگر مچھ ہیں۔ عوام جنہیں اپنا مسیحا سمجھتے ہیں وہی ان کے استحصال کا باعث بن جاتے ہیں یعنی بقول میر:

میر بھی کیا سادہ ہیں کہ بیمار ہوئے جس کے سبب

اسی عطار کے لونڈے سے دوا لیتے ہیں

دیکھنا یہ ہے کہ اصل مسئلہ کی جڑ کہاں ہے اور اس کا حل کیا ہے۔ قبل اس کے اس بارے میں بات کی جائے، اس بات سے ہر ذی شعور اتفاق کرے گا کہ ایک خوشحال، پرسکون اور مثالی معاشرہ ہو یا ملک اس کے لیے تین شعبے نہایت ضروری ہیں۔ وہ تین شعبے تعلیم، صحت اور عدل کے ہیں۔ یہی ترقی اور خوشحالی کی مثلث ہے اور جس ملک اور معاشرہ میں یہ تینوں عوام کے لیے فعال اور دستیاب ہوں وہاں لوگوں کو ذہنی سکون اور بلند معیار زندگی میسر ہو گا۔ اگر صرف عدل ہی موجود ہو تو پھر بھی مملکت کا نظام اس

ڈگر پر چلتا ہے کہ پرسکون معاشرہ تشکیل پاتا ہے کیونکہ جہاں عدل نہیں ہوگا وہاں جدل ہوگا۔ زندگی کے ہر شعبہ میں عدل ہو تو کسی خرابی کا سوال ہی پیدا نہیں ہوتا کیونکہ عدل کا معنی ہے جو چیز جہاں ہونی چاہیے وہ وہیں ہو۔ کوئی بھی عہدہ ہو یا اختیارات کا استعمال یا زندگی کا کوئی سا بھی شعبہ، ہر جگہ عدل کی حکمرانی ہو۔ اس عدل کا اطلاق عوام پر بھی ہو کہ صرف اہل نمائندے ہی منتخب کریں کیونکہ نااہلوں کو منتخب کرنا عدل کے منافی ہے جسے ظلم سے تعبیر کیا جائے گا۔ ظلم عدل کا متضاد ہے جس کا معنی ہے کہ جس کو جہاں نہیں ہونا چاہیے وہ وہاں ہو۔ جب عوام نااہلوں کو منتخب کریں گے تو وہ خود ظلم کے مرتکب ہوتے ہیں جس کا نتیجہ انہیں بھگتنا پڑ رہا ہے اس لیے انہیں شکوہ بھی نہیں کرنا چاہیے کیونکہ یہ خود ان کے اپنے اعمال کا نتیجہ ہے۔ بات ساری واضح ہوگئی ہے۔ اگر عدل اور ظلم کا تصور اچھی طرح سمجھ کر اسے پنا لیا جائے تو معاشرہ کے بڑے بڑے مسائل پیدا ہی نہیں ہوں گے۔ جب عدل اور احتساب کا نظام ہوگا تو نہ ہی کرپشن ہوگی اور نہ ہی اختیارات کا ناجائز استعمال۔ نااہل منتخب نہ ہوں گے، نہ لوٹ کھسوٹ، ناجائز دولت اور قتل و غارت ہوگی۔ عدل اس قدر اہم ہے کہ قرآن حکیم میں یہ حکم دیا گیا ہے کہ دشمن کے ساتھ بھی عدل کرو۔ زندگی کے ہر شعبہ میں عدل، قانون سب کے لیے ایک، بلا امتیاز احتساب، سب کے لیے ایک جیسی صحت عامہ کی سہولتیں، تمام بچوں کے لیے ایک جیسا نظام تعلیم اور مواقع میسر ہوں تو ایک مثالی معاشرہ تشکیل پاتا ہے۔ یہ حکومت وقت کی ذمہ داری ہوتی ہے کہ وہ ان تینوں شعبوں کی ذمہ داری لے تا کہ عوام کو بنیادی ضروریات میسر ہوں۔ پاکستان میں بھی اگر عوام کو حکومت کی جانب سے صحت اور تعلیم کی یقین دہانی ہو اور ملک میں عدل ہو تو عوام کو سکھ کا سانس لینا نصیب ہوگا۔ حکومت وقت کا فرض ہے کہ وہ اپنے شہریوں کے لیے تعلیم اور صحت کی تمام ذمہ داری خود لے اور اگر کہیں نجی شعبہ کو اس میں مدد بھی لینا پڑے تو وہ بھی حکومت کی ذمہ داری ہو اور عوام پر کوئی بوجھ نہ پڑتا جیسا کہ سویڈن اور اسکینڈے نیویا میں ہے۔

آج کرپشن کے بارے میں بڑی بڑی باتیں ہوتی ہیں اور سپریم کورٹ میں پیش ہونے والی میگا کرپشن رپورٹ نے تو سب کو ننگا کر دیا ہے۔ یہ سب سامنے آنے کے بعد بھی عدل کی توقع نہیں کیونکہ ماضی کی تاریخ کچھ ایسی ہی ہے۔ سال ہا سال مقدمے عدالتوں میں رہنے کے باوجود نتیجہ سامنے نہیں آتا۔ آج یہ کہا جاتا ہے کہ کرپشن کو ثابت کرنا بہت مشکل ہے کیونکہ فلاں پر برسوں کی عدالتی کاروائی

کے بعد بھی کوئی الزام ثابت نہیں ہوسکا۔ لوگ یہی سوال کرتے ہیں کہ پھر کرپشن کو کیسے پکڑا جائے گا۔ یہ کوئی مسئلہ فیثا غورث نہیں، بہت آسان سا فارمولا ہے جسے شاہکار رسالت حضرت عمرؓ نے ایک جملے میں بتا دیا کہ دولت کیسے حاصل کی اور کہاں خرچ کی۔ ان کے اس تاریخی جملے کو اگر قانون کی شکل دے دی جائے تو سارا مسئلہ حل ہو جائے گا۔ لیکن ایسا کیوں نہیں کیا جاتا، آخر اس کی وجہ کیا ہے؟ اس کی سب سے بڑی وجہ یہ ہے کہ پاکستان کا حکمران اور بالا دست طبقہ ہے جو ان مسائل کو حل کرنا ہی نہیں چاہتا بلکہ اس طرح کے حالات ان کے اپنے مفاد میں ہیں۔ پاکستان کا بالا دست طبقہ ملک میں کبھی تبدیلی نہیں آنے دے گا۔ بالا دست طبقہ سے میری مراد Class Elite جس میں ملک کے حکمران، اسٹیبلشمنٹ، اعلیٰ عہدوں پر فائز بیوروکریسی، سرمایہ دار، جاگیردار شامل ہیں جو Status quo کے نظام کا حصہ ہیں اور اسے چلا رہے ہیں۔ یہ سب مل کر بالا دست طبقہ کی تشکیل کرتے ہیں اور ان کے باہمی مفاد آپس میں جڑے ہوئے ہیں۔ یہ بھی حقیقت ہے کہ اس طبقہ میں بھی چند ایک ایسے لوگ ضرور ہیں جو با کردار ہیں اور درد دل رکھتے ہیں لیکن وہ کچھ نہیں کر سکتے۔ یہ بھی درست ہے کہ ساری اعلیٰ بیوروکریسی میں سب ایک جیسے نہیں اور ان میں بھی با کردار لوگ ہیں لیکن ان کی حیثیت بحر بیکراں کے سامنے قطرے کی سی ہے۔ قطرہ سمندر میں مل کر اپنا وجود برقرار نہیں رکھ سکتا اور اسی کا حصہ بن جاتا ہے۔ انہیں نہ چاہتے ہوئے بھی اس مشین کا حصہ بننا پڑتا ہے جو نظام چلا رہی ہوتی ہے۔ یہ وہ طبقہ ہے جو انگریز کے دور کا اشرافیہ تھا اور قیام پاکستان کے بعد سے اب تک عوام پر مسلط ہے۔ عوام روٹی پانی علاج معالجہ اور دوسری بنیادی ضروریات کے لیے ترس رہے ہیں لیکن ملک کا بالا دست طبقہ بے حس ہے وہ اس لیے بے ان کے مسائل ہی نہیں۔ پوش علاقوں میں رہنے والوں کا پسماندہ علاقوں کے مسائل کیوں حل کریں اس لیے کہ انہیں یہ مسائل تو درپیش نہیں۔ اس طبقہ کو عوام کے مسائل کا علم ہے لیکن وہ اس کا حل نہیں کریں گے۔ یہ طبقہ اس سے بھی آگاہ ہے کہ یورپ میں عوام کو کیا سہولتیں میسر ہیں لیکن یہ طبقہ عوام کے مسائل حل کرنا ہی نہیں چاہتا۔ انہوں نے پاکستان میں اپنے لیے ایک متوازی نظام وضع کر رکھا ہے۔ ان کی رہائش گاہیں، بچوں کے لیے سکول، علاج کے لیے ہسپتال اور خریداری کے لیے شاپنگ مال الگ ہیں۔ قانون ان کے گھر کی لونڈی ہے۔ چھٹیاں گذارنے اور طبی معائنہ کے لیے وہ بیرون ملک جاتے ہیں۔ عوام ان

کے محکوم ہیں اور وہ ان کے حاکم ہیں۔ انہوں نے عوام کے ذہن میں یہ تصور راسخ کرنے کے لیے کبھی کبھار ان کی جھولی میں خیرات ڈالتے رہتے ہیں۔ قومی خزانے سے کچھ خرچ کر کے اپنی ذاتی تشہیر کر کے یہ باور کرائیں گے کہ وہ عوام کے بڑے ہمدرد ہیں۔ لوگ بنیادی ضروریات کے لیے جتنا چاہیے سراپا احتجاج بنیں، انہیں کوئی فرق نہیں پڑتا۔

اس ساری صورت حال کا حل کیا ہے؟ حل ایک ہی ہے کہ عوام اس طبقہ کو اسی طرح اپنے سر سے اتار پھینکے جیسے اہل یورپ نے کیا۔ ایک دقت تھا کہ جب یورپی ممالک میں بھی یہی صورت حال تھی جہاں جاگیر داروں، سرمایہ داروں، حکمران طبقہ اور مذہبی پیشوائیت نے تسلط جمایا ہوا تھا جسے یہاں کے عوام نے اتار پھینکا اور آج وہاں سماجی بہبود کا معاشرہ ہے جس کا حصہ بننے کے لیے دنیا بھر کے لوگ امڈے چلے آتے ہیں۔ پاکستان میں بھی یہ سب کچھ ہو سکتا ہے لیکن اس کے لیے عوام کو عدل کی روشنی میں اہل قیادت کو منتخب کرنا ہوگا۔ عوام ان کو منتخب کریں جو عوام کے اپنے طبقہ سے تعلق رکھتے ہوں۔ جو اُن میں سے ہوں، جن کا رہن سہن اور بود و باش ان جیسی ہو۔ جب تک عوام یہ فیصلہ نہیں کریں گے ان کی حالات کبھی نہیں بدلیں گے اور نہ ہی انہیں اس استحصالی نظام سے نجات ملے گی۔ اگر اختیارات کا ناجائز استعمال کرنے والوں، قومی دولت کو شیر مادر کی طرح حلال سمجھنے والوں، کرپشن میں تمام حدیں پھلانگنے والوں، خاندانی آمریت چلانے والوں اور عوام کو اپنا محکوم سمجھنے والوں کو منتخب کرتے رہیں گے تو عوام کے حالات کبھی نہیں بدلیں گے۔ فیصلہ عوام نے کرنا ہے کہ انہوں نے اپنی حالت بدلنی ہے یا یہی نظام جاری رہے۔

مستقبل سکول سے شروع ہوتا ہے

پاکستان کے نظام تعلیم کے بارے میں اکثر گفتگو اور میڈیا میں اظہارِ خیال ہوتا رہتا ہے۔ تعلیمی مسائل اور کارکردگی کے بارے ماہرین سے لے کر عام آدمی تک سب اپنا اپنا نقطہ نظر پیش کرتے رہتے ہیں۔ جن لوگوں کو دنیا کے دیگر ممالک میں جانے اور وہاں تعلیم و تدریس کا موقع ملا ہو، وہ تقابلی جائزہ لے کر نظام تعلیم کی اصلاح کے بارے میں اپنی تجاویز پیش کرتے ہیں۔ پاکستان کے نظام تعلیم کا بنیادی مسئلہ تدریسی نظام کی بنیاد یعنی سکول سسٹم کی خرابی ہے۔ سویڈن جو کہ اعٰلی تعلیم میں دنیا میں نمایاں مقام رکھتا ہے اور اس کی تین جامعات دنیا کی ایک سو بہترین یونیورسٹیوں میں شامل ہے۔ طب، انجینرنگ اور دوسرے شعبوں میں اعٰلی تعلیم و تحقیق کے لیے دنیا بھر سے طالب علم یہاں کا رخ کرتے ہیں لیکن پھر بھی یہ اپنے سکولوں کی تعلیم پر زیادہ توجہ دے رہا ہے اور موجودہ حکومت نے سکولوں کے لیے ایک خطیر اضافی رقم مختص کی ہے۔ سویڈش وزیر اعظم نے اس مقصد کے لیے ایک قومی پلان دیا ہے کہ ملک کا مستقبل سکول سے شروع ہوتا ہے۔ مجھے پاکستان اور سویڈن دونوں کے تعلیم ادروں سے تحصیلِ علم کا موقع ملا ہے اور میرے خیال میں بھی پاکستان میں سکول کے نظام تعلیم کو بہت بہتر بنانے کی ضرورت ہے۔ جن بچوں کی سکول سے بنیاد مضبوط ہوگی انہیں اعٰلی تعلیم کے میدان میں مشکلات پیش نہیں آئیں گی۔

اس وقت سویڈن کے ہمسایہ ملک فن لینڈ کا سکول سسٹم دنیا بھر میں بہترین قرار دیا گیا ہے۔ سویڈن اور فن لینڈ کا سکولوں کا نظام تعلیم تقریباً ایک جیسا ہے۔ یہاں بچے سات سال کی عمر میں سکول شروع کرتے ہیں۔ نظام تعلیم کی سوفی صد ذمہ داری حکومت پر ہے اور نجی سکول بہت ہی کم ہیں اور جو ہیں وہ بھی حکومتی سرپرستی اور مالی امداد پر ہیں اس لیے سرکاری اور نجی سکولوں میں کوئی خاص فرق نہیں بلکہ عوام کی غالب اکثریت سرکاری سکولوں کو ترجیح دیتی ہے۔ بچوں کو کتابیں، کاپیاں، پینسلیں اور دوسری تمام چیزیں مہیا کرنا حکومت کی ذمہ داری ہے۔ سکولوں میں بچوں کو دو پہر کا کھانا مفت ملتا ہے۔ نہ بچوں پر غیر

ضروری مضامین کا بوجھ نہیں لادا جاتا ہے اور نہ ہی انہیں چھٹیوں کے لکھنے کے لیے کام دیا جاتا ہے بلکہ یہ کہا جاتا ہے کہ وہ خوب مزے کریں البتہ مطالعہ ضرور کریں۔ ہر بچے کی انفرادی جانچ پڑتال ہوتی ہے اور ہر سال نہ سالانہ امتحانات ہوتے ہیں اور ہی اول دوم سوم آنے والوں کا اعلان ہوتا ہے۔ تعلیم میدان میں کمزور بچوں کو سکول کی جانب سے مفت ٹیوشن پڑھائی جاتی ہے۔ ہر جماعت اور مضمون کے لیے محکمہ تعلیم نے ایک نصاب بنایا ہوا ہے جس پر سکول عمل کرتے ہیں۔ ملک میں ایک ہی طرح کے سکول ہیں اور محمود و ایاز کے بچے ایک ہی صف میں بیٹھے علم حاصل کرتے ہیں۔ اساتذہ اعلیٰ تعلیم یافتہ ہیں اور معاشرہ میں قابلِ عزت مقام کے حامل ہیں۔ اساتذہ کی تعلیم و ترقی کے لیے بھی ایک منصوبہ ہوتا ہے تا کہ وہ مزید مؤثر انداز میں بچوں کو پڑھا سکیں۔

پاکستان اور سویڈن کے سکول کے نظامِ تعلیم میں جو سب سے بڑا فرق مجھے نظر آیا ہے وہ یہ کہ سویڈن میں بچوں کی تخلیقی صلاحیتیں اجاگر کی جاتی ہیں۔ کسی بچے کے ساتھ امتیازی سلوک نہیں کیا جاتا، اُس کی عزتِ نفس کا خیال رکھا جاتا ہے اور اس کی شخصیت کو مزید نشو و نما دی جاتی ہے۔ انہیں سوچنے سمجھنے اور معلومات حاصل کر کے انہیں اپنے الفاظ میں بیان کرنے کا انداز اپنایا جاتا ہے جبکہ پاکستان میں اس کے برعکس ہے اور بچوں کو رٹا لگانے پر مجبور کیا جاتا ہے۔ دوسرا فرق یہ کہ سویڈن بلکہ پوری دنیا میں ذریعہ تعلیم مقامی زبان ہے لیکن پاکستان میں ایسا نہیں ہے جس وجہ سے بچے ساری عمر مشکل میں پھنسے رہتے ہیں۔ یہاں سویڈن میں تارکینِ وطن کے بچوں کو حکومت کی طرف سے ان کی مادری زبان سکولوں میں پڑھائی جاتی ہے اور تاکید کی جاتی ہے کہ بچوں کے ساتھ گھروں میں مادری زبان میں ہی بات کریں تا کہ ان کی صلاحیتیں بہتر نشو و نما پا سکیں اور اس طرح وہ دوسری زبانیں اور علوم بہتر سیکھ سکیں گے۔ انگریزی دوسری اور پانچویں جماعت سے کوئی ایک یورپی زبان پڑھائی جاتی ہے جس کا نتیجہ یہ ہوتا ہے کہ پانچ سال بعد بچہ متعلقہ یورپی زبان میں لکھنے پڑھنے کے علاوہ بات چیت کرنے کے قابل ہو جاتا ہے مگر سوچنے کا مقام ہے کہ پاکستان میں بچے پانچ سال سکول میں عربی پڑھتے ہیں لیکن وہ میٹرک کے بعد عربی کے پانچ جملے بھی نہیں بول سکتے۔ کیوں؟ چلیں عربی کو ایک طرف رہنے دیں انگریزی جو کہ اب ہمارے سکولوں کا ذریعہ تعلیم بن چکا ہے اور دس سال تک بچوں کو اسی میں تعلیم دی جاتی ہے مگر میٹرک

کے بعد بھی طالب علم کیوں انگریزی میں اعتماد کے ساتھ بات نہیں کر سکتے جو یہاں کے طالب علم کر سکتے ہیں۔ اگر کسی بچے کو کہا جائے کہ کسی موضوع پر دو صفحات لکھو تو یہ اس کے لیے ممکن ہی نہیں ہوگا۔ وجہ ناقص نظام تعلیم اور رٹا لگانے پر زور ہے کیونکہ جو رٹا لگا لے اچھے نمبر حاصل کر لے گا۔ سویڈن سے ہمارے ایک دوست نے اپنے بچوں کو پاکستان منتقل کر دیا اور وہاں ایک نجی تعلیم ادارے میں داخل کروایا جو پاکستان میں بہترین تصور کیا جاتا ہے لیکن بچوں نے چند ہی ماہ بعد وہاں کے نظام تعلیم سے بے زاری کا اظہار کر دیا اور واپس سویڈن چلے آئے۔ میرے پوچھنے پر بچوں نے بتایا کہ وہاں رٹا لگا نہ دیا جائے تو استاد فیل کر دیتے ہیں اور اگر اپنے الفاظ میں کوئی جواب دیا جائے تو کہتے ہیں کہ تم قائدِ اعظم بننے کی کوشش نہ کرو۔ وہاں بڑی فیس لینے والے نجی سکولوں میں بھی انگریزی اردو میڈیم میں پڑھائی جاتی ہے جس کا نتیجہ یہ کہ بچوں کو نہ اردو میڈیم رہا نہ انگریزی بلکہ دونوں زبانوں کا ملغوبہ بن گیا ہے۔

پاکستان نے اگر ترقی کرنی ہے تو سکول کے سسٹم کو بہتر کرنا ہوگا۔ اعلیٰ تعلیم یافتہ استاد جنہیں اچھی تنخواہ دی جائے اور بچوں کو تعلیمی سہولتیں دینا ہوں گی۔ رٹا لگانے کی حوصلہ شکنی کرنا ہوگی اور بچوں کو اپنے الفاظ میں جواب دینے کی تربیت دی جائے۔ ذریعہ تعلیم مقامی زبان ہونا چاہیے۔ سب سے بڑھ کر پورے ملک میں ایک طرح کا نظام تعلیم اور ایک جیسے سکول ہوں جن میں بالا دست طبقہ اور عام عوام کے بچے ایک ساتھ حصولِ تعلیم میں مصروف ہوں۔ جب تک اس طرف نہیں سوچا جائے گا ملک ترقی نہیں کر سکے گا۔ قوموں کی ترقی تعلیم سے ہوتی ہے عمارتیں کھڑی کرنے سے نہیں۔ شائد اربابِ اختیار اس حقیقت کو سمجھ لیں۔

اسٹریس ۔ ذہنی دباؤ آپ کا مقدر کیوں ہو

اسٹریس یعنی ذہنی دباؤ صحت انسانی کا خطرناک دشمن ہے اور المیہ یہ ہے کہ دور حاضر کا ہر انسان کسی نہ کسی حوالے سے اس کا شکار ہے۔ ذہنی دباؤ سے مراد کیا ہے، یہ جسم انسانی پر کون سے اثرات اور تبدیلیاں مرتب کرتا ہے اور اس سے نجات کا کیا طریقہ کار ہوگا۔ اس کالم میں انتہائی اختصار کے ساتھ قارئین کی خدمت میں وہ باتیں پیش کرنا مقصود ہیں جو اُن کے لیے مفید اور اہم ہوں۔ اسٹریس یا ذہنی دباؤ کا لفظ عموماً ہم اس وقت استعمال کرتے ہیں جب ہم مختلف وجوہات کی بنا پر تناؤ اور پریشانی کا شکار ہوتے ہیں۔ یہ ایک قسم کی منفی قوت ہوتی ہے جس سے ہمارا جسم متاثر ہوتا ہے۔ اس کے محرکات بیرونی ہوتے ہیں اور یہ طویل مدت کے بھی ہوسکتے ہیں جیسے بے روزگاری، خانگی مسائل، مستقبل کا فکر وغیرہ اور یہ مختصر دورانیہ کے ہوتے ہیں جیسے ٹریفک میں پھنس جانا یا کسی جگہ وقت مقررہ پر نہ پہنچ سکنا۔ اسٹریس ہر وقت بُرا نہیں ہوتا بلکہ بعض اوقات مثبت اسٹریس کسی بھی کام کو بروقت کرنے کے لیے اہم ہے جیسے کسی طالب علم کے لیے امتحان کی تیاری۔ اسٹریس یا ذہنی دباؤ اس وقت مسئلہ بنتا ہے جب وہ دائمی اور لمبے عرصہ کے لیے ہو اور اُسے اپنے آپ پر حاوی کرلیا جائے جس سے جسم انسانی کی کارکردگی بہت متاثر ہوتی ہے۔ یہی اسٹریس بعد میں بے چینی (anxiety) جو بڑھ کر ڈپریشن تک جاسکتا ہے۔ اسٹریس پھر Distress کی شکل بھی اختیار کرلیتا ہے۔ کسی متوقع خطرہ سے پیدا ہونے والے حادثہ سے خوف اور پریشانی اور ماضی میں ہونے والے کسی ناخوشگوار واقعہ سے پیدا ہونے والی صورت حال حزن بھی ذہنی دباؤ کا سبب بن جاتے ہیں۔ اپنے آپ کو نا کام سمجھنا اور مطلوبہ نتائج نہ ملنا، پریشان رہنا، منفی خیالات، خود اعتمادی اور قوتِ فیصلہ کی کمی جیسی صورت حال ظاہر ہوتی ہے۔

اسٹریس جسم انسانی پر بہت نقصان دہ اثرات مرتب کرتا ہے۔ ہمارا جسم اس چیلنج سے نبٹنے کی کوشش کرتا ہے۔ بیرونی محرک سے انسان کا اعصابی نظام اثر لیتا ہے اور دماغ کے حصہ ہائی پوتھلمس کو مضر پیغام ملتا ہے جس کے نتیجہ میں وہ CRH نامی ہارمون خارج کرتا ہے جو Pituatry gland کو ایک

اور ہارمون ACTH خارج کرنے کے لیے کہتا ہے جس کے نتیجہ میں گردوں میں موجود Adrenal Cortex مزید ہارمون پیدا کرتے ہیں ۔ دماغ براہ راست بھی گردوں میں موجود Adrenal Medulla کو ہارمون خارج کرنے کی ہدایات دیتا ہے ۔ اسٹریس کی وجہ سے ایڈرینالین، تھائی رائیڈ ہارمون، انسولین، پرولیکٹن، کارٹی سول اور کچھ اور ہارمون دوران خون میں شامل ہو جاتے ہیں ۔ اس ساری صورت حال کی وجہ سے دوران اعصابی نظام متاثر ہوتا ہے ۔ خون کا دباؤ اور دل کی دھڑکن بڑھ جاتی ہے اور جسم کا میٹابولزم متاثر ہوتا ہے ۔ سانس تیز ہو جاتی ہے اور بعض صورتوں میں ہاتھوں میں سوئیاں چبھتی محسوس ہوتی ہیں اور متاثرہ شخص سمجھتا ہے کہ وہ بے ہوش ہونے لگا ہے ۔ سر درد، پٹھوں کا کھچاؤ اور کچھ لوگوں کو منہ کے چھالوں کی تکلیف ہو جاتی ہے ۔ پژمردگی کا دورہ پڑ سکتا ہے اور کوئی کام کرنے کو جی نہیں چاہتا ۔ جسمانی مدافعتی نظام بری طرح متاثر ہوتا ہے اور جلدی انفیکشن ہونے لگتی ہے ۔ جدید تحقیق سے یہ بھی سامنے آیا کہ اسٹریس سے وراثتی مادے ڈی این اے کو بھی نقصان پہنچتا ہے ۔

اسٹریس جیسی صورت حال کا مقابلہ کرنے کے لیے سب سے پہلے کاغذ اور قلم اٹھائیے اور اُن محرکات کی فہرست بنائیں جو آپ کے خیال میں ذہنی دباؤ کا سبب ہیں تا کہ اُن سے نبٹا جا سکے ۔ کسی انجانے خوف اور خواہ مخواہ کے وسوسوں کو ذہن سے نکال دیں ۔ ہر وقت منفی اور نقصان دہ نتائج نہ سوچیں ۔ نتیجہ آپ کے حق میں بھی آ سکتا ہے اس لیے ابھی سے پریشان نہ ہوں جب مشکل آئے گی تو دیکھا جائے گا ۔ کامیابیاں اور نا کامیاں زندگی کا حصہ ہیں ۔ اپنی کمزوریوں اور نا کامیوں کا ہر وقت رونا نہ روئیں بلکہ اپنی کامیابیوں کی بھی ایک فہرست بنائیں اور پژمردگی کے وقت اُس پر نگاہ ڈالیں ۔ اپنا ایک Satisfaction Model بنائیں کہ آپ کے لیے کیا کیا اہم اور ضروری ہیں ۔ اب یہ دیکھیں کہ آپ نے اس میں سے کتنا حاصل کر لیا ہے ۔ اپنے آپ پر فخر کریں اور اپنی قسمت پر مطمئن رہیں ۔ آپ نے اپنے ذہنی دباؤ کی جو فہرست بنائی اس پر بار بار غور کریں ممکن ہے کہ بہت سے وسوسے آپ نے جان بوجھ کر پال لیے ہوں اور وہ آپ کے لیے اتنے اہم نہ ہوں ۔ انہیں فہرست سے نکال دیں ۔ ہر ایک کے حالات اور ملنے والے مواقع مختلف ہوتے ہیں ۔ ہر سیر پر سوا سیر ہوتا ہے ۔ دوسروں نے جو سخت محنت کی ہو ممکن آپ اس سے آ گاہ ہی نہ ہوں ۔ زندگی پھولوں کی سیج نہیں بلکہ خون صد ہزار

انجم سے ہوتی ہے سحر پیدا۔ آپ اپنی پوری کوشش کے بعد نتائج اپنے رب پر چھوڑ دیں جس کا وعدہ ہے کہ کسی کی بھی محنت ضائع نہیں کرتا۔ ممکن جو آپ کو نہیں مل رہا اُسی میں آپ کی بہتری ہو۔ اپنے بہت اچھے دوست سے حالِ دل کہیں یا گھر کے کسی فرد سے اس بارے میں بات کریں بلکہ اپنے آپ سے بھی مشورہ کریں۔ آپ دیکھیں کہ پریشانی کم ہوتی جائے گی اور آپ ذہنی دباؤ سے نکلتے جائیں گے۔ آپ اکیلے نہیں جو اس صورتِ حال سے دو چار ہیں۔ دنیا میں لاکھوں لوگ آپ کی طرح ہوں گے۔ یہ سوچیں کہ زیادہ سے زیادہ کیا ہو جائے گا۔ انسان کی ضرورت ایک وقت میں دو روٹیاں اور سونے کے لیے ایک بستر ہے باقی سب ہم نے غیر ضروری فہرست بنا رکھی ہے جس کے پیچھے پوری عمر بھاگتے رہتے ہیں لیکن ممکن ہے انہیں کبھی استعمال بھی نہ کرتے ہوں۔ بقا صرف اللہ کی ذات کو ہے باقی ہر ایک فنا ہونا ہے اور ہر چیز کی Expiry date ہے۔ یہ دنیا بھی ایک دن ختم ہونے والی ہے تو پھر اس قدر پریشان ہونے کی ضرورت کیا ہے۔

آپ پر سب سے زیادہ حق آپ کا اپنا ہے۔ اگر آپ کی صحت اچھی ہوگی تو کام کر سکیں گے اور اپنے گھر والوں کی ضروریات پوری کر سکیں گے۔ اس لیے سب سے زیادہ توجہ اپنے آپ پر دیں۔ اپنی خوراک، آرام اور سکون کا خود خیال کریں۔ ورزش اور چہل قدمی کے لیے وقت ضرور نکالیں۔ اللہ کے ذکر سے ہی دلوں کو سکون ملتا ہے۔ اللہ کے بندوں کو خوف اور غم نہیں ہوتا تو ذہنی دباؤ اور پریشانی آپ کا مقدر کیوں ہو۔ اپنا تعلق اپنے رب کے ساتھ جوڑیں۔ اللہ نے حضورﷺ کی زندگی کو ہمارے لیے بہترین نمونہ قرار دیا ہے۔ کون سا ایسا دکھ اور غم ہے جو حضور ﷺ نے اپنی اس دنیاوی زندگی میں نہیں اٹھایا۔ بچپن والدین کے بغیر، دعوٰی نبوت کے بعد معاشرتی بائیکاٹ، بیوی اور بیٹوں کی وفات، اپنا شہر چھوڑنا پڑا، بیٹیوں کو طلاق ہوئی، الزامات لگائے گئے اور ہر طرح کی مشکلات سامنے آئیں لیکن ثابت قدمی سے سامنا کیا تو اُن کے نام لیوا کو بھی اس اُسوہ حسنہ کو سامنے رکھتے ہوئے اپنا سفر زندگی طے کرنا چاہیے۔ دنیا کی فکر میں اپنے آپ کو پریشان نہ کریں جو اس کا مالک ہے وہ اس کے راز بہتر جانتا ہے۔ آپ حکیم الامت کا یہ پیغام مدِ نظر رکھیں کہ

اگر کج رو ہیں انجم، آسماں تیرا ہے یا میرا؟

مجھے فکرِ جہاں کیوں ہو، جہاں تیرا ہے یا میرا؟

اگر ہنگامہ ہائے شوق سے ہے لامکاں خالی

خطا کس کی ہے یا رب! لامکاں تیرا ہے یا میرا؟

اسی کوکب کی تابانی سے ہے تیرا جہاں روشن

زوالِ آدم خاکی زیاں تیرا ہے یا میرا؟

میرا پیمبر صلی اللہ علیہ وسلم عظیم تر ہے

غالب جیسا عظیم اور قادرالکلام شاعر جس کی نظروں میں اعجازِ مسیحا محض اک بات ہے اور دنیا کی وسعتوں اور رنگینیوں کو وہ شب و روز کا تماشہ قرار دے کر کوئی اہمیت نہیں دیتا۔ اُسے اپنے اہل زبان ہونے پر نہ صرف فخر ہے بلکہ وہ اپنے آپ کو ریختہ کا استاد بھی قرار دیتا ہے۔ لیکن اُسی غالب کے سامنے جب مدح شاہ دو عالم کا موقع آیا تو اسی غالب کو اپنی کم مائیگی کا احساس ہوا۔ جس کے سامنے الفاظ باندی کی طرح کھنچے چلے آتے تھے اور وہ انہیں جیسے چاہے استعمال کرتا تھا۔ اُسے مجبور ہو کر کہنا پڑا:

غالب ثنائے خواجہ بہ یزداں گذشتیم

کاں ذاتِ پاک مرتبہ داں محمد صلی اللہ علیہ وسلم است

اردو کے اس عظیم شاعر نے حضور صلی اللہ علیہ وسلم کی صفت و ثنا خود خدا پر چھوڑ دی اور کہا کہ کہاں آپ صلی اللہ علیہ وسلم جیسی بلند مرتبہ ہستی اور کہاں غالب یعنی بقول پیر مہر علی شاہؒ:

کتّھے مہر علی کتّھے تیری ثنا

گستاخ اکھیاں کتّھے جا اڑیاں

ایک غالب ہی کیا دنیا کی عظیم ہستیاں بھی بارگاہ رسالت صلی اللہ علیہ وسلم کے سامنے سرِ تسلیم خم کرنے پر مجبور ہیں۔ فیض کے کلیات ''نسخہ ہائے وفا'' میں شامل آخری کتاب ''غبارِ ایام'' کا اختتام فیض ایک خوبصورت فارسی نعت پر کرتے ہوئے یوں خراجِ عقیدت پیش کرتے ہیں:

اے تو کہ ہست ہر دلِ محزوں سرائے تو

آوردہ ام سرائے دگر از برائے تو

خواجہ بہ تختِ بندۂ تشویشِ ملک و مال

بر خاک رشکِ خسروِ دوراں گدائے تو

فیض کہتے ہیں کہ آپ صلی اللہ علیہ وسلم کا ہر دکھی دل میں ٹھکانہ ہے، میں نے بھی آپ صلی اللہ علیہ وسلم کے

لیے ایک اور سرائے بنائی ہے یعنی میرے دکھی دل میں بھی آپ صلی اللہ علیہ وآلہ وسلم کا گھر ہو جائے۔ تخت پر بیٹھا ہوا شاہ ملک و مال کی تشویش میں مبتلا ہے جبکہ خاک پر بیٹھا ہوا آپ صلی اللہ علیہ وآلہ وسلم کا گدا وقت کے شہنشاہ کے لیے بھی باعثِ رشک ہوتا ہے۔

جس ذاتِ گرامی کی تعریف و توصیف خود ربِ کائنات انسانیت کے نام آخری پیغام میں خود کر رہا ہو کہ بے شک آپ صلی اللہ علیہ وآلہ وسلم اخلاق کی بلندیوں پر فائز ہیں اور ورفعنا لک ذکرک اور یہاں تک کہ ولسوف یرضیٰ مقام مصطفیٰ صلی اللہ علیہ وآلہ وسلم کا اعلان کرنے کے ساتھ ساتھ حرمت اور تعظیم رسول صلی اللہ علیہ وآلہ وسلم بھی صحابہ کرامؓ جیسی عظیم ہستیوں کو بتا دی کہ حضور صلی اللہ علیہ وآلہ وسلم کی مجلس میں بیٹھ کر آپس میں سرگوشیاں نہ کرو اور نہ انہیں ایسے مخاطب کرو جیسے آپس میں ایک دوسرے کو مخاطب کرتے ہو اور مزید یہ کہ آپ صلی اللہ علیہ وآلہ وسلم کی آواز پر اپنی آواز نہ بلند نہ کرو گر نہ تمہارے تمام اعمال ضائع ہو جائیں گے اور تمھیں خبر تک نہ ہوگی۔ اسی لیے حضور صلی اللہ علیہ وآلہ وسلم سے بے پناہ محبت کرنے والے دم بخود ہو کر کہہ اٹھتے ہیں کہ

ادب گاہست زیر آسماں از عرش نازک تر

نفس گم کرہ می آئید جنید و بایزید ایں جا

عارف کھڑی میاں محمد بخشؒ بھی حضور صلی اللہ علیہ وآلہ وسلم کے نامِ نامی کی حرمت اور تعظیم کو کیا خوب بیان کیا ہے کہ

جے لکھ واری عطر گلابوں دھوئیے نت زباناں

شان اوہناں دے لائق ناہیں کلمے دا کاناں

اس قدر بے پناہ عقیدت و محبت کیوں نہ ہو جب خود خدا نے فرما دیا کہ میری محبت چاہتے تو میرے حبیب صلی اللہ علیہ وآلہ وسلم کی پیروی کرو۔ اور پھر آپ صلی اللہ علیہ وآلہ وسلم کی ذات وجہ تخلیق کائنات ہے حضرت مجدد الف ثانیؒ اپنے مکتوبات میں لکھتے ہیں کہ میں نے خدا کو اس لیے خدا مانا ہے کہ اس کی خبر مجھے رسول پاک صلی اللہ علیہ وآلہ وسلم نے دی ہے۔ کیا خوب کہہ گئے مولانا ظفر علی خانؒ کہ:

گر ارض و سما کی محفل میں لولاک لما کا شور نہ ہو

یہ رنگ نہ ہو گلزاروں میں یہ نور نہ ہو سیاروں میں

اسی حقیقت کو غالب نے بہت خوب صورت انداز میں پیش کیا بلکہ قرآن کی آیت وما

رمیت اذ رمیت و لکن اللہ رمی کی تفسیر یوں کی کہ:

تیرقضا ہر آئینہ در ترکشِ حق است

لیکن کشود آں از کمانِ محمد صلی اللہ علیہ وسلم است

خدا کے تیر بھی اُسی وقت ٹھیک نشانے پر جا کر لگتے ہیں جب وہ محمد صلی اللہ علیہ وسلم کی کمان سے نکلتے ہیں۔ یہ وہی سماں ہے کہ بدر میں تلواریں تو حضور صلی اللہ علیہ وسلم اور آپ صلی اللہ علیہ وسلم کے صحابہ کرامؓ چلا رہے تھے لیکن خدا نے کہا کہ قتل ہم کر رہے تھے۔ اُس عظیم ہستی کے دِن کو پوری دنیا کے انسانوں کو منانا چاہیے اور اِسے صرف مسلمانوں تک محدود کرنا مناسب نہیں کیونکہ وہ بلا شبہ محسنِ انسانیت ہیں۔ انہوں نے اعلان کیا کہ رنگ و نسل اور زبان و ملک کی کوئی تخصیص نہیں اور تمام بنی نوع آدم محض انسان ہونے کے ناطے قابلِ عزت ہیں۔ انہوں نے انسان کو اس کے اصل مقام سے روشناس کراتے ہوئے اُسے شرفِ عظمت بخشا اور حقوقِ انسانی کا درس دیا۔ انہوں نے اعلان کر دیا کہ رنگ و نسل اور ذات پات کے تمام بُت پاش پاش کر دیے گئے ہیں۔ کوئی انسان کسی دوسرے انسان پر اپنا حکم نہیں چلا سکتا۔ حاکمیت صرف خدا کی ہے جو اُس کی کتاب کے ذریعہ ہے اور یہی انہوں نے قیامت تک آنے والوں کے لیے رہنمائی کے لیے چھوڑی جس کا واضح اعلان اپنے آخری خطبہ میں بھی کیا۔ آپ صلی اللہ علیہ وسلم کی بدولت انسانیت کو قرآن ملا جس کے ملنے پر سورہ یونس میں جشنِ مسرت منانے کا حکم ہے جس کی پیروی میں ربیع الاوّل میں صاحب قرآن کی آمد پر اور رمضان میں لیلۂ القدر کے موقع پر جشنِ نزول قرآن منایا جاتا ہے کیونکہ قرآن کو صاحبِ قرآن سے الگ کیا ہی نہیں جا سکتا۔ اس حقیقت کی وضاحت حضرت عائشہؓ نے آپ صلی اللہ علیہ وسلم کو مجسم قرآن کہہ کر کی۔ آپ صلی اللہ علیہ وسلم نے مروجہ نظریات میں جکڑے ہوئے انسانوں کو سوچنے سمجھنے اور غور و فکر کا پیغام دیا جس کی بدولت انسان آج ترقی کی منازل طے کر رہا ہے۔ آپ صلی اللہ علیہ وسلم کے اُس انقلاب کا پوری دنیا نے اعتراف کیا ہے اور دنیا کے بڑے بڑے مفکرین نے آپ صلی اللہ علیہ وسلم کو اس پر خراجِ عقیدت پیش کیا ہے۔ اس طویل فہرست میں لارڈ مائن، مائیکل ایچ ہارٹ، لیونرڈ کارلائل، براؤن، سٹیفن سن، سمتھ، سر ولیم میور، سپالڈنگ، ریمنڈ لبروگ، ڈاکٹر راؤدن، گبن، سر رچرڈ گریگوری، برنارڈ شاہ، گوئٹے، برگساں، کیتھلین بلس، لیمیر ٹے، ہملٹن گب، جوزف سیبہچ، آرتھر گیلمین، ون کریمر،

بوڈلے، رابرٹ گولیک، جوزف نونان اور ایک طویل فہرست ہے کہ کالم کی تنگ دامنی حائل ہے اور وہ سب تسلیم کرنے پر مجبور ہیں کہ:

خود نہ تھے جو راہ پر اوروں کے ہادی بن گئے

وہ کیا نظر تھی جس نے مردوں کو مسیحا کر دیا

حضور صلی اللہ علیہ وسلم نے جو انقلاب برپا کیا تھا دنیا اُسے جان چکی ہے لیکن ہمیں اُس کی روح کو سمجھنے کی ضرورت ہے۔ ہماری درسی کتب میں پڑھایا جاتا ہے کہ جب حضور صلی اللہ علیہ وسلم نے اسلام کا پیغام دیا تو اہل مکہ آپ صلی اللہ علیہ وسلم کے دشمن ہو گئے۔ آپ صلی اللہ علیہ وسلم اُن کے بتوں کی مخالفت کرتے تھے۔ بات بتوں کی دشمنی کی نہ تھی اور وہ نہ اس وجہ سے آپ صلی اللہ علیہ وسلم کے جانی دشمن تھے بات کچھ اور تھی۔ اگر بتوں کی وجہ ہی ہوتی تو جب آپ صلی اللہ علیہ وسلم مکہ سے ہجرت کر کے سینکڑوں میل دور مدینہ چلے گئے تھے تو اہل مکہ کو اطمینان ہو جانا چاہیے تھا کہ اُن کے بتوں کو بُرا بھلا کہنے والا تو بہت دور چلا گیا ہے اور معاملہ ختم ہو جانا چاہیے تھا مگر انہوں پیچھا نہ چھوڑا اور بدر، احد اور خندق کے موقع پر خود لڑنے کے لیے آئے۔ کیوں کہ اہل مکہ جانتے تھے کہ اگر یہ انقلاب مدینہ میں کامیاب ہو گیا تو کل کو پورے عرب کو اپنی لپیٹ میں لے لے گا اور ہماری بالا دستی اور انسانوں پر حاکمیت ختم ہو جائے گی۔ اس حقیقت کو علامہ اقبال نے نوحہ ابوجہل کے عنوان سے یوں بیان کیا ہے کہ ابوجہل غلاف کعبہ پکڑ کر دہائی دے رہا ہے کہ :

سینہ ما از محمد صلی اللہ علیہ وسلم داغ داغ

از دمِ او کعبہ را گل شد چراغ

وہ ہبل، لات اور منات کو رو رو کر فریاد کر رہا تھا کہ محمد صلی اللہ علیہ وسلم نے میرے سینہ میں آگ لگا دی ہے کہ اُس کی وجہ ہماری بالا دستی ختم ہو رہی ہے۔ کبھی ابوجہل حجرِ اسود کے پاس جاتا ہے اور کہتا ہے کہ میں کیسے مان لوں کہ فارس سے آنے والا سلمانؓ میرا بھائی ہے اور میں کس طرح حبشہ کے بلالؓ کو اپنے ساتھ دسترخوان پر بٹھا سکتا ہوں۔ یہ وہ اصل وجہ تھی جس کی بدولت ابوجہل اور اہل مکہ نے آپ صلی اللہ علیہ وسلم کی نہ صرف شدت سے مخالفت کی بلکہ آپ صلی اللہ علیہ وسلم پر جنگیں بھی مسلط کر دیں۔ لیکن نورِ خدا اپنے مشن پر کار بند رہا اور دنیا نے اُس انقلاب کا ظہور دیکھ لیا۔ اب ہمارا فرض ہے اور دورِ حاضر کا تقاضا ہے کہ ہم

عہد کریں کہ محبت رسول صلی اللہ علیہ وسلم کا ثبوت اپنے کردار سے دیں گے اور ابوجہل جیسی ذہنیت کو ختم کرتے ہوئے قرآن حکیم کو مشعل راہ بنا کر زندگی کے ہر شعبہ میں اس سے رہنمائی لیں ۔ جہاں تک آپ صلی اللہ علیہ وسلم کی ذات ہے ہم کبھی بھی تعریف و توصیف کا حق ادا نہیں کر سکتے ۔

زندگیاں ختم ہوئیں اور قلم ٹوٹ گئے!

تیری تعریف کا ایک باب بھی پورا نہ ہوا

مظفر وارثی مرحوم نے کیا خوب کہا ہے!

میرا پیمبر عظیم تر ہے

شعور لایا کتاب لایا

وہ حشر تک کا نصاب لایا

بشر نہیں، عظمت بشر ہے

میرا پیمبر عظیم تر ہے

میرا پیمبر عظیم تر ہے

حضور صلی اللہ علیہ وآلہ وسلم اہلِ یورپ کے لیے بھی رحمت

قرآن حکیم حضور صلی اللہ علیہ وسلم کو پوری کائنات کے لیے رحمت قرار دیتا ہے (۲۱/۱۰۷) اب ایک غیر مسلم یہ سوال کر سکتا ہے کہ یہ کیسے مان لیا جائے کہ آپ کے نبی پوری کائنات کے لیے رحمت ہیں اور پھر یہ کہ وہ غیر مسلموں خصوصاً اہلِ یورپ کے لیے کیسے رحمت ہو سکتے ہیں؟ سوال نہایت اہم ہے اور ہمیں دلائل کے ساتھ وضاحت کرنا ہوگی کہ واقعی نبی رحمت صلی اللہ علیہ وسلم پوری کائنات بشمول اہل یورپ کے لیے بھی رحمت ہیں اور ظاہر ہے کہ دلائل بھی وہ پیش کرنا ہوں گے جو خود اُن کے اپنے اہلِ علم کے ہوں تا کہ وہ انہیں تسلیم کر سکیں۔ خدا نے اپنے آپ کو مشرقوں اور مغربوں کا رب قرار دیتا ہے (۵۵/۱۷)۔ ابھی سائنسی تحقیق سرگرداں ہے لیکن قرآن نے بتا دیا ہے کہ زندگی صرف زمین پر ہی نہیں بلکہ کائنات میں دیگر سیاروں پر بھی موجود ہو سکتی ہے اور اس کا بھی امکان موجود ہے مختلف سیاروں میں موجود مخلوق ایک دوسرے کے ساتھ رابطہ کر سکے (۲۹/۱۴۲ اور ۱۶/۴۹)۔ قرآن نے یہ واضح کر دیا ہے کہ انسان کائنات کی سب سے اعلیٰ اور بہترین مخلوق یعنی اشرف المخلوقات نہیں، اگرچہ وہ اکثر میں سے بہتر ہے لیکن انسان سے بھی برتر مخلوق کائنات میں موجود ہے (۱۷/۷۰)۔ خدا کائنات میں تخلیقی اضافے کرتا رہتا ہے (۳۵/۱)۔ وہ ایسی مخلوق پیدا کرتا رہتا ہے جو علم انسانی میں بھی نہیں ہوتی (۱۶/۸)۔ جب خالقِ کائنات نے حضور صلی اللہ علیہ وسلم کو پوری کائنات کے لیے رحمت قرار دیا ہے تو اس میں صرف ہماری زمین شامل نہیں اور نہ ہی حضور صلی اللہ علیہ وسلم کی نبوت اور رحمت صرف اس زمین تک ہی محدود ہے بلکہ جہاں جہاں تک خدا کی خدائی ہے وہاں وہاں تک حضور صلی اللہ علیہ وسلم کی مصطفائی اور رحمت ہے۔ جہاں بھی زندگی جس صورت میں ممکن ہے یا مستقبل میں موجود ہوگی حضور صلی اللہ علیہ وسلم کی رحمت و نبوت وہاں کے تقاضوں کے مطابق کسی نہ کسی طرح وہاں یقیناً موجود ہوگی۔

اب سوال یہ کہ حضور صلی اللہ علیہ وسلم اہلِ یورپ کے لیے کیسے رحمت ہیں؟ تاریخ شاہد ہے کہ آپ صلی اللہ علیہ وسلم کے لائے ہوئے پیغام نے مروجہ نظریات میں جکڑے ہوئے انسانوں کو سوچنے سمجھنے اور

غوروفکر کا پیغام دیتے ہوئے بار ہا کہا تفکرون یعنی سوچا کرو جس سے انسانوں کو سوچنے سمجھنے اور غوروفکر کرنے کا سائنسی انداز فکر ملا جس کی بدولت انسان آج ترقی کی منازل طے کر رہا ہے۔ بڑی حیرت کی بات ہے کہ مذہب کے پلیٹ فارم پر کھڑے ہو کر اندھی تقلید کو مسترد کرتے ہوئے انسانوں کی سوچوں پر لگے تالے کھول کر وہ دین پیش کیا جو مذہب کے لیے ایک چیلنج تھا۔ جو کسی خوف، معجزے یا مافوق الفطرت محرکات کی بجائے یہ پیغام دے رہا تھا کہ اسے بھی اندھے اور بہرے بن کر تسلیم نہ کرو بلکہ غوروفکر اور دل و دماغ کے اطمینان کے بعد Conviction کے بعد تسلیم کرو (۲۳/۲۵)۔ یہ بھی بہت قابل غور بات ہے کہ نبی رحمت صلی اللہ علیہ وسلم کی وساطت سے دنیا کو جو کتاب ملی وہ کوئی ایسی کتاب نہیں کہ جس میں مذہبی رسوم کو ادا کرنے کی تفصیل ہو بلکہ یہ ایک صحیفہ انقلاب اور کتاب زندگی ہے جس کی بدولت یورپ کو تاریک دور سے نجات ملی اور مسلمانوں کے سائنسی انداز فکر اور علم سے فیض یابی کرتے ہوئے وہ ترقی کی اس شاہراہ پر گامزن ہوئے جس پر سفر طے کرتے ہوئے وہ آج اس مقام پر موجود ہیں۔ یہ میں نہیں کہہ رہا بلکہ اس حقیقت کا اعتراف خود اہل یورپ کرتے ہیں۔ آپ صلی اللہ علیہ وسلم کے اُس انقلاب کا پوری دنیا نے اعتراف کیا ہے اور دنیا کے بڑے بڑے مفکرین نے آپ صلی اللہ علیہ وسلم کو اس پر خراج عقیدت پیش کرتے ہیں۔ اس طویل فہرست میں لارڈ مائن، مائیکل ایچ ہارٹ، لیونرڈ کارلائل، براؤن، سٹیفن سن، سمتھ، سر ولیم میور، سپالڈنگ، ریمنڈ لبروگ، ڈاکٹر راؤڈن، گبن، سر رچرڈ گریگوری، برنارڈ شاہ، گوئٹے، برگساں، کیتھلین بلس، لیمیر ٹے، ہملٹن گب، جوزف سیہیچ، آرتھر گیلمین، ون کریمر، بوڈلے، رابرٹ گولیک، جوزف نونان اور ایک طویل فہرست ہے کہ کالم کی تنگ دامنی حائل ہے اور وہ سب تسلیم کرنے پر مجبور ہیں اور اس حقیقت سے یہ بات ثابت ہوتی ہے کہ حضور صلی اللہ علیہ وسلم اہل یورپ کے لیے بھی رحمت ہیں۔

یورپ کے بادشاہوں LEO 1 (717-741) , LEO V (813-820), SCOTUS

OTTO II (955-983), SYLYESTER II ERIUGENA (815-877)

ROGER I (996-1003), BERENGAR OF TOURS (999-1088)

(1031- 1101), JOHN XVII (1003-1009), GREORY VII

PETER ABELARD (1079-1142), ROGER III (1073-1085)

FREDERICK BARBAROSSA (1152-1190)(1174-1213),

اور کلیسا کے پاپاؤں نے قرآن پڑھا اور 1200 - 788 تک اس کا طرزِ جہاں بانی اختیار کرکے زمینوں، سمندروں، ہواؤں اور فضاؤں پر چھا گئے۔ آٹھویں صدی عیسوی سے پانچ سو سال بعد تک عربی یورپ کی علمی زبان اور قرآن یورپ کا ضابطہ حیات رہا ہے۔ یہی نہیں بلکہ عربی ہی نوعِ بشر کی سائنسی زبان رہی ہے۔ تمام کتابیں عربی میں لکھی جاتی تھیں۔ یورپ کے جو لوگ تکمیلِ علم کرنا چاہتے تھے وہ عربی زبان سیکھے بغیر آگے نہیں بڑھ سکتے تھے۔ بحوالہ

BRITISH ESEARCH CHAPTER 1. PAGE 4

بارہویں صدی عیسوی کے فضلائے یورپ کی سوانح عمریوں سے یوں محسوس ہوتا ہے کہ جیسے ان سب نے قرآن کو ضابطہ حیات کے طور پر اختیار کر لیا تھا AMERICAN RESEARCH P. 124 اہلِ مغرب خود اعتراف کرتے ہیں کہ عظمت کے اعتبار سے کوئی زبان قرآن کا مقابلہ نہیں کرسکتی۔ علامہ اختر کاشمیری کے مطابق اس کی وجہ عربی زبان کی برتری اس کا ذخیرہ الفاظ اور اسلوب ہے۔ اس کی صرفی و نحوی خصوصیات کسی دوسری زبان میں نہیں پائی جاتیں (.HISTORY OF ISLAM جدید سائنس اور علوم و فنون کو اپنے فہم کے اظہار CHICAGO UNIVERSITY P. 37) کے لیے جس اسلوب کی ضرورت تھی وہ عربی میں عبرانی اور آرامی زبانوں سے بہت بہتر تھی ان کے اہلِ علم مانتے ہیں (CARNEGIE RESEARCH. P. 18, 417, 551) کہ ہم سائنس کا قرآن سے تعلق قائم کیے بغیر اس کا صحیح ادراک کیسے حاصل کرسکتے ہیں؟ (زندگی کا (HISTORY OF ISLAM, CHICAGO UNIVERSITY P.133 شائد ہی کوئی ایسا گوشہ ہو جس میں قرآن نے مغربی روایات کو مالا مال نہ کیا ہو۔ سائنس طب، صنعت و حرفت، تجارت و ایجادات بلکہ سارے علوم کا علمی و فنی ذوق قرآن سے حاصل ہوا ہے۔ اگر جدید سائنسی اصطلاحات سے صرفِ نظر کر بھی لیا جائے تو قرآن کا زندگی میں جو علمی حصہ ہے اس کی حوالہ جاتی فہرست ہی کے لیے بہت سے صفحات درکار ہوں گے اور پھر بھی وہ ناممکل رہے گی۔ (BRITISH

سائنس پر قرآن کے احسانات کا اہل یورپ اعتراف کرتے ہیں ۔ (RESEACH P. 42) قرآن نے ایسے سائنسی، معاشی، معاشرتی، سیاسی اور ادبی تصورات دیئے ہیں جس کا ان کی زبان پر اثر پڑا ہے۔ انگریزی زبان میں آج بھی ایک ہزار سے زائد عربی کے الفاظ کی موجودگی اس کا منہ بولتا ثبوت ہے (BRITISH REDEACH VOL 2, P.134) ۔ یورپی سائنسدان Roger Bacon نے اہل یورپ کو نصیحت کی سائنسی ترقی کے لیے عربی زبان سیکھیں اور مسلمان سائنسدانوں کی کتب پڑھیں ۔ مسلمان سائنس کے میدان میں Pioneer تھے اور آج کی سائنسی ترقی ان کی مرہونِ منت ہے (Vicki Megh BBC FOCU Jan 20014 Page 17)

یہ بات یقین سے کہی جا سکتی ہے کہ قرآن کے بغیر انسانی تہذیب اس حد تک نہ پہنچتی جس پر پہنچ کر وہ ارتقاء کی تمام سابقہ حالتوں پر سبقت لے گئی ۔ قرآن میں ایسے محکم اصول موجود ہیں جن کی بنیاد پر پوری دنیا کے ملکوں اور قوموں کی تشکیلِ نو ہو سکتی ہے ۔ دنیا اس غلط فہمی میں مبتلا رہی کہ جدید سائنس کا موجد یونان تھا لیکن جدید تحقیقات سے یہ نا قابلِ تردید حقیقت سامنے آئی کہ یونان نے بعض نظریات ضرور قائم کیے تھے لیکن تجرباتی علم کو عمومی طور پر اختیار کرنا یونانی مزاج کے خلاف تھا۔ قرآن ہی وہ کتاب ہے جس نے اپنے پڑھنے والوں کے لیے معروضی تحقیقات اور تجربی معلومات کو لازم قرار دیا ہے۔ (BRITISH RESEARCH VOL 2. P. 134) ۔

اگر اہل یورپ حضور ﷺ کے پیامِ رحمت سے مستفیذ ہو کر ترقی کر سکتے ہیں تو موجودہ زمانے کے مسائل Contemporary Problems کو بھی کتاب اللہ کی روشنی میں حل کیا جا سکتا ہے ۔ کلام اللہ انسانوں کے لیے زمان و مکاں کے ہر دور میں رہنمائی ہے ۔ یہ دنیا اور آخرت میں کامیابی کا Road Map ہے ۔ یہ ہماری شاہراہِ زندگی پر درست سمت میں سفر کے لیے ہمارا Navigator ہے ۔ یہ کامیاب زندگی گذارنے کے لیے Standard Operating Procedure ہے ۔ یہ صحیفہ فطرت ہے جو انسان کو اُس کے مقام سے آشنا کرتی ہے ۔ کلام اللہ ہمارے پاس ہو بہو اسی شکل میں پہنچا جس طرح وحی الٰہی کے مطابق رسول اللہ ﷺ نے اسے ترتیب

دیا۔ نزولِ قرآن کے کچھ عرصہ بعد مسلمانوں نے اسے تسخیرِ جہاں کی بجائے برکت، تسبیح اور ثواب حاصل کرنے کے لیے رکھ چھوڑا جبکہ اہلِ مغرب نے اس پر غور و فکر کیا اور انہوں نے چاند کی تسخیر کے بعد مریخ پر کمند ڈال دی ہے۔ اگر ہم بھی اس پر غور و فکر کریں تو عروج حاصل کر سکتے ہیں۔ روزِ محشر ہم سے پوچھا جائے گا کہ ہم نے قرآن کے ساتھ کتنا تعلق قائم کیا تھا (۴۴؍ ۴۳) اور حضور صلی اللہ علیہ وسلم اللہ سے اپنی امت کی شکائیت کریں گے کہ انہوں نے قرآن کو چھوڑ دیا تھا (۳۰؍ ۲۵)۔ اس لیے ہم پر فرض ہے کہ ہم قرآن میں غور و فکر اور تدبر کریں۔ قارئین ایک کام کریں جس کے لیے آپ کے صرف چند لمحے صرف ہوں گے۔ باوضو ہو کر قرآنِ حکیم کا کوئی بھی مترجم نسخہ لیں اور سورہ الحدید کی آیت سولہ (۱۶؍ ۵۷) غور سے پڑھیں اور سوچیں، اگر آپ نے اسے دل کی گہرائیوں سے پڑھا تو آپ کی زندگی بدل جائے گی۔ ایک حدیثِ نبوی صلی اللہ علیہ وسلم کے مطابق ہر مسلمان کے پاس ایک قرآن کا نسخہ ہونا چاہیے۔ حاصلِ بحث اور گذارش یہ ہے کہ ہر ایک شخص کے پاس قرآنِ حکیم کا اپنی زبان میں مترجم نسخہ ہو اور جب بھی کوئی آیت پڑھیں اُس پر بقول مولانا محمد علی جوہر نشان لگاتے جائیں تا کہ ایک تو حوالے یاد رہیں اور دوسرا یہ جائزہ بھی لے سکیں کہ آپ نے کتنا مطالعہ اور تدبر کیا ہے۔ حضور صلی اللہ علیہ وسلم سے محبت کا تقاضا ہے کہ ہم قرآن کے ساتھ اپنا رابطہ مضبوط کریں اور یہ تعلق ہمہ وقت قائم رہنا چاہیے۔ کیونکہ بقول حکیم الامتؒ:

تجھے کتاب سے ممکن نہیں فراغ کہ تو

کتاب خواں ہے مگر صاحبِ کتاب نہیں

مکالمہ کی ضرورت

دہشت گردی ، مذہبی انتہا پسندی اور اسلام فوبیا کے مہیب سائے پوری دنیا پر چھا رہے ہیں ۔سویڈن جیسے پرامن ملک میں بھی مساجد پر حملے اور آتش زنی کے واقعات نے سب کو پریشان کردیا ہے ۔صاف ظاہر ہے جب دنیا بھر میں منفی رجحانات میں اضافہ ہو رہا ہے تو سویڈن اُس سے کیسے محفوظ رہ سکتا ہے ۔ جب یہاں سے مسلمان گھرانوں کے نوجوان شام اور عراق میں لڑنے کے لیے جائیں گے اور پھر واپس آئیں گے تو اس ملک کے لوگ متفکر کیوں نہ ہوں گے جنہوں نے دو صدیوں سے کوئی جنگ ہی نہیں لڑی ہے ۔ جب لاہور سے ایک بوڑھی سویڈش خاتون جو وہاں کی بچیوں کو صحت عامہ کی تعلیم دے رہی تھی اس کی لاش یہاں بھیجیں گے تو کیا ردعمل ہوگا۔ جب اس پرامن معاشرہ میں جہاں نہ صرف ہر طرح کی مذہبی آزادی میسر ہے اور ہر طرح کا حکومتی تعاون میسر ہو وہاں انتہا پسندی کی سرگرمیوں سے پرسکون ماحول کو بدلنے کی کوشش کریں تو دوسری جانب بھی نسل پرست اور انتہا پسند عناصر کو کھل کر کام کرنے کا موقع ملے گا ۔ رشدی کی کتاب کو شائد چند لوگ ہی پڑھتے اور اسے وہ پذیرائی کبھی نہ ملتی جو ہماری وجہ سے اسے ملی ہے ۔ فرانس کا میگزین صرف چھ ہزار کی تعداد میں چھپتا تھا اور کوئی اسے جانتا تک نہ تھا مگر اب وہ لاکھوں کی تعداد میں شائع ہوا ہے اور دھڑ لے سے اس نے سرورق پر رسول اکرم ﷺ کا کارٹون شائع کیا ہے اور ہم بے بسی کے تصویر بنے دیکھ رہے ہیں ۔ اگر اس کے دفتر پر حملہ نہ ہوتا تو کوئی اسے توجہ ہی نہ دیتا ۔ رشدی کی کتاب کی طرح اسے بھی شہرت کی بلندیوں تک پہنچانے والے کون ہیں ۔ سوچنے کا مقام ہے کہ توہین کا باعث کون ہے ۔ امن کے دین کا چہرہ کس نے مسخ کیا ہے ۔ جو غیر ہیں وہ تو اپنا کام کریں گے ہی مگر یہاں تو اس گھر کو آگ لگی گھر کے چراغ سے ۔

یہ حقیقت ہے کہ دنیا میں قتل و غارت اور جتنا انسانی خون بہایا گیا ہے اس میں مسلمانوں کا حصہ بہت کم ہے اور زیادہ کردار انہی کا ہے جو آج حقوق انسانی کے علمبردار ہیں ۔ صرف گذشتہ سو سال پر نگاہ دوڑائیے صورت حال واضح ہو جائے گی ۔ دونوں عظیم جنگوں میں مسلمانوں کا کوئی کردار نہیں تھا اور

ان میں جو لاکھوں انسان مرے ان کا خون کن کی گردن پر ہے۔ جاپان پر دواٹم بم بھی مسلمانوں نے گرائے جس سے لاکھوں انسان مرے تو تھے ہی سالوں بعد تک معذور پیدا ہوتے رہے۔ برطانیہ، سپین، اٹلی، فرانس اور دوسرے یورپی ممالک نے دوسرے ممالک کو اپنا غلام بنایا اور جب انہوں نے اپنے حقوق کے لیے آواز بلند کرنا چاہی انہیں موت کی نیند سلایا جاتا رہا، ان کی تعداد کا شمار بھی نہیں کیا جاسکتا۔ اسی فرانس نے الجزائر میں پندرہ لاکھ کے قریب انسانوں کو قتل کیا۔ مشرق وسطیٰ میں انسانی خون سے ہولی کھیلنے والوں کی پشت پناہی کون کر رہا ہے۔ دنیا کے منصفوں اور حقوق انسانی کے علمبرداروں کو کشمیر میں بہنے والا خون کیوں نظر نہیں آتا۔ پیرس میں دہشت گردی کا جو واقعہ ہوا بہت بُرا ہوا لیکن اُن کے ساتھ یکجہتی کے لیے دنیا امڈ آئی لیکن فلسطین، کشمیر اور پاکستان میں ہونے والے دہشت گردی کے واقعات پر کیوں خاموش ہے۔ جب ناروے میں وہاں کے باشندے نے ایک سے زائد لوگوں کو قتل کیا اُس کے خلاف ایسا ردِعمل کیوں نہیں آیا۔ انصاف اور حقوق سب کے لیے برابر ہونے چاہییں۔ اہلِ یورپ کو یہ سوچنا چاہیے کہ وہ کس طرح کی دنیا چاہتے ہیں۔ یورپی میڈیا کو بھی سمجھداری اور ذمہ داری کا ثبوت دینا چاہیے اور جلتی پر تیل ڈالنے کی بجائے نفرت کی آگ کو ٹھنڈا کرنا چاہیے اور کسی کی بھی دل آزاری نہیں کرنی چاہیے۔ پوپ فرانسس نے بالکل درست بات کی ہے کہ آزادی رائے کا مطلب یہ نہیں کہ دوسروں کے مذہب کا تمسخر اڑایا جائے۔ انہوں نے بالکل درست کہا کہ اگر کوئی میری ماں کو برا کہے تو میرا مُکا بھی کھانے کے لیے تیار رہے۔ فرانس کے میگزین کے حملہ کے بعد دنیا بھر کے مسلمانوں نے اس کی مذمت کی تھی اور اپنی ہمدردی کا اظہار کیا تھا مگر یہ قابل مذمت ہے کہ اسی میگزین نے توہین آمیز کارٹون دوبارہ شائع کر کے اپنی اس ہمدردی کو اب نفرت میں بدل دیا ہے۔

اسلام جو کہ اعتدال کا دین ہے اور خود رسول اکرم ﷺ نے فرمایا ہے کہ بہترین راستہ اعتدال کا ہے لیکن خود کو مسلمان کہلانے والوں نے اسے ایک انتہا پسند اور متشدد مذہب کے طور پر متعارف کروایا ہے۔ اسلام دشمن قوتیں خوش نصیب ہیں کہ انہیں اپنے مذموم مقاصد کے لیے آلہ کار خود مسلمانوں کی صفوں میں دستیاب ہیں۔ پاکستان کے خلاف برسرِ پیکار عناصر ہوں یا عراق اور شام میں نام نہاد جہاد کرنے والے، انہیں اسلحہ اور مدد کون دیتا ہے، اب یہ کوئی مخفی بات نہیں رہی۔ لیکن یہاں

مسلمانوں کی اکثریت جو کہ دہشت گردی اور انتہا پسندی کو مسترد کرتی ہے انہیں مزید سمجھداری سے کام لینا ہے بالخصوص وہ جو یورپ میں مقیم ہیں۔ قرآن کی وہ تعلیمات جو امن، انسان دوستی اور مذہبی آزادی کا درس دیتی ہیں انہیں اپنے کردار اور عمل سے اجاگر کرنا ہوگا۔ انہیں ان ممالک کے قوانین کا احترام کرنا چاہیے۔ اسلام فوبیا کا مقابلہ اپنے اچھے کردار و عمل، مقامی آبادی کے ساتھ اچھے اخلاق، حلم، برداشت اور دورِ مکی میں رسالت مآب ﷺ کی حکمتِ عملی کی رہنمائی سے کیا جاسکتا ہے۔ اپنے بچوں کو انتہا پسندوں کے ہتھے چڑھنے سے بچائیں۔ اسلام کی اصل تعلیمات اجاگر کرنے کی ضرورت ہے۔ انہیں قرآن حکیم کی اس تعلیم کو ہر وقت پیشِ نظر رکھنا چاہیے کہ کسی ایک انسان کا قتل تمام انسانیت کے قتل کے برابر ہے (۳۲/۵)، تمام انسان صرف انسان ہونے کی وجہ سے قابلِ عزت ہیں (۷۰/۱۷)، دوسروں کے مذہب، معبدوں کا احترام کرو۔ دوسروں کی عبادت گاہوں کی حفاظت کرو (۴۰/۲۲)۔ جہاں اللہ کی آیات کا مذاق اڑایا جا رہا ہو وہاں سے وقتی طور پر الگ ہو جاؤ (۱۴۰/۴) یہ حکمتِ عملی اس وقت بھی اختیار کی جانی چاہیے جب کارٹون جیسے واقعات سامنے آئیں۔ تشدد اور جبر کی بجائے مہذب انداز میں اپنا احتجاج ریکارڈ کروائیں۔ یورپ کی مسلم تنظیمیں، قانون اور سیاست میں متحرک شخصیات اور اہلِ علم یہ جانتے ہیں کہ یورپ میں Discrimination, Violation, Bullying, انسانی حقوق اور یکساں سلوک پر مبنی دوسرے قوانین کے تحت اپنی بات کی جاسکتی ہے۔ قائدِ اعظم کی حکمتِ عملی کو اپنانے کی ضرورت ہے جنہوں نے برطانوی سامراج کے قوانین کے اندر رہ کر کامیاب جنگ لڑی اور ایک دن کے لیے بھی جیل میں نہ گئے۔

یورپ میں مقیم مسلمانوں کو مقامی باشندوں کے ساتھ اپنے بہتر روابط قائم کر کے اپنا نقطہ نظر سمجھانا چاہیے۔ الگ تھلگ رہنے کی بجائے انہیں اپنے سماجی اور مذہبی اجتماعات میں شمولیت کی دعوت دینی چاہیے۔ قرآن حکیم پر غور کر کے بڑی حیرت ہوتی ہے کہ حج جو کہ اسلام کا پانچواں رکن ہے اس کے بارے میں جتنی بھی آیات ہیں ان میں انسانوں کو مخاطب کیا گیا ہے اور کسی جگہ بھی اُن میں صرف مسلمانوں یا مومنین کو مخاطب نہیں کیا گیا۔ اسلام تمام مخلوق کو خدا کا کنبہ قرار دیتا ہے جس کی تعلیمات قرآن حکیم میں موجود ہیں جسے مولانا الطاف حسین حالی نے یوں کہا ہے کہ :

یہ پہلا سبق تھا کتابِ ھدیٰ کا

کہ ہے ساری مخلوق کنبہ خدا کا

چند عناصر کی کارروائیوں کا اسلام سے کوئی تعلق نہیں اور ایک دوسرے کو سمجھنے اور اپنا موقف سمجھانے کے لیے آپس میں مکالمہ کی اشد ضرورت ہے۔ مختلف مذاہب اور تہذیبوں کے مابین غلط فہمیوں کو دور کرنے، اور ایک دوسرے کے خیالات کو جاننے اور ایک پرامن معاشرہ کے قیام کے لیے مکالمہ بنیاد بن سکتا ہے۔

دہشت گردی کے خلاف فکری جہاد

تاریخ انسانی کا ایسا واقعہ کہ جس پر اگر آسمان بھی خون کے آنسو روئے تو کم ہے۔ شہداء پشاور کے معصوم خون سے جو دھرتی ۱۶ دسمبر ۲۰۱۴ء میں رنگین ہوئی ہے اس طرح کی پہلے کوئی مثال موجود نہیں۔ ایسی ہی کارروائی جنوری ۲۰۱۶ء میں باچا خان یونیورسٹی چارسدہ میں دہرائی گئی۔ اس ظالمانہ اور انسانیت سوز کارروائی کرنے والے بد بخت گروہ کے ترجمان خالد خراسانی کے اس کا جواز بخاری جلد پانچ کی روایت ایک سوا ٹرا تالیس کی روشنی میں پیش کرنے سے یہ حقیقت عیاں ہوتی ہے کہ ان انسانیت کے دشمنوں کو کس قسم کی تعلیم دی گئی ہے۔ ان کے مائنڈ سیٹ کو کس طرح بدل دیا گیا ہے۔ قرآن و سنت کی کس قدر غلط تعبیر و تشریح ان کے ذہنوں میں بٹھا دی گئی ہے اور وضعی روایات اور اپنی من مانی اسلام کی تشریح کر کے جہاں ایک طرف خود مسلمانوں کا بے دریغ خون بہار ہے ہیں وہیں عالمی سطح پر اسلام کا چہرہ مسخ کرنے کی کوشش میں وہ اسلام دشمنوں کا پورا ساتھ دے رہے ہیں۔ قابل غور امر یہ ہے کہ مسلمان گھرانوں میں پیدا ہونے والے آج کیوں اس قدر سفاک ہو گئے ہیں کہ وہ مسلمانوں کے خون کے پیاسے ہو گئے ہیں۔ ان کی یہ ذہنیت کیسے پیدا ہوئی۔ ان کا مائنڈ سیٹ کیسے بدلا۔ انہیں کس نے حوروں اور جنت کے لالچ میں موت کے خوف سے بیگانہ کر دیا۔ یہ کوئی مشکل مسئلہ نہیں بلکہ یہ سب اس تعلیم و تدریس کی وجہ ہے جو انہیں دی گئی ہے اور جس نے انہیں اس قدر متشدد بنا دیا کہ انہیں اپنے علاوہ کوئی اور مسلمان نظر ہی نہیں آتا اور وہ اپنی خود ساختہ شریعت کو بندوق کے زور پر نافذ کرنا چاہتے ہیں اور جو ان کے ساتھ متفق نہیں اسے یہود و نصاریٰ کا ساتھی قرار دیتے ہوئے واجب القتل سمجھتے ہیں۔

مذہبی دہشت گردی اور جنونیت جس کا امت مسلمہ اور بالخصوص پاکستان شکار ہے، اسے ختم کرنے کے لیے چار اطراف سے بیک وقت یلغار کی ضرورت ہے۔ ایک حکومتی اقدامات جو ایک مربوط پالیسی اور عزم مصمم کے ساتھ ہوں، دوسرا قوت بازو کا استعمال کرتے ہوئے مسلح افواج اور سیکیورٹی کے ادارے ایسے زہریلے سانپوں کا سر کچل کر رکھ دیں۔ تیسری سطح پر مؤثر اور فوری عدالتی نظام کے تحت

مجرموں کے مقدمات کا فیصلہ اور اُن پر بلاتاخیر عمل ۔ چوتھا اور سب سے اہم فکری محاذ پر جنگ ہے جس میں ہر ایک کو شریک ہونا پڑے گا۔ اس سوچ کے خلاف لڑنا ہوگا جو دہشت گرد پیدا کرتی ہے۔ ان مدرسوں، تعلیمی اداروں اور بلکہ مساجد جو کہ مسجد ضرار کی مثل ہو چکی ہیں عوام کو بائیکاٹ کرنا ہوگا۔ دہشت گردوں کے ساتھ نرم گوشہ رکھنے والی جماعتوں اور شخصیات سے لاتعلقی اور ان کا محاسبہ کرنا ہوگا۔ دہشت گردوں کے حامیوں، ہمدردوں اور نرم گوشہ رکھنے والوں کا عوام کو بخوبی علم ہے ۔ یہ وہی ہیں جو دہشت گردی کے سانحات کے بعد ان پر نیم دلانہ تبصرے کرتے ہیں ۔ جو اس واقعہ کو تو المناک اور سانحہ قرار دیتے ہیں مگر ایسا کرنے والوں کو دہشت گرد، قاتل اور سلام دشمن قرار نہیں دیتے ہیں ۔ بدقسمتی کے ساتھ دہشت گردوں کے نظریات کے حامی ہر طبقہ میں سرایت کر چکے ہیں ۔ یہ فتنہ خوارج کا تسلسل ہے اور جسے اسلام دشمن ہر دور میں اپنے مذموم مقاصد کے لیے استعمال کرتے رہے ۔ لارنس آف عریبیا ہو یا ایم ایچ ہمفر ے اسلام دشمن ہر دور میں اسے عناصر کی پشت پناہی کرتے رہے اور جیسا کہ بار بار ہم اپنے کالموں میں لکھتے رہے کہ وہ اسرائیلیات اور وضعی روایات کو بنیاد بنا کر اسلام کی غلط تعبیر و تشریح کرتے ہیں جبکہ قرآنی تعلیمات کو پس پشت ڈال دیا گیا ہے۔

دہشت گردی کے خلاف جہاد میں ہمیں اپنی نوجوان نسل کو اسلام کی اصل تعبیر و تشریح سے روشناس کروانا ہوگا جو انسانیت کے نام اللہ کی آخری وحی میں موجود ہے۔ ہمیں فکرِ اقبال کو عام کرنا ہوگا اور علامہ جو پیامبر قرآن اور دورِ حاضر کے مسائل کا حل اسلام کی روشنی میں دے گئے ہیں اسے اجاگر کرنا ہوگا۔ ہر تعلیم یافتہ طبقہ تک خطباتِ اقبال کا پیغام پھیلانا ہوگا۔ مذہبی انتہا پسندی کے خلاف قرآنی تعلیمات سے نوجوان نسل کو آگاہ کرنا ہوگا۔ اسلام نے اعتدال کا جو درس دیا ہے اسے عام کرنا ہوگا۔ قرآنی تعلیمات اور اقبالیات کو تعلیمی نصاب کا حصہ بنانا ہوگا۔ پہلے خود فہم قرآن حاصل کرنا ہوگا اور پھر اپنے بچوں کو بھی تعلیم دینا ہوگی ۔ یاد رکھیں اگر آپ غفلت برتیں گے اور بچوں کو اسلام نہیں سکھائیں گے تو پھر کوئی اور سکھائے گا اور یہ نہ ہو کہ موقع ہاتھ سے نکل جائے اور وہ انہی دہشت گردوں کے ہتھ چڑھ جائیں ۔ اپنے بچوں کی سرگرمیوں پر نظر رکھیں ۔

ہر کام حکومت پر ہی نہیں چھوڑنا چاہیے بلکہ یہ عوام کی ذمہ داری ہے کہ وہ دہشت گردوں کے

خلاف فکری جنگ میں فعال کردار ادا کرے اور ایسے اداروں جہاں سے ایسے ظالم لوگ پروان چڑھتے ہیں ان پر نظر رکھیں ۔ دہشت گردوں کو مارنے کے ساتھ ساتھ ان نرسیوں کو بھی ختم کرنا زیادہ ضروری ہے جہاں سے ان کی ذہنی آبیاری ہوتی ہے اور جو دہشت گرد بناتی ہیں ۔ پنجابی کی کہاوت ہے کہ :

"بُرے کی ماں کو مارو تا کہ بُرا پیدا ہی نہ ہو" ۔

اسلام کیا ہے؟

ہمارا دعویٰ ہے کہ اسلام خدا کی طرف سے آخری دین اور مکمل دین ہے جو انسانیت کے تمام مسائل کا حل پیش کرتا ہے اور آج کی سسکتی ہوئی انسانیت کو امن اور سکون کی دولت عطا کرتے ہوئے دنیاوی کامیابی کے ساتھ اخروی نجات کا باعث بن سکتا ہے لیکن ایک عام مسلمان کے لیے بعض اوقات بڑی مشکل صورت حال ہوتی ہے جب ایک طرف یہ کہا جاتا ہے کہ یہ اسلام میں جائز ہے جبکہ دوسری یہ آواز آتی ہے کہ یہ اسلام میں جائز نہیں، یہ حرام ہے۔ سوال یہ پیدا ہوتا ہے کہ یہ کس کو حق حاصل ہے کہ وہ یہ فیصلہ کرے کہ اسلام میں یہ جائز ہے یا نہیں۔ اسی طرح یہ کہنا کہ یہ شریعت کے عین مطابق ہے یا یہ شریعت کے منافی۔ تو سوال پیدا ہوتا ہے کہ یہ طے کرنا کس کی اتھارٹی ہے کہ یہ شریعت ہے یا یہ شریعت نہیں۔ دین اسلام میں اتھارٹی کس کی ہے یا بصورت دیگر اسلام ہے کیا؟ غیر مسلم تو ایک طرف، خود مسلمانوں کے سامنے بھی دین کا واضح تصور نہیں ہوتا۔ ایک عام مسلمان یہ ضرور جاننا چاہتا ہے کہ اسلام کا آئین، قانون اور دستور کون سا ہے جس سے انحراف اور اختلاف ممکن نہ ہو۔ اور جب کبھی کوئی بات سامنے آئے اُسے پرکھنے کے لیے ایک واضح حقیقت کیا ہے۔ ہمیں یہ معلوم ہونا چاہیے کہ دین اسلام کا ماخذ اور منبع کیا ہے اور وہ کون سا ضابطہ حیات ہے جس کی رہنمائی میں ہمیں سفر زندگی طے کرنا چاہیے۔ دین کیا ہے؟ اسی طرح اگر ایک غیر مسلم اسلام کی حقانیت پر ایمان لاتے ہوئے مسلمان ہو جاتا ہے تو اُسے اپنی زندگی کو اسلام کے مطابق بسر کرنے کے لیے کس دستور العمل کی ضرورت ہو گی۔ یہ وہ سوالات ہیں جو اکثر ذہن میں گردش کرتے ہیں۔

اسلام عربی زبان کا لفظ ہے جو سلم سے نکلا ہے جس کے معنی سلامتی، اطاعت کرنا، سر تسلیم خم کرنا، ہر قسم کے عیوب و نقائص سے پاک ہونا، اعتدال اور توازن کی راہ اختیار کرنا ہے۔ دین اسلام کی تعریف Definition یوں کی جا سکتی ہے۔

’’اسلام اللہ کی طرف سے اُس کے آخری نبی حضرت محمد مصطفیٰ ﷺ کی طرف بھیجا ہوا دین

یعنی نظام زندگی ہے جس کا آئین قرآن حکیم ہے، اُس پر مکمل ایمان اور اس کے سامنے سرِ تسلیم خم کرتے ہوئے اس کے مطابق زندگی بسر کرنا اسلام ہے‘‘ یا دوسرے الفاظ میں ’’اسلام مسلمانوں کا دین یا نظام زندگی ہے جس میں اللہ کی توحید کا اقرار کرتے ہوئے اس کی حاکمیت اعلیٰ کے سامنے سرِ تسلیم خم کرنا اور حضرت محمد مصطفیٰ ﷺ کو آخری نبی ماننا۔ اسلام کا آئین قرآن ہے، اس پر مکمل ایمان اور اس کے مطابق زندگی بسر کرنا اسلام ہے‘‘

اسلام وہ دین یا نظام حیات ہے جس میں حضور ختم المرسلین ﷺ کی وساطت سے انسانیت کے نام خدا کے آخری پیغام یعنی قرآن مجید کی روشنی میں زندگی بسر کی جائے۔ اُس وحی خداوندی کی روشنی میں فطرت کی قوتوں کو مسخر کرتے ہوئے انسانیت کی فلاح و بہبود کے لیے بروئے کار لایا جائے۔ اُس ضابطہ حیات پر کامل ایمان لاتے ہوئے قوانینِ خداوندی کے سامنے اپنا سرِ تسلیم خم کرنے کا نام اسلام ہے۔ اللہ تعالیٰ نے انسانوں کی رہنمائی کے لئے جو نظام اور قانون دیا ہے اس کا نام اسلام ہے۔ اس نظام زندگی کی رہنمائی انبیاء اکرام کی صورت میں جاری رہی اور حضور پاک ﷺ پر یہ سلسلہ ختم ہو گیا۔ جس کا اس دین پر دل و دماغ کی مکمل ہم آہنگی کے ساتھ غیر متزلزل ایمان ہو وہ مسلمان کہلاتا ہے۔ قرآن حکیم کو اسلام میں سپریم اتھارٹی حاصل ہے، انفرادی اور اجتماعی زندگی کے تمام شعبوں میں اس کے رہنما اصولوں کے مطابق عمل پیرا ہونا لازم ہے۔ یہی کتاب جائز یا ناجائز کا فیصلہ کرتی ہے اور ایک مسلمان کی آزادی اور پابندی کی حدود متعین کرتی ہے۔ اسوہ حسنہ یعنی پیغمبرِ اسلام ﷺ کی حیاتِ طیبہ بہترین نمونہ ہے۔ قرآن حکیم کے بعد رسول اکرام ﷺ کی صحیح احادیث رہنمائی کا ذریعہ ہیں۔ سنت خیر الانام ایک مسلمان کے لیے زندگی گذارنے کے لیے بہترین راستہ ہے۔ اسلام دوسرے مذاہب کی طرح محض چند رسمی عبادات کا مجموعہ نہیں جس کا مقصد صرف اُخروی نجات ہو بلکہ یہ ایک دین یعنی نظام زندگی ہے جو تمام شعبہ ہائے زندگی کا احاطہ کرتا ہے اور حضور ﷺ اس دنیا سے تشریف لے جانے سے قبل دین کو مکمل کر کے گئے تھے۔ اسلام کے پانچ ارکان ہیں۔ پہلا رکن شہادت ہے یعنی اس بات کی شہادت دل و دماغ کے مکمل اطمینان کے ساتھ دینا کہ اللہ ایک ہے، حضرت محمد ﷺ اُس کے آخری رسول اور نبی ہیں۔ اللہ کے بھیجے ہوئے تمام نبیوں پر ایمان لانا، اُس کی نازل کردہ تمام آسمانی

کتابوں پر ایمان، اللہ کے فرشتوں پر ایمان، حیاتِ آخرت اور روزِ جزا پر ایمان لانا لازم ہے۔ دیگر چار ارکانِ اسلام میں صلوٰۃ (نماز)، روزہ، زکوٰۃ اور حج شامل ہیں۔

دین ہمارے دنیاوی معاملات کو سنوارنے کے لیے آتا ہے جس سے دنیا میں فلاح اور آخرت میں کامیابی نصیب ہوتی ہے۔ بقول علامہ اقبال از کلیدِ دین، دنیا کشاد یعنی دین کی چابی سے دنیا کے تالے کو کھولا جاتا ہے اور اس پر دسترس حاصل ہوتی ہے۔ انہی اصولوں کی بنیاد پر رسول اکرم صلی اللہ علیہ وسلم نے ایک بے مثال اسلامی معاشرہ متشکل کیا جس کا تسلسل خلفاء راشدین کے دور بھی رہا۔ اُس معاشرہ میں نہ کوئی سرمایہ داری کا تصور تھا، نہ رہبانیت کا اور نہ ہی مذہبی پیشوائیت کا۔ نہ ہی اُس میں مذہبی جبر اور تشدد تھا اور نہ ہی کسی کے لیے امتیازی قوانین تھے۔ نہ ہی کوئی کسی پر جبراً شریعت نافذ کر سکتا تھا اور نہ ہی کوئی فتویٰ دینے کے مجاز تھا۔ یہ تھا وہ اسلام جسے خدا نے انسانوں کے لیے پسند کیا تھا۔ اور ہم آج بھی پھر وہی نظام دہرا سکتے ہیں اگر بالکل اسی طریقہ کار کو اپناتے ہوئے اُسی ضابطہ حیات کو اپنالیں اور اس کی روشنی میں اپنے لیے طریقہ کار وضع کریں۔ خوش قسمتی سے خدا کی آخری کتاب ہمارے پاس مکمل اور اصل حالت میں موجود ہے۔ اب یہ ہم پر کہ ہم اُس سے کتنا فائدہ اٹھاتے ہیں۔ وہ کتاب جو سمجھنے میں آسان اور جس کے احکام آج بھی قابلِ عمل ہیں جس بارے میں اُس کے مصنف نے سورۃ القمر میں چار بار واضح طور پر اعلان کر دیا کہ یہ آسان کتاب ہے تا کہ کوئی کل کو یہ نہ کہے کہ یہ کتاب مشکل ہے، اسے سمجھنا آسان نہیں یا اس کے سمجھنے کے لیے پہلے بہت سے علوم کا جاننا ضروری ہے یا پھر یہ کہ اس کے سمجھنے کے لیے کسی مزید گائیڈ کی ضرورت ہے۔ ہرگز نہیں بلکہ واضح طور پر اعلان کر دیا کہ ہم نے قرآن کو سمجھنے کے لیے آسان کر دیا ہے تو کوئی ہے سوچ سمجھے (54/17, 22, 32, 40)۔ قرآنِ حکیم کو سمجھنے کا اصول اور طریقہ بھی خود قرآن نے بتا دیا ہے کہ تصریف آیات یعنی کسی ایک موضوع کے بارے میں تمام آیات کو پڑھا اور سمجھا جائے۔ مضامین کے اعتبار سے قرآن فہمی کے لیے بہت سی کتب دستیاب ہیں جن سے عام آدمی بھی فائدہ اٹھا سکتا ہے۔ قرآن اپنی آیات کو دو حصوں میں تقسیم کرتا ہے، آیاتِ متشابہات اور آیاتِ محکمات۔ متشابہات کی آیات کائنات اور دیگر حقیقتوں کے بارے میں ہیں جس کی مختلف انداز میں تشریح ممکن ہے اور جوں جوں انسانی علم ترقی کرتا چلا جاتا ہے اُن کی آیات کے سمجھنے

میں وسعت آتی جاتی ہے۔ مگر آیاتِ محکمات کا مفہوم روزِ اول سے ایک ہی ہے اور وہ احکامات کی آیات ہیں جن میں واضح طور پر کہا گیا ہے کہ یہ کام کرو یا نہ کرو۔ قرآن مجید انہیں اصل کتاب قرار دیتا ہے اور ایک عام مسلمان کے لیے ضروری یہی ہے کہ وہ ان آیات جو تقریباً آٹھ سو کے قریب ہیں یعنی قرآن کا آٹھواں حصہ، ان کی روشنی میں اپنی زندگی کی گاڑی کو رواں رکھے۔ اب یہ ہماری ذمہ داری ہے کہ ہم اس کتابِ عظیم سے کتنا فائدہ اٹھاتے ہیں۔ اگر ہم یہ نہ کریں گے تو روزِ قیامت حضور صلی اللہ علیہ وآلہ وسلم ہماری خدا سے شکائیت کریں گے کہ میری امت نے قرآن کو چھوڑ دیا تھا جیسا کہ سورہ فرقان کی آیت تیس میں ہے۔ قرآن سے رہنمائی اہلِ عقل لیتے ہیں۔ قرآن اور عقل کا تعلق ایسے ہی ہے جیسے آنکھوں اور روشنی کا ہے۔ قرآن بار بار غور و فکر کی دعوت دیتا ہے۔ یہ ایک بڑی حیران کن حقیقت ہے کہ قرآن میں جنہیں ہم عمومی طور پر عبادات کہتے ہیں اُن کے بارے دو فی صد سے بھی کم آیات ہیں جبکہ کائنات کے غور و فکر کے بارے میں گیارہ فی صد سے زیادہ آیات ہیں۔ قرآن ہی سے ہماری آزادی اور پابندی کی حدود متعین ہوتی ہیں اور یہی ایک سپریم اتھارٹی ہے۔ اللہ تعالیٰ نے واضح طور پر فیصلہ دے دیا کہ جو قرآن کے مطابق فیصلے نہیں کرتے وہ کافر ہیں (5/44)۔

قرآن کے بعد حدیثِ نبوی صلی اللہ علیہ وآلہ وسلم کو اہمیت حاصل ہے اور صحیح احادیث رہنمائی کا ذریعہ ہیں۔ سنت خیر الانام صلی اللہ علیہ وآلہ وسلم ہر مسلمان کے لیے مشعل راہ ہے۔ جب تک حضور صلی اللہ علیہ وآلہ وسلم سے بے پناہ محبت نہ ہو، کوئی مومن ہی نہیں ہو سکتا۔ محبت کا یہ تقاضا ہے کہ آپ صلی اللہ علیہ وآلہ وسلم کے اسوہ حسنہ سے روشنی حاصل کر کے زندگی بسر کی جائے۔ قرآن میں جب یہ کہا گیا ہے کہ رسول پاک صلی اللہ علیہ وآلہ وسلم کی زندگی میں بہترین نمونہ ہے تو یہ حقیقت روزِ روشن کی طرح عیاں ہے کہ حضور صلی اللہ علیہ وآلہ وسلم کا ہر عمل قرآن کے مطابق تھا۔ قرآن مجید میں کم از کم تیرہ مختلف مقامات پر یہ وضاحت کی گئی ہے کہ حضور صلی اللہ علیہ وآلہ وسلم خود وحی یعنی قرآن مجید کی پیروی کرتے تھے اس لیے اگر ہم بھی قرآن مجید کی پیروی کریں تو حضور پاک صلی اللہ علیہ وآلہ وسلم کے نقشِ قدم پر چل سکتے ہیں۔ سورہ مائدہ کی تیسری آیت جو کہ آخری وحی تھی، وضاحت کر دی کہ آج دین کو مکمل کر دیا گیا ہے۔ پھر حضور صلی اللہ علیہ وآلہ وسلم نے اپنی زبانِ مبارک سے اپنے آخری خطبہ میں امت پر واضح کر دیا اور فرمایا کہ میں تمہارے درمیان قرآنِ حکیم چھوڑے جا رہا ہوں اگر اُس پر قائم رہے تو تم کبھی

گمراہ نہیں ہوں گے۔ چونکہ آپ صلی اللہ علیہ وسلم پر نبوت کا سلسلہ ختم ہو گیا اس لیے قرآن انسانیت کے نام خدا کا آخری پیغام ہے۔

اسلامیانِ ہند کے عظیم رہنماء قائداعظم محمد علی جناح نے عثمانیہ یونیورسٹی حیدرآباد دکن کے طلباء سے خطاب کرتے ہوئے اسلام کا تعارف اور وضاحت بہت ہی مختصر مگر جامع انداز میں کی جو شائد کسی بڑے سے بڑے عالم نے بھی نہ کی ہو۔ انہوں نے کہا کہ اس حقیقت سے سوائے جہلا کے ہر شخص واقف ہے کہ قرآن مسلمانوں کا بنیادی ضابطہ زندگی ہے جو معاشرت، مذہب، تجارت، عدالت، فوج، دیوانی، فوجداری اور تعزیرات کے ضوابط کو اپنے اندر لیے ہوئے ہے۔ مذہبی تقاریب ہوں یا روزمرہ کے معمولات، روح کی نجات کا سوال ہو یا بدن کی صفائی کا، اجتماعی حقوق کا سوال ہو یا انفرادی واجبات کا، عام اخلاقیات ہوں یا جرائم، دنیاوی سزا کا سوال ہو یا آخرت کے مواخذہ کا، ان سب کے لیے اس میں قوانین موجود ہیں۔ اسی لیے نبی اکرم صلی اللہ علیہ وسلم نے حکم دیا تھا کہ ہر مسلمان قرآن حکیم کا نسخہ اپنے پاس رکھے اور اس طرح اپنا مذہبی پیشوا آپ بن جائے۔ اسلامی حکومت کا تصور واضح کرتے ہوئے قائداعظم نے کہا کہ اسلامی حکومت کے تصور کا یہ امتیاز ہمیشہ پیش نظر رہنا چاہیے کہ اس میں اطاعت اور وفا کیشی کا مرجع خدا کی ذات ہے جس کی تعمیل کا واحد ذریعہ قرآن مجید کے احکام اور اصول ہیں۔ اسلام میں اصلاً نہ کسی بادشاہ کی اطاعت ہے نہ کسی پارلیمان کی، نہ کسی شخص یا ادارہ کی۔ قرآن کریم کے احکام ہی سیاست یا معاشرت میں ہماری آزادی اور پابندی کی حدود متعین کرتے ہیں۔ اسلامی حکومت دوسرے الفاظ میں قرآنی اصول اور احکام کی حکمرانی ہے اور حکمرانی کے لیے آپ کو علاقہ اور مملکت کی ضرورت ہے۔

اسلام میں اقتدار اعلیٰ اور قانون سازی کا حق صرف خدائے بزرگ و برتر کو حاصل ہے۔ ختم نبوت کے بعد اب کسی بھی اور رسول یا نبی کی آمد ممکن نہیں۔ خدا نے جو کچھ کہنا تھا وہ سب کہہ دیا اور وہ سب قرآن مجید میں موجود ہے۔ اس میں دیئے ہوئے اصول و ضوابط مستقل نوعیت کے ہیں مگر قرآن وہ طریقے اور تفصیلات خود متعین نہیں کرتا جن کے مطابق ان اقدار و اصول کو ایک نظام کی شکل دی جاتی ہے۔ یہ طریقے حالات کے تقاضوں کے مطابق ہر دور کی ضرورت کے مطابق بدلتے رہتے ہیں۔ یہ

جزئی احکامات By Laws امت مسلمہ اپنے لیے قرآن کی تعلیمات کی روشنی میں وضع کرتی ہے جنہیں شریعت کہا جاتا ہے۔ اصول شریعت میں تو کوئی تبدیلی نہیں ہوتی مگر احکام شریعت میں اجتہاد کے ذریعہ تغیر و تبدل ممکن ہے۔ مختلف زمانے میں جو شریعت کے احکام یا فقہ کی رو سے مسائل کا حل پیش کیا گیا اگر تو وہ ہمارے دور کے تقاضوں کو پورا کرتا ہے تو وہ قابلِ عمل ہے بصورتِ دیگر اُن پر نظرِ ثانی کی جا سکتی ہے کیونکہ اُن کی حیثیت الہامی نہیں ہے۔ بنو عباس اور دوسرے ادوار میں وضع کیے گئے فقہی احکام ایسے شرعی احکام نہیں کہ اُن پر دورِ جدید کے تقاضوں کے مطابق نظرِ ثانی نہ کہ جا سکے اور نہ وہ قرآنی احکامات کی طرح مقدس ہیں۔ اسلامی نظام کے سمجھنے میں جو الجھنیں پیدا ہو رہی ہیں اُن میں ایک یہ بھی ہے کہ نفاذِ شریعت کا مطالبہ کرنے والوں اور عام لوگوں نے بھی ان طریقوں کو جو کسی زمانے میں، اس وقت کی ضرورت کے مطابق بنائے گئے تھے، قرآنی قوانین کی طرح مستقل اور غیر متبدل سمجھ لیا ہے۔ وہ وضع کردہ قوانین اس زمانے کے اگر تقاضوں کا ساتھ نہیں دے سکتے تو ہمیں ان کے نفاذ پر زور دینے کی بجائے قرآنی تعلیمات کی روشنی میں اجتہاد کرتے ہوئے نئے قوانین وضع کر لینے چاہییں۔ لیکن جب انہی قوانین کو شریعت کا نام دے کر نفاذ کا مطالبہ کیا جاتا ہے جو آج کے ضروریات کو حل نہیں کر سکتے تو اسلام کے متعلق یہ خیال پیدا ہوتا ہے کہ اسلام دورِ حاضر کے تقاضے پورے نہیں کر سکتا یہی وہ ایک اہم حقیقت ہے جس کی وجہ سے اسلام کے بارے میں غلط تصور پرورش پاتا ہے۔ یہ واضح رہے کہ قرآن حکیم کی متعین کردہ حدود میں کوئی بھی کسی قسم کا ردو بدل نہیں کر سکتا۔

ایک عام مسلمان کے لیے روزمرہ کے عام مسائل کے لیے فقہا کی جانب سے کی گئی تشریح رہنمائی کرتی ہے اور اس سے ہم آہنگی بھی پیدا ہوتی ہے لیکن اس کے ساتھ ہی یہ ایک حقیقت ہے کہ دورِ جدید کے نئے مسائل کا حل کسی ایک فقہ میں نہیں بلکہ اس کے لیے ایک فقہی پیراڈائم سے نکل کر دوسرے فقہی پیراڈائم میں داخل ہونے کی ضرورت ہے۔ اس طرح بہت آسانی سے کئی مسائل کا حل نکل سکتا ہے اور جو رہ جائیں ان کا حل اجتہاد کی روشنی میں تلاش کیا جا سکتا ہے جو دورِ حاضر کی اہم ضرورت ہے۔ اگر ایک غیر مسلم اسلام قبول کرے اور پھر یہ سوال کرے کہ مجھے اسلام کے مطابق زندگی بسر کرنے کے لیے ایک ضابطہ حیات دے دیں جس کی روشنی میں اپنا سفرِ زندگی طے کروں۔ تو اُسے

قرآن حکیم دیا جائے کہ اس سے رہنمائی حاصل کرتے ہوئے تم ایک مسلمان کی حیثیت سے زندگی بسر کر سکتے ہو۔ دین کا مطالبہ یہی ہے کہ کتاب اللہ کی روشنی میں اپنے شب و روز بسر کرو۔ خلاصہ کلام یہ کہ قرآن حکیم کی سپریم اتھارٹی کے تابع عقل، اسوہ حسنہ ﷺ اور عشقِ مصطفیٰ ﷺ کی روشنی میں سفر زندگی طے کرنا ہی اسلام پر کار بند ہونا ہے۔ حضور ﷺ کی وساطت سے ملنے والا خدا کا آخری پیغام ہی ہمارا دستور العمل اور رہنما ہے بقول علامہ اقبالؒ

آں کتابِ زندہ قرآنِ حکیم

حکمتِ او لایزال است و قدیم

نوعِ انساں را پیامِ آخریں

حاملِ او رحمۃ اللعالمین ﷺ

ضرورت اس امر کی ہے کہ ہم اس کتابِ عظیم سے آگاہی حاصل کرتے ہوئے اپنی زندگی کے تمام مسائل کے لیے رہنمائی حاصل کریں اور اس کے ساتھ اپنا تعلق مضبوط کریں۔ ہمارے سامنے اس کے روشن اصول ہمیشہ رہنے چاہئیں اور ہمارا اس سے تعلق کبھی بھی منقطع نہیں ہونا چاہیے۔ دنیا میں عزت و آبرو اسی کتابِ عظیم کی پیروی سے ہی مل سکتی ہے جیسا کہ حکیم الامت علامہ اقبالؒ نے فرمایا ہے کہ

گر تو می خواہی مسلمان زیستن   نیست ممکن جز بقرآن زیستن

پاکستان، سویڈن سے بہت کچھ سیکھ سکتا تھا

"سوری مسٹر بھٹو، آپ کو انتظار کی زحمت اٹھانا پڑی۔ دراصل مجھے اپنی گاڑی کی پارکنگ تلاش کرنے میں تھوڑی دیر ہوگئی'' سویڈش وزیراعظم اولف پالمے کے یہ الفاظ سن کر وزیر اعظم ذوالفقار علی بھٹو حیرت زدہ رہ گئے۔ وہ اپنے سویڈن کے دورے کے آغاز پر سٹاک ہوم کے ہوائی اڈہ پر پاکستانی وفد کے ساتھ اپنے میزبان کے منتظر تھے۔ بھٹو اولف پالمے سے بہت متاثر تھے اور سویڈن نے دنیا بھر میں حقوق انسانی، امن پسندی، رواداری، انصاف اور جمہوریت کے لیے جو خدمات سرانجام دیں تھیں وہ انہیں قدر کی نگاہ سے دیکھتے اور پاکستان کو ویسی ہی فلاحی ریاست بنانے کے خواہش مند تھے۔ وہ ۲۰ فروری ۱۹۷۶ء کو ایک سو پانچ افراد پر مشتمل بھاری بھرکم وفد لے کر سویڈن کی سرزمین پہنچ گئے جن میں وزراء، اراکین اسمبلی کے ساتھ ضیاء محی الدین کی معیت میں ایک ثقافتی طائفہ بھی شامل تھا۔ گویا سرکاری وفد نہ ہوا ایک بارات ہوئی۔ میزبان ملک نے صرف بیس مہمانوں کا بوجھ برداشت کرنے کا فیصلہ سنایا جبکہ باقی پچاسی افراد کے اخراجات حکومت پاکستان نے ادا کیے۔ سٹاک ہوم کے ائرپورٹ سے شہر جانے کے لیے وفد کے کچھ اراکین کو لیموزین گاڑیوں سے لے جایا گیا اور باقیوں کے لیے پر آسائش بسوں کا انتظام کیا گیا مگر اس لنکا میں سبھی باون گز کے تھے اور انہوں نے بسوں میں سفر کرنے سے انکار کر دیا اور اپنے لیے بھی لیموزین کا مطالبہ کیا کیونکہ بسوں میں سفر کرنا اُن کے شایانِ شان نہ تھا حالانکہ میزبان ملک کے وزراء پبلک ٹرانسپورٹ میں سفر کرنے کو ترجیح دیتے ہیں۔ میزبان ملک نے صاف انکار کر دیا تو کیا ہوا حکومت پاکستان کا سرکاری خزانہ کس لیے ہے، سب مہمانوں کو لیموزین گاڑیوں سے سویڈن کے مہنگے ترین ہوٹل گرینڈ میں ٹھہرایا گیا۔ تین دن تک لیموزین گاڑیاں مہمانوں کے لیے موجود رہیں تا کہ انہیں سیر سپاٹے میں دقت نہ ہو۔ پی آئی اے کا خصوصی جہاز تین دن سٹاک ہوم کے ائرپورٹ پر بے کار کھڑا رہا جس کی اگلی منزل وفد کے ساتھ کینیڈا تھی۔ یہ اُس وفد کی صورت حال ہے جو امداد لینے سویڈن آیا تھا اور جسے بعد میں سویڈش صحافیوں کے سخت سوالات کا سامنا

کرنا پڑا۔ دورہ کے اختتام پر پریس کانفرنس میں وزیر خارجہ عزیر احمد اور دوسرے اراکین بھٹو کے ساتھ موجود تھے اور جب ایک سویڈش صحافی نے سوال کیا کہ ایک امداد لینے والے ملک کو اتنے بڑے وفد کے ساتھ یہاں آنے کی کیا ضرورت تھی جس پر دس لاکھ سویڈش کرونا خرچ ہوئے تو جواب دیا گیا کہ ان لوگوں کو سویڈش حکومت کی کارکردگی اور طریقہ کار سے روشناس کروانا ہے تا کہ وہ یہی انداز پاکستان میں اختیار کرتے ہوئے ملک کو ترقی یافتہ بنا سکیں۔ اس پر جب ایک اور صحافی نے پوچھا کہ کیا یہ بہتر نہیں تھا کہ چند سویڈش ماہرین کو اسلام آباد بلوا لیا جاتا اور وہاں ساری تفصیلات معلوم کر لی جاتیں تو بھٹو جیسا زیرک اور حاضر جواب شخص بھی لا جواب ہو گیا۔

بے نظیر بھٹو بھی سویڈن کے دورہ پر تشریف لائیں اُن کا وفد اپنے والد سے چھوٹا تھا اور اُس میں صرف ستر افراد شامل تھے لیکن اُس وفد نے بھی گرینڈ ہوٹل میں قیام کیا اور دورے کا خرچ بھی کسی طور کم نہ تھا غریب ملک کے رہنماؤں نے حلوائی کی دوکان پر نانا جان کی فاتحہ دینے کی روایت برقرار رکھی۔ اپنے دورہ کے اختتام پر بے نظیر بھٹو نے بھی کہا کہ وہ سویڈن میں سماجی بہبود کے نظام سے بہت متاثر ہیں بطور خاص بچے کی پیدائش پر ماں اور باپ کو ایک سال سے زائد کام سے چھٹی ملنے کو انہوں نے بہت سراہا اور کہا کہ وہ پاکستان میں بھی اسی طرح کا نظام ہونا چاہیے۔ سویڈن کا دورہ تو پرویز مشرف نے بھی کیا اور وہ جولائی ۲۰۰۷ء میں آئے اور سویڈن سے دفاعی آلات اور فضائی نگرانی کا نظام لینے کے معاملات طے کر کے گئے۔

اتنے دوروں کے بعد بھی پاکستان نے سویڈن سے کچھ نہیں سیکھا۔ ایک وقت تھا سویڈن بہت غریب ملک تھا اور یہاں کے ہزاروں لوگ نقل مکانی کر کے امریکہ چلے گئے تھے لیکن انہوں نے اپنے حالات بدلنے کا عزم کیا۔ ۱۴ اگست ۱۸۱۹ء میں سویڈن نے اپنی آخری جنگ لڑی اور دو عالمگیر جنگوں میں اپنے ملک کو بارود اور آگ کے شعلوں سے بچائے رکھا۔ ہماری طرح نہیں کہ ہر پرائی لڑائی کو اپنے سر ایسا لیا کہ اب جان چھڑانا مشکل ہے۔ سویڈن نے غربت، جہالت اور عدم مساوات کو اپنا اصل دشمن قرار دیتے ہوئے اُس کے خلاف جنگ لڑی۔ جدید سویڈن کی تعمیر کرنے والوں کو یقین تھا کہ جمہوریت اُسی صورت میں قائم ہو سکتی ہے جب تک انصاف، مساوات، سماجی بہبود اور قانون کی حکمرانی

قائم نہیں ہو جاتی۔ قانون کی حکمرانی کے لیے چند مثالیں ہی کافی ہیں۔ ایک دفعہ وزیراعظم کو بس کی مخصوص سٹرک پر گاڑی چلانے پر ایک عام کانسٹیبل نے چلان کر دیا۔ وزیراعظم فریڈرک رائن فیلڈ کے دورِ اقتدار میں اُن کے والد کو شراب پی کر گاڑی چلانے کے شبہ میں پولیس نے ضابطہ کی پوری کارروائی کی اور وزیراعظم خاموش رہے۔ سابق نائب وزیراعظم مونا سیلین کو بہت معمولی سرکاری رقوم صرف وقتی طور پر ذاتی استعمال میں لانے پر وزیراعظم بننے کا راستہ بند ہو گیا حالانکہ وہ رقم اس نے جلدی ہی واپس بھی کر دی تھی۔ ایک کاؤنٹی کے گورنر کو اپنے ہی آفس میں غلط جگہ پر گاڑی کھڑی کرنے پر جرمانہ کر دیا گیا۔ ۱۹۹۴ء میں پاکستان کے آرمی چیف جنرل عبدالوحید کا کڑنے اپنے ہم منصب سویڈش جنرل کو تین بہت قیمتی گھوڑے سویڈن ارسال کیے مگر قانون کے مطابق سویڈن میں ایشیا سے گھوڑے درآمد نہیں کیے جا سکتے تھے لہذا ایک ویٹرنری ڈاکٹر کے فیصلہ پر انہیں گولی مار دی گئی اور سویڈش جنرل کچھ نہ کر سکا۔ اسی ماہ ستمبر ۲۰۱۴ء میں سویڈن کے بادشاہ کی گاڑی کو ایئرپورٹ جاتے ہوئے حادثہ پیش آیا تو نہ تو کوئی افسر معطل ہوا اور نہ کسی کو نوکری سے نکالا گیا بلکہ بادشاہ کسی اور گاڑی میں بیٹھ کر ایئرپورٹ چلے گئے۔ سویڈش وزیراعظم اولوف پالمے اور وزیرِ خارجہ انا لند کے قتل کے بعد بھی وزیراعظم اور وزراء کے ساتھ پروٹوکول کی گاڑیاں نہیں ہوتی ہیں۔

حالیہ انتخابات میں حکمران اتحاد کو شکست کے بعد وزیراعظم نے اپنے منصب اور جماعت کی صدارت سے استعفیٰ دے دیا اور حزبِ اختلاف کی جماعت سوشل ڈیموکریٹ کو حکومت سازی کی دعوت دی اور لوٹا کریسی، جوڑ توڑ، فارورڈ بلاک اور انتخابی دھاندلیوں کی راہ نہیں اپنائی گئی۔ حکومت اور حزبِ مخالف نے اس بار بھی توازن کا مقام رکھنے والی نسل پرست جماعت سویڈش ڈیموکریٹ کے ساتھ کسی قسم کا تعاون نہ کرنے کا فیصلہ کیا۔ اگر پاکستان کی سیاست میں بھی ذمہ دار سیاسی جماعتیں یہ فیصلہ کر لیتیں کہ فرقہ، رنگ و نسل اور تعصب کی بنیاد پر بننے والی کسی جماعت کا تعاون نہیں کریں گے تو ممکن ہے کہ آج صورتِ حال مختلف ہوتی۔ بھٹو اور بے نظیر دونوں سویڈش وزیراعظم پالمے کی بہت مداح تھیں اور یہ اتفاق ہے کہ تینوں طبعی موت نہ مرے۔ لیکن سٹاک ہوم شہر میں ۲۸ فروری ۱۹۸۶ء کو جہاں اولوف پالمے کو قتل کیا گیا وہاں فٹ پاتھ پر ایک دھاتی پلیٹ نصب ہے جیسے کسی مین ہول کا ڈھکن ہو اور

پیدل چلنے والے ہر روز اُس کے اوپر سے گذرتے ہیں جس پر لکھا گیا ہے کہ یہاں پالمے کو قتل کیا گیا۔ ساتھ قبرستان میں ایک عام سی قبر میں وہ مدفون ہے جبکہ ہمارے غریب عوام کے رہنماؤں کے مقبرے اور یادگاریں اس فرق کو واضح کرتی ہیں۔ ہماری یونیورسٹیوں کی عمارتیں تو سویڈن کی جامعات سے کہیں بڑی اور بلند و بالا ہوسکتی ہیں لیکن سویڈن کی چھ جامعات دنیا کی پہلی دوسو بہترین یونیورسٹیوں میں شامل ہیں لیکن پاکستان کی ایک بھی یونیورسٹی اس فہرست میں شامل نہیں ہے۔ قوموں کی تعمیر تعلیم و افکار سے ہوتی ہے عمارتوں سے نہیں اور بقا صرف اسے ہے جو انسانی فلاح و بہبود کے لیے کام کرے جیسا کہ قرآن حکیم نے عاد و ثمود کی تباہی کا واقعہ بتاتے ہوئے کہا ہے اور جسے حکیم الامت نے یوں سمجھایا ہے کہ

جہاں تازہ کی افکار تازہ سے ہے نمود

کہ سنگ و خشت سے ہوتے نہیں جہاں پیدا

جینیاتی سائنس کی حیرت انگیز دنیا

تو نے اندھیری رات پیدا کی تو میں نے اُس کا اندھیرا دور کرنے کے لیے چراغ بنا لیا اور تو نے مٹی پیدا کی تو میں نے اس سے پیالہ بنا لیا۔ تو نے بیابان اور پہاڑ پیدا کیے تو میں نے بستیاں اور باغ بنا لیے۔ یہ انسان اپنے خالق کو مخاطب ہو کر کہہ رہا ہے جسے حکیمُ الامت نے پیامِ مشرق میں یوں بیان کیا ہے کہ!

تو شب آفریدی چراغ آفریدم

تو خاک آفریدی ایاغ آفریدم

بیابان و کہسار و راغ آفریدم

خیابان و گلزار و باغ آفریدم

خالقِ کائنات نے انسان کی سرشت میں اختیار و ارادہ کی صلاحیت عطا کی اور پھر اس میں جو الوہیاتی توانائی پھونکی اُسی کی بدولت انسان نے کائنات کے راز دریافت کرنا شروع کیے۔ اُس نے فطرت سے چھیڑ چھاڑ بھی شروع کر دی۔ آج جو دنیا ہمارے سامنے ہے اور جس کے بارے میں علامہ اقبال نے بھی کہا کہ محوِ حیرت ہوں کہ دنیا کیا سے کیا ہو جائے گی، یہ سب کچھ حضرت انسان نے اپنی انہی صلاحیتوں کو بروئے کار لا کر کیا۔ کائنات کے راز جاننے کی لگن روزِ اول سے اس کے خمیر میں تھی اور شائد اسی لیے منع کرنے کے باوجود شجرِ ممنوع کے پاس جانے سے وہ باز نہ آیا۔ زمین و آسماں میں جو کچھ بھی تھا اس کے خالق نے اُس کے لیے مسخر کر دیا تھا بس اب کیا تھا وہ اس کی جستجو میں لگ گیا اور اُس نے فطرت کے راز دریافت کرنا شروع کر دیئے۔ اُس نے یہ بھی معلوم کر لیا کہ جانداروں کے جسم کی بنیادی اکائی خلیہ ہے اور اسی خلیہ کے مرکز میں اُس کی تمام خصوصیات اور وراثت دھاگوں کی صورت میں موجود ہے جسے اُس نے کروموسوم کا نام دیا۔ ان کروموسوم پر جین موجود ہوتے ہیں جو دراصل لمبے زنجیری مالیکول ہوتے ہیں جن کی بنیادی اکائی کاربن ہوتی ہے جسے ڈی این اے کا نام دیا گیا۔ ساخت اور کارکردگی

کے اعتبار سے تمام جانداروں کے خلیے ایک جیسے ہوتے ہیں جبکہ ڈی این کی مخصوص ساخت اور ترتیب مختلف جانداروں کو ایک دوسرے سے الگ کرتی ہے۔ ڈی این اے اگرچہ جانداروں میں بہت ہی قلیل مقدار میں ہوتا ہے مگر جسم کے تمام کام، کارکردگی اور خصوصیات کو یہی چلاتا ہے۔ اسی کھوج کے سفر میں انسان نے یہ معلوم کر لیا کہ انسانی جسم تقریباً تیس ہزار جین کا حامل ہے اور انسانی وراثتی بیماریاں انہی جینز کی تبدیلیوں یا فعل میں خرابی کی وجہ سے ہوتی ہیں اسی لیے اُن کا علاج ادویات یا جراحی سے ممکن نہیں۔ اس لیے اس امر کی ضرورت محسوس ہوئی کہ ان جین پر دسترس حاصل کی جائے تا کہ ایک تو یہ معلوم کیا جائے کہ کہاں خرابیاں ہیں اور اُن کو درست کیسے کیا جائے۔ اسی جستجو نے طبی سائنس کی دنیا میں ایک نئے دور کا آغاز کیا جسے ٹرانس جینک ٹیکنالوجی transgenic technology کہا جاتا ہے۔

اس تحقیق و جستجو میں انسان اب جین کے فعل کو اپنی مرضی سے دیکھنا چاہتا تھا کہ اگر کسی جین کو جسم سے نکال دیا جائے تو کیا ہو گا اور اگر کسی میں کوئی جین موجود نہیں لیکن اگر وہ اُس میں داخل کر دی جائے تو پھر صورت حال کیا ہو گی۔ اس طرح وراثتی بیماریوں کا باعث بننے والی جین تلاش کی جا سکیں گی اور پھر جین تھراپی سے علاج کا مرحلہ طے ہو گا۔ چونکہ جس طرح سے انسانوں میں جین موجود ہیں اسی طرح تمام جانداروں میں جین ہوتے ہیں لہذا اگر کوئی ایسا جانور مل جائے جسے تجربہ گاہ کے طور پر استعمال کیا جا سکے۔ اس مشکل کا حل چوہے نے دیا۔ جی ہاں انسان اور چوہے کے جین اٹھانوے فی صد سے زائد ایک جیسے ہیں لہذا چوہا چوہا جینیاتی سائنس کے میدان میں تحقیق کا باعث بنا۔ اگر اللہ کا پیدا کردہ چوہا نہ ہوتا تو آج میڈیکل سائنس اس قدر ترقی یافتہ نہ ہوتی اور اس وقت بھی میڈیکل ریسرچ میں سب سے زیادہ چوہے ہی زیر استعمال ہیں اور طبی تحقیق کے بہت سے نوبل انعامات چوہوں پر کیے گئے تجربات کی بنیاد پر دیے گئے ہیں اس لحاظ سے وہ ہمارے دوست ہیں۔

جین کی تبدیلیوں کی بنیاد پر پہلا ٹرانس جینک چوہا ۱۹۷۴ء میں پیدا کیا گیا۔ ٹرانس جینک تحقیق کا یہ سلسلہ آگے بڑھتا گیا۔ پیچیدہ انسانی بیماریاں جو کہ وراثت کی وجہ سے پیدا ہوتی ہیں ان کے کھوج کا سلسلہ شروع ہو گیا۔ سرطان، پارکنسن، ہیموفیلیا، ذیابطیس، الزائمر اور دوسری بہت سی بیماریوں کے ماڈل چوہے اس تکنیک سے بننے لگے۔ پھر اس بات کی ضرورت بھی محسوس ہوئی کہ دنیا بھر میں اس

سے ہونے والی تحقیق میں رابطہ اور آپس میں معلومات کے تبادلہ کے لیے ایک مربوط پلیٹ فارم ہونا چاہیے جس کا آغاز سویڈن کی معروف میڈیکل یونیورسٹی کارولنسکا انسٹیٹیوٹ کے شعبہ ٹرانس جینک ٹیکنالوجی (راقم بھی اسی شعبہ سے وابستہ ہے) نے اس کا بیڑا اٹھایا اور ۱۹۹۹ء میں پہلی بین الاقوامی کانفرنس سٹاک ہوم میں منعقد کی۔ اس کے بعد دو مزید کانفرنسیں سٹاک ہوم ہی میں منعقد ہوئیں۔ بعد ازاں اسے انٹرنیشنل سوسائیٹی ٹرانس جین ٹیکنالوجی کے پلیٹ فارم سے منظم کیا گیا۔ اب یہ دنیا بھر کے جینیاتی سائنس دانوں اور ماہرین کا سب سے بڑا پلیٹ فارم بن گیا۔ پہلے اس کا صدر دفتر سپین میں تھا جسے اب امریکہ میں منتقل کر دیا گیا ہے۔ اس کے تحت ہر ڈیڑھ سال بعد تین روزہ بین الاقوامی کانفرنس ہوتی ہے۔ اس سلسلہ کی تیرھویں کانفرنس چیک ری پبلک کے دارالحکومت پراگ میں مارچ میں منعقد ہو گی۔ بارھویں کانفرنس سکاٹ لینڈ کے دارالحکومت ایڈنبرا میں منعقد ہوئی جس میں دنیا بھر سے پانچ سو سے زائد سائنس دان اور ماہرین شریک ہوئے مگر قابلِ افسوس ہے کہ اسلامی دنیا سے ماسوائے ایران کے کوئی اور ملک شریک نہیں تھا۔ پاکستان کے کسی ایک ادراہ کا کوئی ایک فرد نہ اس کا رکن ہے اور نہ کسی نے آج تک اس میں شرکت کی ہے جبکہ بھارت سے لوگ شریک ہو رہے ہیں۔ مسلم ممالک کی سائنسی پس ماندگی کا اندازہ اس سے لگایا جا سکتا ہے۔ حالانکہ مستقبل کی دنیا جینیاتی تحقیق کی دنیا ہے۔ نینو ٹیکنالوجی اور جینیاتی تحقیق ایسے دو میدان ہیں جو مستقبل کا تعین کریں گے اور جو اس میں پیچھے رہ جائیں گے۔ مستقبل میں روایتی علاج کا انداز بدل جائے گا۔ جینیٹک انجنیئرنگ کی بدولت نئی فصلیں، بیماریوں کے خلاف مدافعت رکھنے والے پودے، انسانی علاج کے لیے اہم مادے پیدا کرنے والے جانور اور بیماریوں کے علاج میں مددگار طریقہ کار وضع ہوں گے۔ بڑھتی ہوئی انسانی آبادی اور کم ہوتی زرخیز زمین کی وجہ سے انسانی خوراک کا مسئلہ بھی یہی علم سائنس حل کرے گا۔

ایڈنبرا میں چار دن دنیا بھر کے ماہرین اپنی تحقیق پیش کرنے کے ساتھ ساتھ مستقبل کے منصوبے پیش کر رہے تھے۔ ایڈنبرا سائنسی تحقیق کا اہم مرکز ہے اسی شہر میں ۱۹۹۶ء میں کلوننگ کے ذریعہ سے ڈولی بھیڑ پیدا کی گئی تھی جو کہ طبی تحقیق کی دنیا کا نہایت اہم واقعہ ہے۔ ایڈنبرا میں ہونے والی اس کانفرنس کے شرکاء کو خوش آمدید کہنے اور ان کے اعزاز میں میئر لارڈ پروسٹ نے استقبالیہ دیا۔

کانفرنس سے فارغ ہوکر گلاسگو میں مقیم معروف صحافی جناب طاہر انعام شیخ سے ملنے اُن کے ہاں گئے۔ انہوں نے بہت کم وقت میں بہت مہمان نوازی میں بھی کوئی کسر نہ چھوڑی اور گلاسگو شہر کی سیر بھی کرادی۔ وہاں کی خوبصورت سینٹرل مسجد گاربلز میں نماز ادا کرنے کا شرف حاصل ہوا۔ پاکستانی علاقہ میں جانے کا بھی اتفاق ہوا۔ شیخ صاحب نے بتایا کہ پاکستانیوں کی پہلی نسل نے بہت محنت اور جانفشانی سے یہاں اپنے قدم جمائے جس کا فائدہ آج کی نسل اٹھا رہی ہے۔ گلاسگو یونیورسٹی کی پرشکوہ عمارت دیکھنے سے تعلق رکھتی ہے۔ یہ یونیورسٹی ۱۴۵۱ء میں قائم ہوئی تھی۔ سیالکوٹ کے برابر آبادی کے اس شہر میں پانچ بین الاقوامی معیار کی جامعات ہیں۔ دنیا میں اسی کا تسلط ہوگا جس کے پاس علم و حکمت ہوگی۔ خدا کی آخری کتاب بار بار ہمیں تعلیم و تحقیق کا درس دیتی ہے مگر ہم اُسے صرف پڑھتے ہیں اور اُس پر عمل دوسرے کرتے ہیں۔ آج بھی روح اقبال کہہ رہی ہے

کس طرح ہوا کند ، تیرا نشتر تحقیق
ہوتے نہیں کیوں تجھ سے ستاروں کے جگر چاک

اور

بے معجزہ دنیا میں ابھرتی نہیں قومیں
جو ضربِ کلیمی نہیں رکھتا وہ ہنر کیا

تو باقی نہیں ہے

یہ وقت بھی چشم فلک نے دیکھنا تھا کہ شوبزنس سے تعلق رکھنے والی خواتین قربانی کے جانوروں کے ساتھ کیٹ واک کریں گی۔ کہیں قربانی کے جانوروں کا مقابلہ حسن منعقد ہو رہا ہے تو کہیں مہنگے جانوروں کی تشہیر سے نمود و نمائش عروج پر ہے۔ کیا قربانی کی یہی روح ہے؟ جس قربانی کو خلیل اللہؑ کی سنت قرار دیا جاتا ہے کیا اُن کا عمل ایسا تھا۔ کیا اسلام نے ایسی قربانی کی تعلیم دی ہے۔ فقط قربانی ہی کیا دیگر ارکان اسلام کی بجا آوری میں بھی ہمارا طرزِ عمل اس سے مختلف نہیں۔ نماز میں جس نظم و ضبط اور طہارت کا پیغام ہوتا ہے لیکن مسجد سے نکلتے ہوئے نمازی آپس میں جھگڑ رہے ہوتے ہیں اور ہمارے معاشرہ میں صفائی کی صورت حال سے سب آگاہ ہیں۔ اگر نماز کا مقصود صرف قیام، رکوع اور سجود سے پورا ہو جاتا تو رب العزت کیوں سورہ الماعون میں ارشاد فرماتا کہ اُن نمازیوں کے لیے ہلاکت ہے جو اُس کی روح سے غافل ہیں۔ کیا کبھی کسی نے اس طرف توجہ دلائی کہ صلوۃ کی روح کیا ہے اور اس عبادت کا مقصد کیا ہوتا ہے۔ کیا وجہ ہے روزہ رکھنے کے باوجود ہم میں وہ تقویٰ نظر نہیں آتا جو صیام کا نتیجہ ہونا چاہیے۔ قرآن جب بار بار کہتا ہے کہ اپنی ضرورت سے زائد دوسروں کے لیے اپنا مال کھلا رکھو ہم سال میں ایک بار زکوۃ کی ادائیگی کے بعد اپنے آپ کو بری الذمہ سمجھتے ہیں۔ سُنت رسول پاک ﷺ کی اہمیت پر تو بہت زور دیا جاتا ہے لیکن کیا کبھی کسی نے زکوۃ کی بابت سنت رسول ﷺ کا درس دیا۔ بات سوچنے کی ہے کیونکہ قرآن بار بار سوچنے اور تفکر کی دعوت دیتا ہے۔ ہم عبادات کی اصل روح کو نظر انداز کرتے ہوئے محض ایک طریقہ کار کے مطابق انہیں کر کے مطمئن ہونے کی کوشش کرتے ہیں کہ ہم نے اپنا فرض پورا کر دیا جب کہ حقیقت حکیم الامت نے یوں بیان کی ہے

محبت کا جنوں باقی نہیں ہے

مسلمانوں میں خوں باقی نہیں ہے

صفیں کج ، دل پریشاں ، سجدہ بے ذوق

کہ جذبِ اندروں باقی نہیں ہے

ہر سال لاکھوں مسلمان حج کرتے ہیں لیکن ہماری اجتماعی اور ذاتی زندگی میں کوئی فرق کیوں نہیں پڑتا؟ پوری دنیا کے مسلمان کئی دن اکٹھے گذار کر بھی کوئی ایسا لائحہ عمل مرتب نہیں کر پاتے جس سے ان کے معاشرہ میں کوئی تبدیلیاں آتیں۔ وہاں سب ایک ہی لباس میں ایک زباں ہو کر اللہ سے وعدہ کر رہے ہوتے ہیں کہ ہم تری بارگاہ میں حاضر ہیں، تیری ہی محکومی اختیار کرنے کا اعلان کرتے ہیں اور تیرے حکم کے علاوہ کسی اور کا حکم نہیں مانتے لیکن وہاں سے آتے ہی اجتماعی اور انفرادی زندگی اس وعدے کی معمولی سی بھی جھلک نظر نہیں آتی۔ حج سے واپس آنے والوں سے لوگ بہت اشتیاق سے ملنے کے لیے جاتے ہیں اور بقول علامہ اقبال اُن سے اس عظیم عبادت کا مقصد اور پیغام جاننا چاہتے ہیں لیکن بقول اقبال

زائران کعبہ سے اقبال یہ پوچھے کوئی

کیا حرم کا تحفہ زمزم کے سوا کچھ بھی نہیں!

ہماری عبادتیں اور دوسرے اعمال اس لیے نتیجہ خیز نہیں کہ ہم اُن کی روح سے غافل ہیں۔ اُن اراکین کی ظاہری ادائیگی کے لیے تو بہت بحثیں اور باتیں ہوتی ہیں لیکن ان کا اصل مقصد کیا تھا اور وہ کس طرح پورا ہوگا اس پر نہ کوئی کچھ کہتا ہے اور نہ کوئی سوچتا ہے۔ ہم وہ تمام رسمی عبادات بجالاتے ہیں لیکن اُن کی روح موجود نہیں جس کی طرف علامہ نے اشارہ فرمایا ہے کہ

رگوں میں وہ لہو باقی نہیں ہے

وہ دل وہ آرزو باقی نہیں ہے

نماز و روزہ و قربانی و حج

یہ سب باقی ہے تو باقی نہیں ہے

مختصراً دور حاضر کے ایک اہم انسانی مسئلہ پر کچھ کہنا چاہوں گا۔ شام اور مشرق وسطیٰ میں مہاجرین کا مسئلہ امریکہ اور اقوام مغرب کا ہی پیدا کردہ ہے۔ انہوں نے عراق، شام، لیبیا، مصر اور خطہ کے دیگر مسلم ممالک کو اپنے مذموم مقاصد کے لیے آلہ کار بنایا جس کی وجہ وہاں کے لوگ پناہ کی تلاش میں

یورپ کا رُخ کر رہے ہیں۔ سویڈن اور جرمنی نے انہیں خوش آمدید کہہ کر ایک قابلِ تحسین مثال قائم کی جسے دیگر یورپی ممالک خصوصاً امریکہ کو بھی اپنانا چاہیے لیکن ناقدین کا یہ کہنا بھی درست ہے کہ مسلم ممالک خصوصاً مشرقِ وسطیٰ کے ممالک کیوں بے حس ہیں۔ یہاں یہ بھی اہم سوال ہے کہ برما کی مظلوم مسلمانوں کی جلتی ہوئی بے گور و کفن لاشیں اقوام عالم کو نظر کیوں نہیں آتیں۔ دنیا کے منصفوں کو کشمیر میں بہنے والے خون کا شور کیوں سنائی نہیں دیتا۔ اقوامِ یورپ کا ضمیر جھنجھوڑنے کے لیے برسلز میں یورپی پارلیمنٹ کے سامنے کشمیر کونسل ای یو کے چیئرمین علی رضا سید اور یورپی پارلیمنٹ کے رکن سجاد کریم نے دیگر کشمیری تنظیموں اور حقوقِ انسانی کے رہنماؤں کے ساتھ ایک زبان ہو کر ہفتہ کشمیر منایا۔ اس سے یورپی پالیسی سازوں کو مسئلہ کشمیر کی یاد دہانی ہوگی۔ حال ہی میں ایک مریکی دانشور اور سیاسی رضا کار ایلی ویزا نے بھارتی مقبوضہ کشمیر کے بارے میں اپنی رپورٹ (اکتوبر ۲۰۱۵ء) میں دنیا کو ایک بار پھر مسئلہ کشمیر کی نزاکت سے آگاہ کیا ہے جس پر وہ خراجِ تحسین کے مستحق ہیں۔ انہوں نے عالمی حکومتوں سے اپیل کی گئی ہے کہ جرائم میں ملوث بھارتی فوجی افسروں کے بین الاقوامی سفر پر پابندی عائد کی جائے۔ اقوام متحدہ سے بھی اپیل کی گئی ہے کہ ایسے اہلکاروں کو قیامِ امن کی عالمی فورسز کا حصہ نہ بنایا جائے اور اقوام متحدہ کی سلامتی کونسل میں مستقل رکنیت کے بھارتی مطالبے کو کشمیر میں لوگوں کے حقوق کو تسلیم کرنے سے مشروط کیا جانا چاہیے۔ پاکستان کی وزارت خارجہ اور بیرون ممالک سفارت خانوں نے اس رپورٹ سے کوئی فائدہ نہیں اٹھایا۔ معلوم نہیں کہ وہ کب خوابِ غفلت سے اٹھیں گے۔ ویسے وزیر خارجہ کی عدم موجودگی سے صاف ظاہر ہے کہ حکومتِ پاکستان خارجہ پالیسی کو کتنی اہمیت دیتی ہے۔

وہی ذبح بھی کرے ہے، وہی لے ثواب اُلٹا

ملین ڈالرز کا سوال ہے کہ دنیا کا ایک ایک ملک بھی اگر اُن کا ساتھی نہیں اور ساری دنیا دہشت گردی کے خلاف صف آرا ہے تو داعش، بوکوحرام، القائدہ اور طالبان کو اسلحہ کون دیتا ہے؟ ان دہشت گرد تنظیموں کے پاس انتہائی جدید اسلحہ کہاں سے آیا ہے۔ انہیں مالی وسائل کون مہیا کرتا ہے۔ انہیں ذرائع آمدورفت اور میڈیا تک رسائی کس طرح میسر ہے۔ خوراک، ادویات اور دوسری اہم چیزیں جن کے بغیر ایک تربیت یافتہ فوج بھی نہیں لڑ سکتی، انہیں کس طرح دستیاب ہیں۔ امریکہ اور مغربی ممالک کے اس قدر اہم وسائل اور ٹیکنالوجی رکھنے کے باوجود انہیں قابو کرنے میں کیوں نا کام ہیں۔ شام میں لڑنے والوں کو ہتھیار اور دیگر وسائل کی فراہمی کہاں سے ہو رہی ہے۔ ایک عام آدمی کے لیے یہ سمجھنا مشکل ہے کہ عراق، شام، ترکی اور سعودی عرب کی مخالفت کے باوجود داعش نے وہاں قبضہ کیسے جمایا ہے۔ ان نام نہاد جہادیوں نے کبھی اسرائیل کے خلاف کیوں کارروائی نہیں کی۔ امریکہ، نیٹو اور پاکستان کی مخالفت اور ان کے خلاف کارروائیوں کے باوجود طالبان ابھی تک کیسے ڈٹے ہوئے ہیں۔ اگر ان سوالات کے تسلی بخش جوابات سامنے آ جائیں تو دور حاضر میں دہشت گردی کے خلاف جاری جنگ کی اصلیت کا پتہ چل جائے گا۔

بہت سے اہل دانش کے اٹھائے ہوئے یہ سوالات بھی اہم ہیں کہ جنوبی افریقہ میں جب دنیا بھر کے نمائندوں نے مل کر اسرائیل کو نسل پرست ریاست قرار دینے کی طرف پیش رفت کی ہی تھی کہ عالمی منظر نامہ گیارہ ستمبر کے واقعہ سے بدل گیا۔ ۲۰۱۳ء میں ملائیشیا کی ایک عدالت نے اسرائیل کو نسل پرست قرار دیا اور اس سے قبل مہاتیر محمد بھی اسرائیل پر سخت تنقید کیا کرتے تھے تو ملائیشیا کا جہاز ایسا غائب ہوا کہ آج تک اس کا سراغ ہی نہیں مل سکا۔ ۲۰۱۱ء میں ناروے کی لیبر پارٹی نے اسرائیل کے بائیکاٹ کا اعلان کرنے کے بعد اوسلو میں لیبر پارٹی کے یوتھ ونگ پر حملہ کر کے جماعت کی قیادت سمیت ۷۷ افراد کو قتل کر دیا گیا۔ سویڈن کی جانب سے فلسطین کو تسلیم کرنے کے بعد سویڈن میں مساجد

پر حملے اور فرانس کی پارلیمنٹ کی جانب سے فلسطینیوں کے حق میں قرارداد کے بعد پیرس کے جریدہ شارلی ایبدو پر حملہ کس سلسلہ کی کڑیاں ہیں۔ ممکن ہے ان واقعات اور ان کے بعد ہونے والے ردِعمل پر کوئی تحقیق کر کے اہم انکشافات کر سکے۔ معروف صحافی اور تجزیہ نگار جناب آصف جیلانی نے روزنامہ اوصاف لندن میں اپنے ایک کالم میں یورپ میں مقیم مسلمانوں کو متنبہ کیا ہے کہ یورپ میں مسلمانوں کے خلاف جنگ کا آغاز اور ان کے خلاف نفرت کی آگ بھڑک اٹھی ہے۔ انہوں نے پیرس کے جریدہ پر حملے میں پوشیدہ ہاتھ تلاش کرتے ہوئے فکر انگیز تجزیہ پیش کیا ہے۔ کچھ ایسا ہی تبصرہ پاکستان کے سابق سفیر ڈاکٹر عبدالستار بابر نے ایک ملاقات میں کہ انہی نادیدہ قوتوں کی طرف اشارہ کیا جو خود دہشت گردوں کی سرپرستی کر رہی ہیں لیکن عالمی منظر پر مسلمانوں کو دہشت گرد ثابت کرنے پر تلی ہوئی ہیں۔

یورپ میں مقیم مسلمانوں پر اس کے اثرات مرتب ہوں گے جس نے پاکستان، مشرق وسطیٰ اور افریقی مسلمان ممالک کو اپنی لپیٹ میں لے رکھا ہے اور جس سے عراق، لیبیا، شام، مصر اور افغانستان کی مسلم ریاستوں کو تباہ اور ناکارہ بنا دیا ہے تا کہ اس خطہ میں اس صہیونی اجارہ داری کو کوئی بھی چیلنج کرنے والا نہ ہو۔ یورپی مسلمانوں کو انتہائی سمجھداری سے لائحہ عمل متعین کرنا ہوگا۔ تمام تر میڈیا وار کے اب بھی یورپی عوام کی اکثریت نسل پرستی اور عالمی سیاست کے مہروں کو سمجھتی ہے اس لیے ان کے ساتھ روابط مضبوط کر کے حکمت عملی سے ہر قدم اٹھانا ہوگا اور کوئی ایسا کام نہیں کرنا جس سے خود اپنے لیے مشکلات پیدا ہوں۔ یورپی مسلمانوں کو نام نہاد جہادیوں سے قطع تعلقی کرتے ہوئے سب پر واضح کر دینا چاہیے کہ وہ ہمارے مجاہد نہیں ان کے مجاہد ہیں جنہوں نے ان کے ہاتھوں میں اسلحہ تھمایا ہے اور جو ریموٹ کنٹرول سے انہیں چلاتے ہیں۔ انہیں برملا کہہ دینا چاہیے کہ تم قتل کرو ہو کہ کرامات کرو ہو۔ اپنے بچوں کو ایسے عناصر سے بچانا ہوگا جو انہیں دین کی غلط تعبیر و تشریح کر کے اپنے آقاؤں کے مذموم مقاصد کی بھینٹ چڑھانا چاہیں۔ اہل مغرب اور دنیا کے سمجھ بوجھ رکھنے والے لوگ یہ جان چکے ہیں کہ اس وقت دنیا جاری دہشت گردی کی وجوہات مذہبی نہیں سیاسی ہیں اور دنیا کے طاقت ور ملک اپنی بالادستی کے لیے اس جنگ کو شروع کیے ہیں اور اس کے لیے انہیں مسلمانوں سے ایسے عناصر مل گئے ہیں جو اسلام کے نام پر اُن کے مذموم مقاصد کو آگے بڑھاتے ہوئے دہشت گردی میں ملوث ہیں۔ مسلمانوں کی غالب

اکثریت دہشت گردی سے کوئی تعلق نہیں۔ عالم اسلام کو اس مشکل صورت سے سمجھ داری سے باہر نکلنا ہے۔ دنیا کی اور اقوام پر بھی بہت مشکل وقت گذرا ہے ان کی مثال سامنے رکھ کر پامردی سے آگے بڑھنا ہوگا۔ جاپان اور جرمنی نے شکست اور تباہی کے بعد کس عزم نو سے جدو جہد شروع کی اور آج ترقی کی منازل طے کرتے ہوئے دنیا بھر میں آگے نکل گئے ہیں۔ یہودیوں نے یورپ میں بہت مشکل اور بُرا وقت دیکھا ہے۔ انہیں بستیوں سے نکال دیا جاتا تھا لیکن انہوں نے وقت کا سامنا کیا۔ ہر فرد اپنی ذمہ داری محسوس کرے اور اپنے بچوں کو بہترین جدید تعلیم سے روشناس کرائیں۔ ایک سادہ سا فارمولا ہے کہ جس یورپی یا کسی بھی ملک میں آپ مقیم ہیں آپ اس ملک میں رہنے والوں کی آمدنی، تعلیم، اور دیگر سطحوں کی اوسط سے کم نہ ہوں بلکہ بچوں کی تعلیم کے حوالے سے اوسط سے بھی بہتر ہونی چاہیے۔ بچوں کو دین کا فہم اور اعتدال کی تعلیمات دیتے ہوئے قرآن کے ساتھ تعلق پیدا کر دیں تو سمجھیں کہ آپ نے اپنے حصے کا کام کر دیا۔ جو صدیوں کو جمود توڑنے کے لیے ایک وقت تو درکار ہوگا لیکن اگر درست سمت میں ایک بار قدم اٹھ جائے اور پھر اس پر سفر جاری رہے تو منزل مل ہی جاتی ہے۔

ذرات کو سیمابی کر دے گی سبک سیری

چھٹ جائے گی رستے کی تاریکی و بے نوری

چانکیہ کے پیروکار

آخر کوئی تو وجہ ہوگی کہ ہندو مسلم اتحاد کے پیامبر کا خطاب ملنے والے شخص نے مسلم قومیت کا نعرہ لگایا اور برصغیر کی تقسیم کا علمبردار بن گیا۔ ان سے قبل کیوں سرسید نے یہ واضح کر دیا کہ اب ہندو اور مسلمان اکٹھے نہیں رہ سکتے۔ سارے جہاں سے اچھا ہندوستاں ہمارا اور خاک وطن کے ہر ذرہ کو دیوتا کہنے والا اقبال کیوں، مسلم ہیں ہم وطن ہے سارا جہاں ہمارا، اور وطنیت کو تازہ خدا کہنے پر مجبور ہوا۔ یہ سوالات ذہن میں اس لیے بھی ابھرے کہ گذشتہ دنوں بھارتی قیادت کے بیانات اور رویہ نے یہ سوچنے پر مجبور کر دیئے کہ ایک طرف اُن کا یہ طرزِ عمل ہے اور دوسری طرف خود ہمارے کچھ لوگ یہ بر ملا کہہ رہے ہیں کہ ہمیں بھارت سے کوئی خطرہ نہیں اور ساتھ وہ امن کی آشا کا بھی چرچا کرتے ہیں۔ یہ حقیقت ہے کہ امن اور سلامتی اس وقت تک ممکن نہیں ہوسکتی جب تک انصاف نہ ہو اور فریق ثانی کو برابر کا مقام نہ دیا جائے۔ جب تک دوسروں کو اپنا مطیع بنائے رکھنے، علاقائی چوہدراہٹ اور ناانصافی کی پالیسی ترک نہ کی جائے، امن کی آشا صرف سوچ کی حد تک رہتی ہے۔

دراصل قیام پاکستان کے بعد پیدا ہونے والی نوجوان نسل کو معلوم ہی نہیں کہ ہندو ہے کیا اور ہندو ذہنیت ہوتی کیا ہے کیونکہ ان کے ساتھ ان کا پالا جو نہیں پڑا۔ ہندوؤں کی ساری تاریخ میں صرف ایک سیاسی فلاسفر پیدا ہوا ہے جس کا نام ہے چانکیہ اور اس کا لقب ہے کوٹلیا جس کے معنی مکار اور فریب کار، خود وضاحت کر رہے ہیں۔ مزید تفصیلی تعارف کی ضرورت نہیں۔ چانکیہ نے اصول سیاست پر سنسکرت میں ایک کتاب لکھی جس کا انگریزی میں بھی ترجمہ ہو چکا ہے۔ اپنی کتاب میں چانکیہ نے جو اصول سیاست دیئے ہیں اس کے مطابق ہمسایہ ریاستوں سے دشمن کا سلسلوک روا رکھا جائے۔ دوستی خود غرضی پر مبنی ہو، دل میں ہمیشہ رقابت کی آگ مشتعل رکھی جائے اور مکارانہ سیاست کا دامن کبھی ہاتھ سے چھوٹنے نہ پائے۔ امن کے قیام کا خیال تک بھی دل میں نہ لایا جائے خواہ ساری دنیا تمہیں اس پر مجبور کیوں نہ کر دے۔ مجھے بھارتی قیادت کے بیانات اور طرزِ عمل سے کوئی حیرانی نہیں کیوں کہ وہ اپنے

روحانی باپ چانکیہ کی تعلیمات پر عمل پیرا ہے۔

چانکیہ کے ان نظریات کو گاندھی جی نے مذہب کا لبادہ اوڑھ کر جاری رکھا۔ انہیں سچائی کا مجسمہ اور عدم تشدد کا پرستار کہہ کر پکارا جاتا ہے۔ مگر قائد اعظم محمد علی جناح جن کا گاندھی سے بہت واسطہ رہتا ہے ایک مختصر بیان میں ساری حقیقت بیان کر دی کہ، مشکل یہ ہے کہ گاندھی جی کا مقصد وہ نہیں ہوتا جو وہ زبان سے کہتے ہیں اور جو ان کا درحقیقت مقصد ہوتا ہے اسے کبھی زبان پر نہیں لاتے۔ قائد اعظم نے ایک موقع پر گاندھی کے بارے میں کہا کہ وہ گرگٹ کی طرح اپنا رنگ بدلتا رہتا ہے۔ اسی پالیسی پر نہرو کار بند تھے کہ جسے ختم کرنا پہلے اس کے ساتھ دوستی کرو، گلے مل کر اسے چھرا گھونپ دو اور پھر اس پر بین کرو اور رو رو کر اپنی ہمدردی جتاؤ۔ یہ اس محاورے کی عملی تفسیر ہے جو ہندوؤں کے لئے مشہور ہے کہ بغل میں چھری منہ میں رام رام ۔

ہندو قیادت کے طرزِ عمل کی وجہ سے کہ ہندو مسلم اتحاد کے حامی اور وطن پرست سرسید احمد خان، علامہ اقبال، قائد اعظم محمد علی جناح اور دیگر مسلم اکابرین دو قومی نظریے کی بنیاد پر الگ وطن کا مطالبہ کرنے پر مجبور ہو گئے۔ مطالعہ تاریخ سے عیاں ہے کہ وجہ صرف ایک ہی ہندو ذہنیت تھی، اگر ہندو رواداری کا مظاہرہ کرتا اور مسلمانوں کو ان کے جائز حقوق دینے سے گریزاں نہ ہوتا تو پاکستان کبھی بھی معرضِ وجود میں نہ آتا۔ مسلمانوں کو دوبارہ ہندو بنانے کے لئے شدھی اور سنگھٹن کی تحریکوں کے جلسوں میں اسلام مخالف اشتعال انگیز تقریروں اور نعرے لگتے تھے اور وہ کہتے تھے کہ

اٹھا اپنا تو ملا مصلی	یہ بلٹی عرب کو پہنچانی پڑے گی
جہاں ہے کعبہ ہوگا شیو جی کا مندر	اسلام کی ہستی مٹانی پڑے گی

یہ ہے ہندو ذہنیت کا اصل چہرہ۔ موجودہ بھارتی قیادت نے اعلان کیا تھا کہ اقتدار میں آ کر تین ہزار مساجد جو بقول ان کے مندروں پر بنی ہیں مسمار کر کے ان پر مندر تعمیر ہوں گے۔ دنیا جانتی ہے کہ گجرات میں مسلمانوں کو کس کے ایماء پر قتل کیا گیا۔ تاریخ اس پر بھی شاہد ہے کہ قیام پاکستان کے اعلان سے قبل ہی ہندوؤں نے آسام اور بنگال میں مسلمانوں کا قتل عام شروع کیا جو پورے ہندوستان میں پھیل گیا۔ آزادی کے بعد بھی بھارت میں اب تک ہزاروں مسلم کش فسادات ہو چکے ہیں لیکن آج

تک کسی کو سزا نہیں دی گئی۔ مسلم کش فسادات کے لئے ہندوؤں کا حربہ یہ ہوتا ہے کہ خود ہی کسی ہندو جلوس یا مندر پر معمولی سا حملہ کرکے الزام مسلمانوں پر عائد کردیا جاتا ہے اور پھر مسلمانوں کا قتل عام شروع ہو جاتا ہے۔ سمجھوتہ ایکسپریس پر اسی حکمت عملی کے تحت خود ہی آگ لگائی اور سزا مسلمانوں کو دی۔ بھارت کا کون سا ایسا علاقہ ہے جہاں خون مسلم سے آبیاری نہیں ہوئی۔ گجرات، احمد آباد، بھوانڈی، اور ہر وہ شہر جہاں مسلمان آباد ہیں ان پر قیامت نہ ڈھائی گئی ہو۔ بھارتی مسلمانوں کو ہر جگہ اور ہر وقت اپنی وفاداری کا ثبوت دینا پڑتا ہے۔ بعض علاقوں میں مسلمانوں کو اپنا مسلم نام تبدیل کرکے ہی تعلیمی اداروں میں داخلہ ملتا ہے۔ پاک بھارت جنگ میں پچاس ہزار سے زائد مسلمانوں کو پاکستان کا جاسوس قرار دیکر غداری کے الزام میں گرفتار کیا گیا۔ اکثر مقامات پر دیواروں پر یہ نعرہ لکھا گیا کہ مسلمانو! جاؤ پاکستان یا قبرستان۔ آزادی کے بعد مسلمانوں کی کمر توڑنے کے لئے زمین داری ایکٹ نافذ کیا گیا اور مسلمانوں سے ان کی زمینیں ہتھیا لی گئیں۔ ہندو انتہا پسند تنظیموں جیسے آر ایس ایس کو صوبائی فورسز میں تبدیل کردیا گیا جنہوں نے مسلم آبادی کے خلاف کھلم کھلا تعصب برتا اور اسی آر ایس ایس کے رکن آج بھارت کے وزیر اعظم ہیں۔ ابھی تک بھارت میں مسلمانوں کی وفاداری پر شک کیا جاتا ہے اور ایک مرتبہ ایک مسلمان لیفٹیننٹ جنرل کو آرمی چیف بننے کے استحقاق کے باوجود نہ بنایا گیا اور اسے مسلم یونیورسٹی علی گڑھ کا وائس چانسلر بنا دیا گیا۔

بعض مسلمان بھی گاندھی جی کی تعریف میں زمین و آسمان کے قلابے ملا دیتے ہیں اور انہیں سچائی، انصاف اور سیکولرازم کا علمبردار قرار دیتے ہیں مگر حقیقت وہی جو قائد اعظم نے گاندھی کے بارے میں کہی تھی ان کا سیکولرازم محض دکھاوا تھا۔ جب نہرو کی بہن ایک مسلمان کے ساتھ شادی کرنے لگی تو گاندھی نے اس کو روک دیا۔ پھر گاندھی کا اپنا بیٹا ہری لال مسلمان ہوا تو اس کا دہرا معیار کھل کر سامنے آگیا۔ پورے خاندان نے اس کے ساتھ قطع تعلق کر لیا اور اسے پھر ہندو بنوا کر گمنامی کی موت سے دو چار کیا۔ بھارت نے چانکیہ کی پالیسی کو قیام پاکستان کے بعد بھی جاری رکھا۔ ایک طرف اثاثوں میں سے پاکستان کے پانچ کروڑ روپے ہڑپ کر لئے اور دوسری جانب کشمیر پر غاصبانہ قبضہ کرلیا۔ جونا گڑھ اور مناور کے پاکستان کے ساتھ الحاق کرنے کے باوجود اس پر قبضہ کیا اور حیدر آباد کی خودمختاری کو اپنی

جارحیت اور فوج کشی سے روند ڈالا۔ مشرقی پاکستان میں اندرونی خلفشار سے فائدہ اٹھا کر پاکستان کو دو لخت کر کے جشن فتح منایا اور آج ان کا وزیر اعظم اپنے شریک جرم ہونے کو کہانی سنا رہا ہے۔ سیاچن میں پاکستان پر دنیا کی مہنگی ترین جنگ مسلط کر رکھی ہے اور جس وجہ سے آئے روز کئی جوان جام شہادت نوش کرتے ہیں۔ پاکستان کے دریاؤں سے پانی چرا کر ہمیں بنجر بنانے کا عمل شروع کر دیا ہوا ہے۔ پاکستان میں دہشت گردی کے تانے بانے سرحد پار ہی سے ملتے ہیں اور اسی تناظر میں سری لنکا کی ٹیم پر حملہ کر کے پاکستان کی کرکٹ کو تنہائی کا شکار کر دیا ہے۔ پاکستان کو سبق سکھانے اور نشان عبرت بنانے کے منصوبہ پر وہ عمل پیرا ہے۔ بلوچستان اور کراچی کے امن کو کون تباہ کر رہا ہے اس حقیقت سے سب آگاہ ہیں۔

بھارتی ذہنیت صرف وہاں کی حکومت، سیاسی جماعتوں اور راہنماؤں تک ہی محدود نہیں بلکہ عام عوام بھی اسی پر کار بند ہیں۔ اگرچہ ایک بہت ہی قلیل تعداد اخلوص دل کے ساتھ امن کی آشا کی حامی ہے مگر بدقسمتی سے اکثریت ایسا کرنے کی بجائے اپنی حکومت کے نقش قدم پر چلتی ہے۔ اکثر بھارتی عوام پاکستانی مصنوعات خریدنے سے گریز کرتے ہیں جبکہ اس کے برعکس پاکستانی عوام بھارتی اشیاء خریدنے میں کوئی ہچکچاہٹ محسوس نہیں کرتے۔

برصغیر میں امن اور سکون سے ہی وہاں بسنے والے عوام کے مسائل حل ہو سکتے ہیں جو خطیر رقم فوجی مقاصد اور ہتھیاروں پر خرچ ہو رہی ہے اسے تعلیم، صحت، آمدورفت، سائنسی ترقی اور دیگر شعبوں پر خرچ کیا جا سکتا ہے۔ مگر امن کی آشا اسی وقت مل سکتی ہے جب انصاف، برابری اور دوسروں کی اہمیت کو تسلیم کیا جائے۔ بھارت بڑا ملک ہونے کے ناطے اس کا آغاز کر سکتا ہے اور بھارت نواز حلقوں کو بھی چاہیے کہ وہ یہ بات بھارت کو باور کرائیں اور اس کا آغاز اقوام متحدہ کی قرار دادوں کو تسلیم کرنے سے کرے اور کشمیر میں آزادانہ، غیر جانب دارانہ اور منصفانہ استصواب کرا کے امن کی آشا کو عملی موقع دے اور پاکستان میں دہشت گردی کے منصوبے ختم کرے۔

اقبال اور داگ ھمارشولد

مشرق اور مغرب کے فلسفیوں کے خیالات اور نظریات میں جہاں کئی اختلافات ہیں وہاں بہت سے مشترکہ تصورات بھی موجود ہیں۔ علامہ اقبال نے خود اپنا موازنہ مغرب کے مشہور فلسفی گوئٹے کے ساتھ کیا ہے۔ کائنات اور انسان کے بارے میں مغرب و مشرق کے ان دو عظیم فلسفیوں میں بہت سی مشترکہ قدریں موجود ہیں۔ گوئٹے اور اپنا موازنہ کرتے ہوئے علامہ اقبال فرماتے ہیں

ہر دو دانائے ضمیرِ کائنات   ہر دو پیغامِ حیات اندر ممات

ہر دو خنجر صبح خند، آئینہ فام   او برہنہ، من ہنوز اندر نیام

کوپن ہیگین میں مقیم اقبال اکیڈمی اسکینڈے نیویا کے چیئر مین غلام صابر نے ڈنمارک کے معروف فلسفی سورن کیئر کگور اور علامہ اقبال کا بہت عملی انداز سے موازنہ اپنی کتاب "Kierkegaard and Iqbal" میں کیا ہے۔ علامہ اقبال کے نظریات اور یورپی فلسفیوں کے ان خیالات و نظریات میں ہم آہنگی اور ان کا تحقیقی مطالعہ بہت دلچسپی کا حامل ہے۔ اسی جستجو میں میری کوشش تھی کہ علامہ اقبال اور کسی سویڈش شخصیت کے نظریات میں ہم آہنگی تلاش کی جائے۔ یہ رہنمائی سویڈن میں پاکستان کے سفیر جناب طارق ضمیر نے یوم پاکستان کی تقریب میں علامہ اقبال اور سویڈن کے رہنماء داگ ھمارشولد (Dag Hammarskjöld) کے نظریات میں مطابقت پیش کرتے ہوئے کی۔ یوم پاکستان کی اس تقریب میں سویڈن میں موجود دنیا بھر کے سفارتی نمائندے اور اہم سویڈش شخصیات موجود تھیں۔ سفیر پاکستان جناب طارق ضمیر بھی ہماری طرح اقبالی ہیں اور جب انہوں نے داگ ھمارشولد اور علامہ اقبال کے مشترکہ نظریات کے کچھ حوالے پیش کئے تو جستجو ہوئی کہ داگ ھمارشولد کے پیغام کو مزید سمجھا جائے۔ ان کی ڈائری جو بعد ازاں ایک کتاب بعنوان Markings شائع ہوئی جو سویڈش زبان میں Vägmärken کے نام سے دستیاب ہے اور یہ ان کی واحد کتاب ہے۔ اس میں انہوں نے جو نظریات اور خیالات پیش کئے ہیں ان میں سے بہت سے علامہ اقبال کے

نظریات سے مطابقت رکھتے ہیں۔ شائد ان تک کسی صورت میں پیغام اقبال پہنچا ہو کیونکہ داگ ھمارشولد کی پیدائش ۱۹۰۵ء کی ہے یعنی جب وہ زمانہ طالب علمی میں ہوں گے تو ممکن انہوں نے کلام اقبال کا مطالعہ کیا ہو یا پھر ہو سکتا ہے کہ یہ محض اتفاق ہو اس لیے اس پر تفصیلی تحقیق کی ضرورت ہے۔

داگ ھمارشولد سویڈن کے اہم رہنما، ماہر اقتصادیات اور سفارت کار تھے۔ وہ اقوام متحدہ کے دوسرے سیکریٹری جنرل تھے جو ۱۹۵۳ء سے لے کر ۱۹۶۱ء تک اس عہدے پر اپنی وفات تک فائز رہے۔ انہیں ۱۹۶۱ء میں ان کی وفات کے بعد امن کا نوبل انعام دیا گیا۔ جب وہ اقوام متحدہ کے سیکریٹری جنرل تھے تو اُن کے دور میں مسئلہ کشمیر اقوام متحدہ کا ایک اہم زیر بحث مسئلہ تھا۔ انہوں نے اس مسئلہ کے لیے اقوام متحدہ کی جانب سے ایڈمرل نمٹز کو ناظم استصواب رائے بھی مقرر کیا تا کہ ریاست جموں کشمیر کے مستقبل کا فیصلہ وہاں کے عوام اپنی مرضی سے آزادانہ رائے شماری سے کر سکیں۔ لیکن افسوس ہے کہ بھارت کی ہٹ دھرمی اور حکومت پاکستان کی ناقص کشمیر پالیسی اور ناکام سفارتی حکمت عملی سے کوئی پیش رفت نہ ہو سکی اور اقبال کا وطن آج بھی صبح آزادی کا منتظر ہے اور مجبور و محکوم و فقیر ہے۔

داگ ھمارشولد کو دنیا کی بہت سی جامعات نے اعزازی ڈاکٹریٹ سے نوازا جبکہ مختلف ممالک میں بہت سی اہم عمارتوں اور سڑکوں کے نام بھی اُن سے موسوم ہیں۔ کئی ممالک نے ان کے نام کے یادگاری ڈاک ٹکٹ جاری کیے اور خود ان کے اپنے ملک سویڈن میں حکومت نے فیصلہ کیا ہے کہ ملک کے سب سے بڑے کرنسی نوٹ یعنی ایک ہزار کرونا پر ان کی تصویر ہوگی۔ یہ وہ خراج عقیدت ہے جو انہیں آج بھی پیش کیا جا رہا ہے۔ امریکی صدر جان ایف کینڈی نے اُن کی خدمات کا یوں اعتراف کیا کہ انہیں اس صدی کا سب سے بڑا Statesman قرار دیا۔

علامہ اقبال نے خودی، عظمت انسان، عزت نفس، اخوت اور بھائی چارے کا جو درس دیا اس کا عکس ہمیں داگ ھمارشولد کی تحریروں میں ملتا ہے۔ جب سویت یونین نے ان پر دباؤ ڈالا کہ وہ اقوام متحدہ کے سیکرٹری جنرل کے عہدہ سے مستعفی ہو جائیں تو انہوں نے اس دباؤ کے آگے کے جھکنے سے انکار کرتے ہوئے کہا کہ ایک بڑی طاقت کی خواہش کے آگے جھکنا بہت آسان ہے مگر حرف انکار کہنا اور بات ہے۔ دنیا کی وہ اقوام جو تنظیم کی بہتری اور دنیا کے تحفظ کے لیے سرگرم ہیں اگر وہ مجھ سے مطالبہ

کریں تو میں ایسا ضرور کرتا۔ علامہ اقبال اور داگ ھمارشولڈ نے منکرینِ حق کو نقطہ توحید بڑے بیّن دلائل کے ساتھ سمجھایا ہے۔ وحدانیت اور تلاشِ حق کی بابت انہوں نے بہت خوبصورت لکھا ہے کہ میں ترجیح دوں گا کہ میں خدا پر ایمان رکھتے ہوئے زندگی گزاروں، بے شک مرنے کے بعد یہ پتہ چل بھی جائے کہ خدا تو تھا ہی نہیں۔ میں یہ نہیں کر سکتا کہ میں کہ خدا کا منکر رہ کر زندگی بسر کروں اور مرنے کے بعد مجھے خدا کا سامنا کرنا پڑے۔ دنیا کے ایک اور بڑے ریاضی دان نے خدا کے موجود ہونے کی کچھ ایسی ہی دلیل دی ہے اور علامہ اقبال نے بھی خوب کہا کہ

بیاں میں نقطۂ توحید تو آ سکتا ہے   ترے دماغ میں بت خانہ ہو تو کیا کہیے

داگ ھمارشولڈ بھی اپنی تحریروں میں عمل اور جدوجہد کا جذبہ محرکہ پیدا کرتے ہیں تا کہ انسان اپنی صلاحیتوں کو بروئے کار لا کر ترقی کی منازل طے کرے۔ یہی پیغام ہمیں حکیم الامت کی تعلیمات میں بھی ملتا ہے۔ مشرق و مغرب کے ان دونوں عظیم فلسفیوں پر تحقیقی کام کرنے کی ضرورت ہے اور ممکن ہے کہ یہ کالم اس بڑے کام کا آغاز ہو۔

بابِ کشمیر

کشمیر جانے کے تاریخی راستہ پر واقع بھمبر شہر جسے بابِ کشمیر بھی کہا جاتا ہے یہ آزاد کشمیر کا سب سے زیادہ میدانی علاقہ رکھنے والا شہر ہے۔ ضلع بھمبر آزاد کشمیر، مقبوضہ کشمیر اور پاکستان کے سنگھم پر واقع ہے اور اپنے اندر صدیوں کی تاریخ سموئے ہوئے ہے۔ یہاں سے گزرنے والے قافلوں کی صدائے بازگشت ابھی بھی فضاؤں میں موجود ہے۔ تاریخ میں بھمبر ایک ریاست کے طور پر بھی اپنی شناخت رکھتا تھا۔ شہنشاہ جہانگیر نے اپنی مشہور تزکِ جہانگیری میں بھمبر کا بطورِ خاص تذکرہ کیا ہے۔ وادی کشمیر کو پنجاب سے ملانے والی اہم تاریخی شاہراہ پنجاب کشمیر مغل شاہراہ جسے شاہراہِ نمک بھی کہا جاتا تھا اور بھمبر اُس پر اہم پڑاؤ تھا۔ پنجاب کو وادی سے ملانے والی یہ سڑک بھمبر سے نوشہرہ، راجوری، علی آباد اور شوپیاں سے ہو کر سری نگر پہنچتی تھی۔ مغل اِسی راستے سے کشمیر آتے تھے۔ مغلوں نے اکبرِ اعظم کے دور میں کشمیر پر اپنا تسلط قائم کیا تو ۱۵۸۸ء میں اکبرِ اعظم بھمبر کے راستے ہی پہلی بار کشمیر آیا اور کشمیر کے قدرتی حسن کا اسیر ہو گیا۔ بھمبر کی تاریخی سرائے کو راجہ غنی نے تعمیر کرایا تھا اور اُسے اکبر کے نام سے موسوم کیا۔ گذشتہ دس صدیوں سے آباد اِس شہر میں بہت سی تاریخی عمارتیں اور آثار موجود ہیں جن میں سے اکثر زمانے کی شکست و ریخت اور ہماری لاپرواہی کا شکار ہو چکی ہیں اور اب بس بچے کھچے نشان باقی ہیں اگر یہی تاریخی ورثہ کسی یورپی ملک میں ہوتا تو مرجع خلائق ہونے کے ساتھ اُن کا انتظام بھی بہت عمدہ ہوتا۔ بھمبر شہر میں مغلیہ دور کی سرائے کے تو آثار بھی ختم کر دیے گئے ہیں جبکہ شہر کے مغرب میں واقع مغلیہ دور کی یادگار باولی ایک کوڑے کرکٹ کا مرکز بن چکی ہے یہ وہی تاریخی باولی ہے کہ ہمارے بچپن میں جب بھی کوئی مہمان باہر سے بھمبر آتا تھا تو ہم اُسے یہ دکھانے کے لیے ضرور لے جاتے تھے۔ بھمبر کی دوسری تاریخی عمارتوں اور دورِ ماضی کے دیگر آثار کی بھی تقریباً یہی صورتِ حال ہے۔ سطح سمندر سے تقریباً ایک ہزار میٹر بلندی پر واقع باغسر کے قلعہ کی بابت معلوم نہیں کہ وہ کس حال میں ہے کیونکہ بھمبر سے مجھے سویڈن آئے ایک مدت ہو چلی ہے اور اِس دوران زیادہ تفصیل سے اُن

جگہوں پر جانا نہیں ہو سکا۔

بھمبر کشیر النسلی آبادیوں کا ایک خوبصورت گلدستہ ہے جہاں ریاست جموں کشمیر کے مختلف علاقوں اور پاکستان سے بھی آئے ہوئے لوگ باہمی محبت و مودت کے تحت آپس میں شیر و شکر ہو کر زندگی بسر کر رہے ہیں۔ مختلف نسلوں، قبائل اور علاقوں سے تعلق رکھنے والے ایک پُر امن معاشرہ کی عکاسی کرتے ہیں۔ فرقہ وارانہ بھائی چارہ، برداشت اور تحمل کی جو فضا آج بھی بھمبر میں نظر آتی ہے وہ دوسرے علاقوں کے لیے مشعلِ راہ ہے۔ اگرچہ یہاں کے کچھ سیاسی عناصر نے ماضی میں اپنے سیاسی مفادات کے لیے برادری ازم کے تعصب کو ہوا دیکر اپنے مذموم مقاصد کو حاصل کرنے کی کوشش کی مگر انتخابی سیاست کے رخصت ہوتے ہی تعصّبات کے وہ بادل بھی چھٹ جاتے رہے اور اب تو لوگوں کو اِس بات کا ادراک بھی ہو چلا ہے کہ یہ محض اُن عناصر کی ذاتی مفاد کے لئے پھیلائی ہوئی نفرت ہے اور اب لوگ اِن تعصّبات کے حصار سے نکل رہے ہیں جس سے بھمبر کے معاشرہ میں اور بھی خوبصورتی پیدا ہوگی۔ غمی اور خوشی کے مواقع پر اہلیانِ بھمبر یوں اکٹھے ہو جاتے ہیں جیسے ایک ہی خاندان کے فرد ہوں خصوصاً دکھ، غم اور افسوس کے مواقع پر پورا شہر یوں امنڈ آتا ہے جیسے یہ دکھ اُن کا اپنا ہو۔ نفسانفسی کے اِس دور میں ایسی مثالیں خال خال ملتی ہیں۔

تعلیمی میدان میں بھی بھمبر ایک شاندار ماضی رکھتا ہے۔ ہائی سکول بھمبر جسے اب گورنمنٹ پائلیٹ ہائی سکول کے نام سے جانا جاتا ہے ریاست جموں کشمیر کی اہم اور قدیم درسگاہ ہے۔ تقسیم ہندوستان سے قبل یہ صوبہ جموں کا دوسرا ہائی سکول تھا۔ اس میں ریاست جموں کشمیر کے علاوہ پنجاب کے دور دراز علاقوں کے طلبہ حصول علم کے لیے اس درسگاہ کا رُخ کرتے تھے۔ بیرونی طلبا کے قیام کے لیے رہائش بورڈنگ ہاؤس کی صورت میں موجود تھی جہاں آج کل لڑکیوں کا ہائی سکول ہے۔ گورنمنٹ پائلیٹ ہائی سکول بھمبر کی تاریخی درسگاہ سے ہزاروں فارغ التحصیل طلبا نے نہ صرف آزاد کشمیر، پاکستان بلکہ دنیا بھر میں عملی زندگی کے مختلف شعبہ جات میں نمایاں مقام حاصل کیا ہے اور جب بھی اِن اداروں کے سابق طلبا آپس میں ملتے ہیں تو اپنے اُس یادگار دور کی یادیں ضرور تازہ کرتے ہیں۔ ۵۷ء سے ۰۸۹۱ء تک کے پائلیٹ ہائی سکول بھمبر کی حسین یادیں جب میں وہاں چھٹی سے دسویں کا طالب علم تھا اب بھی

نہ صرف ذہن میں تازہ ہیں بلکہ کبھی کبھی تو وہ تڑپا دیتی ہیں۔ اسی سکول سے میرے بڑے بھائی طارق محمود چوہدری (ڈپٹی ڈائریکٹر ہاوسنگ اینڈ فزیکل پلاننگ پنجاب) اور چھوٹے بھائی شاہد محمود چوہدری نے بھی تعلیم حاصل کی۔ چوہدری محمد شفیع مرحوم نے پائلٹ سکول بھمبر میں ایک طویل عرصہ تعلیم و تدریس کے فرائض سرانجام دیئے اور اپنی وفات کے وقت (۱۹۸۷ء) وہ نائب صدر معلم تھے۔ وہ نہ صرف ہمارے بزرگ اور خاندان کے بڑے تھے بلکہ میری تعلیم و تربیت میں ان کا کلیدی کردار ہے۔ اللہ تعالیٰ انہیں اور بھمبر سکول کے اُن تمام اساتذہ اکرام جو اس جہان فانی سے رحلت کر چکے ہیں، جنت الفردوس میں اعلیٰ مقام عطا فرمائے۔

یہ امر قابل فخر ہے کہ میرے سکول دور کے ہم جماعت دنیا بھر میں پھیلے ہوئے ہیں اور زندگی کے مختلف شعبہ جات میں نمایاں کارکردگی کا مظاہرہ کر رہے ہیں۔ میرے ان ہم جماعتوں میں سے ایک قاضی شاہد مقصود ہیں جو پاکستان اٹامک انرجی کمیشن سے وابستہ ہیں اور چند سالوں سے چین میں پاکستانی سفارت خانہ میں سائنٹفک اتاشی کی اہم ذمہ داری سنبھالے ہوئے ہیں جبکہ محمد سلیم الیکٹرانکس انجینئر کی حیثیت سے عرب امارات میں ایک اہم ادارے میں فرائض منصبی ادا کر رہے ہیں۔ سید اعجاز حیدر بخاری کوپن ہیگن کی بلدیہ عظمیٰ کے منتخب کونسلر ہیں اور ساتھ بچوں کو قرآن حکیم کی تعلیم بھی دیتے ہیں۔ خالد الرحمن برلاس پاکستان ایئر فورس میں ایئر کموڈور ہیں۔ اعجاز وسیم بٹ ایک عرصہ دراز سے لیڈز برطانیہ مقیم ہیں اور وہاں ایک اہم ادارہ میں ملازمت کے ساتھ کالم نگاری بھی کرتے ہیں۔ جاوید اقبال طویل عرصہ سے جرمنی میں مقیم ہیں۔ ایک اور ہم جماعت اور دوست راجہ اظہر اقبال ہیں جو آزاد کشمیر پولیس میں ڈی ایس پی ہیں۔ دیگر دوستوں جن میں جاوید اکبر راجہ، مدثر بخاری، رانا عبد الحمید، راجہ جاوید اقبال، چوہدری اظہر حبیب اور دوسرے ہم جماعت، سب اپنے اپنے شعبوں میں اچھی کارکردگی کا مظاہرہ کر رہے ہیں۔ بھمبر ایک مردم خیز سرزمین ثابت ہوا ہے اور اس شہر سے تعلق رکھنے والے بہت سے نوجوان مسلح افواج اور سول سروس میں اعلیٰ عہدوں پر فائز ہیں اور ملک و ملت کا حقیقی سرمایہ ثابت ہوئے ہیں۔ کمشنر مظفر آباد چوہدری امتیاز احمد بھی بھمبر کے سپوت اور پائلٹ سکول کے طالب علم تھے۔ وہ میٹرک کے امتحان میں آزاد کشمیر تعلیمی بورڈ میں اول آئے تھے۔ میرے سُسر جاوید

رفیق بھلی ۱۹۸۰ء میں بھمبر میں سب جج کی حیثیت سے تعینات تھے۔۱۹۸۱ء میں اُن کا تبادلہ کوٹلی میں ہوگیا جہاں ۱۶ ستمبر ۱۹۸۱ء میں ایک ٹریفک کے حادثہ میں وہ جاں بحق ہوگئے۔ وہ بہت اچھے انسان، خوش لباس، خوش گفتار اور دل آویز شخصیت کے حامل تھے۔ وہ بہت اچھے مقرر بھی تھے۔ مجھے بھی اس فن میں اُن سے رہنمائی حاصل کرنے کا شرف حاصل ہے۔ ایک طویل عرصہ گذر جانے کے بعد آج بھی اُن کے دوست اور ہم عصر انہیں بہت اچھے الفاظ سے یاد کرتے ہیں۔

سرزمین بھمبر کو اپنے ان سپوتوں پر فخر ہے جنہوں نے ملک و قوم کا نام روشن کیا ہے۔ کسی بھی ملک اور قوم کی تقدیر اُس کے نوجوان ہی بدلتے ہیں اور اِس کا عملی مظاہرہ میں نے یہاں یورپ میں آ کر دیکھا ہے۔ صرف نوے لاکھ آبادی کا ملک سویڈن قطب شمالی میں واقع ہے۔ سردیوں میں اِس قدر شدید سردی پڑتی ہے کہ ہر طرف برف ہی دیکھائی دیتی ہے اور درجہ حرارت نقطہ ء انجماد سے نیچے رہتا ہے مگر یہاں کے نوجوانوں نے محنتِ شاقہ کرکے اِس ملک کو دنیا کے خوشحال ترین ممالک جہاں معیارِ زندگی بلند ترین ہے کی فہرست میں دوسرا مقام دلایا ہے۔ یہ سب تعلیم اور ٹیکنالوجی کے میدان میں اِس ملک کے طلبا کی محنت سے ہوا ہے۔ نیدرلینڈ رقبہ میں پاکستان کے ضلع چاغی سے بھی کم ہے مگر وہ سالانہ ۵۵ بلین ڈالر صرف و امورِ حیوانات کے شعبہ کی برآمدات سے حاصل کرتا ہے جبکہ پاکستان کی تمام درآمدات صرف اٹھارہ بلین ڈالر کی ہیں۔ ملکی ترقی میں طلبا ہی بنیادی کردار ادا کرتے ہیں۔ طلبا ہی ملکی نظام کو بدلیں گے اور معاشرہ میں تبدیلی کا باعث ہوں گے۔ ہمارے نوجوانوں میں بے پناہ صلاحیتیں ہیں صرف اُن کا ادراک کرکے اُن کو بروئے کار لانے کی ضرورت ہے۔ یہ صلاحیتیں خالقِ کائنات نے اُن میں رکھی ہیں، انہیں پہچان کی ضرورت ہے۔ اِس ضمن میں فکرِ اقبال اُن کی رہنمائی کرسکتی ہے۔ خدا کا آخری اور لاریب پیغام قرآنِ حکیم کی صورت میں موجود ہے جس پر تدبر کیا جانا چاہیے۔ اس کے مفہوم کو سمجھ کر شاہراہِ زندگی پر اِس کی روشنی میں سفر کیا جائے۔ انسان خالقِ کائنات کی بہترین تخلیق ہے لہذا اپنے اندر رکھی ہوئی صلاحیتوں کو اُجاگر کرنے کی ضرورت ہے۔ نوجوانوں کو فرزندِ کشمیر، حکیم الامت اور پیامبر قرآن علامہ اقبال کا یہ پیغام پیش نظر رہنا چاہیے۔

خدائے لم یزل کا دستِ قدرت تو زباں تو ہے   یقین پیدا کر اے غافل کہ مغلوبِ گماں تو ہے

پرے ہے چرخِ نیلی فام سے منزل مسلماں کی   ستارے جس کی گردِ راہ ہوں، وہ کارواں تو ہے

مکاں فانی، مکیں فانی، ازل تیرا، ابد تیرا   خدا کا آخری پیغام ہے تو، جاوداں تو ہے

حنا بندِ عروسِ لالہ ہے خونِ جگر تیرا   تری نسبت براہیمی ہے معمارِ جہاں تو ہے

یہ نکتہ سرگزشتِ ملتِ بیضا سے ہے پیدا   کہ اقوامِ زمینِ ایشیا کا پاسباں تو ہے

بھمبر کے چند درد دل اور انسانیت کے لیے ہمدردی کا جذبہ رکھنے والے احباب نے جن میں چوہدری غلام احمد، پروفیسر محمد اصغر شاد، عبدالرشید چوہدری، راجہ التماس، چوہدری عتیق الرحمٰن اوران کے ساتھی ایک رجسٹرڈ تنظیم کشمیر دوست انجمن فلاح و بہبود کے تحت چنار فری ڈائیلیسز سینٹر بھمبر آزاد کشمیر ۲۰۰۸ء قائم کیا جس میں اب تک ہزاروں مستحق مریضوں کے مفت ڈائیلیسز ہو چکے ہیں اور یہ سلسلہ جاری ہے جس سے فائدہ اٹھانے کے لیے کسی سفارش کی کوئی ضرورت نہیں۔ دکھی انسانیت کی خدمت ہی بہترین عبادت ہے۔ اس فلاحی اور انسان دوست کام میں ہر ایک کو مالی تعاون کرنا چاہیے جس کا اللہ تعالی اجرِ عظیم عطا کریں۔ آپ کی معمولی رقم بھی کسی ایک انسان کی جان بچانے کے کام آئے گی۔

چونڈہ تو آباد رہے گا

چونڈہ میرا آبائی قصبہ ہے۔ 1947ء میں میرے والدہ اور دادا جموں سے ہجرت کر کے چونڈہ آ کر آباد ہوئے۔ ضلع سیالکوٹ کی تحصیل پسرور کے اس قصبہ کو دنیا میں شہرتِ عام اُس وقت حاصل ہوئی جب ستمبر 1965 کی پاک بھارت جنگ میں یہ خطہ بھارتی ٹینکوں کا قبرستان بنا۔ دوسری عالمی جنگ میں کورسک کے مقام پر جرمنی اور روس کے درمیان ہونے والی لڑائی کے بعد ٹینکوں کی سب سے بڑی لڑائی سرِزمین چونڈہ پر لڑی گئی۔ چھ سو ٹینک اس لڑائی میں بد مست ہاتھیوں کی طرح برسرِ پیکار تھے۔ دشمن کے ایک سو بیس ٹینک یہیں تباہ ہوئے اور کئی پاکستانی فوج کے قبضہ میں آئے۔ تین گنا سے زائد بھارتی فوج اور اُس کے بھی وہ دستے جسے وہ بھی فخرِ ہند کے نام سے موسوم کرتے تھے اس محاذ پر تھے لیکن اپنی پوری کوشش کے باوجود نا کام رہی اور چونڈہ نا قابل تسخیر رہا۔ پاک فوج کے جانبازوں نے بے مثال قربانی جو تاریخ چونڈہ کے محاذ پر پیش کی وہ چشم فلک نے پہلے کبھی نہیں دیکھی تھی اور جب بھارتی فوج اور وزیرِاعظم نے دیکھا جنگ بندی میں ہی عافیت جانی۔ بھارتی ٹینکوں کے حملہ کو پسپا کرنے کے لیے پاک فوج کے پاس ٹینک شکن ہتھیاروں کی قلت تھی۔ پاک فوج کے جوان اپنے سینوں پر بم باندھ کر دشمن کے ٹینکوں کے سامنے لیٹ گئے اور وہ میدان بھارتی ٹینکوں کا قبرستان بن گیا۔ ایف ایف اور بلوچ رجمنٹ کے جوانوں نے پاک وطن کے دفاع میں اپنے خون سے جو تاریخ رقم کی وہ کبھی بھی فراموش نہیں کی جا سکے گی۔ وہ واقعی سیسہ پلائی دیوار بن گئے۔ چونڈہ اور اس سے ملحقہ پھلورہ، بھاگوال، گڈگور، ظفروال، ٹھروہ منڈی، چوبارہ، اور خانے والی اس لڑائی کا میدان کارزار تھے۔ اس علاقے کے مکین بھی بھارتی فواج سے خوف زدہ نہ ہوئے۔ چونڈہ کے بہت سے مکانات دشمن کی گولہ باری کی زد میں آئے جن میں ہمارا آبائی گھر بھی تھا۔

چونڈہ کے محاذ پر میجر جنرل ابرار حسین کی قیادت میں پاکستان کا دفاع کیا اور دشمن کا جی ٹی روڈ پر قبضے اور سیالکوٹ کو لاہور سے کاٹنے کا منصوبہ نہ صرف نا کام ہوا بلکہ دشمن کا عددی برتری کا گھمنڈ

چونڈہ کی خاک میں مل گیا اور پاکستانی افواج نے اپنے سے کئی گنا زیادہ فوج کی پیش قدمی روک دی۔ یہ پاک فوج کا جوش جہاد تھا جسے تائید ایزدی حاصل تھی جس کی بدولت دشمن کا منصوبہ ناکام ہوا بصورت دیگر اگر چونڈہ کے علاقے کو دیکھیں تو یہ بالکل میدانی علاقہ ہے جس میں کوئی قدرتی رکاوٹیں نہیں اور ٹینکوں کی لڑائی کے موزوں ہونے کے ساتھ فوج کی پیش قدمی کے لیے آسان ہے۔ اس محاذ کے ہیرو کرنل نثار احمد خان اور اُن کی یونٹ تھی جس نے دشمن کو آگے نہ بڑھنے دیا۔ پھلورہ چونڈہ سے چند کلومیٹر کے فاصلے پر ہے اور یہ اس علاقے کا پولیس اسٹیشن ہے۔ گیارہ ستمبر کو پھلورہ پر قبضہ کے بعد دشمن کی پوری کوشش تھی کہ اب چونڈہ اور اس کے ریلوے اسٹیشن پر قبضہ کیا جائے۔ چونڈہ اس علاقہ کا سب سے بڑا قصبہ ہے اور اگر اس پر قبضہ ہو جاتا تو لاہور سیالکوٹ ریلوے لائن بھی دشمن افواج کے پاس چلی جاتی اور وہ مزید پیش قدمی کر سکتی تھی۔ چودہ اور پندرہ ستمبر کو بھارتی افواج نے چونڈہ پر قبضے کے لیے بھرپور حملے کئے لیکن وہ ناکام رہے اور بائیس ستمبر تک دشمن کی کوششیں ناکام ہوئیں اور چونڈہ پر پاک پرچم لہراتا رہا۔ پاک فوج نے بھارتی افواج سے ظفروال کا علاقہ بھی واپس لے لیا۔

بہت سے ہمارے اپنے لوگ بھی یہ کہتے ہیں کہ بھارت کے ساتھ جنگ نہیں ہونی چاہیے بلکہ دونوں ممالک امن اور سلامتی سے رہیں اور باہمی تجارت کو فروغ دینا چاہیے۔ ہم بھی امن چاہتے ہیں اور جنگ کے متمنی نہیں لیکن کیا ظلم، زیادتی اور دوسروں کے خلاف جارحانہ کارروائیوں کے تسلسل میں امن اور دوستی ممکن ہے۔ پاکستان میں ہونے والی دہشت گردی کارروائیوں کی اعانت اور پشت پناہی اور آئے روز سیالکوٹ سیکٹر اور آزاد کشمیر میں جارحانہ گولہ باری کیا امن کا پیغام ہے۔ ساٹھ سال سے زائد عرصہ سے ریاست جموں کشمیر پر غاصبانہ قبضہ اور ہزاروں شہادتیں کیسے بھولی جا سکتی ہیں۔ امن تب ہی ممکن ہے جب جارحانہ پالیسی تک کرتے ہوئے احترام باہمی کا اصول اپنایا جائے۔

چونڈہ آج بھی دفاع وطن کے لیے پاک فوج کی شجاعت اور پامردی کی گواہی دے رہا ہے۔ یہ بھارتی غرور اور گھمنڈ کے خاک میں ملنے کا گواہ ہے۔ اس سرزمین میں ہمارے شہیدوں کا خون ملا ہوا ہے۔ چونڈہ کے سپوت زندگی کے مختلف شعبوں میں اپنا اہم کردار ادا کر رہے ہیں جن میں پاک فوج کے شعبہ آئی ایس پی آر کے بریگیڈیئر عتیق الرحمن بھی ہیں جو میرے ہم جماعت ہیں۔ بہت سی ملکی

اور بین الاقوامی شخصیات کا تعلق چونڈہ سے رہا ہے جس کی تفصیل میرے برادر اصغر چوہدری خالد کسانہ نے بیان کرتے ہوئے بتایا کہ پاکستان کے پہلے وزیر خارجہ سر ظفر اللہ خان کا تعلق بھی چونڈہ سے تھا۔ وہ بعد میں عالمی عدالت انصاف کے جج بھی رہے۔ ایڈمرل افتخار احمد سروہی اور پاکستان کی کرکٹ ٹیم کے کپتان اور کوچ وقار یونس کے والدین بھی چونڈہ کے رہنے والے تھے۔ چونڈہ کی دیگر اہم شخصیات میں تحریک پاکستان کے سرگرم کارکن نصر اللہ باجوہ، سابق بیوروکریٹ سید نجمل حسین رضوی، ان کے بھائی سابق صوبائی وزیر سید اختر حسین رضوی، پنجابی شاعرہ شکیلہ پروین، تاریخ چونڈہ کے مصنف طفیل باجوہ اور انجمن صحافیاں چونڈہ کے صدر رفیع باجوہ شامل ہیں۔ ہر سال ستمبر کے پہلے ہفتہ میں شہدائے ۱۹۶۵ء کی یاد میں میلہ منعقد کیا جاتا ہے۔ اس موقع پر شہدائے وطن کے مزاروں پر رسول، فوجی اور عوام حاضری دے کر انہیں خراج عقیدت پیش کرتے ہیں۔ چونڈہ نا قابل تسخیر رہا ہے اور آج بھی آباد ہے اور پاکستان کے دوسرے شہروں، قصبوں اور دیہات کی طرح ہمیشہ آباد رہے گا۔ انشاء اللہ

ایک اور پاکستان کی بنیاد

بھارتی دانشور اور مدبر سیاسی رہنما خود یہ تسلیم کرتے ہیں کہ اگر متحدہ ہندوستان کے دور میں کانگریس کی قیادت تنگ نظری کا مظاہرہ نہ کرتی اور مسلمانوں کے جائز حقوق تسلیم کر لیے جاتے تو آل انڈیا مسلم لیگ کبھی بھی پاکستان کا مطالبہ نہ کرتی۔ ہندوؤں کے اسی تنگ نظر رویے کے باعث سرسید ہندو مسلم اتحاد سے مایوس ہو گئے اور ہندو مسلم اتحاد کے پیامبر جناح نے کانگریس کو چھوڑا۔ نہرو رپورٹ کے جواب میں قائداعظم کو کیوں اپنے مشہور چودہ نکات پیش کرنے پڑے۔ آل انڈیا مسلم لیگ نے کیوں کانگریسی وزارتوں کے خاتمہ پر یوم نجات منایا۔ غیر جانبدارانہ مبصرین تو ایک طرف اب خود بھارتی رہنماء اس حقیقت کا اعتراف کر رہے ہیں کہ کانگریس کے مسلمانوں سے متعصّبانہ اور غیر منصفانہ رویّے کے باعث مسلمانانِ ہند الگ وطن کے حصول کے لیے سوچنے پر مجبور ہو گئے۔ مارچ ۱۹۴۰ میں آل انڈیا مسلم لیگ کا پیمانہ صبر لبریز ہو گیا اور اسے قرارداد لاہور پیش کرنا پڑی۔ قائداعظم اور آل انڈیا مسلم لیگ کی قیادت اس کے بعد بھی کسی آبرومندانہ حل کی صورت میں مطالبہ پاکستان سے دستبردار ہونے کے لیے تیار تھی اسی لیے ۱۹۴۶ء کے انتخابات میں کامیابی کے باوجود انہوں نے مطالبہ پاکستان کی بجائے وزارتی مشن کی تجاویز قبول کر لیں جسے کانگریس نے تسلیم نہ کیا جس کا نتیجہ برصغیر کی تقسیم پر منتج ہوا۔

اب ایک بار پھر موجودہ بھارتی قیادت او انتہا پسند ہندو ایک اور پاکستان کی بنیاد رکھ رہے ہیں۔ دنیا میں گائے کے گوشت کا سب سے بڑا برآمد کرنے والا ملک کس طرح اس کے ذبح پر جبری نہ صرف پابندی لگا رہا ہے بلکہ اس کی آڑ میں وہاں کے مسلمانوں کو ظلم و تشدد کا نشانہ بنایا جا رہا ہے۔ گائے کے گوشت کے حوالے سے بھارت میں بہت سے واقعات میں ہندو انتہا پسندوں کے ہاتھوں مسلمانوں کو ظلم و بربریت کا نشانہ بنایا جاتا ہے اور انہیں ریاستی سرپرستی بھی حاصل ہے۔ اتر پردیش کے محمد اخلاق کو اسی شبہ میں شہید کر دیا گیا۔ مقبوضہ کشمیر اسمبلی میں انجنیئر رشید پر اسمبلی میں تشدد اور حملہ کرکے بھارت نے اپنے نام نہاد سیکولرازم کی قلعی کھول دی ہے۔ یہ کشمیری اور بھارتی مسلمانوں کے لیے نوشتہ دیوار

ہے۔ یہ ہے وہ بھارتی سیکولرازم جس کا راگ الاپا جاتا ہے اور جس کی تعریف پاکستان میں بیٹھے کچھ نام نہاد دانشور بھی کر رہے ہوتے ہیں۔ بھارتی سیکولرازم کے حامی اور حقوق انسانی کے حامی اب کیوں خاموش ہیں۔ محمد اخلاق کا خون رائیگاں نہیں جائے گا بلکہ اُس نے ایک اور پاکستان کی بنیاد رکھ دی ہے۔ یہ پاکستان بھی اُسی طرح وجود میں آئے گا جیسے موجودہ پاکستان کے قیام کے لیے انہوں نے خود راہ ہموار کی تھی۔

انگریزوں کے برصغیر سے چلے جانے کے بعد جو تقسیم ہوئی وہ کوئی مستقل اور پائیدار حل نہیں تھا بلکہ حالات نے ثابت کیا ہے کہ اصل حل وہی ہے جو چوہدری رحمت علی نے پیش کیا تھا کہ برصغیر میں جہاں جہاں مسلمانوں کی اکثریت ہے وہاں وہاں انہیں خودمختار مملکت ملنی چاہیے۔ اسی منصوبہ کے تحت انہوں نے شمال مغرب کے مسلمانوں کے لیے الگ ملک کا نام پاکستان تجویز کیا۔ بنگال، بہار اور آسام والوں کے لیے بانگستان اور حیدرآباد دکن کے لیے الگ ملک عثمانستان ہو۔ انہوں نے مالوہ، بہار اور آگرہ کے مسلمانوں کے لیے ممالک کے نام صدیقستان، فاروقستان اور حیدرستان تجویز کئے۔ اگرچہ تقسیم ہند کے وقت اُن کا یہ منصوبہ پورا نہ ہو سکا لیکن بھارتی قیادت کی تنگ نظری اور مسلمانوں کے خلاف اقدامات کے ردعمل میں مستقبل میں پورا ہوتا نظر آتا ہے۔ بھارت کے وجود سے کئی اور پاکستان جنم لیں گے جس کے لیے حالات وہاں کے انتہا پسند ہندو خود پیدا کر رہے ہیں۔ ریاست جموں کشمیر کے عوام بھی تاجِ آزادی پہنیں گے اقوام عالم میں فخر سے سربلند ہوں گے۔ بہت سے بھارتی مسلمانوں سے جو وہاں اعلیٰ عہدوں پر فائز ہیں اُن سے مجھے ذاتی طور پر ملنے کا موقع ملا ہے اور وہ اس بات کا برملا اظہار کرتے ہیں کہ انہیں ہر سطح پر اپنی حب الوطنی کا ثبوت دینا پڑتا ہے۔ اُن کے ساتھ امتیازی سلوک روا رکھا جاتا ہے۔ بھارت کے بہت سے علاقوں میں مسلمانوں کے لیے کرایہ پر گھر حاصل کرنا ممکن نہیں۔ جب وہاں کی دیواروں پر یہ نعرہ لکھا جائے گا کہ ”مسلمانو! جاؤ پاکستان یا قبرستان“ تو بھارتی مسلمان پاکستان آنے کے بجائے وہاں اپنے لیے الگ پاکستان حاصل کرنے کی ہی جدوجہد کریں گے۔ چشم فلک ایک نہیں کئی اور نئے پاکستان برصغیر کے نقشے پر دیکھ رہی ہے جس کی راہ خود بھارت کے انتہا پسند ہموار کر رہے ہیں۔

شہادتِ امام حسینؓ اور علامہ اقبال

تاریخِ انسانی میں ہمیشہ حق اور باطل کی قوتوں کے درمیان معرکہ آرائی رہی ہے۔ تمام انبیاءِ اکرام اپنے دور میں باطل اور برائی کی قوتوں کے سامنے حق کا پرچم بلند کرتے رہے۔ حضرت خلیل اللہؑ و نمرود، صاحبِ ضرب کلیمؑ و فرعون اور اسی طرح رسولِ پاک صلی اللہ علیہ وسلم نے ابوجہل اور کفارِ مکہ کے سامنے ثابت قدمی سے حق کا پیغام پیش کیا اور باطل کا بھرپور مقابلہ کیا۔ انبیاءِ اکرام کے بعد بھی یہ سلسلہ جاری ہے اور آئندہ بھی یہ سلسلہ چلتا رہے گا۔ حضرت امام عالیؑ مقام کا یزید کے سامنے کلمہ حق اسی کا تسلسل تھا جس کا ذکر کرتے ہوئے علامہ اقبال فرماتے ہیں

موسیٰ و فرعون و شبیر و یزید

ایں دو قوت از حیات آمد پدید

علامہ نے انسانی تاریخ کا اہم فلسفہ ایک شعر میں سمو دیا ہے۔ وہ فرماتے ہیں حضرت موسیٰ علیہ السلام اور حضرت امام حسینؑ حق اور نیکی کے علمبردار تھے جبکہ فرعون اور یزید باطل اور برائی کے مظہر تھے۔ ان دونوں قوتوں کے مابین یہ کشمکش ہمیشہ جاری رہے گی۔ ہر دور میں دونوں قوتیں موجود ہوتی ہیں یہ ہمیں طے کرنا ہے کہ کس کا ساتھ دینا ہے۔ حق و باطل کی اسی معرکہ آرائی کو علامہ نے مزید وضاحت سے یوں بیان کیا ہے کہ حضرت ابراہیمؑ کے پیامِ انقلاب سے یومِ فرقان جب حق اور باطل ایک دوسرے کے مدِمقابل تھے اور یہی سلسلہ کربلا میں نظر آتا ہے۔

صدق خلیل بھی ہے عشق، صبر حسین بھی ہے عشق

معرکۂ وجود میں بدر و حنین بھی ہے عشق

اردو اور فارسی ادب میں بہت سے ممتاز شعراء نے امام عالی مقام کو اپنے اپنے علم اور فہم کے مطابق خراجِ عقیدت پیش کیا ہے لیکن جو علامہ کا انداز ہے وہ کسی اور کا نہیں۔ یہ ہو بھی نہیں سکتا۔ وجہ صاف ظاہر ہے کہ علامہ کی شاعری کا منبع قرآن ہے۔ انہوں نے قرآنِ حکیم پر غور و فکر کرتے ہوئے جو

کچھ خود سمجھا وہی انہوں نے دوسروں کو سمجھایا۔ حضرت امام حسین کا قرآن سے تعلق بیان کرتے ہوئے کیا خوب لکھتے ہیں کہ

رمزِ قرآن از حسین آموختم
ز آتش او شعلہ ہا اندوختم

وہ کہتے ہیں کہ ہم نے قرآنی تعلیمات کا راز حضرت امام حسینؓ سے سیکھا ہے اور ہم نے اُن کی جلائی ہوئی آگ سے شعلے لیکر جمع کئے ہیں۔ امام عالی مقام نے اپنے خون سے اللہ کی وحدانیت اور توحید کی گواہی دی اور ہم امام عالی مقام کے دیئے ہوئے درس حریت کی روشنی میں مصروفِ عمل ہیں۔ علامہ کے فارسی اشعار رموزِ خودی سے ہیں۔ علامہ اقبال نے حضرت امام حسینؓ کو ایک طویل نظم درمعنی حریت اسلامیہ و سرِ حادثہ کربلا میں زبردست خراج عقیدت پیش کیا۔ قرآن حکیم کی تعلیمات کی روشنی میں شہادت حسینؓ پر اس سے بہتر خراج عقیدت میری نظر سے نہیں گزرا۔ معروف ماہر اقبالیات محمد شریف بقانے اس طویل فارسی نظم کو آسان اردو میں ترجمہ کرکے اقبال اور ذکرِ حسین کے نام سے کتاب کی صورت میں شائع کیا ہے۔ علامہ نے امام حسین اور یزید کو حق اور باطل کی قوتوں کے نمائندوں کی حیثیت سے لیتے ہوئے دونوں کا موازنہ کرتے ہوئے لکھتے ہیں کہ امام عالی مقام حق کی خاطر خاک و خون میں لتھڑ گئے اس لیے وہ لا الٰہ کی بنیاد بن گئے ہیں

بہرِ حق در خاک و خون غلتیدہ است
پس بنای لا الٰہ گردیدہ است

اردو کلام میں بھی علامہ نے جابجا جناب امام عالی مقامؑ کی عظیم جدوجہد پر بہت خوبصورت انداز میں یوں خراج عقیدت پیش کیا ہے۔ وہ کہتے ہیں کہ یہ معرکہ آرائی ہر دور میں جاری رہی اور مستقبل میں جاری رہے گی۔ اس کی طرف بھی اشارہ کرتے ہوئے لکھتے ہیں کہ

حقیقت ابدی ہے مقام شبیری
بدلتے رہتے ہیں انداز کوفی و شامی

حکیم الامت نے اسی حق و باطل کی کشمکش اور دین کی تاریخ کو اپنے شعر میں یوں بیان کیا کہ

حضرت اسماعیل ؑ کی بارگاہِ الٰہی میں قربان ہونے کی رضا کو نقطہ آغاز قرار دیتے ہوئے شہادت امام حسین ؑ پر اس کا اختتام کیا۔وہ فرماتے ہیں کہ

غریب و سادہ و رنگیں ہے داستانِ حرم

نہایت اس کی حسین ابتدا ہے اسماعیل

علامہ اس بات پر افسوس کرتے ہیں کہ حضرت امام حسین ؑ نے جو عظیم قربانی دی اُسے مسلمانوں نے فراموش کر دیا۔ملوکیت اور آمریت جس کے سامنے امام عالی مقام نے کلمہ حق بلند کیا لیکن وہی ملوکیت ایک طویل عرصہ تک اسلامی تاریخ پر چھائی رہی اور جہاں جہاں آج بھی مسلمانوں میں جمہوریت ہے وہ بھی موروثیت کے لبادے میں ملوکیت کا عکس ہے۔اسی لیے یہ وہ کہنے میں حق بجانب ہیں کہ

قافلہ حجاز میں ایک حسین بھی نہیں

گرچہ ہے دابدار ابھی گیسوئے دجلہ و فرات

اس صورت حال میں وہ یہی پیغام حریت دیتے ہیں حضرت امام عالی مقام کی پیروی کی جائے اور وہی راستہ امتِ مسلمہ کو دنیا میں عروج اور عزت دے سکتا ہے۔اس لیے وہ کہتے ہیں عبادات کا مطلب محض رسمی عبادات اور ذکر و فکر نہیں بلکہ اس کے لیے میدانِ عمل میں آنا ہوگا اور حضرت امام حسین ؑ کے راستے پر چلنا ہوگا اس لیے وہ کہتے ہیں کہ

نکل کر خانقاہوں سے ادا کر رسمِ شبیری

کہ فقرِ خانقاہی ہے فقط اندوہ دلگیری

جس طرح مولانا جامی بادِ نسیم کو بارگاہِ رسالت ﷺ میں اپنا حال بیان کرنے کی درخواست کرتے ہیں اسی انداز میں علامہ بھی ہوا سے درخواست کرتے ہیں کہ اے! صبا تو دور دراز علاقوں میں رہنے والوں کو پیغام پہنچاتی ہے ۔ تجھ سے التجا ہے کہ ہمارے آنسو نذرانہ عقیدت کے طور پر امام عالی مقام ؑ کے روضہ مبارک تک پہنچا دے ۔

اے صبا اے پیکِ دور افتاد گاں

اشک، برخاکِ پاکِ او رساں

اشک، برخاکِ پاکِ او رساں

آزادی صحافت اور میڈیا کا کردار

میڈیا کو ریاست کے چوتھے ستون کی حیثیت سے اس کی اہمیت تسلیم کی جاتی ہے۔ کسی بھی قوم میں تبدیلی لانے میں اس کا آزاد میڈیا بنیادی کردار ادا کرتا ہے۔ عوام النّاس کو اصل حقائق سے آگاہی کوئی آسان کام نہیں اور دنیا کے بعض ممالک جن میں پاکستان بھی شامل ہے صحافیوں کے لیے خطرناک ممالک شمار کیے جاتے ہیں جہاں آزاد اور بے باک صحافت کے لیے کام کرنے والوں کو جہاں ایک طرف سرکاری اداروں کے دباؤ کا سامنا ہوتا ہے وہیں مختلف جماعتوں، گروہوں، تنظیموں اور افراد کی جانب سے بھی جبر اور تشدد کا سامنا رہتا ہے جس کی بعض اوقات اہل قلم کو بھاری قیمت چکانا پڑتی ہے اور کئی اس راہِ حق میں اپنی جان تک کا نذرانہ پیش کر دیتے ہیں۔ آزادی صحافت اور اعلیٰ اقدار کے لیے ہمیشہ جدوجہد کرنا پڑتی ہے لیکن تصویر کا دوسرا رخ بھی ہے اور وہ یہ کہ خود میڈیا اور اس سے وابستہ لوگ آزادی صحافت کی راہ میں کس قدر رکاوٹ اور ذمہ دار ہیں۔ کیا میڈیا خود اپنے استحصال میں ملوث نہیں ہے۔ یہی وہ پہلو ہے جس پر بہت ہی کم لکھا اور بولا جاتا ہے اور اس کی وجہ بھی واضح ہے کہ کون اس کے خلاف آواز بلند کرے۔ کون کرے گا جب میڈیا خود ہی ذمہ دار ہو۔ کسی کو تو اس بارے میں لکھنا چاہیے۔

اگر کسی میڈیا گروپ یا اخبار سے کوئی غلطی سرزد ہو جائے تو بجائے اصلاح اور بہتری کے لیے میڈیا میں موجود حریف اس کو اچھالنے اور نشان عبرت بنانے کی پوری سعی کرتے ہیں حالانکہ وہ یہ نہیں سوچتے کہ کل کو ان سے بھی کوئی غلطی سرزد ہو سکتی ہے۔ موقع ملنے کی دیر ہے اخبارات کے صفحات سیاہ ہوتے جائیں گے اور ٹی وی اینکروں کی توعید ہو جائے گی۔ آج جس میڈیا کو ملک دشمن اور اسلام دشمن قرار دیا جا رہا ہے ممکن ہے ماضی میں وہ لوگ اسی سے وابستہ رہے ہوں یا مستقبل میں پُرکشش مراعات انہیں وہیں کھینچ لائیں لیکن اس وقت ہوا کے گھوڑے پر سوار ہو کر اپنے حریف میڈیا کو لتاڑنے کا کوئی موقع ہاتھ سے نہیں جانے دیتے۔ ایک وقت تھا صحافی حرمتِ قلم کے امین ہوتے تھے۔ وہ پرانی

سائیکلوں پر سفر کرتے تھے اور تنگ و تاریک گلیوں کے مکانوں میں بڑے قد اور اعلیٰ اوصاف کے حامل صحافی رہا کرتے تھے۔ مگر آج بڑی بڑی گاڑیوں میں سفر کرنے والے اور بڑے بڑے محلات میں رہنے والے صحافی بہت چھوٹے قد و قامت کے ہو گئے ہیں۔ اس بازار میں شائد چند ہی ہیں جو اپنا دامن بچا کے صحافت کی لاج رکھے جبر اور مفادات کو ٹھکرائے ہوئے کھڑے ہیں، باقی سب بکتا ہے۔ دنیائے صحافت کے ان بڑے ناموں کی تنخواہ اور آمدن کا موازنہ اُن کے رہن سہن سے کرنا کوئی مشکل نہیں۔ جب کبھی ان پر مالی مفادات لینے کا الزام آتا ہے تو بجائے اُس کا جواب دینے کے اِدھر اُدھر کی باتیں کر کے اپنی روش پر برقرار رہتے ہیں۔ یہ لفافہ جرنلزم کی اصطلاح کیوں معرض وجود میں آئی؟ ماضی قریب میں پاکستان کے کچھ معروف صحافیوں پر مالی مفادات لینے کی خبریں اور فہرستیں سامنے آئیں۔ بڑے نامی گرامی صحافیوں کو پلاٹ اور رقوم دینے کی فہرست بھی سامنے آئیں لیکن ایک صحافی یا اینکر پرسن نے الزامات لگانے والوں کو عدالت میں چیلنج نہ کیا اور نہ ہی واضح طور پر اس کی تردید کی جس سے ظاہر ہوتا ہے کہ یہ محض الزامات نہیں تھے بلکہ ان میں کچھ نہ کچھ حقیقت ہوگی۔

صحافت کا سب سے بڑا اصول غیر جانبداری، عدل و انصاف اور اپنے ضمیر کی آواز بلند کرنا ہے۔ اِنہی اصولوں کو مدِ نظر رکھتے ہوئے خبریں، رپورٹیں، کالم، تجزیے اور تبصرے قارئین اور ناظرین کو پیش کرنے چاہئیں لیکن آپ اخبارات ملاحظہ کر لیں اور ٹی وی کے ٹاک شو دیکھ لیں، غیر جانب داری کا جنازہ نکلا ہوا نظر آئے گا۔ کالم نگاروں اور اینکروں کی غالب اکثریت پوری طرح جانبدار ہے۔ اگر وہ حکومت کا دم بھرتے ہیں تو انہیں حزب مخالف کی کوئی ایک بات بھی درست نظر نہیں آتی اور اگر وہ حزبِ اختلاف کی طرف داری کرتے ہیں تو وہ حکومت کی ہر بات میں کیڑے نکالتے ہیں اور اکثر اوقات تو وہ صحافیوں سے زیادہ اپنی اپنی پسند کی جماعت کے ترجمان معلوم ہوتے ہیں۔ بہت سے ایسے بھی ہوتے ہیں جو یوٹرن کے ماہر ہوتے ہیں اور اس مقولہ پر عمل کرتے ہیں کہ چل تم اُدھر کو ہوا ہو جدھر کی یہ سب کچھ کرتے ہوئے وہ اپنی پاک دامنی اور آزادی صحافت کا رونا بھی روتے جاتے ہیں۔ ایک میڈیا گروپ دوسرے ادارہ کی بُری خبر کی خوب تشہیر کرے گا جبکہ اچھی خبر کو کبھی بھی منظر عام تک نہیں آنے دے گا۔ کیا یہ آزادی صحافت ہے؟ پاکستان میں چالیس سے زائد صحافیوں کو قتل کیا گیا مگر اُن شہید

صحافیوں کے اداروں نے اُن کے لیے کیا کیا۔ ہاں یہ ضرور کیا کہ اس بہنے والے خون کی خوب تشہیر کر کے اپنے میڈیا گروپ کی شہرت میں اضافہ کی کوشش کی۔ جن صحافیوں کو اپنی جان کا خطرہ ہوتا ہے اُن کے لیے کیا کیا۔ اگر میڈیا اپنے صحافیوں کو تحفظ دے سکتا تو حافظ عمران سویڈن آ کر پناہ نہ لیتا اور بہت سے دوسرے صحافی اپنی جانیں بچانے کے لیے ملک بدری نہ اختیار کرتے۔

صحافی معاشرہ میں ہونے والی ناانصافیوں اور زیادتیوں کو تو اجاگر کرتے ہیں مگر اُن کے ساتھ ہونے والی ناانصافیوں اور حقوق کے لیے کون لڑے گا اور وہ بھی اُس صورت میں جب صحافیوں کو میڈیا مالکان سے ہی ناانصافی کی شکایات ہوں۔ بہت سے اخبارات اپنے نمائندگان کو کسی قسم کا اعزازیہ نہیں دیتے اور مفت اُن کی خدمات لیتے ہیں بلکہ کئی اخبارات تو پریس کارڈ جاری کرنے کی اچھی خاصی رقم بٹورتے ہیں۔ اس سے کرپشن کا دروازہ کھلتا ہے اور وہ صحافی خبریں لگانے کے لیے لوگوں سے مال بٹورنا شروع کر دیتے ہیں۔ اور اس صورت حال کا اخبارات کی انتظامیہ کو بخوبی علم ہوتا ہے اور وہ یہ سب ہونے دیتے ہیں بلکہ کئی تو اپنا حصہ بھی وصول کرتے ہیں۔ مجھے ایک ضلع کے صحافیوں نے خود بتایا کہ ہم سب نے طے کیا ہے کہ جو بھی پریس کلب میں آ کر پریس کانفرنس کرے گا اُس سے ایک خاص رقم وصول کی جائے گی۔ بعض جگہوں پر صحافیوں نے سیاستدانوں اور اہم افراد سے ماہانہ رقم طے کی ہوتی ہے جس کے عوض وہ اُن کی خبریں لگواتے ہیں اور کئی صحافی مختلف کاروباری اداروں اور یہاں تک کہ سرکاری اداروں سے منتھلیاں وصول کرتے ہیں۔ ٹی وی چینلز کا ریٹ تو اور بھی زیادہ ہوتا ہے۔ اہم مقامات ہر اخبارات اور ٹی وی کی نمائندگی کے لیے بہت اہم سفارش اور خاصی رقم کی ضرورت ہوتی ہے۔ سوال یہ ہے کہ میڈیا اور صحافیوں کی اپنی کرپشن کے خلاف آواز کون بلند کرے گا۔

سیالکوٹ تو زندہ رہے گا

حکومت پاکستان نے 1965ء کی پاک بھارت جنگ میں بہادری، دلیری اور حوصلہ مندی کا جو مظاہرہ کیا تھا اس کے اعتراف کے طور پر مارچ 1967ء میں پاکستان کے تین شہروں سیالکوٹ، لاہور اور سرگودھا کے شہریوں کو پرچم ہلال استقلال کا اعزاز عطا کرنے کا اعلان کیا۔ جنرل محمد موسیٰ خان نے 7 مئی 1967ء کو ایک خصوصی تقریب میں سیالکوٹ کو یہ پرچم عطا کیا تھا۔ 15 مئی 1967ء کو پاکستان کے محکمہ ڈاک نے اس پرچم ہلال استقلال کی تصویر سے مزین ایک ڈاک ٹکٹ بھی جاری کیا۔ دنیا میں اس شہر کی شہرت کے لیے صرف علامہ اقبال کا شہر ہونا ہی کافی تھا لیکن اس کے باوجود یہ شہر بڑی عظیم شخصیات کا شہر ہے۔ سیالکوٹ کی ایک انفرادیت یہ بھی ہے کہ یہاں دین حق کی دعوت پھیلانے والے اولیاء اکرام نے صرف تبلیغی کام نہیں کیا بلکہ ظلم اور استبداد کے سامنے کلمہ حق بلند کیا اور جہاد کی راہ اپناتے ہوئے شہادت کے مرتبہ پر فائز ہوئے۔ برصغیر کے شائد ہی کسی اور شہر میں اتنی تعداد میں اولیاء اکرام نے حق کے لیے تلوار اٹھائی ہو اور اس راہ میں اپنا خون دیا ہو جتنا سیالکوٹ کے اولیاء اکرام نے کیا۔ سیالکوٹ قلعہ کی بنیادوں میں حضرت پیر مرادیہ شہید کا خون شامل ہے۔ یہیں اسلام کا پرچم بلند کرتے ہوئے حضرت امام علی الحق شہید، حضرت پیر شعلہ شہید، حضرت بابل شہید، حضرت سرخ رو شہید اور کئی عظیم ہستیوں نے اپنی جانوں کا نذرانہ پیش کیا اور یہیں مدفون ہیں۔ سیالکوٹ علامہ عبدالحکیم کا بھی شہر ہے جن کے علم و فضیلت سے متاثر ہو کر مغل بادشاہ شاہجہاں نے دو مرتبہ چاندی میں تلوایا یا اور وہ آپ کی نذر کی۔ حضرت مجدد الف ثانی انہیں ''آفتاب پنجاب'' کہا کرتے تھے۔ آپ ہی وہ شخص ہیں جنہوں نے شیخ احمد سرہندی کو سب سے پہلے ''مجدد الف ثانی'' کے خطاب سے یاد کیا۔ متعدد گراں قدر تصانیف ان کی یادگار ہیں۔ سیالکوٹ ہی علمی شخصیات میں شمس العلماء میر حسن، مولانا ابراہیم میر، حافظ محمد عالم، مولانا محمد علی کاندھلوی، علامہ یعقوب خان، اصغر سودائی اور بہت سی دوسری شخصیات شامل ہیں۔ یہ علامہ اقبال، فیض احمد فیض، امجد اسلام امجد، رجیندر سنگھ بیدی، کلدیپ نیئر، ظہیر عباس، منظور جونیئر،

شہناز شیخ، شعیب ملک اور کئی بین الاقوامی شہرت یافتہ لوگوں کا شہر ہے۔ یہ راجوراکٹ اور گونگے پہلوان کا بھی شہر سیالکوٹ ہے۔ بشیر کنور، اسلم کمال، ایس ایم خالد اور جالی نوس نے فن مصوری اور فنون لطیفہ میں جبکہ میر صاحب اور جاوید اقبال نے کارٹون کی دنیا میں عظیم نام پیدا کیا ہے۔ اسی سیالکوٹ سے تعلق ہونا میرے لیے بھی باعث فخر ہے۔

پانچ سو سال قبل مسیح شہر کا تاریخی ریکارڈ دستیاب ہے۔ ہندو راجہ سل یا سال نے بنیاد رکھی اس کے بعد راجا سال واہن کا دارالحکومت بنا اور اس نے یہاں ایک کوٹ یعنی قلعہ بنایا اسی بنیاد پر اس کا نام سیالکوٹ ہو گیا۔ آٹھویں صدی عیسوی میں یہ سلطنتِ کشمیر کا حصہ بنا۔ کشمیر کے ساتھ سیالکوٹ کا تعلق صدیوں پرانا ہے اور دونوں ایک اٹوٹ بندھن میں بندھے ہوئے ہیں جس کی گواہی جموں اور سیالکوٹ کی سرحد پر وہ درخت بھی ہے جو آدھا ایک طرف ہے اور آدھا دوسری طرف ہے۔ پاکستان سے واحد ریلوے لائن بھی سیالکوٹ سے ہی جموں جاتی تھی۔ آج بھی یہاں کشمیری مہاجرین کی بہت بڑی تعداد آباد ہے جن کے لیے آزاد جموں کشمیر قانون ساز اسمبلی میں تین نشستیں ہیں۔ دنیا بھر میں اس شہر کے بنے ہوئے کھیلوں، آلاتِ جراحی اور چمڑے کی مصنوعات کی دھوم ہے۔ فٹ بال کے عالمی مقابلوں میں بھی اسی شہر کا بنا ہوا فٹ بال استعمال ہوتا ہے۔ کراچی کے بعد سب سے زیادہ زرمبادلہ کمانے والا بھی یہی شہر ہے اور اس کی سالانہ برآمدات سوا ارب ڈالر سے زیادہ ہے۔ یہ بھی منفرد مثال ہے کہ اس شہر کے تاجروں اور صنعت کاروں نے اپنی مدد آپ کے تحت سیالکوٹ ائیرپورٹ تعمیر کیا جس کا رن وے سب سے بڑا ہے۔ جس کی لمبائی تین عشاریہ چھ کلومیٹر ہے اور اس پر دنیا کا سب سے بڑا طیارہ ائیر بس تین سو اسی بھی لینڈ کر سکتا ہے۔ شہر میں سڑکوں اور تعمیر و ترقی میں بھی یہاں کے شہریوں نے ذاتی رقم خرچ کر کے دوسرے شہروں کے لیے ایک قابلِ تقلید مثال قائم کی ہے۔

سیالکوٹ نے 1857ء کی جنگ آزادی میں ظلم و جبر برداشت کیا اور 1965ء اور 1971ء میں بھارت نے اس پر یلغار کی کوشش کی اور اپنی جارحیت کا نشانہ بنایا لیکن اللہ کے فضل سے شہر اقبال آج بھی زندہ و آباد ہے۔ سیالکوٹ سرحد پر بھارتی افواج کی جانب سے ہونے والی آئے روز کی فائرنگ کے باوجود یہاں کے باشندوں کے حصلے بلند ہیں اور اُن کے معمولات زندگی میں کوئی فرق

نہیں آیا۔صرف سیالکوٹ ہی نہیں بلکہ وطن عزیز کا ہر شہری اپنے وطن کے دفاع کے لیے پُرعزم ہے۔ بھارتی افواج کی آئے دن ورکنگ باؤنڈری پر بلا جواز فائرنگ جس سے ضلع سیالکوٹ کے نہتے شہری شہید اور زخمی ہوتے ہیں اور ساتھ بھارتی حکام کی جانب سے دھمکیوں کا سلسلہ بھی جاری رہتا ہے۔اس بارے میں یہ کہنا چاہوں گا کہ وہ کسے ڈرا اور خوف زدہ کر رہے ہیں؟ انہیں جو موت سے نہیں ڈرتے بلکہ موت کو اپنے نبی کی سنت سمجھ کر اس کے منتظر رہتے ہیں۔آپ انہیں دھمکیاں دے رہے ہیں جو خوف مرگ سے بالکل بے نیاز ہیں اور موت کا خندہ پیشانی سے سامنا کرتے ہیں۔آپ کو علم ہونا چاہیے کہ جنگیں جذبے سے لڑی جاتی ہیں۔جس قوم میں جذبہ جہاد ہو،شہادت کی تمنا ہو اور آخرت کی زندگی پر ایمان ہو اسے کون شکست دے سکتا ہے۔ پاکستان ایک خطہ زمین کا نام نہیں بلکہ ایک نظریہ ہے جسے کوئی ختم نہیں کر سکتا۔اس نے تا قیامت رہنا ہے۔سیالکوٹ کے جس قلعہ پر بھارت نے بم برسائے تھے اسی پر آج پرچم ہلال استقلال بڑی شان سے لہرایا جاتا ہے اور وہیں آویزاں ہے سیالکوٹ تو زندہ رہے گا۔صرف سیالکوٹ نہیں پاک وطن کا ہر شہر زندہ و آباد رہے گا اور پاکستان پائندہ رہے گا۔انشاءاللہ

حرمتِ قلم اور ہمارے اہلِ قلم

کسی نے بالکل درست کہا ہے کہ :

The media and nation rise and fall together

کسی بھی قوم یا معاشرے کی راہنمائی کا فریضہ اہل قلم ہی ادا کرتے ہیں۔ یہ صاحبانِ علم و دانش ہی ہوتے ہیں جو عام افراد کی ذہنی آبیاری کرتے ہیں اور اس طرح قیادت کرتے ہیں جیسے وہ میر کارواں ہوں۔ کسی بھی قوم کی حالت اور کردار کا جائزہ اس قوم کے ادیبوں، صحافیوں اور دوسرے اہل قلم کے نظریات اور کردار سے لگایا جا سکتا ہے۔ اگر کسی قوم کے اہل قلم لالچ، خوف، دباؤ یا کسی بھی غرض کی پرواہ نہ کرتے ہوئے حق اور سچ کی آواز بے خوف ہو کر بلند کر رہے ہوں تو اُس قوم کو کوئی مرعوب نہیں کر سکتا اور نہ ہی وہ قوم زبوں حالی کا شکار ہوتی ہے۔ لیکن اگر کسی ملک و قوم کے دانشور مالی مفادات، مراعات اور لالچ میں آ کر قصیدہ گوئی اور خوشامد کا راستہ اپنا لیں یا خوف اور دباؤ میں آ کر حق بات کرنا چھوڑ دیں تو تباہی اُس قوم کا مقدر ہوتی ہے۔ قرآن حکیم جو انسانوں کے درمیان رنگ، نسل یا کسی اور اعتبار سے کوئی امتیاز اور فضیلت نہیں کرتا لیکن صرف علم کی بنیاد پر وہ فرق کرتا ہے اور کہتا ہے کہ جاننے والے اور نہ جاننے والے برابر نہیں ہو سکتے۔ ایک اور مقام پر کہا کہ جس بات کا علم نہ ہو اسے اہل علم سے پوچھ لو۔ اہل علم کو قرآن حکیم علماء کے نام سے پکارتا ہے۔ صحافی، ادیب، استاد، علماء، دانشور اور دوسرے اہل علم اس لحاظ سے ممتاز مقام رکھتے ہیں

انسانیت کے نام رب کائنات کے آخری پیغام کی پہلی وحی بھی علم کی فضیلت اور اہمیت اجاگر کرتی ہے۔ پہلی نازل ہونے والی سورہ العلق کی تیسری آیت الذی علم بالقلم سے قلم کی اہمیت واضح کرتے ہوئے رب العزت نے فرمایا کہ انسان کو یہ صلاحیت دی کہ وہ تحریر کے ذریعے اپنے خیالات کو دوسروں تک پہنچائے۔ نزول کے اعتبار سے قرآن حکیم کی دوسری سورہ القلم ہے اس کی ابتداء ہی میں اللہ تعالیٰ نے قلم کی قسم کھاتے ہوئے کہا کہ ن والقلم۔ اس پر غور کرنے کی ضرورت ہے کہ اللہ تعالیٰ نے قلم کو

کیوں اتنی اہمیت دی ہے۔ سوچنے اور تدبر کا مقام ہے کہ خالقِ کائنات نے کیوں ایسا کہا ہے اور اس کے تناظر میں اہل قلم کی کیا ذمہ داریاں ہیں۔ یہ اُس کتاب کی ابتداء ہے جس کے نزول نے عرب کی فضاؤں میں ایک انقلاب بھرپا کردیا تھا۔ قلم اور اظہار بیان کی اس اہمیت کے بعد ہمارے میڈیا میں ہمارے اہل قلم کے کردار کا جائزہ لینے کی ضرورت ہے کہ کیا وہ حرمت قلم کے امین ہیں۔ اس فہرست میں صحافی، ادیب، شعراء، ٹی وی اینکر، تجزیہ نگار اور ماہرین سب آجاتے ہیں۔ کیا وہ قلم اٹھاتے اور بولتے وقت اس ذمہ داری سے آگاہ ہوتے ہیں اور کیا وہ عدل و انصاف کے تقاضے پورے کرتے ہیں۔ بدقسمتی سے ایسا نہیں ہوتا اور ہمارے بہت سے اہل قلم اور اینکر اپنی تحریروں اور تبصروں میں عدل و انصاف کے تقاضوں کو ملحوظ خاطر نہیں رکھتے ہیں۔ یہ ٹھیک ہے کہ ہر کسی کی نظریاتی یا فکری وابستگی کسی نہ کسی جماعت یا نظریہ سے ہوسکتی ہے لیکن انہیں اس طرح بھی ہونا چاہیے کہ وہ شاہ سے زیادہ شاہ کے وفادار نظر آئیں اور ایسا محسوس ہو کہ وہ اپنی پسندیدہ جماعت کے ترجمان ہیں۔ پاکستانی میڈیا میں کالم نویس، تجزیہ نگار اور اینکرز کسی نہ کسی سیاسی یا مذہبی جماعت کی حمایت میں اس شدت سے لکھتے ہیں کہ ایسے محسوس ہوتا ہے کہ وہ اس جماعت کے پروپیگنڈا سیکرٹری ہوں۔ جس کے حامی ہوتے ہیں اُس کی تعریف میں حد درجہ تک غلو اور جس کے مخالف ہوں اُس کی نہ صرف اچھی بات سے صرف نظر بلکہ حسد اور جھوٹ کا سہارا لیں۔ کیا اہل قلم کا کردار ایسا ہونا چاہیے۔ سرکاری یا غیر سرکاری اداروں اور شخصیات سے مفادات حاصل کرنے والے اہل قلم اس مقدس شعبہ کی بدنامی کا باعث ہیں۔ یہی وجہ ہے کہ غیر جانبدار کالم نویس، تجزیہ نگار اور اینکرز خال خال ہی نظر آتے ہیں۔

اللہ تعالیٰ ہمیں دشمن کے ساتھ بھی عدل کا حکم دیتا ہے۔ عدل کا معنی یہ ہے کہ جو چیز جس مقام کی مستحق ہے اُسے وہی مقام دیا جائے۔ حامی ہو یا مخالف، قلم عدل کے مطابق اٹھنا چاہیے اور تحریر میں انصاف کی عکاسی ہو۔ اسی طرح قرآن حکیم نے غلو سے بھی منع کیا ہے۔ تحریر میں غلو ہونا حکم الٰہی کی خلاف ورزی ہے۔ اپنی حامی جماعتوں اور شخصیات کی تعریف کرتے وقت غلو سے اجتناب کرنا حرمت قلم کا تقاضا ہے۔ درباری اور خوشامدی طرزِ عمل غلو کا ہی نتیجہ ہے۔ عوام کی بھی ذمہ داری ہے کہ ایسے اہل قلم کو مسترد کریں جو عدل و انصاف کے تقاضوں کو مدِ نظر نہ رکھتے ہوں اور جو غلو کا شکار ہوں۔ ایسے اہلِ قلم

کی پذیرائی کرکے وہ اُن کی حوصلہ افزائی کا باعث بنتے ہیں ۔ اہل قلم کو دوسروں کی اصلاح سے پہلے اپنے آپ کو درست کرنا ہوگا اور یہ سوچنا ہوگا کہ جس قلم کی قسم خدا نے کھائی ہے اس کے کیا تقاضے ہیں اور اُن کی کیا ذمہ داریاں ہیں ۔

خصوصی افراد کے ساتھ ہمارا رویّہ

اللہ تعالٰی نے قرآنِ حکیم کی سورۃ البقرہ میں ارشاد فرمایا ہے کہ اور ہم ضرور تمہیں آزمائیں گے خوف، بھوک، مالوں، جانوں اور پھلوں کے نقصان سے، اور آپ صبر کرنے والوں کو خوشخبری سنا دیں۔ جن پر کوئی مصیبت پڑتی ہے تو کہتے ہیں: بیشک ہم بھی اللہ ہی کا مال ہیں اور ہم بھی اسی کی طرف پلٹ کر جانے والے ہیں۔ یہی وہ لوگ ہیں جن پر ان کے رب کی طرف سے پے در پے نوازشیں ہیں اور رحمت ہے، اور یہی لوگ ہدایت یافتہ ہیں۔ اسی حوالے سے حضرت جابرؓ سے روایت ہے کہ رسول اللہ صلی اللہ علیہ وسلم نے فرمایا کہ قیامت کے دن جب ان لوگوں کو جو دنیا میں مبتلائے مصائب رہے، ان کے مصائب کے عوض جو اجر و ثواب دیا جائے گا تو وہ لوگ جو دنیا میں ہمیشہ آرام و چین سے رہے، حسرت کریں گے کہ کاش دنیا میں ہماری کھالیں قینچیوں سے کاٹی گئی ہوتیں اور ہم بھی ایسے ہی اجر و ثواب کے مستحق قرار پاتے۔ جامع ترمذی میں حضرت ابو ہریرہؓ سے روایت ہے کہ رسول اللہ صلی اللہ علیہ وسلم نے فرمایا کہ اللہ کے بعض بندوں پر مصائب اور حوادث آتے رہتے ہیں۔ کبھی جان پر، کبھی مال پر اور کبھی اولاد پر، یہاں تک کہ مرنے کے بعد وہ اللہ کے حضور میں اس حال میں پہنچتے ہیں کہ ان کا ایک گناہ بھی باقی نہیں ہوتا۔ مسند احمد اور سنن ابو داؤد میں ہے کہ رسول پاک صلی اللہ علیہ وسلم نے فرمایا کہ کسی بندہ مومن کے لیے اللہ تعالٰی کی طرف سے ایسا بلند مقام طے ہوتا ہے جس کو وہ اپنے عمل سے نہیں پا سکتا تو اللہ تعالٰی اس کو کسی جسمانی یا مالی تکلیف میں یا اولاد کی طرف سے کسی صدمہ اور پریشانی میں مبتلا کر دیتا ہے۔ پھر اس کو صبر کی توفیق دے دیتا ہے یہاں تک کہ ان مصائب و تکالیف اور ان پر صبر و برداشت کی وجہ سے اس بلند مقام پر پہنچا دیتا ہے جو اس کے لیے پہلے سے طے ہو چکا تھا۔

قرآن و حدیث کی ان تعلیمات کی روشنی میں وہ افراد یا گھر انعاماتِ خداوندی کے مستحق ہوں گے جو خصوصی افراد کی خوش دلی سے نگہداشت، پرورش اور دیکھ بھال کرتے ہیں۔ والدین نے تو اپنے خصوصی بچوں کی پرورش کرنا ہی ہوتی ہے لیکن وہ لوگ جو خصوصی افراد کو اپنا جیون ساتھی بناتے ہیں

ان کی تعریف کے لیے الفاظ نا پید ہیں ۔یقیناً وہ اپنے رب کے ہاں اعلیٰ اجرومقام پائیں گے۔جسمانی معذوری، پیدائشی اور حادثاتی ہوسکتی ہے۔ پیدائشی معذوری وراثتی اثرات، جینیاتی وجوہات اور چند دوسرے عوامل کی وجہ سے ہوتی ہے اور یہ ایک قدرت کے قانون کے تحت ہوتا ہے جس میں کسی کا قصور نہیں ہوتا۔اس کی وجہ کوئی بد دعا،عذاب،آسیب یا جادوٹونا نہیں ہے۔اسلام نے اس جہالت کا بھی قلع قمع کیا کہ خصوصی افراد منحوس اور کم تر ہیں لیکن اس کے باوجود برصغیر میں معذور افراد کے ساتھ عمومی سماجی رویہ بہت نامناسب ہے جواسلامی تعلیمات اور اخلاقی اصولوں کے سراسر منافی ہے۔شادی کے موقع پر قربانی کے جانوروں کی طرح معائنہ کیا جاتا ہے اور معمولی سے بھی جسمانی نقص کی وجہ سے رشتہ قبول نہیں کیا جاتا۔ معذور افراد کے جن اعضا میں نقص ہو،اُن کی بنیاد پر اُن کے نام رکھ دئے جاتے ہیں اور وہ اُن کی پہچان بنا دیئے جاتے ہیں۔اسٹیج شو،ٹی وی ٹاک شواور ڈراموں میں جسمانی معذوری کا مذاق اڑایا جاتا ہے اور سب اس سے محظوظ ہو رہے ہوتے ہیں۔ جو کہ سراسر انسانیت کی تذلیل کے مترادف ہے اور قہر خداوندی کو دعوت ہے۔ یہ خصوصی افراد جو پہلے ہی دکھوں اور پریشانیوں کا شکار ہوتے ہیں۔ ان کا مذاق اڑایا جائے،تو وہ مزید ڈپریشن وتنہائی کا شکار ہوجاتے ہیں۔اللہ تعالیٰ نے سورہ الحجرات میں تمام مسلمانوں کو حکم دیا ہے کہ اے ایمان والو! ایک دوسرے کا تمسخر نہ اڑاو۔ ہوسکتا ہے کہ جن کا مذاق اڑایا جار ہا ہے وہ اُن سے بہتر ہوں۔اور نہ ہی ایک دوسرے کے بُرے نام رکھو اور بے عزت کرو۔ کیونکہ ایمان لانے کے لیے برا نام رکھنا گناہ ہے۔میڈیا پر خصوصی افراد اور جسمانی و ذہنی نقائص کا مذاق اڑانے والوں کو اس پر غور کرنا چاہیے۔ کسی مہذب معاشرے میں یہ سب نہیں ہوتا۔ جو آج صحت مند ہیں انہیں کیا پتہ کہ کل کوئی حادثہ ہواور وہ بھی معذوری کا شکار ہوجائیں۔ کسی خبر ہے کہ ان کے ہاں پیدا ہونے والی اولاد جسمانی یا ذہنی نقص کی حامل نہیں ہوگی۔اہل یورپ پر خدا کی جو نوازشات ہیں ممکن ہے اُن میں سے ایک وجہ ان لوگوں اور معاشرے کا معذور افراد کے ساتھ مساوی بلکہ بہتر اور باعزت رویہ ہے۔اسلام نے خصوصی افراد کے ساتھ جو سلوک کرنے کا حکم دیا ہے اُس کا عملی اظہار اہل مغرب کر رہے ہیں۔خصوصی افراد کو آپ کی طفل تسلیوں کی نہیں بلکہ عزت کی ضرورت ہے۔

اقوام متحدہ کی ہدایت پر معذور افراد کو خصوصی افراد قرار دیا گیا۔ایک رپورٹ کے مطابق دنیا

بھر میں دس فیصد افراد کسی نہ کسی معذوری کا شکار ہیں۔ اقوام متحدہ نے ۱۹۷۵ء اور ۱۹۸۲ء میں تمام رکن ممالک پر زور دیا کہ وہ خصوصی افراد کو صحت، تعلیم اور ملازمت کے مواقع عام افراد کے برابر دیں۔ اہل مغرب نے ان سفارشات پر عمل کیا ہے اور خصوصی افراد کو باعزت مقام دیتے ہوئے ہر ممکن سہولیات دی ہیں۔ اسلامی ممالک کو تو اس میں سرفہرست ہونا چاہیے تھا کیونکہ اسلام کسی شخص کے جسمانی نقص یا کمزوری کی بنا پر اس کی عزت و توقیر اور معاشرتی رتبہ کو کم کرنے کی ہرگز اجازت نہیں دیتا۔ بہت سے ایسے واقعات اور احکامات موجود ہیں جن کی بنیاد پر اللہ اور اس کے رسول صلی اللہ علیہ وآلہ وسلم نے ایسے لوگوں کو دوسرے انسانوں کی نسبت زیادہ عزت بخشی ہے۔ ایک موقع پر حضور نبی اکرم صلی اللہ علیہ وآلہ وسلم مکہ میں رؤسائے مشرکین کو تبلیغ فرما رہے تھے کہ اتنے میں نابینا صحابی حضرت عبداللہ بن اُم مکتوم رضی اللہ تعالیٰ عنہ آپ صلی اللہ علیہ وآلہ وسلم کی خدمت میں حاضر ہوئے۔ دوسروں سے مصروف گفتگو ہونے کی وجہ سے آپ صلی اللہ علیہ وآلہ وسلم حضرت عبداللہ بن اُم مکتوم رضی اللہ تعالیٰ عنہ کی طرف متوجہ نہ ہو سکے تو اس پر یہ سورہ عبس کی آیات نازل ہوئیں۔ خصوصی افراد کس قدر توجہ اور معاشرتی مقام کے حقدار ہیں، اس کا اندازہ حضرت عمرؓ کے واقعہ سے بھی لگایا جا سکتا ہے۔ ایک دفعہ حضرت عمرؓ نے دیکھا کہ ایک شخص بائیں ہاتھ سے کھانا کھا رہا تھا۔ آپؓ نے اُسے کہا کہ دائیں ہاتھ سے کھا۔ اُس نے جواب دیا کہ موتہ کی لڑائی میں میرا دایاں ہاتھ کٹ گیا تھا اس لیے میں بائیں ہاتھ سے کھا رہا ہوں۔ یہ سن کر آپؓ رونے لگے اور پاس بیٹھ کر اُس سے پوچھنے لگے کہ تمہارے کام کون کرتا ہے اور تمہاری دیگر ضروریات کیسے پوری ہوتی ہیں؟ تفصیلات معلوم ہونے پر آپؓ نے اس کے لیے ایک ملازم لگوا دیا۔ اسے ایک سواری دلوائی اور دیگر ضروریاتِ زندگی بھی مہیا کیں۔ خصوصی افراد کے لیے معاونت کی اولین مثال ہوگی جسے یورپ نے اپنے ہاں اپنایا ہوا ہے۔ انفرادی اور معاشرتی دونوں سطحوں پر ہمیں خصوصی افراد کے حوالے سے اپنے رویے اسلامی تعلیمات کی روشنی میں بدلنے کی ضرورت ہے۔ خصوصی افراد کو ہماری جانب سے ترس کی نہیں بلکہ عزت و توقیر اور محبت کی ضرورت ہے۔ کسی ایک دکھی دل کو شاد کرنے سے رب کی طرف سے رحمتوں کا نزول ہوگا جس سے یہاں آسانیاں اور خوشگوار زندگی نصیب ہوگی اور جس کا اجر آخرت میں بھی مقدر ہوگا۔

لوگوں کی مشکلات کم کیوں نہیں کرتے

پاکستان میں سرکاری دفتروں کے طریقہ کار Routine and Procedures سے عام عوام ہی نہیں بلکہ خود سرکاری اہل کار بھی مشکلات اور پریشانیوں کا شکار ہوتے ہیں۔ عام عوام کے مسائل کے حل کے لیے تو بہت کچھ لکھا اور کہا جاتا ہے لیکن کبھی کسی نے سرکاری ملازمین کے مسائل اور دفتری طریقہ کار کے اصلاح کے لیے آواز بلند نہیں کی۔ دنیا کہاں سے کہاں پہنچ گئی لیکن ہمارے انداز وہی اٹھارویں صدی والے ہیں۔ پاکستان کے موجودہ دفتری نظام سے عوام اور سرکاری اہلکار دونوں خوار ہو رہے ہیں۔ پاکستان میں کئی حکومتیں آئیں اور کئی گئیں لیکن عوام کو روزمرہ کے معاملات میں سہولتیں اور آسانیاں دینے کی کسی نے نہ تو کوشش کی اور نہ ہی کسی نے کوئی اس بارے میں اپنا منصوبہ پیش کیا ہے۔ عوام آج بھی اپنے معمولی کام کروانے کے لیے دفتروں کے چکر لگاتے ہوئے دھکے کھا رہے ہیں۔ مروجہ دفتری نظام اور نوکرشاہی کی وجہ سے ذلیل و خوار ہوتے ہیں۔ ان کا وقت اور پیسہ برباد ہوتا ہے جس کی وجہ سے سفارش اور رشوت کا بازار گرم ہے۔ دلچسپ بات یہ ہے کہ بیورو کریسی جو عام عوام کو پیچیدہ اور غیر ضروری Requirements میں الجھائے رکھتی ہے وقت پڑنے پر خود اُس کا شکار ہوتی ہے۔ جب انہیں اپنے کسی کام کے لیے کسی دوسرے سرکاری دفتر سے پالا پڑتا ہے۔ خود سرکاری ملازموں کو جب اپنی تنخواہ میں ٹی اے ڈی اے، میڈیکل اور دوسرے بل منظور کروانے ہوں تو انہیں بھی خوار ہونا پڑتا ہے یا پھر رشوت اور سفارش کی مدد لینا پڑتی ہے۔ پبلک سروس کمیشن پاس کرنے کے بعد پولیس اور میڈیکل رپورٹ محض رشوت ستانی کا ایک ذریعہ ہے۔ سرکاری ملازمت کے حصول کے بعد پہلی تنخواہ کے حصول کی جدوجہد ہو، ایک جگہ سے دوسری جگہ تبدیل ہونے کے بعد تنخواہ کا حصول ہو یا اختتام ملازمت پر پینشن جاری کروانی ہو یا اس طرح دوسرے کام ہوں، اس کا اندازہ وہی سرکاری ملازمین کر سکتے ہیں جنہیں ان مراحل سے گذرنا پڑتا ہے۔ کسی حکومت نے اصلاح احوال کی کوشش یا منصوبہ پیش نہیں کیا تا کہ ایک طرف سرکاری ملازمین کی مشکلات کم ہوں اور دوسرا ان کا وقت ان امور

میں ضائع ہونے کی بجائے عوامی مفاد میں صرف ہو۔دورِ غلامی کی یادگار سالانہ خفیہ کارکردگی رپورٹ یا ACR کے نظام کو بدلنے کی ضرورت ہے۔اس سے سرکاری ملازمین کی کارکردگی بہتر ہونے کی بجائے سفارش، خوشامد اور رشوت ستانی کو فروغ ملتا ہے۔اس کی بجائے ترقی یافتہ ممالک کی طرح دفتر کے سربراہ کے ساتھ ترقی اور منصوبہ سازی کی نشست Appraisal and Development Dialogue منعقد کی جائے اور جس کی بنیاد پر مزید تعلیم و تربیت کا اہتمام ہونا چاہیے۔سرکاری اہلکاروں پر بے جا پابندیاں، اسٹیشن لیو،این او سی،غلامانہ ای این ڈی ای رولز،سپیشل پاورا یکٹ اور دوسری فضولیات نوآبادیاتی دور کی ضرورت تو ہوسکتی ہیں لیکن دورِ حاضر میں انہیں جاری رکھنا نامناسب اور حقوقِ انسانی کے منافی ہے۔ پاکستان سے بہت سے اعلیٰ سرکاری اِ آفیسر غیر ملکی مطالعاتی دوروں پر آتے ہیں اور بیرون ممالک میں پاکستان کے نوے سے زائد سفارت خانے ہیں لیکن ترقی یافتہ ممالک میں دفتری طریقہ کار، ملازمت کے قوانین اور کارکردگی سے کچھ بھی نہیں سیکھا گیا اور آج بھی پاکستان کے سرکاری محکمے کو ہلو کے بیل کی طرح چل رہے ہیں۔

پاکستان کے بڑے سیاستدانوں اور اعلیٰ سرکاری افسروں کو اچھی طرح معلوم ہے کہ دنیا کی حکومتیں اپنے عوام کو ہر ممکن سہولتیں بہم پہنچاتی ہیں۔لیکن پاکستان میں دفتری طریقہ کار آسان بنا کر لوگوں کی زندگیاں کیوں آسان نہیں بناتے۔کیا وہاں کی بیوروکریسی اور سیاستدانوں میں یہ صلاحیت نہیں؟۔دفتری طریقہ کار میں اصلاحات کرنے کے لیے کوئی مالی وسائل درکار نہیں بلکہ ایک جذبہ کی ضرورت ہے۔ترقی یافتہ ممالک میں بہت سارے کام فون،ای میل یا خط کے ذریعہ ہوجاتے ہیں اور بہت کم ذاتی طور پر کسی دفتر میں جانا پڑتا ہے۔تنخواہ انکم ٹیکس، پولیس، کسٹم اور دوسرے محکموں کے کام بھی اسی انداز میں ہوتے ہیں۔جبکہ پاکستان میں بجلی، گیس اور فون کا اگر بل غلط آجائے تو درست کروانا ایک معرکہ سے کم نہیں۔اگر کسی نے قومی شناختی کارڈ، ڈرائیونگ لائسنس، پاسپورٹ یا گاڑی کے کاغذات کی تجدید کروانا ہو تو دنیا کے اکثر ممالک میں کوئی مسئلہ نہیں اور عام فیس کی ادائیگی کے بعد تجدید ممکن ہے۔ پاکستانی بیوروکریسی کیوں پیدائش کے سرٹیفکیٹ سے لیکر ایسے ایسے کاغذات طلب کرنا شروع کرتی ہے کہ آدمی پریشان ہوجاتا ہے۔ بیرون ممالک میں مقیم پاکستانیوں کو نادرا سے قومی شناختی کارڈ بنوانا ہو یا

پاسپورٹ کا حصول بہت مشکلات ، غیر ضروری دستاویزات اور طویل انتظار کرنا پڑتا ہے۔ اگر کسی نے پاسپورٹ یا نادرا سے جاری کارڈ کی مدت ختم ہونے کے بعد نیا حاصل کرنا ہے تو ایک بار پھر کیوں کاغذات کا پلندہ مانگا جاتا ہے حالانکہ یہ ریکارڈ پہلے سے محکمہ کے پاس ہوتا ہے۔ اس نظام میں بڑے پیمانے پر اصلاحات کی ضرورت ہے۔

عوامی مشکلات کم کرنے کے لیے ضروری ہے کہ ایک تو سرکاری دفاتر میں طریقہ کار آسان بنایا جائے۔ غیر ضروری تقاضے اور Requirements کو ختم کیا جائے۔ کسی بھی چیز کی تجدید کے لیے نئے سرے سے کارروائی کی بجائے آسان طریقہ اپنایا جائے۔ پاکستان میں جب بھی کوئی واقعہ ہوتا ہے تو وزیراعظم اور وزیراعلیٰ کو نوٹس لینا پڑتا ہے جو کہ سسٹم کی ناکامی کا منہ بولتا ثبوت ہے۔ کسی واقعہ کے بعد وزیراعلیٰ یا وزیرکو وہاں جانے کی ضرورت ہی نہیں ہونی چاہیے بلکہ سرکاری محکموں اور مروجہ نظام کو خود کام کرنا چاہیے اور اگر یہ کام کرنے کا اہل نہیں ہے تو اسے بدلنے کی ضرورت ہے۔ کسی کے نوٹس لینے سے عوام کے مسائل ختم نہیں ہو سکتے اور اختیارات کو شخصیات سے نچلی سطح تک لانے کی ضرورت ہے۔ ملک سے رشوت اور سفارش کا کلچر بھی تب ہی ختم ہوگا جب سرکاری محکموں میں بنیادی تبدیلیاں لائی جائیں گی اور طریقہ کار کو آسان بنایا جائے گا۔

اقبال کا پیغامِ عمل

علامہ نے اپنی شاعری میں عمل کا پیغام دیا ہے۔ انہوں نے اپنے خطبات میں واضح کیا کہ اسلام کا نظریہ متحرک ہے جامد نہیں۔ نوجوانوں کو بطورِ خاص مخاطب کرتے ہوئے انہوں نے پیغامِ عمل دیا اور انہیں نوجوان نسل سے یہ توقع تھی کہ وہ کردار و عمل کی قوت سے امتِ مسلمہ کو ایک پھر اقوامِ عالم میں قابلِ فخر مقام دلا سکیں گے۔ عمل کی اہمیت کو خالقِ کائنات نے اصولی طور پر بیان کر دیا کہ انسان کو وہی کچھ ملے گا جس کے لئے وہ خود کوشش کرتا ہے۔ علامہ اس بات پر افسوس کا اظہار کرتے ہیں کہ جس قوم کے دین کا یہ نظریہ تھا آج وہ نہ صرف عمل سے عاری ہو چکی بلکہ اُس نے اپنے زندگی کے نظریہ کو بھی بدل لیا ہے اور اس بات پر مطمئن ہے کہ جو کچھ تقدیر میں لکھا ہے وہی ہوتا ہے اس لیے ہمیں کچھ کرنے کی ضرورت ہی نہیں۔ اس بارے میں وہ فرماتے ہیں :

خبر نہیں کیا ہے نام اس کا، خدا فریبی کہ خود فریبی؟

عمل سے فارغ ہوا مسلماں بنا کے تقدیر کا بہانہ

ایران کی فتح کے بعد جن عجمی اثرات نے اسلام کی تعلیمات کی اصل روح کو متاثر کیا وہ یہی تقدیر کا مسئلہ تھا جس نے مسلمان قوم کو بے عمل کر دیا۔ اسی لیے علامہ کے خیال میں ایران کی فتح سے اسلام کو نقصان پہنچا۔ تقدیر اشیائے کائنات کے لیے خدا کے بنائے ہوئے قوانین ہیں جبکہ انسان کو اللہ نے عمل میں آزاد رکھا ہے۔ اسی اختیار کے باعث انسان کو اپنے عمل کا حساب دینا ہے۔ علامہ نے انسان پر اس حقیقت کو واضح کرتے ہوئے کہا کہ

تو اپنی سرنوشت اب اپنے قلم سے لکھ

خالی رکھی ہے خامہ حق نے تیری جبیں

انہوں نے اپنے کلام اور خطبات کے ذریعہ اس خطرے کو نہ صرف اجاگر کیا بلکہ بار بار عمل کا درس دیا۔ اس ضمن میں اپنے خطبات میں وہ لکھتے ہیں کہ یہ کائنات ارتقا پذیر ہے اور خالق کائنات اس

میں اضافہ کرتا رہتا ہے۔ کائنات کی ہر چیز متحرک ہے اور اسی طرح زندگی بھی ایک جوئے رواں ہے۔ جب کائنات کی ہر شئے مصروفِ عمل ہے تو پھر انسان کیسے بے عمل رہ سکتا ہے۔ اسی لیے وہ فرماتے ہیں کہ

عمل سے زندگی بنتی ہے جنت بھی جہنم بھی

یہ خاکی اپنی فطرت میں نہ نوری ہے نہ ناری ہے

چاند اور تارے نظم میں انہوں نے بہت خوبصورت انداز میں تاروں کا چاند سے مکالمہ بیاں کیا ہے جس میں تارے مسلسل گردش سے گھبرا کا چاند سے پوچھتے ہیں کہ

نظارے رہے وہی فلک پر

ہم تھک بھی گئے چمک چمک کر

ہوگا کبھی ختم یہ سفر کیا

منزل کبھی آئے گی نظر کیا

اس پر وہ بزبان چاند کیا خوب جواب دیتے ہیں کہ

کہنے لگا چاند ، ہم نشینو

اے مزرعِ شب کے خوشہ چینو

جنبش سے ہے زندگی جہاں کی

یہ رسم قدیم ہے یہاں کی

چلنے والے نکل گئے ہیں

جو ٹھہرے ذرا، کچل گئے ہیں

ملنا اور بچھڑنا بھی زندگی کا ایک پہلو ہے جسے علامہ نے اپنی نظم دو ستارے میں اس کی تفصیل یوں بیان کی ہے کہ

گردش تاروں کا ہے مقدر ہر ایک کی راہ ہے مقرر

ہے خواب ثبات آشنائی آئین جہاں کا ہے جدائی

علامہ نے اپنی شہرۂ آفاق نظم "ساقی نامہ" میں انہوں نے زندگی میں عمل کی اہمت کی اور کردار کو

کس قدر دلنشین پیرائے میں بیان کیا ہے

دمادم رواں ہے یم زندگی

ہر اک شے سے پیدا رمِ زندگی

فریبِ نظر ہے سکون و ثبات

تڑپتا ہے ہر ذرّۂ کائنات

ٹھہرتا نہیں کاروانِ وجود

کہ ہر لحظہ تازہ ہے شانِ وجود

سمجھتا ہے تو راز ہے زندگی

فقط ذوقِ پرواز ہے زندگی

قانونِ قدرت کی وضاحت کرتے ہوئے رب نے اصول بیان کر دیا کہ کسی بھی محنت کرنے والے کی محنت ضائع نہیں ہوگی۔ یہ محنت کرنے والا چاہے کوئی ہو، اس کا مذہب، عقیدہ یا رنگ و نسل سے کوئی تعلق نہیں۔ محمد دین ہو یا شنتا رام، ڈیوڈ ہو یا محمود، ہر اک کو اس کے عمل کا نتیجہ ملے گا۔ سنتِ اللہ یہی ہے کہ جیسا کرو ویسا بھرو گے۔ اسی کی تشریح اس روایت میں ہے جو حضرت ابو سعید خدریؓ نے بیان کی ہے کہ رسول اللہ ﷺ نے فرمایا کہ اگر کوئی شخص ایسے پتھر کے اندر بیٹھ کر جس میں ایک سوراخ بھی نہ ہو، کوئی عمل کرے گا تو وہ ظاہر ہو کر رہے گا خواہ عمل اچھا ہو یا برا۔ حضرت ابو ہریرہؓ سے روایت ہے کہ جس شخص نے عمل میں کوتاہی کی تو (آخرت میں) اس کا نسب کام نہ آئے گا۔ ایک اور روایت میں ہے کہ رسول اللہ ﷺ نے فرمایا کہ ہلاک ہو گیا وہ شخص جس کا آج، کل سے بہتر نہیں۔ ترقی یافتہ اقوام اپنے عمل کی بنا پر آج سرخرو ہیں جبکہ پستی کا شکار اقوام کو اپنی بے عملی کو سنا چاہیے۔ جب وسیع کائنات میں پھیلے اربوں تارے ہر وقت گردش میں ہیں اور کوئی چیز ساکن نہیں تو انسان جو مسجودِ ملائکہ ہے اور خلاقِ کائنات کی اس زمین پر اشرف المخلوقات ہے تو وہ کیسے بے عمل رہ سکتی ہے۔ اسی پیغام کو طلبہ علی گڑھ کے نام بھی علامہ نے عمل اور جدوجہد کا پیغام دیا۔ وہ فرماتے ہیں کہ

آتی تھی کوہ سے صدا رازِ حیات ہے سکوں

کہتا تھا مور ناتواں لطفِ خرام اور ہے

پیغامِ عمل فکرِ اقبال کی روح ہے۔ جو بھی علامہ کے پیغام کو سمجھتا ہے اُس میں عمل و کردار کی روح بیدار ہو جاتی ہے۔ انہوں نے نوجوانوں کو عمل کا پیغام دیا اور اس مقصد کے لیے انہوں نے شاہین کی علامت کو اختیار کیا۔ خضرِ راہ میں انہوں نے مصروفِ عمل رہنے کو زندگی کا راز اور اصل پیغام قرار دیا ہے۔ انحطاط اور پستی سے عروج کا سفر صرف عمل سے ہی ممکن ہے۔

پختہ تر ہے گردش پیہم سے جامِ زندگی

ہے یہی اَے بے خبر رازِ دوامِ زندگی

اقبال جس مردِ مومن اور انسان کا تصور دیتے ہیں اور اس میں مستی کردار دیکھنا چاہتے ہیں وہ مسلسل جدوجہد اور عمل سے ہی ممکن ہے۔ پیغامِ عمل کے ضمن میں علامہ کے سارے پیغام کا نچوڑ اُن کے اس شعر میں ہے جس میں انہوں نے عملی زندگی میں کامیابی کا نسخہ ان تین عناصر کو قرار دیا ہے۔

یقینِ محکم، عملِ پیہم، محبت فاتحِ عالم

جہادِ زندگانی میں ہیں یہ مردوں کی شمشیریں

چھوڑ دیں دوسروں کے گلے شکوے اور اپنے رب سے تعلق قائم کریں

ہر کوئی کسی دوسرے کے بارے میں گلہ کرتا ہوا نظر آتا ہے۔ اس شکوے کی زد میں دوست احباب، عام ملنے والے، رشتہ دار یہاں تک کہ خونی رشتے بھی آتے ہیں۔ ہماری شاعری میں اس موضوع پر بہت کچھ کہا گیا ہے۔ چونکہ شاعر بہت حساس مزاج ہوتے ہیں اور معاشرے میں ہونے والے انسانی رویوں کو اپنا موضوع سخن بناتے ہیں جس کی جھلک ہمیں اُن کے کلام میں ملتی ہے۔ جیسے فراز کا یہ شعر بہت مقبول ہے

تم تکلف کو بھی اخلاص سمجھتے ہو فراز   دوست ہوتا نہیں ہر ہاتھ ملانے والا

حفیظ جالندھری نے دوستائی کی بے وفائی کو اپنے انداز میں خوب کہا کہ

دیکھا جو تیر کھا کے کمیں گاہ کی طرف   اپنے ہی دوستوں سے ملاقات ہو گئی

اور غالب نے تو سارا معاملہ ہی ختم کر دیا جب یہ کہا کہ

جب توقع ہی اٹھ گئی غالب   کیوں کسی کا گلہ کرے کوئی

یہ توقع کیوں اٹھ جاتی ہے۔ دوست دوستوں سے کیوں بے وفائی کرتے ہیں۔ انسان کیوں بدل جاتے ہیں۔ ماہرین نفسیات اور دوسرے اہلِ علم نے اپنی تحقیق اور فہم کے مطابق بہت کچھ لکھا ہے لیکن اس بارے میں سب سے مستند اور حتمی رائے انسان کو تخلیق کرنے والے کی ہے۔ انسانیت کے نام اپنے آخری پیغام میں حضرت انسان کو پیدا کرنے والا رب اس کی خصوصیات بیان کرتے ہوئے کہتا ہے کہ انسان ناشکرا جلد باز اور جھگڑالو ہے۔ یہ حیوانی جذبات سے مغلوب ہو جاتا ہے۔ جب مصیبت پڑے تو خدا یاد کرتا ہے۔ احسان فراموش ہے۔ تنگ دل ہے۔ امانت خداوندی میں خیانت کرتا ہے۔ ظالم اور جاہل ہے۔ بے صبرا ہے۔ مفاد کے پیچھے لپکتا ہے۔ اپنے آپ کو پست ترین درجہ پر لے جاتا ہے۔ سرکش واقع ہوا ہے۔ انسان حاسد ہے۔ وسوسے پھیلا کر شر پھیلاتا ہے۔ اپنے جذبات کو کھلا چھوڑ

دیتا ہے۔ انسان کے اندر یہ رویے اور خصوصیات اُس کی تخلیق کے ساتھ ہی رکھ دیے گئے ہیں یعنی By Default انسان میں موجود ہیں۔ یہ اس کی سرشت میں ہیں جسے آپ انسان کی فطرت کہہ سکتے ہیں۔ جب انسانوں میں بے وفائی، ناشکراپن، احسان فراموشی، مفاد پرستی اور حسد جیسے جذبات پیدائشی طور پر موجود ہوتے ہیں تو پھر شکوہ یا گلہ کرنے کی ضرورت ہی کیا ہے۔ بقول میاں محمد بخش کہ آدم ہمیشہ سے بے وفا ہے۔ انسان کی تخلیق کے وقت فرشتوں کا یہی اعتراض تھا کہ ایسی مخلوق پیدا کی جا رہی ہے جس میں غیر شر پھیلانے کا اختیار ہوگا۔ فرشتوں کا خالق انسان اور کائنات نے کیا خوب جواب دیا کہ جو میں جانتا ہوں تم نہیں جانتے۔ اس انسان میں نیکی اور بدی دونوں کو اختیار کرنے کی صلاحیت ہی اسے دیگر مخلوقات سے اشرف بنائے گی۔ اسلام رہبانیت نہیں سکھاتا کہ انسان دوسروں سے کٹ کر تنہائی میں زندگی گزارے بلکہ اسلام معاشرہ میں دوسروں کے ساتھ اچھے اخلاق اور طرزِ عمل کے ساتھ جینے کا درس دیتا ہے۔

رب العزت نے جب انسان کو بنایا تو ساتھ ایک ہدایت نامہ بھی دے دیا اور واضح طور پر بتا دیا کہ جو انسان اس ہدایت پر عمل کریں گے وہ اپنی ان خامیوں پر قابو سکیں گے۔ ان خامیوں پر وہی لوگ قابو پا سکتے ہیں جو وحی خداوندی کو اپنی زندگی کا نصب العین بناتے ہیں۔ ایک روایت ہے کہ رسول پاک صلی اللہ علیہ وآلہ وسلم نے فرمایا کہ ہر انسان کے ساتھ ایک شیطان ہوتا ہے۔ صحابہ اکرامؓ نے عرض کی یا رسول اللہ صلی اللہ علیہ وآلہ وسلم کیا آپ صلی اللہ علیہ وآلہ وسلم کے ساتھ بھی ایسا ہی ہے۔ آپ صلی اللہ علیہ وآلہ وسلم نے فرمایا کہ ہاں میرے ساتھ بھی ایسا ہی ہے لیکن میں نے اپنے شیطان کو مسلمان کر لیا ہے۔ رسول پاک صلی اللہ علیہ وآلہ وسلم نے کیا زریں اصول بتایا ہے جس سے انسان اپنے منفی جذبات اور خیالات کو مثبت خوبیوں میں بدل سکتا ہے۔ یہ تب ہوتا ہے جب انسان اپنا اور اپنے خالق کا تعلق سمجھتا ہے جو عبد کا معبود سے تعلق ہے۔ انسان جب اپنی تخلیق پر غور کرتا ہے اور اپنے آپ کو پہچانتا ہے تو وہ پھر اپنے رب کو بھی پہچان سکتا ہے۔ قرآن پاک اسی پر غور کرنے کو کہتا ہے کہ اے انسان تو اپنی تخلیق پر غور کر۔ علامہ اقبال نے اپنے آپ کو پہچانے کے لیے خودی کی اصطلاح استعمال کی۔ اُن کے مطابق خودی سے مراد اطاعتِ الٰہی، محبتِ رسول صلی اللہ علیہ وآلہ وسلم، ضبطِ نفس، نیابتِ الٰہی اور تسخیرِ کائنات ہے۔ یہ تزکیہ نفس سے انسانی حد تک اللہ کے صفات کے کردار کی تعمیر ہے۔ جب اپنی رضا کو رب کی رضا کے مطابق کر لیا جاتا ہے تو پھر رب پوچھتا ہے کی اب تو بتا تیری کیا مرضی

ہے۔ پھر وہ مقام آتا ہے کہ جو سورہ الزمر کی آیت ۳۶ میں ہے کہ کیا بندے کے لیے اللہ کافی نہیں۔ بندے کا اپنے رب کے ساتھ تعلق بندگی سے پیدا ہوتا ہے یعنی

زندگی   آمد   برائے   بندگی

زندگی   بے   بندگی   شرمندگی

یہ   بندگی   خدائی،   وہ   بندگی   گدائی

یا   بندۂ خدا   بن،   یا   بندۂ زمانہ

پریشانیوں اور مایوسیوں سے بچاؤ کا ایک مومن کے پاس یہ لائحۂ عمل ہوتا ہے کہ وہ اپنے رب کے ساتھ اپنا تعلق نہ صرف استوار کرتا ہے بلکہ اسے محسوس کرتا ہے۔ وہ ایک ایسا سجدہ کرتا ہے کہ پھر کسی اور کے سامنے جھکنا نہیں پڑتا۔ نماز اور قرآن سے اپنے رب سے تعلق قائم ہوتا ہے۔ نماز مومن کی معراج اور قرآن کلام اللہ ہے۔ محبت رسول صلی اللہ علیہ وسلم اپنے رب تک پہنچنے کا ذریعہ ہے۔ جب اپنے رب سے باتیں کرنے کو جی چاہے تو نماز کے ذریعہ باتیں کریں اور جب اپنے رب کی باتیں سُننا ہوں تو قرآن حکیم کو پڑھیں، رب آپ سے باتیں کرے گا۔ نماز ادا کرتے وقت یہ محسوس ہو کہ اللہ کو دیکھ رہے ہیں اور اس کی بارگاہ میں اپنی گذارشات پیش کر رہے ہیں۔ قرآن کی تلاوت کرتے وقت بقول والد علامہ اقبال یہ سمجھیں کہ یہ آپ پر نازل ہو رہا ہے۔ قرآن کلام اللہ ہے۔ جب اسے پڑھتے ہیں تو اللہ آپ سے مخاطب ہوتا ہے۔ جب یہ تعلق دل سے محسوس ہوگا تو رب سے تعلق پیدا ہوگا اور رب ہی سب سے اچھا دوست اور ساتھی ہے اور رسول پاک صلی اللہ علیہ وسلم کے آخری الفاظ بھی یہی تھے۔ اسوہ حسنہ ہمارے لیے مشعلِ راہ ہے جو ہمارا تعلق رب سے جوڑتا ہے۔ چھوڑیں دوسروں کے گلے، شکوے اور اپنے رب سے اپنا تعلق قائم کریں کیونکہ

چھڈ دنیا دے جنجال   کچھ نیں نبھناں بندیا نال   رکھیں ثابت صدق اعمال

حقوقِ نسواں اور قرآنِ حکیم

مغربی دنیا میں عموماً اس بات کا چرچا کیا جاتا ہے کہ اسلام میں عورت کو وہ حقوق اور مقام حاصل نہیں ہے جو مرد کو حاصل ہے۔ مزید یہ کہ عورت اسلامی معاشرہ میں جبر اور دباؤ کا شکار ہے۔ قبل اس کے کہ اسلام میں عورت کا مقام کیا ہے اور اسلامی معاشرہ میں یہ صورت حال کیسی رہی ہے، ہم مغربی معاشرہ میں عورت کی حیثیت کا جائزہ لیتے ہیں تو یہ حقیقت سامنے آتی ہے کہ یہاں تمام تر آزادی، ترقی، جمہوریت اور مساوی قوانین کے عورت کا مقام مرد کے برابر نہیں ہے اور یورپ میں رہنے والا ہر شخص اس حقیقت سے آگاہ ہے ملازمتوں میں عورتوں کو مردوں کے برابر نہ مواقع حاصل ہیں اور نہ ہی ترقی اور تمام حیثیتوں میں وہ اپنے مرد ساتھیوں کے مساوی ہیں۔ بہت سے شعبہ جات ایسے ہیں جہاں خواتین کو ملازمتیں ملنا، ترقی حاصل کرنا یا شعبہ کا سربراہ بننا محال ہے۔ عورتوں کو مردوں کے برابر تنخواہیں بھی میسر نہیں حالانکہ وہ اتنا کام ہی کرتی ہیں جتنا کہ مرد کر رہے ہوتے ہیں۔ انصاف کے قوانین اور ٹریڈ یونین بھی عورتوں کو مردوں کے برابر تنخواہیں نہ دلا سکے۔ یہ آج کے یورپ میں عورت کا استحصال ہے۔ اس سے بہتر اس حوالے سے پاکستان ہے جہاں ایک جیسی ملازمت میں عورت ہو یا مرد دونوں کی تنخواہ برابر ہوتی ہے۔

یورپی ممالک میں خواتین کو ووٹ کا حق ملے زیادہ عرصہ نہیں ہوا۔ شہری آزادیوں اور برابری کے عالمی شہرت یافتہ ملک سوئٹزرلینڈ میں 1971ء میں عورت کو ووٹ کا حق ملا ہے۔ جب کہ عیسائیوں کی مذہبی ریاست ویٹی کن سٹی میں عورت آج بھی اپنے اس حق سے محروم ہے۔ اسی طرح شادی، طلاق، وراثت میں حق اور دیگر حقوق ملے بھی زیادہ عرصہ نہیں ہوا۔ فرانس میں 1965ء میں جا کر عورت کو یہ حقوق حاصل ہو رہے ہیں۔ سویڈن میں 1921ء سے پہلے خواتین کو ووٹ کا حق حاصل نہ تھا۔ مجموعی طور پر یورپ اور دیگر ممالک میں عورت کو حقوق گزشتہ صدی ملے جب کہ اسلام نے 622ء میں ریاست مدینہ کی تشکیل کے ساتھ ہی میثاق مدینہ کے آئین کے تحت وہ حقوق دے دیئے تھے۔ ہو سکتا

کہ کوئی اس سے اتفاق نہ کرے تو اسے سکاٹ لینڈ کے عالمی شہرت یافتہ تاریخ دان ولیم مونٹگمری واٹ جیسے ٹرانٹو، کینیڈا، فرانس اور امریکی یونیورسٹیوں کا وزٹنگ پروفیسر ہونے کا اعزاز حاصل ہے اور وہ کئی بین الاقوامی ایوارڈ کا حامل ہے اس نے حضور پاک صلی اللہ علیہ وسلم کی سوانح حیات لکھی ہے جس میں وہ اعتراف کرتا ہے کہ خواتین کو صدیوں بعد دیگر تہذیبوں نے وہ حقوق نہ دیئے جو محمد صلی اللہ علیہ وسلم نے انہیں ساتویں صدی میں دے دیئے تھے۔ وہ لکھتا ہے ....

Muhammad can be seen as a figure who testified on behalf of women's righst".

یہ وہ حقیقت ہے جسے غیر مسلم تاریخ دان بھی تسلیم کر رہا ہے۔ جہاں تک اسلامی معاشرہ میں عورت کی کیا حالت رہی تو مجھے بھی اس بات کے اعتراف میں تامل نہیں ہے کہ خلافت راشدہ کے بعد طویل دور ملوکیت میں جو کچھ ہوتا رہا ہے وہ اسلام نہیں ہے۔ اسلام کو مسلمانوں کے کردار سے جانچنے کی بجائے اس کی اصل تعلیمات کو قرآن حکیم کی روشنی میں دیکھا جانا چاہیے۔ خدا کی آخری وحی نے عورت کو تخلیق کے اعتبار سے بھی مرد کے برابر قرار دیا ہے اور یہود و نصارٰی کے اس بیان کو مسترد کر دیا ہے کہ عورت صرف مرد کی خاطر پیدا کی گئی ہے۔ سورۃ النساء، الاعراف، الانعام اور الزمر میں واضح طور پر کہہ دیا ہے کہ دونوں تخلیق کے اعتبار سے برابر ہیں۔ پھر اس غلط عقیدہ کا بھی رد کر دیا کہ عورت نے مرد کو ورغلایا یا مجبور کیا کہ وہ شجر ممنوعہ کا پھل کھائے۔ سورۃ بقرہ میں صاف بتا دیا کہ دونوں کو شیطان نے اس راہ پر ڈالا۔ قرآن حکیم تو عورت اور مرد کو ہم دوش رکھتا ہے۔ جو صلاحیتیں مردوں میں وہ عورتوں میں بھی بیان کرتا چلا جاتا ہے جیسا کہ سورۃ الاحزاب کی آیت پینتیس سورۃ تحریم کی آیت پانچ میں بہت ہی خوبصورت اور دلنشین انداز میں ذکر کیا ہے۔

دنیا بھر کا لٹریچر اور انٹرنیٹ کے ذرائع استعمال کریں اور معلوم کریں کہ چھٹی صدی عیسوی میں عورت اس کی پوری دنیا کی مختلف تہذیبوں اور مذاہب میں کیا حالت تھی اور کیا اسے حقوق ملکیت حاصل تھے۔ اس جبر و استبداد کے دور میں حضور صلی اللہ علیہ وسلم ختم المرسلین کی انقلابی دعوت نے اعلان کیا کہ عورت کو حقوق ملکیت حاصل ہیں (4/7) بلکہ وہ رزق کے حصول کے لئے کام بھی کر سکتی ہے۔ (4/32) اصولی

طور پر وہ مرد کو معاشی ضروریات کا ذمہ دار قرار دیتا ہے لیکن اس کا مطلب اسے حاکم بنانا نہیں بلکہ وہ دونوں کو ایک دوسرے کا لباس قرار دیتا ہے (2/187) اور دونوں کا باہمی تعلق کاروباری کی بجائے محبت اور مہربانی کا قرار دیتا ہے۔ (30/21)

جہاں نابالغ کی شادی نہیں ہوسکتی (4/6) وہیں وہ عورت کو اپنی مکمل پسند کی شادی کی پوری اجازت دیتا ہے۔ (4/19) یہ عموماً کہا جاتا ہے کہ مرد کو چار شادیوں کی اجازت یا حق ہے۔ قرآن حکیم میں صرف ایک آیت اس بارے میں ہے اور سورۃ النساء کی تیسری آیت میں دو شرائط کا ذکر ہے جو عمومی حالات کے لئے نہیں بلکہ ہنگامی حالات کے لئے ہے جب معاشرہ میں اس قسم کے حالات پیدا ہو جائیں اور پہلی شرط یعنی یتیم لڑکیوں کا مسئلہ حل نہ ہوسکے پھر سوچا جا سکتا ہے اور اسے بھی معاشرہ یعنی حکومت طے کرے گی یہ نہیں کہ ہر شخص اپنی مرضی سے جب چاہے ایک سے زائد شادی کرلے اور پہلے سے موجود بیوی اور بچوں کے لیے بہت سے مسائل پیدا کردے لیکن ساتھ ہی یہ توجیہ پیش کرے کہ اُسے یہ حق اسلام نے دیا ہے۔ یہ امر بھی قابل غور ہے کہ نکاح کے موقع پر نکاح خوان حضرات جو خطبہ پڑھتے ہیں اس میں سورہ نساء کی تیسری آیت شروع سے نہیں پڑھتے اور اس آیت کے آغاز میں دی گئی شرط کو نظر انداز کر دیتے ہیں جو کہ بالکل نامناسب طرزِعمل ہے جس سے قرآنِ حکیم کا معنی پورے طور پر سامنے نہیں آتا۔ اصول یہ ہے کہ جس جملے میں حرف شرط ہو اسے نظر انداز نہیں کر سکتے۔ سورہ نساء کی تیسری آیت شروع ہوتی ہے وان خفتم الاتقسطو یعنی اگر تم یتیم لڑکیوں کے بارے میں انصاف نہ کر سکتو ان عورتوں سے نکاح کرو جو تمھیں پسند ہوں لیکن نکاح خوان حضرات آیت کا پہلا حصہ چھوڑ کر فانکحو ماطاب لکم یعنی ان عورتوں سے نکاح کرو جو تمھیں پسند ہو، سے بیان شروع کرتے ہیں جو کہ مطلب ہی بدل دیتا ہے۔ اس کے بعد اسی آیت دوبارہ حرف شرط فان خفتم آتا ہے جو عدل کے بارے میں ہے۔ عام طور پر لوگ دوسری شادی کے لیے صرف عدل کی شرط کا ذکر کرتے ہیں اور پہلی شرط کو بھلا دیا جاتا ہے۔   قرآن حکیم کے احکام ایک نظام کے تحت نافذ ہوتے ہیں۔ اب قرآن حکیم میں چور کے لئے سزا ہے یا قتال یعنی جنگ کرنے کا حکم ہے تو کیا ہر شخص اپنے اپنے طور پر یہ نافذ کرے گا یا حکومت وقت کرے گی ۔ یقینا حکومت وقت کرے گی۔ خلافت راشدہ میں بھی تمام فیصلے حکومت کی طرف سے

ہوتے تھے۔ بیک وقت ایک سے زائد شادیوں کے معاملہ پر مغربی پاکستان ہائی کورٹ کے جسٹس محمد شفیع نے 1960ء میں ایک فیصلہ میں حکومتی سطح پر قانون سازی پر زور دیا تھا اور آج چار مسلم ممالک ترکی، تیونس، بوسنیا اور آذربائیجان میں بیک وقت ایک سے زائد شادی کرنے پر پابندی ہے جبکہ ایران، لیبیا، پاکستان اور ملائیشیا میں خصوصی قوانین کے تحت ممکن ہے۔

نکاح اور شادی کی طرح طلاق کے معاملہ میں بھی قرآن حکیم دونوں فریقین بھی خاوند اور بیوی کو برابر حیثیت دیتا ہے اور تنازع کی صورت میں معاشرہ یا نظام حکومت کو حکم دیتا ہے کہ وہ اپنا کردار ادا کریں یہ امر خوش آئند ہے کہ اب پاکستان میں بھی قانون سازی کے تحت عورت کو حق حاصل ہے کہ وہ تین ماہ کے اندر اگر شادی ختم کرنا چاہتی ہے تو یہ ممکن ہے اب عرصہ دراز تک عدالتوں کے چکر لگانا نہ پڑیں۔

اللہ تعالیٰ نے عورت کے لئے زیب و زینت ہے کو بھی جائز قرار دیا ہے اور سورۃ الاعراف میں اس کا اعلان کر دیا البتہ اس کی حدود و قیود بھی مقرر کر دیں جو کہ سورۃ نور اور الاحزاب میں موجود ہے۔ الغرض عورت کو انسان ہونے کی جہت سے اسے مرد کا ہم پلہ قرار دیا ہے لیکن دونوں کی ذمہ داریاں اپنی اپنی ہیں اور اس حوالے سے ان کاموں کی انجام دہی اور طریقہ کار میں فرق ہے لیکن اس سے کسی ایک کے برتر یا کم تر ہونے کا تاثر غلط ہے۔ عورتوں کے لئے تو باعث مسرت یہ بھی ہو سکتا ہے کہ قرآن حکیم میں ایک بڑی سورہ (النساء) عورت سے موسوم ہے لیکن مرد (الرجال) کے نام سے کوئی سورت موجود نہیں۔ حج کا ایک اہم رکن بھی ایک عورت حضرت ہاجرہ کی سنت سے موسوم ہے جسے ہر ایک کو بجا لانا ہوتا ہے۔ امت مسلمہ کی راہنمائی کے لئے ازواج مطہرات اور دیگر صحابیات کی خدمات تاریخ کا ایک سنہری باب ہیں۔ پھر رحمت عالم صلی اللہ علیہ وسلم نے اپنے آخری خطبہ میں تاکید کی کہ عورتوں کے ساتھ حسن سلوک اور رحم دلی سے پیش آنا۔ عورت تو نظام کائنات کا مرکزی حصہ ہے خدا نے اسے تخلیقی صلاحیت عطا کی ہے جس سے اس کائنات کا نظام رواں دواں ہے۔

ختمِ نبوّت ۔ انسانیّت پر احسانِ عظیم

بلا شبہ ختم نبوّت تمام انسانیّت پر احسانِ عظیم ہے کیونکہ اس کی بدولت نوعِ انسان مذہبی پیشوائیت کے تسلط اور ''نئے آنے والے'' کے انتظار سے ماورٰی ہوگئی۔ خدا اور بندے کے درمیان تعلق اس کی کتاب کی بدولت اور حضور صلی اللہ علیہ وسلم ختم المرسلین کی نبوت کے وسیلہ سے براہ راست قائم ہو گیا اور کسی بھی قسم کی مزید راہنمائی اور مذہبی قائد کی ضرورت ہمیشہ کے لئے ختم ہوگئی۔ انسانیت ترقی کے مدراج طے کرتی ہوئی اب اس مقام پر آگئی کہ اسے اب انگلی پکڑ کر لے جانے کی بجائے شاہراہ زندگی کی راہنما کتاب جو خالق کائنات کا انسانیت کے لئے آخری پیغام دے دیا کہ اب مزید کسی راہنمائی کی ضرورت نہیں بقول اقبالؒ ۔

کیوں خالق و مخلوق میں حائل رہیں پردے

پیرانِ کلیسا کو کلیسا سے اُٹھا دو!

نبی کے لفظ کا معنی خبر دینے والا ہوتا ہے۔ قرآنی تصور کی روسے اس کے معنی بلند (ن، ب، و) ہونا ہے۔ یعنی نبوت کا مطلب اللہ کی طرف سے وحی کا ملنا ہے اور علمِ وحی ملنے کے بعد اس علم کو دوسرے انسانوں تک پہچانا رسالت ہے، اس جہت سے نبی اور رسول صلی اللہ علیہ وسلم ایک ہی حقیقت کے دو گوشے ہیں۔ نبوت کا سلسلہ حضور پاک صلی اللہ علیہ وسلم کی ذات اقدس پر ختم ہوگیا، جیسا کہ سورۃ (الاحزاب) کی آیت 40 سے واضح ہے کہ آپ آخری نبی ہیں اب کسی شخص کو خدا تعالٰی سے براہ راست علم نہیں مل سکتا۔ یہی ختم نبوت ہے۔ اب علم انسانی کے دو ہی ذرائع ہیں ایک وحی جو قرآن حکیم کی صورت میں مکمل اور محفوظ ہے اور دوسرا ذریعہ انسانی علم جو انسان اپنے ذرائع سے حاصل کر رہا ہے۔

(سورۃ الاحزاب) میں حضور صلی اللہ علیہ وسلم کے آخری نبی ہونے کے اعلان کے بعد آخری وحی میں مزید واضح کر دیا کہ اللہ تعالٰی نے دین کو مکمل کر دیا ہے (المائدہ آیت 3) چونکہ حضور صلی اللہ علیہ وسلم کی حیات طیبہ میں دین مکمل ہو گیا تھا تو پھر مزید کسی نبی کی ضرورت ہی نہیں رہتی۔ دین کی تکمیل کے ساتھ مزید بتایا

کہ جو وحی انسانیت کے لئے رب العزت کا آخری پیغام ہے،اس کے ختم ہونے یا اس میں کسی تبدیلی کا امکان ہی نہیں کہ جس کے لئے کسی اور کے آنے کی ضرورت ہو۔ارشاد ہوتا ہے،"ہم نے اس قرآن کو نازل کیا اور ہم اس کے محافظ ہیں" ۔(15/09)

اسی پر اکتفاء نہیں کیا بلکہ خالق ارض وسماوات نے آنے والے انسانوں کی مزید وضاحت کے لئے صاف الفاظ میں کہہ دیا کہ(وتمت کلمت ربک)(06/15) یعنی خدا نے جو کہنا تھا کہہ دیا اور کوئی بات باقی نہیں،سب کچھ کہہ دیا ہے۔

جب دین مکمل کر دیا، وحی کی حفاظت کی خود ذمہ داری لی اور جو کچھ کہنا تھا سب کچھ کہہ دیا تو پھر کسی اور کے انتظار کی ضرورت ہی نہیں رہتی۔ کسی بھی اعتبار سے اس بات کی وضاحت متعدد احادیث میں بھی موجود ہے۔

اس حقیقت کو علامہ اقبالؒ اپنے خطبات میں یوں واضح کیا ہے کہ اسلام کو ظہور استقرائی فکر (Inductive intelect) کا ظہور ہے۔اس میں نبوت اپنی تکمیل کو پہنچ گئی اور اس تکمیل سے اس نے خود اپنی خاتمیت کی ضرورت کو بے نقاب دیکھ لیا مذہبی پیشوائیت اور وراثتی بادشاہت کا خاتمہ کر دیا۔ قرآن مجید غور و فکر، تجربات اور مشاہدات پر بار بار زور دیتا ہے۔ وہ تاریخ اور فطرت دونوں کو علم انسانی کے ذرائع ٹھہراتا ہے۔ یہ سب اسی مقصد کے گوشے ہیں، جو ختم نبوت کی تہہ میں پوشیدہ ہیں۔ختم نبوت کا عقیدہ ایک ایسی نفسیاتی قوت ہے جو کسی مافوق الفطرت دعویٰ اقتدار کا خاتمہ کر دیتی ہے۔اس عقیدہ کی حامل قوم کو دنیا کی سب سے آزاد قوم ہونا چاہیے۔

اسی طرح علامہ اقبالؒ نے 1936ء میں پنڈت جواہر لال نہرو کے ایک خط کے جواب میں ختم نبوت پر اپنا مؤقف واضح کرتے ہوئے قادیانیوں کو اسلام اور ہندوستان کا غدار قرار دیا۔علامہ اقبالؒ نے واضح کیا کہ قوم کی بنیاد ہی نبوت ورسالت پر ہے اور نبی کی نسبت سے ہی امت بنتی ہے انہوں نے کہا کہ ـ

ع			بمصطفیٰ برساں خویش را کہ دیں ہمہ اوست

اپنی ملت پر قیاس اقوامِ مغرب سے نہ کر

خاص ہے ترکیب میں قومِ رسولِ ہاشمی

اور حقیقت ہے بھی یہی کیونکہ ایک یہودی حضرت موسیٰؑ سے پہلے تمام انبیاء پر ایمان رکھتا ہے اور ساتھ ہی حضرت موسیٰؑ کو اس سلسلے کی آخری کڑی مانتا ہے۔ جس دن وہ یہودی حضرت موسیٰؑ کو نبی مان لیتا ہے وہ یہودی نہیں رہتا، بلکہ عیسائی ہوجاتا ہے۔ اسی طرح ایک عیسائی اس وقت تک عیسائی ہے جب تک وہ حضرت عیسیٰؑ کو آخری رسول مانتا ہے۔ جس دن وہ حضرت عیسیٰؑ کے بعد حضور نبی رحمت صلی اللہ علیہ وسلم کو نبی تسلیم کر لیتا ہے۔ وہ عیسائی نہیں رہتا۔ مسلمان ہوجاتا ہے۔ اسی طرح جب کوئی مسلمان حضور صلی اللہ علیہ وسلم کے بعد کسی اور کو نبی مان لے وہ مسلمان نہیں رہتا۔ چاہے وہ نماز، روزہ، زکوٰۃ اور حج باقی مسلمانوں کی طرح ادا کرے۔ ختم نبوت ہی تشکیل امت کی بنیاد ہے اور اس پر غیر متزلزل ایمان لازم ہے۔

راہبروں کے ضمیر

کسی بھی قوم کی ترقی یا تنزلی میں اس کے قائدین کا فیصلہ کن کردار ہوتا ہے۔ قومی راہنماء کی مثال ایک مشعلِ راہ اور مینارۂ نور کی سی ہوتی ہے۔ وہ گاڑی کے انجن کی مانند قوم کو لے کر چلتا ہے۔ اگر وہ درست سمت میں چل رہا ہو تو قوم بھی اس کے پیچھے اسی ڈگر پر چلتی ہے۔ میرِ کارواں کی اگر نگاہ بلند اور دیدہ ور ہو تو قوم بالآخر کامیابی کی منزل پر پہنچ ہی جاتی ہے اور اگر راہبرِ قوم غلط سمت میں محوِ سفر ہو تو قوم کبھی بھی ترقی کی معراج کو نہیں پہنچ سکتی۔ قومی قائد میں جو خوبیاں ہوتی ہیں ان کا اظہار اس کے کردار سے ہوتا ہے۔ دراصل ذاتی کردار ہی اعلیٰ قائدانہ صلاحیتیں پیدا کر سکتا ہے۔ گفتار کے غازی کی بجائے کردار کا غازی ہونا چاہیے۔ قومی زندگی میں یا پبلک لائف میں تو ہر کوئی اپنے آپ کو بہتر اور برتر ثابت کرتا ہے سوال یہ ہے کہ وہ نجی زندگی میں اور ذاتی طور پر بھی وہی اوصاف کا حامل ہے جو عمومی طور پر ظاہر میں سامنے ہوتی ہیں۔

قرآن حکیم کی تعلیمات کا خلاصہ کردار ہی کی تعمیر ہے۔ وہ اس کے لئے مومن کا لفظ استعمال کرتا ہے اور تفصیلاً اس کا ذکر کرتا ہے کہ مومن کیا کر سکتا ہے اور کیا نہیں کرتا۔ یہ حقیقت ہے کہ بہتر کیریکٹر یا تشکیلِ کردار کے بغیر نہ تو انسانی مسائل حل ہو سکتے ہیں اور نہ ہی نظریاتی تعلیم عمل کی صورت میں نظر نہیں آتی قوم کے راہنماء بھی چونکہ اسی کے فرد ہوتے ہیں لہٰذا جیسی قوم ہوگی ویسے ہی راہنماء ہوں گے یا دوسرے الفاظ میں جیسے راہنماء ہوں گے ویسی ہی قوم ہوگی۔ اعلیٰ کردار کے بغیر تشکیلِ معاشرہ ممکن نہیں اور اس کے لئے قرآن حکیم نے مستقل اقدار واضح طور پر بتا دی ہیں جو بھی ان پر عمل پیرا ہوگا کامیابی اور خوشحالی حاصل کرے گا۔ پاکستان اور دیگر اسلامی ممالک اس وقت بونا قیادت نے ترقی اور خوشحالی سے دور کر رکھا ہے۔ ایک تو قیادت یعنی لیڈرشپ میں وہ خوبیاں ہی نہیں جو ہونی چاہیں دوسرا منافقانہ طرزِ عمل نے صورتِ حال کو مزید بدترین کر دیا ہے۔ ذاتی کردار سے عاری قومی قیادت ہماری تباہی و بربادی کا باعث ہے۔ حضور ختم المرسلین نے جب مکہ میں دعوتِ حق دی تو سب سے پہلے اپنا کردار پیش

کیا اور بدترین مخالفین نے بھی آپ صلی اللہ علیہ وسلم کے کردار پر کوئی انگلی نہ اٹھائی بلکہ صادق و امین کہا۔ یہی گواہی ابوسفیان نے شاہِ حبشہ کے دربار میں دی۔ قائدِ اعظم کی مثال لے لیجئے ان کے مخالف ان کے ذاتی کردار کو نشانہ نہیں بنا سکے نہ ہی کسی نے ان پر منافقت کا الزام لگایا اس کے برعکس آج مذہبی، سیاسی، سماجی اور قومی قیادت کو دیکھیئے۔ کرپشن، ٹیکس چوری، قرضے معاف کرانا، جعلی ڈگریاں استعمال کرنا، ناجائز دولت حاصل کرنا، جھوٹ، منافقت، ریاکاری، بددیانتی غرض ایک لمبی فہرست بن سکتی ہے وہ تمام چیزیں ان میں موجود ہیں۔

بیوروکریسی اور سیاستدانوں پر تو بہت حرفِ تنقید کی جاتی ہے لیکن دین کے نام پر بھی یہی کچھ ہو رہا ہے۔ برسرِ منبر کچھ کہا جاتا ہے عمل کچھ ہوتا ہے۔ وعظ میں مساوات، انسانی عظمت و برابری، سادگی، حسنِ خلق اور عاجزی کا درس دیا جاتا ہے مگر تقریر ختم ہوئی اور وہ الفاظ ہوا میں تحلیل ہو گئے۔ وہ جو یہ درس دے رہے ہوتے ہیں انہی کے لئے کھڑے ہو کر استقبال کیا جاتا ہے۔ ان کے جوتے اتارنے والا کوئی اور ہوتا ہے اور چادریں بچھانے والا کوئی اور کہیں ہاتھ اور کہیں پاؤں چومے جا رہے ہوتے ہیں تو کہیں کسی اور انداز میں دوسروں کو اپنے آپ سے کمتر بنایا جا رہا ہوتا ہے۔ مثالیں یہ دی جاتی ہیں کہ حضرت عمرؓ یروشلم کی فتح کے موقع پر خود پیدل چل رہے تھے اور ان کا ملازم سواری پر تھا مگر اس کا مظاہرہ کسی بھی دینی راہنماء سے عملاً نہیں دیکھا مثال تو دی جاتی ہے کہ ایک بدو حضرت عمرؓ کو خطبہٴ جمعہ میں ٹوک کر اپنے سوال کا جواب چاہتا ہے مگر کسی عام سے واعظ کے ساتھ یہ حرکت کیجئے۔ پھر دیکھیئے آپ کے ساتھ کیا ہوتا ہے۔ ملازمت اور کاروبار کے بغیر عیش و عشرت کی زندگی، گھروں میں تمام آسائشیں اور قیمتی گاڑیوں میں آمد و رفت، آخر اس کے لئے سرمایہ آتا کہاں سے ہے۔ دنیا بھر کے دورے بلکہ بزنس کلاس میں سفر، کیا قرآنِ حکیم نے انہیں کے لئے نہیں کہا کہ کچھ لوگ مذہب کی آڑ میں لوگوں کا مال ناجائز کھاتے ہیں۔ علامہ اقبالؒ نے شاید اسی لئے مضطرب ہو کر کہا تھا

خداوند یہ تیرے سادہ لوح بندے کدھر جائیں
کہ سلطانی بھی عیاری ہے، درویشی بھی عیاری

پوری دنیا میں جو پاکستان کی رسوائی اس حوالے سے ہے کہ وہاں بے ایمانی اور کرپشن عروج

پر ہے وہ سب پر عیاں ہے ڈوب مرنے کا مقام ہے کہ ہمارا شمار دنیا کے کرپٹ ترین ممالک میں ہے اور امداد دینے والے ان خدشات کا اظہار کر رہے ہیں کہ اس میں خرد برد ہوگی۔ اس سے زیادہ ذلت اور کیا ہوگی کہ وہ اقوام جنہیں آپ کافر کہتے ہیں وہ آپ کو بددیانت کہیں جو ایمان کے دعویٰ دار ہیں اور اپنے آپ کو مسلمان کہتے ہیں۔ کوئی اربوں روپے مالیت رکھنے کے باوجود چند ہزار انکم ٹیکس دے رہا ہے تو کوئی لوٹی ہوئی دولت کو چھپانے کے جتن کر رہا ہے مگر قصور عوام کا بھی ہے کہ وہ پھر انہی کو اپنے سر پر بٹھاتے ہیں جو ان کی تباہی کے ذمہ دار ہیں انہیں ہی اپنا نجات دہندہ سمجھتے ہیں، بقول میر

میر بھی کیا سادہ ہیں کہ بیمار ہوئے جس کے سبب

اسی عطار کے لونڈے سے دوا لیتے ہیں

زندگی میں کامیابی اسی طور مل سکتی ہے جب ہم اپنا احتساب کریں۔ جھوٹ اور منافقانہ طرز عمل چھوڑ کر سچائی کا راستہ اپنانا چاہیے۔ جس میں ظاہر اور باطن ایک ہو۔ دینی اور سیاسی قیادت پر یہ زیادہ ذمہ داری عائد ہوتی ہے کیونکہ وہ راہنمائی کا فریضہ سرانجام دے رہے ہوتے ہیں قرآن حکیم فکر کی بجائے عمل پر زور دیتا ہے۔ کتابیں لکھ دینے، تقاریر کرنے اور باتیں کرنے سے نہیں بلکہ عمل اور ذاتی کردار پیش کرنے سے تبدیلی آئے گی۔ مساوات، سادگی، حسن خلق اور احسان کا عملی مظاہرہ ہونا چاہیے کیونکہ

بات کردار کی ہوتی ہے وگرنہ عارفؔ

قد میں سایہ بھی انسان سے بڑا ہوتا ہے

مسلمانوں کی پستی : وجوہات اور حل

دنیا میں مسلمان کیوں کمزور اور دوسروں کے دستِ نگر ہیں۔ اسلام نے صرف وقتی طور پر کچھ عرصہ کے لئے نتائج پیش کئے مگر موجودہ دور میں یہ ممکن نہیں کہ اسلام کو پھر سے غلبہ اور عروج حاصل ہو۔ اس نوعیت کی مختلف بحثیں نہ صرف مغربی ممالک میں عام ہیں بلکہ پاکستان اور دیگر اسلامی ممالک میں بھی اس شدت سے یہ پروپیگنڈا کیا جا رہا ہے جس سے نوجوان نسل الجھن کا شکار ہو رہی ہے۔ اور وہ سوال کرتی ہے کہ اسلام آگے کیوں نہ چلا اور مسلمان اس وقت کیوں پستی کا شکار ہیں نیز یہ کہ کیا اسلام آج کے دور میں تمام مسائل کا حل پیش کرتا ہے اور پھر سے یہ عروج حاصل کر سکتا ہے۔ یہ سوالات نہایت ہی اہم ہیں اور ان کا جواب غیر جذباتی انداز میں حقائق کی روشنی میں اور حقیقت پسندانہ انداز میں دلائل کے ساتھ سامنے آنا چاہیے۔ ان سوالات کا جواب یہ ہو سکتا ہے کہ اگر تو مسلمان اسلام کی تعلیمات پر عمل کرنے کے باوجود پستی اور زوال کا شکار ہیں تو پھر ہم کہہ سکتے ہیں کہ یہ اسلام کی وجہ سے ہے اور اسلام ایک ناکام دین ہے جو دورِ حاضر میں ہمارے مسائل کا حل پیش نہیں کرتا۔ لیکن اگر ان کا زوال قرآن حکیم کی تعلیمات پر عمل نہ کرکے ہو تو پھر یہی کہا جائے گا کہ ذمہ دار اسلام نہیں بلکہ خود مسلمان ہیں جنہوں نے اپنے دین کی تعلیمات کو بالائے طاق رکھ دیا اور انہیں یہ دن دیکھنا پڑے۔

حقیقت ہے کیا؟ اس کا کھوج تاریخی حقائق اور قرآن حکیم کی تعلیمات کو مدِ نظر رکھ کر کریں تو یہ واضح ہوتا ہے کہ اقوامِ سابقہ کی جو تاریخ اس کتابِ لاریب نے بیان کی ہے وہ نہایت غور طلب ہے۔ قرآن کوئی تاریخ کی کتاب نہیں بلکہ اس نے تاریخ کی فلاسفی بیان کی ہے کہ فلاں فلاں قوم نے یہ یہ کیا اور اس کا نتیجہ یہ نکلا اور آئندہ بھی جو قوم یہ کرے گی اس کا نتیجہ بھی یہی نکلے گا۔ اسے قرآن حکیم نے سنت اللہ سے بھی تعبیر کیا ہے۔ (If, Then, Always) یعنی قرآن پاک نے سابقہ اقوام کی جو مثالیں پیش کی ہیں یہ وہ اقوام ہیں جنہیں اولین مخاطب یعنی عرب اچھی طرح جانتے تھے۔ ظاہر ہے اگر دنیا کی دیگر اقوام کی مثالیں دی جاتیں تو وہ لوگ نہ سمجھ سکتے تھے۔ اسی لئے قومِ نوح، قومِ ثمود، قوم

شعیب، قومِ لوط، قومِ صالح، قومِ عاد اور بنی اسرائیل کی مثالیں پیش کیں اور واضح کیا کہ مذکورہ بالا اقوام نے جہاں جہاں قوانین خداوندی سے انحراف کیا وہاں وہاں نتیجہ تباہی کے سوا کچھ نہ نکلا۔ قرآن نے فلسفہ تاریخ بیان کرتے ہوئے یہ واضح کیا ہے کہ یہی اصول ہمارے لئے بھی ہے۔ اب اپنی موجودہ حالت پر نظر دوڑائیے اور دینِ حق کی تعلیمات سے اعراض برتنے کی فہرست بنائیں آپ دیکھیں گے کہ فہرست میں وہ تمام جرائم موجود ہوں گے جو اقوامِ سابقہ میں ایک ایک کر کے تھے تو پھر نتیجہ پستی کیوں نہ نکلے۔

حقیقت یہ ہے کہ کسی بھی قوم کی تباہی صرف ایک یا دو برائیوں کی وجہ سے نہیں ہوتی بلکہ اس کی بہت سی وجوہات ہوتی ہیں مگر بڑی وجہ ایک یا دو ہوسکتی ہے۔ تاریخی حقائق پر نگاہ دوڑاتے ہوئے مسلمانوں کی پستی کی وجوہات کو تلاش کیا جائے تو سب سے پہلے خلافتِ راشدہ کے سلسلے کا تسلسل نہ رہنا اور ملوکیت کا قیام ایک بہت بڑی وجہ ہے۔ اسلامی روح کے مطابق شوریٰ کے اصول کو مدِنظر رکھتے ہوئے خلافت کا ادارہ وجود میں آیا مگر بدقسمتی سے حضرت علیؓ کے بعد اس کا جاری نہ رہنا صرف سیاسی لحاظ سے نقصان نہ تھا بلکہ اس نے دین کے پورے نظام کو تباہی کے دہانے پر لا کھڑا کیا۔

شخصی اور خاندانی حکومتیں یعنی بنوامیہ، بنوعباس، بنی فاطمہ اور آلِ عثمان کے حکمرانوں نے نسل اور علاقائی تعصّبات کی بنیاد پر حکومت کو حاصل کرنے کے لئے ہر جائز اور ناجائز ذرائع اختیار کئے۔ ان حالات میں نصرانی یہودی اور ایرانی اثرات نے اپنا اثر دکھایا۔ جو لوگ فتحِ مکہ کے بعد مسلمان ہوئے تھے اور جنہیں صحبتِ نبوی ﷺ میں زیادہ عرصہ رہنے کا موقع نہ مل سکا تھا جلد ہی وہ اہم عہدوں پر فائز ہو گئے۔ اگر حضرت علیؓ کی خلافت کو چلنے دیا جاتا تو پھر بھی حالات بہتر ہوتے مگر ایسا نہ ہوا بلکہ حضرت امام حسینؓ اور عبداللہ بن زبیرؓ کی قربانیاں بھی ملوکیت کے سیلاب کو نہ روک سکیں۔

دورِ ملوکیت میں مسلمان حکمرانوں کا طرزِ زندگی قیصر و کسریٰ کے بادشاہوں سے کم نہ تھا، بیت المال ذاتی تصرف میں تھا، شوریٰ اور آزادیٔ رائے کا خاتمہ ہوگیا۔ عدلیہ کو پابند کر دیا گیا۔ نسلی تعصّبات ابھارے گئے۔ دین میں مذہب اور سیاست الگ الگ ہو گئے۔ علماءِ کرام نے حکمرانوں کے جواز کے فتویٰ

صادر کرنے میں دیر نہ کی۔ علماءِ حق کو ظلم و ستم برداشت کرنا پڑا۔ قرآن جو فرقہ واریت کو شرک قرار دیتا ہے خود مسلمان فرقوں میں بٹ گئے اور آج بھی ہماری مساجد سے فرقوں کا تعارف نظر آتا ہے۔ اسلام جس نے رنگ و نسل کے بت پاش پاش کر دیئے وہ پھر سے تعمیر کر لیئے گئے۔ غلامی جسے قرآن حکیم نے ہمیشہ کے لئے ختم کرنے کا اعلان کیا تھا اور پورے قرآن میں کہیں نہیں کہ غلام بنایا جائے مگر غلامی کا سلسلہ جاری رہا۔ غلام اور لونڈیوں کی خریداری کے لئے منڈیاں لگائی جانے لگیں۔ دین اسلام جس نے مذہبی آزادی کو انسان کا بنیادی حق قرار دیا تھا اس پر قدغن لگا دی گئی اور مرتد کا فتوٰی لگا کر مسلمانوں کا خون ناحق بہایا گیا۔ حالانکہ سورۃ البقرہ اور سورۃ النساء میں مذہب تبدیلی کو تسلیم کیا گیا ہے۔

دورِ ملوکیت کے ان حالات میں مزید جمود اس وقت طاری ہوا جب اجتہاد کا دروازہ بند کر دیا گیا اور اس پر ایسی شرائط لا گو کر دیں جو پوری کرنا ناممکن ہیں علمی و تحقیقی انحطاط شروع ہو گیا۔ کبھی مسلمانوں نے دنیا کو سائنس و ٹیکنالوجی کی تعلیم دی تھی مگر اب وہ خود عصری علوم سے منہ موڑے بیٹھے تھے۔ سائنسی علم کو شجرِ ممنوعہ قرار دیا گیا اور غیر اسلامی تصورات کو اپنایا جانے لگا جبر اور تقدیر کے ایرانی اثرات کو اپنے اندر سمولیا۔ اسلاف پرستی مذہبی علماء کی ہر بات حرفِ آخر اور پوری مسلمان سوسائٹی کا انحطاط ہو گیا۔ عدل و انصاف کی عدم موجودگی، قرآنی تعلیمات سے انحراف، جھوٹ اور وعدہ خلافی روز مرہ زندگی کا شعار اور مومن کی خوبیاں بھلا دی گئیں جس کا نتیجہ بقول اقبال یوں نکلا:

تمدن، تصوف، شریعت کلام

بتانِ عجم کے پجاری تمام

باقی نہ رہی وہ تیری آئینہ ضمیری

اے کشتۂ سلطانی و ملائی و پیری

حقیقت خرافات میں کھو گئی

یہ اُمت روایات میں کھو گئی

انہی وجوہات کی بنا پر مسلمانوں کو صلیبی جنگوں کا سامنا کرنا پڑا چنگیز خان اور ہلاکو خان کے ہاتھوں تباہی اٹھانا پڑی۔ سقوطِ غرناطہ، ڈھاکہ اور بغداد سے دو چار ہونا پڑا اور جب تک وہ اپنی روش نہ

بدلیں گے حالات اس سے بھی بدتر ہوں گے کیوں کہ اللہ تعالیٰ کے قوانین میں تبدیلی ممکن نہیں۔

ان تمام حالات کو مدِنظر رکھ کر یہ حقیقت آشکار ہوتی ہے کہ مسلمانوں کا موجودہ زوال اس وجہ سے ہے کہ انہوں نے اسلام کی تعلیمات پر عمل نہیں کیا۔ لہٰذا اسلام ان کی پستی کا ذمہ دار نہیں اور نہ ہی اسلام ناکام ہوا ہے۔

اسلام آج بھی انسانیت کو سکون دے کر ترقی کی معراج کی طرف لے جا سکتا ہے اور یہ بھی ایک تاریخی حقیقت ہے۔ باوجود تمام حالات کے اسلام ہی واحد دین ہے جو اب تک چلا ہے عیسائیت بحیثیت دین کے کبھی بھی نہیں رہی اور مذہب کی حیثیت سے تو اب گرجا گھر میں بھی نہیں رہی۔ یہودیت میں نہ تو عالمگیریت ہے اور نہ آفاقی پیغام۔ یہ اسلام ہی ہے جس کی وجہ سے آج کا یورپ ترقی کی شاہراہ پر گامزن ہے۔ یورپ کے تاریک دور میں اگر مسلمان انہیں علم کی شمع نہ دیتے تو یہ آج بھی ظلمت کے اندھیروں میں ہوتے لہٰذا اسلام میں مکمل صلاحیت موجود ہے۔ جو قوم بھی اُن زریں اصولوں پر چلے گی کامیابی سے ہمکنار ہوگی اور مسلمانوں کے موجودہ تمام مسائل کا مختصر حل علامہ اقبالؒ نے بھی جیسا کہ تجویز کیا تھا کہ یہ ممکن ہے کہ اسلام کی اصل تعلیمات سامنے آئیں اور مسلمان پھر سے عروج حاصل کر سکیں بشرطیکہ اسلامی دنیا روح عمرؓ کو لے کے آگے بڑھے وہ حضرت عمر فاروقؓ جنہوں نے رسول اللہ ﷺ کے آخری لمحات میں کہا تھا حسبنا کتاب اللہ، یعنی ہمارے لئے اللہ کی کتاب کافی ہے۔ خلاصہ کلام یہ کہ قرآن حکیم کی تعلیمات پر عمل پیرا ہو کر ہی ہم زوال سے عروج کا سفر شروع کر سکتے ہیں۔

قرآن فہمی اور نوجوان نسل کی مشکلات

اُمت اس حیثیت سے دیگر اقوام اور مذاہب سے ممتاز ہے کہ اس کے پاس زندگی کے تمام امور کو کامیابی سے سرانجام دینے کے لئے ایک مکمل، غیر متبدل اور محفوظ ضابطۂ حیات قرآن کی صورت میں موجود ہے۔ اسی لئے سورہ یونس میں کہا گیا ہے کہ اس قدر اہم ضابطۂ قوانین اور رہنمائے زندگی ملنے پر جشنِ مسرت منانا چاہیے۔ مگر یہ ہماری بدقسمتی ہے کہ ہم نے اس کتابِ عظیم سے زندگی کے معاملات میں رہنمائی لینے کے بجائے صرف اس سے ثواب حاصل کرنے اور برکت کے لئے رکھ چھوڑا ہے اور قرآن کیا کہہ رہا ہے اس طرف تو جہ نہیں دیتے مگر جو لوگ اسے سمجھ کر پڑھنا چاہتے ہیں اُن میں سے کچھ یہ کہتے ہیں کہ اسے سمجھنا مشکل ہے اس میں ربط و تسلسل نہیں اور اس سے رہنمائی کے لئے بہت سے علوم اور اساتذہ کی ضرورت ہے وغیرہ وغیرہ۔

قرآن فہمی کے سلسلہ میں بہت سے احباب بالخصوص نوجوان نسل کے بعض ایسے ہی نکات کو مدِ نظر رکھ کر قرآن ہی سے اُن کا جواب تلاش کر کے زیرِ نظر مضمون قارئین کی خدمت میں پیشِ نظر ہے عمومی طور پر کسی بھی شخص سے بات منوانے اور قائل کرنے کے لئے یا تو ڈر اور خوف کا طریقہ اپنایا جاتا ہے یا پھر لالچ اور شعبدہ بازی کا جس سے عقل ماؤف ہو جائے اور مقابل قائل ہو جائے۔ ان دونوں طریقہ میں عقل و دلائل کا کوئی عمل دخل نہیں ہوتا اور ان سے نتائج بھی دیر پا نہیں ہوتے۔ دیر پا نتائج کے لئے دلائل اور برہان سے بات کی جاتی ہے اور قرآن نے یہی طریقہ اپنایا اور مخالفین سے بھی کہا ہاتو **برہانکم ان کتم صدقین** کہ اگر تم اپنے دعویٰ میں سچے ہو تو اس کے لئے دلیل پیش کرو۔ قرآن نہ تو لالچ سے نہ شعبدہ بازی سے اور نہ ڈر اور خوف سے اپنی بات منواتا ہے بلکہ وہ دلائل پیش کرتا ہے اور غور و فکر کی دعوت دیتا ہے۔ سورۃ النساء میں ہے ''یہ قرآن پر غور کیوں نہیں کرتے'' (4/82) اور سورۃ الانفال میں کہا ''خدا کے نزدیک بدترین مخلوق وہ انسان ہیں جو سوچنے اور سمجھنے کی صلاحیتوں کو بروئے کار نہیں لاتے (8/22) مزید سورۂ محمد میں کہا ''یہ امر باعثِ حیرت ہے کہ وہ قرآن پر غور کیوں نہیں کرتے

کیا اُن کے دلوں پر تالے پڑے ہیں (47/24) یہاں تک کہ مؤمنین کے بارے میں کہہ دیا کہ ''جب اُن کے سامنے آیاتِ الٰہی بھی پیش کی جاتی ہیں تو وہ اندھے اور بہرے بن کر اُن کو نظر انداز نہیں کرتے بلکہ اُن پر غور و فکر کرتے ہیں ۔(25/73)

قرآن ایمان اُس کو تسلیم کرتا ہے وہ عقل و شعور کے ساتھ سمجھ کر دل کی گہرائیوں سے ہو اسی لئے ایمان کا ترجمہ (Faith) کی بجائے (Comvictiom) زیادہ مناسب ہے بقول اقبال ؎

خرد نے کہہ بھی دیا لا الٰہ تو کیا حاصل

دل و نگاہ مسلمان نہیں تو کچھ بھی نہیں

قرآن کو سمجھنے کے لئے اس کا طریقہ بھی قرآن خود بتا تا ہے ۔ایک تو یہ کہ قرآن عربی مبین میں نازل ہوا اور قرآن کے الفاظ کے معنی جو عرب اپنے ہاں لیتے تھے وہی معنی لینا ہوں گے اس طرف علامہ اقبال نے اپنے ایک مکتوب میں اشارہ بھی فرمایا کہ ہمارے ہاں قناعت اور توکل کے جو معنی لئے جاتے ہیں وہ محاورہ عرب میں مختلف ہیں ۔علامہ کے مطابق کچھ مترجمین اور مفسرین نے ہندی اور یونانی خیالات کو اپنی تشریح میں داخل کر دیا جس سے بعض اوقات مشکلات پیدا ہو جاتی ہیں ۔

قرآن فہمی کے لئے دوسرا اصول تصریف آیات ہیں یعنی ایک موضوع پر جتنی آیات ہیں اُن کو بیک وقت سامنے رکھ کر پڑھیئے آپ پر وہ موضوع واضح ہو جائے گا۔اگر کسی موضوع پر بہت سی آیات ہوں تو صرف ایک آیت سے نتیجہ نہیں نکلا جا سکتا قرآن نے خود کہہ دیا ہے کہ وہ اپنا مدعا تصریف آیات یعنی پھیر پھیر کر آیات لانے سے واضح کرتا ہے ۔سورۃ الانعام (6/65,105) قرآن کی تفسیر قرآن سے ہی بہتر طور واضح ہو جائے گی آپ کو مزید باہر سے تفصیلات کی ضرورت پیش نہیں آئے گی ۔اس کے علاوہ ایک اور اہم بات زمانے کے تقاضوں اور عصری علوم کو مدِ نظر رکھنا ضروری ہے ۔ماضی کے ہمارے مفسرین اور علماء نے بلا شبہ عظیم خدمات سرانجام دیں لیکن انہوں نے ترجمہ وتشریح میں وہی الفاظ اور مفہوم بیان کیا جو اُس زمانے کی علمی سطح تھی ۔ہم بھی اگر اُس دور میں ہوتے تو بالکل یہی کرتے مگر آج جب انسان نے علوم وفنون میں بہت ترقی کی ہے تو قرآن کی تشریح کرتے وقت اسے مدِ نظر رکھنا ضروری ہے جب اکثر کوئی نئی سائنسی دریافت یا انکشاف منظرِ عام پر آ تا ہے تو بعض علماء کہتے ہیں کہ

192

قرآن نے پہلے ہی اس طرف اشارہ کیا تھا اور قرآن میں یہ چیزیں پہلے سے موجود ہیں تو اس پر کچھ احباب کی طرف سے اعتراض وارد ہوتا ہے کہ آپ یہ بات سائنسی انکشافات کے بعد کر رہے ہیں اگر قرآن میں یہ سب موجود تھا تو پہلے ہی کیوں نہیں واضح کیا گیا، اس کی ایک وجہ تو اوپر لکھی جا چکی ہے۔ دوسری وجوہات میں مسلمانوں کا سائنسی علوم میں پس ماندہ ہونا یونانی فلسفہ اور نظریات کا قبولِ عام ہونا اور سائنس کو دین کا مقابل سمجھنا ہو سکتا ہے۔ یہی وجہ ہے کہ بعض مفسرین نے سائنسی مظاہر کی آیات کی بھی واضح تشریح نہ کی لیکن جب فرانس کے ڈاکٹر موریس بوکائے نے قرآن میں تدبر کیا تو بے اختیار کہا کہ قرآن کا کوئی بیان ایسا نہیں کہ موجودہ سائنسی ترقی اُسے جھٹلا سکے۔ انہوں نے اپنی تحقیق کو بائبل، قرآن اور سائنس نامی کتاب کی صورت میں دنیا کے سامنے پیش کیا، جس کے بہت سی زبانوں میں تراجم

ہو چکے ہیں۔

قرآن نے اپنے اندر اصول دیئے ہیں اور چند اُمور کی تفصیل دی ہے مگر جہاں تفصیل نہیں دی اس کے بتائے گئے اصولوں کی روشنی میں تفصیل زمانے کے تقاضوں کے مطابق وضع کردی گئی قرآن میں عبادات پر بہت آیات ہیں مگر اُن کی تفصیلات اور جزئیات نہیں دیں مثلاً نماز کی رکعتیں طریقہ وغیرہ اس کی رہنمائی کے لیے حضور پاک صلی اللہ علیہ وسلم کی سیرتِ طیبہ یعنی اُسوہ حسنہ ہے جو عمل تواتر سے امت کی رہنمائی کر رہا ہے۔ مستند احادیث سے ان احکامات کی مزید وضاحت ہو جاتی ہے۔ قرآن نے عائلی زندگی کے معاملات میں سے اکثر کی تفصیل دے دی ہے یہ اس لئے کہ گھریلو زندگی اور اس کے معاملات انسان جتنی مرضی ترقی کر جائے وہ اور اُن کی نوعیت مستقل رہے گی اسی لئے قرآن نے طلاق، عدت، وراثت اور ایسے ہی دوسرے امور کو بالتفصیل بیان کیا ہے اور جہاں تفصیل بیان نہیں کی وہاں اس نے امت مسلمہ پر چھوڑ دیا کہ وہ اپنے زمانے کے تقاضوں کے مطابق قانون وضع کر لیں۔ قرآن میں اُن معاملات کی تفصیل نہ دینے کا مقصد یہ نہیں کہ قرآن کا حجم، بہت زیادہ ہو جاتا بلکہ وجہ یہ تھی کہ اگر قرآن تفصیلات بھی دے دیتا تو وہ بھی ہمیشہ کے لئے مستقل ہو جاتیں۔ اسی لئے حکم ہوا کہ جن امور کا ذکر نہیں انہیں کرید کرید کر نہ پوچھو (5/105) یہ نہ ہو کہ یہود کی طرح اگر تمام تفصیلات دے دی گئیں تو پھر

عمل نہ کرسکو۔اسی لئے امام اعظم ابوحنیفہؒ نے فرمایا کہ اسلام میرے نزدیک قرآن اور عقلِ انسانی ہے۔ قرآن کی حیثیت قولِ فیصل کی ہے۔ قرآن کے احکامات مستقل نوعیت کے لئے تشریحات اور جزئیات ہر زمانے کے تقاضوں کے مطابق ہوں گی۔اسی طرح تمام دیگر علوم اور ذرائع اور روایات کو بھی قرآن پر پرکھا جائے گا جیسا کہ حضور رحمت اللعلمین نے فرمایا کہ اگر کوئی میری حدیث پیش کرے تو اسے قرآن پر پرکھو اگر اس کے مطابق ہو تو قبول کرلو اگر اس کے مطابق نہ ہو تو رہنے دو (مسلم)

چونکہ قرآن کا معنی ہی اعلان کرنا ہے اور حقائق کو جمع کرنا ہے اس لئے یہ تمام انسانیت کے لئے راہنما کتاب ہے کیوں قرآن کا مخاطب انسان ہے۔ بقول اقبال یہ زندہ کتاب ہے اور سمجھنے میں نہایت آسان ہے اس کو سمجھنے کے لئے بہت سے علوم یا اساتذہ بلکہ ایک ہی سورۃ میں چار بار کہا ہے کہ ''جو قرآن سے نصیحت لینا چاہیں اُن کے لئے ہم نے اسے آسان بنایا ہے، ہے کوئی جو اس سے فائدہ لے'' (القمر 54/17، 22، 23، 24) قرآن نے اس قدر واضح انداز میں کہہ دیا ہے کہ یہ مشکل کتاب نہیں اور یہ خود روشنی ہے، اسے خارج سے روشنی کی ضرورت نہیں یہ کتابِ حکمت ہے، نور ہے، اُم الکتاب ہے۔اختلاف مٹانے والی ہے۔رحمت وہدایت ہے۔

اس میں کوئی اختلافی بات نہیں کلام اللہ ہے مصدق مفصل برہان، فرقان، رحمت اور آسان ہے، یہ مفہوم کو نکھار کر بیان کرتی ہے۔تمام انسانوں کے لئے اس میں تعلیم ہے۔ (30/58) اور اسی قرآن کے بارے میں روزِ محشر رسول اکرم صلی اللہ علیہ وسلم بارگاہ رب العزت میں شکایت کریں گے کہ میری قوم نے اس قرآن کو چھوڑ دیا تھا (25/30)۔ چھوڑنے کے لیے قرآنِ حکیم میں لفظ مہجور آیا ہے جس کا معنی کسی چیز کو نہ بالکل ترک کرنا اور نہ مکمل اپنانا۔ کسی جانور مثلاً گھوڑے کی دو ٹانگین باندھ دینا تا کہ وہ چل تو سکے لیکن پوری رفتار کے ساتھ نہ دوڑ سکے۔ہم نے قرآن کے ساتھ یہی کیا ہے اُسے ترک نہیں کیا لیکن اپنی زندگی کا حصہ بھی نہیں بنایا۔ چھوڑنے سے مراد یہی ہے کہ اسے پڑھا جاتا ہے مگر سمجھے بغیر اسے برکت کے لئے تو رکھا جاتا ہے مگر سمجھ کر عمل نہیں کیا جاتا۔میرے نزدیک قرآن زندگی کی شاہراہ پر کامیاب سفر کے لئے منزل تک پہنچے کے لئے جدید دور کی ایجاد (Navigator) کی طرح ہے جو آپ کو منزل کی نشاندہی کرتا ہے اور سیدھا راستہ دکھاتا ہے۔ جب بھی آپ ادھر ہوں آپ کو غلط راستہ سے

درست کی طرف لے آتا ہے۔ یہ کتابِ عظیم جو حضور پاک صلی اللہ علیہ وسلم کے اس دنیا سے تشریف لے جانے سے قبل مکمل ہوگئی تھی اور آج تو ہمارے پاس جو کتاب ہے وہی ہے جو اس وقت تھی آپ صلی اللہ علیہ وسلم کے اس دنیا سے تشریف لے جانے سے قبل قرآن کی ایک جلد جسے اسطوانہ مصحف کہا جاتا تھا مسجد نبوی میں موجود تھی جسے ماسٹر کاپی کہا جاسکتا ہے۔ باقی قرآن اُسی کے مطابق مرتب ہوتے تھے۔

اسی سلسلہ کو خلفاءِ راشدین نے جاری رکھا اور حضرت عثمانؓ بھی دیگر خلفاء کی طرح ناشرینِ قرآن تھے۔ ضرورت اس امر کی ہے کہ ہم قرآن سے تعلق وابستہ کریں اور اُن حقائق پر غور کریں جو اس میں موجود ہیں اس سے ہمیں فرصت نہیں مل سکتی ہے کیونکہ حکیم الامت نے کہا ہے

تجھے کتاب سے فراغ نہیں ممکن کہ تو

قرآن خواں ہے تو صاحبِ کتاب نہیں

جہاں تک قرآن میں ربط و تسلسل کا تعلق ہے تو اس ضمن میں جب قرآن کو خوب سمجھ کر اور غور کرکے پڑھا جائے تو بے ربطی نظر نہیں آئے گی۔

ایک اہم حقیقت پیشِ نظر رہنی چاہیے کہ قرآن کا موضوع انسان ہے اور انسان کے متعلق بے شمار معاملات پر اُس نے بات کی ہے۔ اگر تو ایک ہی موضوع ہوتا تو یہ دقت محسوس نہ ہوتی مگر جب قرآن نے بہت موضوعات پر بات کرنی ہے تو جب ایک بڑے موضوع پر بات ہو رہی ہو تو درمیان میں ضمناً چھوٹے موضوع بھی آجاتے ہیں۔ اسے بے ربطی نہیں کہا جاسکتا۔ قرآن کا اندازِ خطاب کا ہے اور اسے اس طرح سمجھا جاسکتا ہے جب کسی ملک کا سربراہ قوم سے خطاب کرتا ہے تو وہ بہت سے موضوعات پر اظہارِ خیال کرتا ہے وہ خارجہ داخلہ پالیسی، معاشی اور معاشرتی معاملات پر بات کرتا ہے اگرچہ اُن میں ربط بظاہر نہیں ہوتا مگر درحقیقت وہ باہم مربوط ہوتے ہیں یہ صورت ہمیں پیشِ نظر رکھنی چاہیے۔

مگر جو صاحبانِ علم ہیں اُن کے نزدیک تو پورا قرآن ربط اور تسلسل میں ہے۔ جب وہ پہلی سورۃ فاتحہ پڑھتے ہیں تو دعا کرتے ہیں کہ اے اللہ ہمیں وہ راستہ دے جو سیدھا ہو اور گمراہ اور بھٹکے ہوؤں سے بچا۔ اگلی ہی سورۃ بقرہ میں بتایا کہ وہ ضابطہِ حیات یہ ہے جس کی تحصیص تمنا ہے اور جو گمراہ ہوئے اُن کا تفصیلی احوال بتایا اور کامیابی کے راستے دکھائے اس دوران ضمناً دوسرے موضوعات پر بھی

بات کی۔قرآن کوخوب غوراور سمجھ کر پڑھا جائے تو کوئی باشعور اور ذی عقل اس سے صرفِ نظر نہیں کر سکتا۔ایک روایت میں ہے کہ قرآن حکیم کی ایک آیت کو غور و فکر کے ساتھ پڑھنے کا اجر و ثواب سو نوافل ادا کرنے سے زیادہ ہے۔نیت کی پاکیزگی اور قرآن کو برتر کلام سمجھتے ہوئے تدبر کے ساتھ پڑھتے ہوئے اپنی زندگی کو بدلنے کا عزم ہونا چاہیے۔اس کی رہنمائی میں اپنی زندگی کی گاڑی کا مسافر ہے تو کامیابی اور فلاح کی منزل یقینی ہے۔

ہماری دعائیں کیوں قبول نہیں ہوتیں؟

دُعا، مذہب اور فلسفہ کا ایک پیچیدہ مسئلہ ہے۔ ہر دور میں اس کی تعبیر اور تشریح پر مذہب و فلسفہ کے علماء نے اظہارِ خیال کیا ہے۔ اس کے باوجود اب بھی اس پر بہت سنجیدہ سوالات اُٹھائے جاتے ہیں اور اُن کے اطمینان بخش جوابات کی تاہنوز تلاش جاری ہے۔ کیونکہ عملِ زندگی تجربات اُس کے برعکس ہوتے ہوئے ہمیں سننے میں ملتا ہے۔

بنیادی سوال یہ ہے کہ دعا کہنے اور دعا مانگنے سے مراد کیا ہے۔ کیا کوئی نیک اور بزرگ شخص دعا مانگے تو وہ قبول ہوجائے گی؟ کیا خاص وقت اور دن میں مانگی ہوئی ہر دعا قبول ہوجائے گی؟ اگر دو فریقین میں مقابلہ یا جھگڑا ہے تو کس کی دعا قبول ہوگی۔ پھر یہ کہ دعا قبول کیوں نہیں ہوتی اور دعا قبول کرانے کی شرائط کیا ہیں؟ اس نوعیت کے بے شمار سوالات ذہنِ انسانی میں انتشار پیدا کرتے ہیں۔ جب عملی زندگی میں دعائیں قبول نہیں ہوتیں۔ مذہب کی جانب سے یہ کہہ کر مطمئن کردیا جاتا ہے کہ یا تو دعا قبول کرانے کی تمام شرائط پوری نہیں ہوتی یا پھر مشیتِ خداوندی کو ایسا منظور ہی نہیں اور یہاں قبول نہ ہونے والی دعاؤں کا اجر آخرت میں ملے گا۔ اس پر بھی یہ سوالات اُٹھائے جاتے ہیں کہ حج اور دیگر مذہبی اجتماعات میں لاکھوں لوگ جمع ہوتے ہیں اُن میں چند یقیناً ایسے ہوتے ہوں گے جو دعا کی تمام شرائط پوری کرتے ہوں گے مگر اس کے باوجود اُن کی دعائیں بھی شرفِ قبولیت کو نہیں پہنچتی اور آج بھی امت مسلمہ دستِ دعا ہی ہے۔ دعا کا معنی کس کو پکارنا اور بلانا ہوتا ہے اشارہ کر کے کس کو بلانا اور اپنی تمنا کا اظہار کرنا۔ دوسروں کے لئے دعا کرنا دراصل اپنی تمناؤں کا دوسروں کے لئے اظہار ہوتا ہے۔ یہ اخلاقی مدد ہوتی ہے اور نیک تمنا ہے جو دعا کی صورت میں ادا کی جاتی ہے۔ علامہ اقبال نے اپنے مشہور شعر میں سادہ انداز میں دعا کا مفہوم یوں سمجھایا ہے ۔

لب پہ آتی ہے دُعا بن کے تمنا میری

زندگی شمع کی صورت ہو خدایا میری

ایک مسلمان کی زندگی میں دعا سے مراد اللہ کے قانون کو راہنمائی کے لئے پکارنا ہوتا ہے اور دعا کی قبولیت سے مراد خدا کے قوانین اور ہدایت کے مطابق عمل کر کے کامیابی حاصل کرنا۔ اب ظاہر ہے جو خدا کے قانون کے مطابق دُعا ہوگی وہ کامیابی سے ہمکنار ہو جائے گی مگر جو دعا خدا کے بنائے ہوئے قوانین کے مطابق نہ ہوگی وہ کبھی پوری نہیں ہوسکتی۔ چاہے وہ دعا رو رو کر نہایت عاجزی اور خلوص سے کی جائے یا پھر بے شک کسی بہت ہی نیک شخصیت سے کرائی جائے، اس سے بھی کوئی فرق نہیں پڑے گا کہ وہ خاص وقت یا دن کو کی جائے یا اس کے لئے دیگر لوازمات بھی پورے کر لیے جائیں۔ دعا وہی قبول ہوگی جو خدا کے عطا کردہ قانون کی روشنی میں ممکن ہو، انہی قوانین میں ایک قانون خدا نے اپنی آخری کتاب میں واضح طور پر بتا دیا ہے کہ لیس للانسان الا ما سعٰی یعنی انسان کو (خواہ کسی بھی مذہب و قوم کا ہو) وہی کچھ ملے گا جس کی وہ کوشش کرے گا۔ اسلامی دنیا میں اپنی تاریخ کا بیشتر حصہ چونکہ دورِ ملوکیت کا شکار رہی اس لئے حکمران کو ظل اللہ یعنی بادشاہ کا سایہ کہا گیا جس کی صدائے بازگشت آج بھی کبھی کبھی جمعہ کے خطبہ کے سننے میں ملتی ہے۔ جب سلطان کو زمین پر اللہ کا سایہ کہا گیا تو او پر خدا کا تصور بھی ایک حقیقی بادشاہ کا اختیار کر گیا۔ اس تصور نے دعا کے مفہوم کو اس طرح متاثر کیا کہ جب زمین کے بادشاہ تک رسائی کے لئے دوسروں کی مدد اور ضرورت ہوتی ہے اُسی طرح بادشاہِ حقیقی یعنی اللہ تعالیٰ تک رسائی کے لئے بھی اس کے نیک لوگوں اور مقربین بارگاہِ الٰہی نہایت ضروری ہے۔ اب دعا کے قبول کرانے کے لئے ان حضرات کی وساطت کی نہایت ضروری سمجھی جانے لگی اس کے برعکس قرآنِ حکیم نے واضح کیا کہ

عبادی عنی فانی قریب (البقرہ 187) کہ میرے بندے میرے بارے میں سوال کرتے ہیں تو انہیں بتا دیجئے کہ میں ان کے قریب ہوں اور ان کی دعائیں سنتا ہوں بلکہ یہ کہا کہ ''میں تو اُن کی رگِ جاں سے قریب ہوں'' (50/16) اب جو رگِ جاں سے بھی قریب ہو اُس سے دعا کرانے کے لئے کسی اور کی کیا ضرورت رہ جاتی۔ خدا سے ہمارا تعلق اُس کی کتاب کے ذریعے ہے جو رسول اکرم صلی اللہ علیہ و آلہ وسلم کی وساطت سے ہمیں ملی ہے جب ہم کلامِ مجید پڑھتے ہیں تو خدا ہم سے باتیں کرتا ہے جب ہم اُسے پکارتے ہیں دعا مانگتے ہیں تو وہ قرآن کی تعلیمات کی صورت میں ہماری راہنمائی کرتا ہے اور اس

راستے پر چل کر جو کامیابی ملتی ہے دراصل وہی دعا کا قبول ہونا ہے۔ سورۂ شورٰی میں اس بات کی وضاحت بھی کر دی کہ دعا انہیں کی قبول ہوتی ہے جو ہدایتِ خداوندی کی روشنی میں زندگی بسر کرتے ہیں سورۃ البقرہ میں یہی بات بیان کی کہ جو میری فرماں برداری کریں گے اور میرے قوانین پر یقین رکھیں گے وہ منزلِ مقصود پر پہنچ جائیں گے۔

دعا عموماً انسان اُس وقت مانگتا ہے جب انتہائی مجبوری اور لاچاری کے عالم میں ہوتا ہے۔ پھر یہ خیال بھی ذہن میں جاگزیں ہوتا ہے کہ اگر کوئی نیک لوگ عالم دُعا کریں تو اللہ تعالٰی دُعا قبول کر کے مسئلہ حل کر دیتے ہیں۔ اس کی وضاحت سورۃ النساء کی آیت 78 میں موجود ہے۔ جب ہجرت کے بعد مکہ میں باقی رہ جانے والے محکوم مسلمان اپنی مجبوری کی حالت میں خدا سے دعائیں مانگ رہے تھے تو اللہ تعالٰی مدینہ کے مسلمانوں کو حکم دیتا ہے کہ تم اُن مجبور مسلمانوں کی مدد کو پہنچو جو ہمیں پکار رہے ہیں یعنی اللہ تعالٰی نے ان کی براہِ راست مدد نہیں کی بلکہ اُن کی دعائیں اہلِ مدینہ کی مدد کی صورت میں پوری ہوئیں دعا مانگنے کے عمل کی مزید وضاحت حضرت عمرؓ نے اپنے خلیفہ بننے کے بعد یوں بتائی اور کہا کہ ’’میرا کام ہوگا کہ تمہاری دعاؤں کو اللہ تک نہ پہنچنے دوں۔ کیونکہ دعا تم تب ہی مانگو گے جب تمہارا کوئی کام نہیں ہو رہا اور بطور خلیفہ میرا فرض ہے کہ تمہارا ہر کام میری ذمہ داری ہے جب تم خدا سے دُعا مانگو گے تو دراصل میری شکایت کرو گے اور میں نہیں چاہوں گا کہ تم ایسا کرو‘‘ حضرت عمرؓ کا یہ فرمان آج بھی اُسی طرح ایک مشعلِ راہ ہے دنیا کے ممالک پر نگاہ دوڑائیے جن ممالک میں وہاں کے عوام کی ذمہ داریاں مملکت پوری نہیں کرتی وہی لوگ زیادہ دعائیں کرتے ہیں اور دستِ دعا اُٹھاتے رہتے ہیں۔ یا اللہ ہمارا یہ کام ہو جائے وہ کام ہو جائے مگر جہاں جہاں فلاحی معاشرہ قائم ہے اور مملکت اپنے باشندوں کی ضروریات کی ذمہ دار ہیں وہاں انہیں دعائیں کرنے کی اتنی زیادہ ضرورت نہیں ہوتی۔

جہاں تک انبیاء کرام کی دعاؤں کا تعلق ہے تو اس بارے میں یہ حقیقت ذہن نشین رکھنی چاہیے کہ انبیاء کرام کا معاملہ عام انسانوں سے بالکل مختلف ہے اُن کا تعلق براہِ راست خدا سے ہوتا ہے اور انہیں جواب بھی ملتا ہے لیکن اس کے ساتھ زندگی کے عملی مسائل میں اور پیغامِ حق کو کامیابی سے ہمکنار کرنے کے لئے انہیں بھی سخت جدوجہد کرنا پڑتی ہے۔ یہ نہیں ہوتا کہ وہ خدا سے دُعا کریں تو اللہ

تعالیٰ خود ہی وہ کام کر دے ۔حضرت موسیٰؑ اور حضرت ہارونؑ نے جب فرعون سے نجات کی دُعا کی تو فرمایا رب جلیل نے کہ ہم نے تمہاری دُعا قبول کر لی ہے اب تم ثابت قدمی سے اپنے پروگرام پر عمل جاری رکھو ۔اسی طرح جب حضرت نوح علیہ السلام نے طوفان سے بچنے کی دُعا کی تو فرمایا کہ ہم نے تمہاری دُعا قبول کر لی ہے اور تم کشتی بناؤ خدا تو قادرِ مطلق ہے وہ انہیں بغیر کشتی کے بھی بچا سکتا تھا مگر اُس نے ایسا نہیں کیا ۔قرآنِ حکیم میں اکثر دعائیں جمع کے صیغہ میں ہیں کیونکہ دین نام ہی اجتماعی نظام کا ہے ۔اسلام نے تمام عبادات میں اجتماعی عمل رکھ کر اسے ایک نظام کی شکل دے دی ہے ۔دُعا بھی ایک اجتماعی عمل ہے ۔یہ دنیا و آخرت میں کامیابی کی دُعا ہو یا علم میں اضافہ کی ،والدین کی مغفرت کی دُعا ہو یا کفار پر غلبہ کی ،سب اجتماعی صورت میں کی جاتی ہیں ۔

علامہ اقبال نے اپنے کلام میں متعدد ''دعائیں'' کی ہیں اور اپنے خطبات میں بھی اس پر فلسفیانہ انداز میں بحث کی ہے ۔وہ کہتے ہیں کہ دُعا کی اہمیت سے باخبر ہونے والے اسے زندگی کی مشکلات اور خطرات کے موقع پر ایک ڈھال سمجھتے ہیں ۔دُعا کی معاشرتی اہمیت یہ ہے کہ جب سب انسان مل کر خدا سے دعا مانگتے ہیں تو اُن کے جذبات میں شدت ملی ہمدردی کے گہرے اثرات اور انقلاب رونما کر دیتے ہیں ۔علامہ اقبال مزید فرماتے ہیں کہ عام طور پر مسلمان دعا پر اتنا زیادہ تکیہ کرتے ہیں کہ عمل اور جدوجہد کی لازمی شرط کو نظر انداز کر دیتے ہیں جب کہ قرآن کے مطالعہ اور رسول اکرمﷺ کے اسوۂ حسنہ کے مطالعہ سے واضح ہے کہ عمل اور جدوجہد کے بغیر دُعا نتائج پیدا نہیں کر سکتی ۔جیسا کہ قرآنِ حکیم میں کہ انسان کو وہی کچھ ملے گا جس کی وہ کوشش کرے گا (29/53) اس قانونِ خداوندی کے تحت ہر انسان کو خواہ اس کا مذہب جو بھی ہو اُسے اپنی محنت کا صلہ ملے گا ۔مسلمان کھیت کا مالک اچھے بیج ،کھاد ،پانی اور پانی کے بغیر محض دُعا سے اچھی فصل حاصل نہیں کر سکتا اور کا فر اگر یہ تمام کام کرے گا تو اچھی فصل حاصل کرے گا ۔

حضور اکرمﷺ کی پوری سیرت ہمارے سامنے ہے ۔آپﷺ نے عملاً جدوجہد کی اور محض دعاؤں پر بھروسہ نہ کیا ۔اسی سے زائد آپﷺ کو جنگیں لڑنا پڑیں پھر کہیں جا کر حق کی دعوت کامیابی سے ہمکنار ہوئی ۔ہمیں آپﷺ کی سیرت طیبہ کے اس انقلاب آفرین پہلو کو سامنے

رکھنا چاہیے۔ بغیر عمل اور جدوجہد کے اور محض دعاؤں کے سہارے کامیابی کی توقع کرنا اور کام کچھ نہ کرنا صرف دعائیں کرتے چلے جانا لاحاصل ہے جس پر علامہ اقبال نے کہا تھا ؎

تری دُعا ہے کہ ہو تیری آرزو پوری

مری دُعا ہے تیری آرزو بدل جائے

دورِ حاضر کے خضرِ راہ

ایران کے ممتاز شاعر ملک الشعراء بہار نے علامہ اقبال کو زبردست خراجِ عقیدت پیش کرتے ہوئے کہا ہے ''قرنِ حاضر خاصۂ اقبال گشت'' یعنی موجودہ دور اقبال کا دور ہے لیکن عظیم شاعر ہر دور میں اپنی شہرت و عظمت کی بلندی پر فائز رہتا ہے جب تک اردو زبان زندہ ہے اقبال کا نام ہمیشہ روشن رہے گا مگر علامہ اقبال کو صرف شاعر کہنا اُن کے ساتھ بہت بڑی زیادتی ہے۔ یہ درست ہے کہ وہ اردو و فارسی کے بہت بڑے شاعر تھے مگر انہوں نے دراصل شاعری کو اپنے پیغام کا ذریعہ بنایا تھا اور خود ہی یہ بھی کہا کہ   ؏   میری نوائے پریشاں کو شاعری نہ سمجھو

علامہ اقبال کی شہرت اگرچہ ایک شاعر، فلسفی، مفکر اور سیاستدان کی حیثیت سے ہے مگر دراصل وہ عاشقِ رسول ﷺ اور پیامبرِ قرآن تھے۔ان کی سوچ کا منبع قرآن تھا۔انہوں نے جو سمجھا قرآن سے سمجھا اور جو سمجھایا قرآن ہی سے سمجھایا اور یہی پیغام دیا کہ ؎

گر تو می خواہی مسلمان زیستن

نیست ممکن جز بقرآن زیستن

کہ اے مردِ مسلماں اگر تو عزت و کامیابی کی زندگی گزارنا چاہتا ہے تو وہ قرآن کی تعلیمات پر عمل کر کے ہی ممکن ہے۔علامہ اقبال کی زندگی اُن کی جدوجہد اور اُن کے پیغام کا جائزہ لینے کے بعد قاری پر یہ حقیقت آشکار ہو جاتی ہے انہوں نے بیک وقت کئی محاذوں پر لڑائی لڑی۔اُس وقت مسلمان ممالک غلامی کی زنجیروں میں جکڑے ہوئے تھے اور خود مسلمانوں میں نہ صرف قیادت کا فقدان تھا بلکہ مذہبی قیادت انہیں دین کے اصل پیغام سے دور صرف مذہبی رسوم کا پابند بنا رہی تھی۔نسل اور وطن پرست نظریہ نے انسانوں کو تقسیم کر رکھا تھا۔ان حالات میں علامہ نے صدائے حریت بلندی اور قوم پرستوں، تنگ نظر، مذہبی سوچ، بے عمل تصوف، لادین عناصر،غلامانہ ذہنیت اور بے عملی کے خلاف جدوجہد کی اور کسی قسم کی مخالفت اور تنقید کی پروا نہ کی۔دورِ حاضر کے مضطرب اور تلاشِ حقیقت کے متلاشی نوجوانوں

کے لئے فکرِ اقبال خضرِ راہ کا کام دے سکتی ہے۔ علامہ نے نوجوانانِ ملّت کو اپنا پیغام خودی، فقر، عشقِ قرآن، عشقِ رسول صلی اللہ علیہ وسلم علم و عقل، اجتہاد، مسلم قومیت، مردِ مومن اور وحدتِ انسانی کی صورت میں دیا ہے۔ وہ پیامِ انقلاب ہے انہوں نے مغربی تہذیب کی جن خامیوں اور خرابیوں کی نشاندہی کی ہے اس سے صرف نظر ممکن نہیں۔ اسلام کی نشاۃِ ثانیہ کے حوالے سے نوجوانوں کو جو انہوں نے پیغام بذریعہ جاوید دیا ہے وہ آج بھی مشعلِ راہ ہے۔ جاوید نامہ، خضرِ راہ، طلوعِ اسلام، ساقی نامہ مومن، مردِ مسلماں غرض ان کی شاعری کا مجموعی کلام ایک اعلیٰ کردار کی تعمیر کرتا ہے۔ علامہ نے تقدیر کی بجائے عمل، جامد تقلید کی بجائے اجتہاد، محض رسمی عبادات کی بجائے دین کے اصل مقصد کو اجاگر کیا ہے، اُسے سمجھنے کی ضرورت ہے۔ اہلِ مغرب اور اعلیٰ تعلیم یافتہ طبقہ کو اسلام کی اصل روح سے آگاہ کرنے کے لئے انہوں نے اپنے خطبات پیش کئے جن سے ذہن کی گھتیوں کو آج بھی سلجھایا جا سکتا ہے۔ علامہ نے امتِ مسلمہ کے زوال اور پستی کی سب سے بڑی وجہ بیان کرتے ہوئے کہا کہ

وہ زمانے میں معزز تھے مسلماں ہو کر   اور تم خوار ہوئے تارکِ قرآں ہو کر

علامہ اقبال کی شخصیت ایک متوازن اور دانائے راز کی شخصیت ہے۔ یہ علامہ اقبال کی ہی شخصیت ہے جنہوں نے پیامِ مشرق صحبت رفتگاں میں ٹالسٹائی، کارل مارکس، ہیگل، کومٹ اور بوگن کو جمع کیا۔ یہ اقبال ہی ہیں جو گوئٹے، گرو نانک سر آرنلڈ، شیکسپیئر، نپولین اور دوسرے کئی غیر مسلم تاریخ ساز شخصیات کو خراجِ عقیدت پیش کرنے میں بخل سے کام نہیں لیتے۔ تو پھر فکرِ اقبال سے راہنمائی لینے والا کیوں اعتدال اور مذہبی رواداری کا حامل نہ ہو گا۔ وہ نطشے کو خراجِ عقیدت بھی پیش کرتے ہیں اور ساتھ ہی یہ بھی کہتے ہیں ۔

اگر ہوتا وہ مجذوب فرنگی اس زمانے میں

تو اقبال اس کو سمجھاتا مقام کبریا کیا ہے

وہ کارل مارکس کی عظمت کو سلام کرتے ہوئے کہتے ہیں ''نیست پیغمبر ولی دارد کتاب'' کہ وہ پیغمبر نہیں ہے لیکن اُسے کتابِ علم ملی ہے۔ علامہ کارل مارکس کو ایسا عظیم خراجِ عقیدت پیش کرتے ہیں جو آج تک شائد کسی نے پیش نہ کیا ہو وہ کارل مارکس کو ''کلیم'' تو کہتے ہیں بے بجلی۔ اسے ''مسیح'' تو

203

قرار دیتے ہیں لیکن بے صلیب یہاں تک کہ جاوید نامہ میں افغانی کی زبان سے یہ تک کہہ جاتے ہیں۔۔؎

صاحبِ سرمایہ از نسلِ خلیل آں پغیبر بے جبریل

زانکہ حق در باطل او مضمر است قلب او مومن دماغش کافر است

علامہ کارل مارکس کو جبریل کے بغیر پیغمبر قرار دیتے ہوئے اس کا دل مومن کا کہتے ہیں اور دماغ کافر قرار دے کر اسے ام الکتاب کی طرف رجوع کا مشورہ دیتے ہیں۔ روس میں اشترا کی انقلاب کا ضربِ کلیم میں ''اشتراکیت'' کے عنوان سے خیر مقدم کرتے ہوئے کہتے ہیں۔

جو حرفِ قلِ العفو میں پوشیدہ ہے اب تک

اس دور میں شائد وہ حقیقت ہو نمودار

لیکن ساتھ ہی وہ یہ درس بھی دیتے ہیں کہ ۔۔۔۔۔۔۔۔۔۔۔

قرآن میں ہو غوطہ زن اے مردِ مسلماں

اللہ کرے تجھ کو عطا جدّتِ کردار

یہ علامہ اقبال ہی ہیں جو لینین کو خدا کے حضور پیش کر دیتے ہیں اور اسے یہ بے باکی بھی دیتے ہیں کہ وہ خدا سے مخاطب ہو کر پوچھتا ہے کہ ۔۔۔۔۔۔۔۔۔۔۔

وہ کون سا آدم ہے کہ تو جس کا ہے معبود؟

وہ آدم خاکی کہ جو ہے زیرِ سماوات

یہ علم، یہ حکمت، یہ تدبر، یہ حکومت!

پیتے ہیں لہو، دیتے ہیں تعلیم مساوات!

تو قادر و عادل ہے، مگر تیرے جہاں میں

ہیں تلخ بہت بندۂ مزدور کے اوقات

لینن کی اسی آواز کے جواب میں فرمانِ خدا، فرشتوں سے ہوتا ہے کہ ۔۔۔۔۔۔۔۔۔۔

اُٹھو میری دنیا کے غریبوں کو جگا دو!

کاخِ اُمراء کے درو دیوار ہلادو!

کیوں خالق و مخلوق میں حائل رہیں پردے

پیرانِ کلیسا کو کلیسا سے اُٹھا دو

علامہ اقبال جہاں ایک طرف رومیؒ، جامیؒ، نظام الدین اولیاءؒ، سید علی ہجویریؒ، خواجہ معین الدین چشتیؒ کو خراجِ عقیدت پیش کرتے ہیں وہاں مذہبی پیشوائیت اور ملائیت پر کڑی چوٹ بھی کرتے ہیں اور یہاں تک کہہ جاتے ہیں کہ صوفی اور ملا کی قرآن کی تشریح نے خدا، رسول پاک ﷺ اور جبرئیل کو حیرت میں ڈال دیا ہے کہ جو یہ کہہ رہے ہیں وہ حقیقت کے برعکس ہے۔ دین کی غلط تشریح پر وہ اس طبقہ پر جابجا کھلے الفاظ میں تنقید کرتے ہیں اور اپنی نظموں پیر و مرید، زہد اور رِندی، ملا اور بہشت، پنجاب کے پیرزادوں سے، خانقاہ، شیخ مکتب سے، باغی مرید، ملائے حرم، پنجابی مسلمان، صوفی سے تصوف اور اے پیرِ حرم میں کھل کر اظہارِ خیال کرتے ہیں وہ مذہب کو رسمی عبادات کی بجائے ایک نظامِ زندگی کی صورت میں دیکھنا چاہتے تھے اور برملا کہتے ہیں۔

گر صاحبِ ہنگامہ نہ ہو منبر و محراب

دیں بندۂ مومن کے لئے موت ہے یا خواب

اقبال کی شاعری اور نثر قاری کے دل میں اُتر جاتی ہے اور اس میں ایک فکری انقلاب پیدا کر دیتی ہے۔ وہ امید اور کامیابی کا پیغام دیتی ہے۔ مادہ پرستی اور استحصال کی سیاست کے خلاف ایک آواز ہے جو وحدتِ انسانی اور محبت کا پیغام ہے۔ آج کے دور میں مسلمان جس طرح عالمی سطح پر پستی کا شکار ہیں اس میں فکرِ اقبال ایک نویدِ مسیحا بن کر سامنے آتی ہے۔ جو یہ پیغام دیتی ہے کہ قربانیاں دے کر ہی کوئی قوم عروج حاصل کرتی ہے جس طرح کہ خونِ صد ہزار انجم سے ہوتی ہے سحر پیدا۔ وہ طوفانِ مغرب سے پریشان ہونے کے بجائے اُسے مسلمان کو بیدار ہونے کا منظر دیکھتے ہیں۔ آج کے دور میں اُن کی شاعری خصوصاً نمودِ صبح، ترانہ ملی، خطاب بہ جوانانِ اسلام شکوہ اور ابلیس کی مجلس شوریٰ مشعلِ راہ ہو سکتی ہے وہ امید کا پیغام دیتے ہیں کہ ....

نہ ہو نومید نومیدی زوالِ علم و عرفاں ہے

امید مردِ مومن ہے، خدا کے رازدانوں میں
تقدیر امم کیا ہے؟ کوئی کہہ نہیں سکتا
مومن کی فراست ہو تو کافی ہے اشارہ

آج کی نوجوان نسل کو اُن کے اس پیغام کو سمجھنے کی ضرورت ہے اور اپنا مقام پہچاننے کی ضرورت ہے جس میں انہوں نے کہا ہے کہ ....

خدائے لم یزل کا دستِ قدرت تو، زباں تو ہے
یقین پیدا کر اے غافل کہ مغلوبِ گماں تو ہے
مکاں فانی، مکیں آنی، ازل تیرا، ابد تیرا
خدا کا آخری پیغام ہے تو، جاوداں تو ہے

وہ کامیابی اور امید کا درس دیتے ہوئے خضرِ راہ کے آخر میں فرماتے ہیں ....

آزمودہ فتنہ ہے اک اور بھی گردوں کے پاس   سامنے تقدیر کے رسوائی تدبیر دیکھ!
مسلم استی سینہ را از آرزو آباد دار   ہر زماں پیش نظر لایخلف المیعاد دار

قرآن سائنس اور وجودِ باری تعالیٰ

قرآن حکیم کوئی سائنس کی کتاب نہیں کہ اس میں جدید سائنسی نظریات کو بالتفصیل بیان کر دیا جاتا کیونکہ قرآن کا موضوع انسان ہے اور وہ اسے زندگی کے تمام شعبوں میں اصولی رہنمائی دیتا ہے ۔ سائنس بھی چونکہ انسانی زندگی کا ایک گوشہ ہے اور ان امور کے بارے میں جہاں جہاں اس کتابِ مبین نے روشنی ڈالی ہے اُن پر غور و فکر کی ضرورت ہے کیوں کہ جہاں بھی وہ ایسی آیات کو سامنے لاتا ہے ساتھ ہی سوچنے ، سمجھنے اور تدبر کا حکم دیتا ہے ۔ مدعا یہ نہیں کہ قرآن حکیم کی سچائی کو جدید سائنس کے ذریعے ثابت کیا جائے کیونکہ یہ روشن کتاب اس کی محتاج نہیں لیکن یہ ضرور ہے کہ قرآن حکیم نے ساتویں صدی عیسوی میں جن امور کو بیان کیا ہے آج کی جدید سائنس بھی اُن کی تصدیق کرتی ہے اور یہ قرآن مجید کے کلام اللہ ہونے کا ایک اور ثبوت ہے ۔ قرآن کے اس معجزے کو سمجھنے کے لئے ہمیں نزولِ قرآن کے زمانہ یعنی ساتویں صدی عیسوی میں انسانی علم اور سائنسی معلومات کو پیش نظر رکھنا ہوگا ۔ دورِ حاضر میں تو یہ بہت آسانی ہے کوئی جب چاہے انٹرنیٹ پر مختلف سرچ ویب سائٹس میں تلاش کرلے کہ اس دور میں دنیا بھر کے مفکرین ، ماہرینِ علوم اور سائنس دان کس قدر علم رکھتے تھے؟ دنیا بھر کے علمی ذخیرہ سے تلاش کیجئے کہ نزولِ قرآن کے دور میں کائنات کی تخلیق، کائنات کی وسعت پذیری اور پھیلاؤ ، سیاروں کی اپنے اپنے مداروں میں گردش، سورج کا الگ مدار اور چاند کا الگ مدار، آسمان اور اس کی مختلف نہیں، پہاڑوں کی خصوصیات اور اُن کا متحرک ہونا شناخت کے لئے انگلیوں کے نشانات ، دو مختلف سمندروں کا آپس میں نہ ملنا، بچے کی جنس کے تعین میں نر کا کردار، رحمِ مادر میں انسان کی تخلیق کے مختلف مراحل ، انسانی بچہ کی تکمیل کے ادوار سورج کی اپنی روشنی ہونا اور چاند اس سے منعکس ہونا خلا کی تسخیر ، زمین کا ابھار ، جانوروں کی افزائشِ نسل اور دودھ کے اجزائے ترکیبی اور ایسے ہی دیگر امور کے بارے میں اس وقت انسان کا علم کیا تھا اور پھر اس کتاب مبین کی ان آیاتِ پر غور کیجئے ۔

20/31,51/47,39/6,71/15,65/12,78/12,21/30,32,33,

27/88,91/1-4,36/38-40,82

45/12-13,55/33,25/153,55/18-19,24/45,77/8-10,20/105-107

اس کے علاوہ بھی بہت سی آیات ہیں جن کی تفصیل اس مختصر مضمون میں بیان کرنا مشکل ہے۔ جب کوئی بھی ذی شعور شخص نزولِ قرآن کے دور کے علم کا جائزہ لیتے ہوئے قرآن کی ان آیات کو غور سے پڑھتا ہے تو وہ بھی فرانسیسی مفکر ڈاکٹر مورس بکایئے کی طرح اسی نتیجہ پر پہنچتا ہے کہ یہ واقعی اللہ کا کلام ہے کیونکہ اس دور میں انسانی علم میں یہ چیزیں ابھی نہیں آئی تھیں اور جن امور پر قرآن نے روشنی ڈالی ہے وہ آج کے جدید سائنسی دور میں بھی غلط ثابت نہیں ہوئی۔ ڈاکٹر مورس کا بو کا یئے اپنی کتاب)

(The Bible, The Qur'an and Science

میں مزید لکھتا ہے ''قرآن اور سائنس میں حیرت انگیز تعلق ہے۔ تخلیق کائنات، فلکیات، عالم حیوانات و نباتات، انسان کی تولید اور زمین کی تشریح پر جدید نظریات و تحقیقات اور حقائق دیکھیں تو قرآن میں ایک غلطی بھی نظر نہیں آتی۔ ایک انسان کیسے اس کا مصنف ہوسکتا ہے''، کیا کسی اور کتاب میں بھی ایسے حقائق ہیں؟ اس سچائی کو کوئی بھی شخص بھی خالی الذہن ہو کر تجرباتی دلیل کے ذریعے (Experimental evidence) اور استدلال سے نتائج نکالتے ہوئے استقرائی طریقہ (Inductive method) کو بروئے کار لا کر آخری نتیجہ تک پہنچ سکتا ہے۔

قرآن نے مذہب اور سائنس میں مطابقت کرتے ہوئے اُن کا اکٹھا ذکر کیا ہے۔ مذہب خالقِ کائنات کے بارے میں بات کرتا ہے تو سائنس اس خالق کی پیدا کردہ خلق (Creations) کے بارے میں بحث کرتی ہے اگرچہ دونوں کا دائرہ کار مختلف ہے مگر دونوں کو ایک دوسرے کی ضرورت ہے بقول آئن سٹائن ''سائنس مذہب کے بغیر لنگڑی ہے اور مذہب سائنس کے بغیر اندھا ہے۔''

اسلام ایک مذہب نہیں ہے بلکہ دین ہے، نظام حیات ہے جو زندگی کے تمام شعبہ جات کے لئے انسانیت کی رہنمائی کرتا ہے۔ اس لحاظ سے سائنس، دین کا ہی ایک گوشہ ہے لیکن اس حقیقت کے باوجود کے مذہب اور سائنس کو ایک دوسرے کا مخالف قرار دیا جاتا ہے جس کی اہم وجہ یہ ہے کہ یورپ کے

تاریک زمانہ (Dark age) کے بعد جب یہاں سائنسی ترقی شروع ہوئی تو کلیسا اور مذہبی پیشوائیت نے اس کی شدید مخالفت کی اور طاقت سے سائنسی ترقی کو روکنے کی کوشش کی۔ سولہویں صدی میں سائنس اور مذہب کی یہ دوری تباہ کن ہوئی۔ ایک طرف مذہبی طبقہ نے یہ محسوس کیا کہ سائنسی علوم کے فروغ سے اُن کا تسلط اور پیشوائیت خطرے میں گر جائے گی تو دوسری جانب مادہ پرستوں نے مذہب کی مخالفت شروع کر دی۔ انہوں نے پراپیگنڈہ شروع کر دیا کہ سائنس مذہب سے متصادم ہے وہ آج بھی عہد متوسط کے کلیسا اور مذہبی پیشوائیت کو مذہب کا نمائندہ قرار دے کر یہ پیغام دیتے ہیں کہ اگر مذہب کو عروج حاصل ہو گیا تو ہمیں پھر اُسی دور کے تاریک ماضی میں دھکیل دیا جائے گا لیکن وہ یہ حقیقت مدِ نظر نہیں رکھتے کہ کیتھولک کلیسا نے وحی کی تعلیمات کو فراموش کر کے یہ رویہ اپنایا یا جب کہ اسلام کا معاملہ اس سے مختلف ہے۔ آج جدید سائنس جس مقام پر کھڑی ہے وہ قرونِ اولٰی کے مسلمان سائنس دانوں کی وجہ سے ہے۔ بد قسمتی سے کچھ مسلمان سکالرز نے یا تو سائنسی علوم سے آگاہ ہی نہ ہونے کی وجہ سے یا پھر قرآن حکیم کو صرف لفظی ترجمے اور روایتی تفسیر تک محدود رکھنے سے اس کتابِ لا ریب کا یہ پہلو اجاگر نہ ہو سکا جس کی کمی عصر حاضر کے بہت سے مفسرین پوری کر رہے ہیں۔

حکیم الامت علامہ اقبال نے اپنے خطبات میں مذہب اور سائنس کے موضوع پر سیر حاصل بحث کی ہے۔ مذہب سے جو علم حاصل ہوتا ہے اُسے انہوں نے سائنس کی زبان میں سمجھانے کی کوشش کی ہے۔ وہ لکھتے ہیں کہ سائنس کائنات کے جزئی علم کی نشاندہی ہی کرتی ہے جب کہ دین تمام گوشوں پر محیط ہوتا ہے۔ سائنس صرف عالمِ محسوسات کا مطالعہ کرتی ہے جب کہ دین عالمِ محسوسات کے علاوہ غیر طبیعی حقائق سے بھی باخبر ہے۔ سائنس محض علم عطا کرتی ہے جب کہ مذہب ہم سے عمل کا بھی مطالبہ کرتا ہے۔ سائنس کائنات کی اشیاء کے مطالعہ و مشاہدہ کے لئے محض عقل کی قیادت کو مانتی ہے جب کہ دین عقل کی محدودیت کے پیشِ نظر وحی کی افادیت و اہمیت پر زور دیتا ہے۔

یہ حقائق اپنی جگہ پر موجود ہونے کے باوجود مادہ پرستوں اور ملحدین (Atheists) یہ باور کرانے کی کوشش کرتے رہے کہ یہ کائنات ازلی و ابدی ہے اور اس میں پائے جانے والے تمام جاندار از خود بے جان مادے سے پیدا ہوئے زندگی کا یہ سارا نظام ایک اتفاقی ہنگامہ کی وجہ سے ہے جس کے

پیچھے کوئی مقصد اور مصلحت نہیں ہے۔ یہ ایسے ہی بن گئی ہے اور ایسے ہی چلتا رہے گا اور کسی دن بغیر کسی نتیجہ کے ختم ہو جائے گا اور اس کا کوئی خالق و مالک موجود نہیں زندگی جو کچھ ہے یہی دنیاوی زندگی ہے اور اعمال کے سارے نتائج اسی زندگی کی حد تک ہیں۔

دہریت اور لادینی کے یہ تصورات زیادہ عرصہ قائم نہ رہ سکے اور جدید سائنسی انکشافات نے ان کے غبارے سے ہوا خارج کر دی۔ کائنات کے ازلی وابدی ہونے کا عقیدہ، مادے کے لافانی (Immortal) ہونے کے تصور کی بساط ایٹمی توانائی کی دریافت نے اُلٹ دی جب کہ حرکیات کے دوسرے قانون (Second Law of Thermodynamics) کے دوسرے قانون کی دریافت نے ملحدین کو لاجواب کر دیا ہے اور واضح کیا ہے کہ جس طرح اس کائنات کا نقطۂ آغاز مسلمہ ہے اسی طرح اس کا ایک دن خاتمہ بھی یقینی ہے اور کائنات ہمیشہ سے جوں کی توں ہے، باطل ہو جاتا ہے اور اس زوال پذیر کائنات کو ایسی قوت نے پیدا کیا ہے جو خود لازوال ہے۔ اس کائنات کا زوال پذیر ہو نا خدا کے وجود کو ثابت کرتا ہے اور چونکہ آغاز بھی خود بخود نہ تھا بلکہ اس کے لئے کسی خالق یا کسی پرائم موور کی ضرورت ہے۔ عظیم دھماکہ کا نظریہ (Big Bang) اور پھیلتی ہوئی کائنات کا نظریہ (Expanding Universe) اس کی مزید وضاحت کرتے ہیں۔ جب بھی کبھی کوئی باشعور انسان غور و فکر کے ساتھ اس کائنات پر غور کرتا ہے تو یہ حقیقت اُس کے ذہن میں آشکار ہوتی ہے کہ خود بخود یہ سب کیسے ممکن ہے۔ جسم انسانی کی ساخت اور اس کے نظام کیسے مربوط انداز میں کام کرتے ہیں۔ ایک سیل کے اندر ایسا جہاں آباد ہے کہ انسان وطیرہ حیرت میں ڈوب جاتا ہے کہ آنکھ سے نظر نہ آنے والے سیل میں کروموسوم کی ایک متعین تعداد پھر اس پر جینز کی موجودگی اور وراثتی مادہ ڈی این اے میں معلومات کا اندراج، ایک ڈی ری روح میں لاکھوں کی تعداد میں جینز کی موجودگی اور ہر جینز کی ایک مخصوص ترتیب اور اک میں ایک بنیادی چیز کی ترتیب بھی اِدھر اُدھر نہیں ہوتی یہ سب کیسے ہنگامی اور غیر ترتیب کے پیچھے ممکن ہے انسانی جگر کو ہی اگر لیا جائے یہ کس قدر مربوط نظام کے تحت چلتا ہے کہ اگر ہمیں زمین پر اس طرح کا ماڈل بنانا پڑے تو کروڑوں ڈالر درکار ہوں گے۔

یہی وجہ ہے کہ ان حقائق اور دریافتوں کی وجہ سے دنیا کے عظیم سائنس دان خدا کے وجود پر

یقین رکھتے ہیں۔ نیوٹن کے الفاظ میں''وہ خدا لافانی، قادرِ مطلق ہمہ مقتدر اور علیم و خبیر ہے۔ یعنی وہ ازل سے ابد تک رہے گا''،

لارڈ کیلون اپنی عمر بھر کی سائنسی تحقیق کے بعد اس نتیجہ پر پہنچا کہ''اگر تمہاری سوچ میں قوت ہے تو سائنس تمہیں خدا پر ایمان لانے پر مجبور کر دے گی''۔ فرانس کے مشہور سائنس دان لوئی پاسچر بھی بے اختیار پکار اُٹھا کہ''میرا علم جتنا ہے میرا ایمان اتنا ہی زیادہ پختہ ہوتا جاتا ہے، سائنسی تعلیم کی کمی انسان کو خدا سے دور لے جاتی ہے جب کہ اس میں وسعت اور گہرائی اُس کے قریب تر پہنچا دیتی ہے''۔

راقم ذاتی طور پر پاسچر کے بیان سے بالکل متفق ہے کیونکہ اپنی پیشہ ورانہ زندگی میں ہر روز خدا کی صنّاعی کو ذاتی طور سامنے دیکھنے سے اُس خالقِ ارض و سمٰوات پر ایمان اور بھی پختہ ہو جاتا ہے۔ تولید کے مراحل کو لیبارٹری میں دیکھ کر انسان ورطہ حیرت میں گم ہو جاتا ہے کہ کون ہے جو مادہ منویہ (sperms) کو راہ دکھاتا ہے کہ وہ مختلف مراحل سے گزر کر بیضہ (Egg) تک پہنچتا ہے۔ سپرم کی ساخت میں ایک ماڈرن انجینئرنگ کا شاہکار کیا ایسے ہی تخلیق ہو گیا اور پھر جب Egg سے ملتا ہے تو اپنی دم کو باہر ہی گرا دیتا ہے کیونکہ اگر یہ اپنی دم ساتھ لے جائے تو بیضہ ہلاک ہو جاتا ہے اور پھر ایک سپرم کے مل جانے کے بعد ایک کیمیائی مادہ نکلتا ہے جو بیضہ کے ارد گرد سینکڑوں سپرم کو اندر جانے سے روک دیتا ہے اگر ایسا نہ ہو تو بار آوری ہو ہی نہیں سکتی۔ یہ ہدایت آنکھ سے بھی نظر نہ آنے والے خلیہ کو کہاں سے آ گئی پھر تولید وہ عمل شروع ہوتا ہے کہ ایک خلیہ سے پورا انسان کامل جنم لیتا ہے جس کی طرف کلامِ مجید نے اشارہ بھی کیا ہے۔ خالق کی پلاننگ دیکھ کر حیرت اس وقت بھی ہوئی جب دیکھا کہ بار آور (Fertilized) خلیہ کو صرف آگے کی طرف حرکت دینے کے لئے اس کے اطراف حرکت دینے والے سیلز (cumulus cells) کسی بنانے والے نے بنائے ہیں یا خود بخود بن گئے۔ آغاز میں جب ہم تجربات میں بار آور خلیہ کو مادہ کے تولیدی نظام میں منتقل کرتے تھے تو خدشہ تھا کہ وہ اس ٹیوب سے باہر ہی نہ آ جائیں مگر خالقِ حیات اور نسلِ انسانی کو آگے چلانے والے خدا نے اس کا بند و بست کر رکھا ہے کہ اس ٹیوب میں اس طرح کے والو لگا دیئے گئے ہیں کہ بہاؤ صرف آگے ہو سکتا ہے پیچھے کی جانب ممکن واپسی کسی نہیں۔ لہٰذا بار آور بیضہ آگے رحم مادر کی جانب ہی چل سکتا ہے۔ کیا یہ نشانیاں

اس مالکِ کائنات پر پہنچنے کے لئے کم ہیں ۔ قرآنِ حکیم بھی تو ہمیں اسی غور و فکر کا درس دیتا ہے جو اس خالق کی پہچان کرا دیتا ہے۔ اسی لئے حکیم الامت علامہ اقبال کے بقول ''اسلام کا ظہور عقلِ استقرائی (سائنس) کا ظہور ہے''، جامعہ پنجاب لاہور کے سابق پروفیسر اور اسلام و سائنس پر متعدد کتب کے مصنف ڈاکٹر فضل کریم کے مطابق ''اسلام کا ظہور درحقیقت سائنس کا ظہور ہے لہٰذا سائنس نے کائنات کی جب بھی گرہ کھولی تو اس کی عظمت کا ایک سائینٹیفک پہلو اُجاگر ہو گیا'' یہی وجہ ہے کہ دن کے مایہ ناز اور معروف سائنس دان اس کائنات کے خالق پر ایمان رکھتے ہیں اُن میں کو پرینکس، گلیلیو، پاسکل، بوائل، پالے، کوئیر، یہونہک، فیراڈے، مینڈل، ارل ڈیوس اور جیمز جینز اور دوسرے بے شمار شامل ہیں ۔

علامہ اقبال نے اپنے خطبات میں فلسفیانہ انداز میں وجودِ باری تعالٰی کو سمجھایا ہے ۔ انہوں نے خدا کے وجود کو فلسفیانہ انداز میں تین طرح یعنی کائناتی طریق اور وجویاتی طریق سے واضح کیا ہے ضربِ کلیم کو اس طرح بیان کرتے ہیں ۔

تیری نگاہ میں ثابت نہیں خدا کا وجود   میری نگاہ میں ثابت نہیں وجود تیرا

وجود کیا ہے؟ فقط جوہرِ خودی کی نمود   کر اپنی فکر کہ جوہر ہے بے نمود تیرا

علامہ کے نزدیک خدا کی ہستی کا سب سے بڑا ثبوت حضورﷺ کی ذات ہے اور حضورﷺ کا سب سے بڑا معجزہ قرآن ہے جس نے عقل، مشاہدہ اور وجدان کو جمع کر دیا ہے ان واضح دلائل کے باوجود اگر کوئی پھر بھی منکرِ حق ہو تو اس کے لئے احسان دانش کہہ گئے ہیں ۔

....

آ جاؤ گے حالات کی زد پہ جو کسی روز   ہو جائے گا معلوم خدا ہے کہ نہیں ہے

اُمتِ مسلمہ میں زوالِ علم و حکمت

کسی بھی قوم کے عروج و زوال کی صرف ایک وجہ نہیں ہوتی بلکہ مختلف عوامل مل کر اپنا نتیجہ مرتّب کرتے ہیں جس سے وہ قوم یا تو ترقی کی منازل طے کر کے قابلِ رشک مقام حاصل کر لیتی ہے یا پھر زوال پذیر ہو کر عبرت کی مثال بن جاتی ہے۔ البتہ مجموعی عوامل میں کچھ بنیادی فیکٹر ایسے ہوتے ہیں جو نہایت اہم ہوتے ہیں اور قوموں کے عروج و زوال میں وہ بنیادی کردار ادا کرتے ہیں۔ اسی تناظر میں جب ہم امت مسلمہ کی موجودہ زبوں حالی پر نگاہ دوڑاتے ہیں تو یہ حقیقت ہم پر آشکار ہوتی ہے کہ موجودہ پستی کی وجہ جہاں دیگر وجوہات ہیں وہاں ایک بہت بڑی وجہ علمی و تحقیقی میدان میں عصرِ حاضر کی دیگر اقوام سے پیچھے رہ جانا ہے یہ ایک بہت بڑی وجہ اور شائد سب سے اہم وجہ ہو۔

امت مسلمہ کی اس صورتِ حال کو دیکھ کر مسلمانوں کے جدید یا لبرل طبقہ کا تجزیہ یہ ہوتا ہے کہ مذہبی تعلیمات نے ہمیں زمانے کی دوڑ سے دور کر دیا ہے جب کہ مذہبی خیالات کے حامل زوال اور پستی کی وجہ مذہبی تعلیمات سے دوری کو قرار دیتے ہیں اور اُن کے خیال میں اگر مسلمان مذہبی احکامات خصوصاً عبادات کو وطیرہ بنا لیں تو وہ فلاح پا سکتے ہیں اِن دونوں نظریات کو مدِ نظر رکھتے ہوئے ہم اسلامی تعلیمات کی روشنی میں موجودہ پستی کا جائزہ لے کر اصل صورتِ حال واضح کرنے کی کوشش کریں گے۔

یہ حقیقت ہے کہ اس وقت دنیا کے تمام مسلم ممالک اپنی تمام ضروریات خواہ وہ بنیادی نوعیت کی ہوں یا دفاعی سائنس ٹیکنالوجی اور طب کا شعبہ ہو یا خوراک جیسی بنیادی ضروریات، دنیا کے غیر مسلم ممالک کے دستِ نگر ہیں ایک طرف ہم روٹی دنیا سے مانگ کر کھا رہے ہیں اور دوسری طرف دعویٰ یہ کر رہے ہیں کہ ہم بہترین قوم ہیں اور ہمارے پاس دنیا بھر کے مسائل کا حل ہے ۔ یہ حقیقت اپنی جگہ پر مسلمہ ہے کہ قرآن خالقِ کائنات کی طرف سے انسانیت کے لئے آخری دستور العمل ہے لیکن ہم ایک طرف تو اُن تعلیمات پر عمل نہیں کر رہے اور دوسری طرف اپنے آپ کو مومن سمجھ بیٹھے ہیں حالانکہ قرآن کے الفاظ میں ہم نے تسلیم خم کیا ہے مومن نہیں بنے کیونکہ مسلمان گھر میں پیدا ہو جانے سے خود بخود

مسلمان یا مومن نہیں بنا جاسکتا بلکہ ایمان لانا پڑتا ہے (سورۃ النساء 136) جب کہ قرآنی تعلیمات کو دل و دماغ سے قبول کر کے اُن پر عمل پیرا ہو کر ہی کامیابی مل سکتی ہے جس کا وعدہ قرآن حکیم میں ہے ۔ (24/55 اور 3/138)

جہاں تک طبعی زندگی یا دنیاوی معاملات ہیں اس کے لیے خالقِ کائنات کے قوانین موجود ہیں جو اُن پر عمل کرتا ہے کامیابی حاصل کرتا ہے جو اُن سے صرفِ نظر کرتا ہے نا کام ہوتا ہے ۔ اس کے لیے مومن اور کافر کا فرق نہیں ہے ۔ صرف مذہبی تعلیمات اور عبادات پر عمل پیرا ہو کر طبعی قوانین اور عصری علوم سے بے بہرہ ہو کر کامیابی کی منازل حاصل نہیں کی جاسکتیں ۔ اسی حقیقت کی طرف اشارہ کرتے ہوئے علامہ اقبال فرماتے ہیں

ہے طواف و حج کا ہنگامہ اگر باقی تو کیا

کند ہو کر رہ گئی مومن کی تیغ بے نیام

جب ہم قرآن حکیم کا بغور مطالعہ کرتے ہیں تو یہ حقیقت سامنے آتی ہے کہ قرآن کی چھ ہزار دو سو چھیتیس آیات میں سے صرف ایک اعشار سات (1.7%) فی صد آیات عبادات سے متعلقہ ہیں جب کہ 750 آیات جو کہ پورے قرآن کا تقریباً نواں حصہ بنتا ہے وہ مطالعہ کائنات ، فکر و تدبر اور فطرت کے اصولوں پر غور و فکر کی دعوت دیتے ہیں ۔ اسی قرآن کی تقریباً ستائیس فی صد (26.60%) آیات مادی اور طبعی موضوعات سے متعلقہ ہیں ۔ چودہ فیصد (14.14%) فلسفہ اور تاریخ سے متعلقہ ہیں اور اسی قرآن کی ساڑھے بائیس فی صد آیات معاشرت اور سیاست سے متعلقہ ہیں لیکن ہماری اکثریت قرآن کو صرف مذہبی رسوم اور عبادات کی کتاب سمجھتی ہے حالانکہ یہ زندگی گزارنے کا وہ دستور العمل ہے جو ایک عام آدمی اور عرب کے بدو کو بھی زندگی کے بنیادی معاملات میں راہ دکھاتا ہے تو دوسری طرف آج کے تعلیم یافتہ دور کے سائنس دان اور فلسفی کے لیے غور و فکر کا سامان رکھتا ہے اس لحاظ سے یہ دنیا کی منفرد کتاب ہے اور یہ نہایت آسان ہے ، اسے پڑھنے ، سمجھنے یا عمل کرنے کے لیے مزید کسی علوم کی ضرورت نہیں بلکہ جسمانی و ذہنی پاکیزگی شرط ہے ۔ اور سمجھنے میں آسان اس قدر آسان ہے کہ سورۃ القمر میں چار دفعہ اس بات کو دہرایا ہے کہ ''ہم نے قرآن کو سمجھنے کے لیے آسان بنایا ہے ۔ ہے کوئی جو سوچے

سمجھے'۔اب سوال یہ پیدا ہوتا ہے کہ اس قدر اہم کتاب کے حاملین کی آج حالت اس قدر بری کیوں ہے۔اگر قرآن سائنسی امور میں بھی رہنمائی دیتا ہے تو مسلمان سائنس کے میدان میں کیوں پیچھے ہیں ۔اس کے جواب نہایت آسان ہیں کہ ہم قرآن کو صرف سمجھے بغیر پڑھتے ہیں۔بقول اقبال

از یٰسیٖن او آسان بمیری

اور

منزل و مقصود قرآن دیگر است

رسم و آئین مسلمان دیگر است

حالانکہ کے تلاوت کے معنی پیروی کرنا ہوتا ہے۔دوسری بات جب ہمارے مفسرین نے قرآن کے تراجم اور تفسیریں لکھیں اس وقت سائنسی دریافتیں اور ایجادات معرضِ وجود میں نہیں آئیں تھیں یہی وجہ ہے کہ مترجمین نے قرآن کی آیات کا ترجمہ کرتے ہوئے وہی الفاظ استعمال کئے جو کہ مروجہ تھے لیکن بعد میں اُسی نہج پر سلسلہ چلتا رہا حتیٰ کہ اس دور میں بھی علماء جن میں مصر کے سید قطب شہید بھی شامل ہیں قرآن کی بعض آیات کی سائنسی توجیہ کے خلاف تھے۔اسلاف کی تشریح حرفِ آخر بن گئی اور اجتہاد کا دروازہ بند کر دیا گیا اس کا نتیجہ یہ ہے کہ آج دنیا میں ڈیڑھ ارب مسلمان اور 57 مسلم ممالک ہونے کے باوجود دنیا کی پہلی دو سو بہترین جامعات (Universities) میں ایک بھی مسلمان ممالک میں واقع نہیں ہے۔امریکہ کی تیس سے زائد جامعات پہلی سو میں شامل ہیں سویڈن جس کی آبادی ایک کروڑ سے بھی کم ہے اس کی چار یونیورسٹیاں پہلی سو میں شامل ہیں جب کہ فن لینڈ، ناروے، ڈنمارک، ہالینڈ، آسٹریا اور اسرائیل کی یونیورسٹیاں پہلی سو میں ہیں اور ان ممالک کی انفرادی آبادی پچاس لاکھ سے بھی کم ہے۔امریکہ میں ساڑھے پانچ ہزار سے زائد جامعات ہیں۔سویڈن کی قدیم ترین یونیورسٹی اپسالا ہے جو کہ 1477ء میں قائم ہوئی جب کہ پاکستان کی قدیم ترین جامعہ پنجاب 1882ء میں انگریزوں کے ہاتھوں بنی۔جب کہ کراچی یونیورسٹی 1950ء میں شروع ہوئی اگرچہ مسلم ممالک میں قائم جامعات الازہر مصر کے علاوہ بغداد، مالی، استنبول اور مراکش میں پانچ سو سال سے پرانی یونیورسٹیاں ہیں مگر سائنس و ٹیکنالوجی اور تحقیق میں اُن کا کوئی مقام نہیں وہ صرف مذہبی تعلیمات

کے لئے مشہور ہیں۔

مسلم ممالک میں شرح خواندگی تقریباً چالیس فی صد تک ہے جب کہ عیسائی ممالک میں نوے فی صد تک ہے مسلمان اب تک صرف بارہ نوبل انعام حاصل کر سکے ہیں جب کہ یہودی نوبل انعام جیتنے والوں کی تعداد دو سو کے قریب ہے۔ تعلیمی ترقی کے لئے کم از کم چھ فی صد جی ڈی پی تعلیم پر خرچ ہونا چاہیے جب کہ صرف چند مسلم ممالک چھ فیصد سے زائد خرچ کر رہے ہیں۔ پاکستان 2.60 فی صد جی ڈی پی تعلیم پر خرچ کر رہا ہے جو کہ بھوٹان، بھارت اور نیپال سے بھی کم ہے۔

اِن حالات میں اور قرآنی تعلیمات کا تقاضہ ہے کہ اُمت مُسلمہ تعلیم و تحقیق پر مربوط پروگرام وضع کرے اور اس پر عمل کر کے ہی وہ اقوامِ عالم میں باعزت مقام حاصل کر سکتا ہے۔ قرآن بار بار اس کا حکم دیتا ہے۔ وہ تو کائنات کی تحقیق و تدبر کو ذکرِ الٰہی قرار دیتا ہے (آلِ عمر 189-190) قرآن کی پہلی وحی کا آغاز ہی اس حکم سے ہوتا ہے۔ اور حدیث رسول ﷺ ہے کہ "علم حاصل کرو چا ہے چین تک کا سفر کرنا پڑے"۔ ظاہر ہے یہ علومِ عرفِ عام میں دنیاوی علوم ہیں۔ اُمت مسلمہ کے لئے کامیابی کی یہی راہ ہے۔ قرآن انسانوں کے درمیان تفریق نہیں کرتا وہ سب کو برابر قرار دیتا ہے مگر صرف ایک جہت سے فرق کرتا ہے کہ "علم والے اور جاہل برابر نہیں ہو سکتے" (سورۃ الزمر 39/9)

تلاش

مسجدِ نبوی کے صحن میں جمع اہلِ مدینہ کی آنکھیں جو دیکھ رہی تھیں اُن کا ذہن اُسے باور نہیں کر رہا تھا۔ عرب کے اُن صحرا نشینوں جن کی خوراک ستو اور کھجور ہوتی تھی اور نہایت سادہ طرزِ زندگی کے امین تھے محوِ حیرت تھے کہ دنیا میں اس قدر بیش قیمت اور نگاہوں کو خیرہ کر دینے والی چیزیں بھی موجود ہیں۔ امیر المؤمنین حضرت عمرؓ وفورِ جذبات اور تشکر و امتنان سے بارگاہِ ربّ العزت میں جھکے ہوئے تھے۔ ایرانی سلطنت کے دارالحکومت مدائن کی فتح کے بعد وہاں کے حکمران کے محلات سے بیش قیمت سامان جب مدینہ پہنچا تو حضرت عمرؓ کی آنکھوں میں بے اختیار آنسو آ گئے۔ حضرت عبدالرحمن بن عوفؓ نے کہا کہ امیر المؤمنین! یہ تو خوشی کا موقع مگر آپ رو رہے ہیں تو آپؓ نے فرمایا جس قوم میں دولت کی فراوانی آ جائے اس میں رشک اور حسد پیدا ہو جاتا ہے جس سے قوم میں تفرقہ پیدا ہو جاتا ہے میں ڈرتا ہوں کہ ہمارا حشر بھی ایسا نہ ہو۔

اسلامی لشکر جب مدائن کے قریب پہنچا تو وہاں پُر جوش طغیانیوں سے بپھرا ہوا دریائے دجلہ سامنے تھا۔ مسلمان سپہ سالار سعد بن ابی وقاصؓ نے اللہ کا نام لے کر اپنا گھوڑا دریا میں ڈال دیا اور علامہ اقبال کو کہنا پڑا ؎

دشت تو دشت دریا بھی نہ چھوڑے ہم نے

بحرِ ظلمات میں دوڑا دیئے گھوڑے ہم نے

وہ ایرانی جو عربوں کو خاطر میں نہ لاتے تھے اور اُن سے جنگ تک کرنا اپنی توہین سمجھتے تھے اُن کا بادشاہ یزد گرد مارا مارا پھرتا رہا اور ایک پن چکی میں روپوش ہو گیا اور وہاں مارا گیا۔ یزد گرد کے سفید محل سے نہایت قیمتی سامان اسلامی لشکر کو ملا جس کی مالیت تقریباً تیس کھرب دینار ہو گی اس میں کسریٰ کا موتیوں کا ہار اور جواہرات سے مرصع تاج بھی تھا۔ ہیرے جواہرات سے ٹکے ریشمی ملبوسات اور تلواریں بھی تھیں سونے کے تاروں سے بنے نہایت قیمتی قالین بھی تھے۔ اہلِ مدینہ نے

جب یہ سب کچھ دیکھا تو اُن کی حیرت کی انتہاء نہ رہی۔ اس قیمتی مالِ غنیمت کے ساتھ فوج کے سپہ سالار کا ایک خط بھی تھا جس میں حضرت سعد بن ابی وقاصؓ نے لکھا تھا کہ امیرالمؤمنین آپ یقیناً اِن بیش قیمت مالِ غنیمت کو دیکھ کر محوِ حیرت ہوں گے مگر اِس سے بھی زیادہ باعثِ حیرت بات یہ ہے کہ یہ تمام چیزیں کسی ایک جگہ پر نہیں تھیں انہیں مختلف جگہوں سے اکٹھا کیا گیا ہے اور بہت سی اشیاء ایسے مقامات سے ملی ہیں جہاں سے اکٹھا کرتے وقت مجاہدین کو کوئی بھی دیکھنے والا نہ تھا لیکن اِن میں سے کسی نے ایک سوئی بھی اپنے پاس نہیں رکھی اور سب کچھ لا کر جمع کرا دیا ہے۔ یہ پڑھنے کے بعد حضرت عمرؓ نے کہا اِس قسم کی دیانت اور امانت کی مثال اور کہاں ملے گی؟ اِس پر حضرت علیؓ نے فرمایا اِس کا راز یہ ہے کہ جب آپ کا دامن پاک ہے تو آپ کی رعایا کا دامن بھی پاک ہے اور اگر آپؓ کی نیت ٹھیک نہ ہوتی تو اِن کی نیت بھی خراب ہوتی۔ یہی وہ کردار کی بلندی تھی جس نے قیصر و کسریٰ کی سلطنتوں کو ہمیشہ کے لئے ختم کر دیا۔ حضورﷺ کے جانشینوں اور ساتھیوں کا سیرت و کردار ہی تھا جس نے وہ انقلاب بھر پا کیا تھا اور اُن کے لئے مشعلِ راہ اُن کے رہبر تھے۔

مٹایا قیصر و کسریٰ کے استبداد کو جس نے

وہ کیا تھا زورِ حیدر، فقرِ بوذرؓ، صدقِ سلمانیؓ

ضمناً اِس بات کی وضاحت بھی ضروری ہے کہ یہ لشکر کشی نہ تو مالِ غنیمت کے حصول کے لئے تھی اور نہ دوسرے کو جبری مسلمان بنانے یا غلامی میں لینے کے لئے تھی بلکہ دوسرے محکوم انسانوں کو غلامی سے نجات دلانے اور مملکتِ اسلامی کے تحفظ کے لئے تھی۔ اگر یزدگرد مسلمان قاصدوں کے ساتھ توہین آمیز رویہ اختیار نہ کرتا اور صلح کی طرف ہاتھ بڑھاتا تو ممکن ہے اِن جنگوں کی نوبت ہی نہ آتی جہاں تک جبراً مسلمان بنانے کا تعلق ہے تو حضرت عمرؓ کا آزاد کردہ غلام وثیق ایک رومی نژاد عیسائی تھا جو آخری دم تک عیسائی ہی رہا اور حضرت عمرؓ نے اُسے جبراً مسلمان نہ کیا۔

آج پاکستان اور ملتِ اسلامیہ کو اُسی قیمتی قیادت کی تلاش ہے جو عوام کے دکھ درد کا عملی تجربہ رکھتے ہوں لیکن جہاں حکمرانوں اور عوام کے طرزِ زندگی میں کوئی مطابقت نہ ہو وہاں پُرسکون اور خوشحال معاشرہ کا تصور محض خواب بن کر رہ جاتا ہے۔ حضرت ابوبکرؓ جب خلیفہ بنے تو اُن کی تنخواہ کا سوال سامنے

218

آیا جس پر انہوں نے فرمایا کہ میری تنخواہ مدینہ کے ایک عام مزدور کے برابر ہوگی اس پر سوال کیا گیا کہ آپ اس سے کیسے گذر اوقات کریں گے۔ حضرت ابوبکرؓ نے فرمایا کہ میں مزدور کی تنخواہ میں اضافہ کر دوں گا۔ ایک دن رات کے کھانے کے بعد اہلیہ سے ''سوئیٹ ڈش'' کی فرمائش کی جس پر جواب ملا کہ بیت المال سے جو راشن آتا ہے اس سے یہ ممکن نہیں۔ کچھ دنوں کے بعد رات کے کھانے کے بعد جب آپ کو ''سوئیٹ ڈش'' پیش کی گئی تو آپ نے پوچھا کہ اب یہ کیسے ممکن ہوا تو اہلیہ نے فرمایا کہ ہر روز ایک مٹھی آٹا بچا کر کچھ دِنوں کے بعد اُسے فروخت کر کے سوئیٹ ڈش پکائی ہے۔ آپؓ نے بیت المال کو حکم دیا کہ خلیفہ کے راشن سے ایک مٹھی آٹا کم کر دیا جائے کیونکہ تجربہ نے یہ بتایا ہے کہ ایک مٹھی آٹا کم بھی ہو تو ہمارا گزر ارا ہو سکتا ہے۔ جہاں حکمران اور عوام دونوں کے لئے ایک جیسی سہولتیں اور قوانین ہوں وہاں ہی خوشحال مملکت قائم ہو سکتی ہے۔ ممکن ہے کچھ ذہن سوچیں کہ چودہ سو سال قبل کی مثالیں آج کے دور میں قابلِ عمل نہیں مگر اس وقت بھی یورپی ممالک کی زندہ مثالیں ہمارے سامنے موجود ہیں جہاں مملکت، حاکم اور محکوم میں کوئی فرق نہیں کرتی۔ قانون کی حکمرانی موجود ہے اور جہاں کسی نے بھی قانون شکنی کی وہاں ملک کے دستور کے مطابق اُسے جوابدہ ہونا پڑتا ہے۔ اور کوئی این آرا و انہیں بچانے نہیں آتا۔

خود خلفائے راشدین نے اپنے آپ کو کبھی بھی قانون یا عدالت سے ماورا نہیں سمجھا۔ مگر حیرت ہے کہ دستور پاکستان میں جہاں ایک طرف شق 2 کے تحت اسلام کو سرکاری مذہب قرار دیا ہے اور شق 25 کے تحت مملکت کے تمام باشندوں کو یکساں حیثیت دی ہے اور شق 31 کے تحت اسلامی طرزِ زندگی کے فروغ کو مملکت کا فریضہ قرار دیا ہے اور کوئی قانون بھی قرآن و سنت کے منافی نہیں ہوگا مگر ساتھ ہی شق 248 کے تحت صدر وزیرِ اعظم، گورنر اور وزراء کو خصوصی حیثیت دی ہے اور عدالتیں اُن کی کارکردگی پر اُن سے کوئی جواب طلب نہیں کر سکتیں۔ صدر اور گورنر کو مکمل طور عدالتوں سے ماورا قرار دیا گیا ہے۔ اگر حضرت علیؓ خلیفہ وقت ہوتے ہوئے قاضی کی عدالت میں پیش ہو سکتے ہیں تو اب اسلامی مملکت میں حکمران طبقہ کو استثنیٰ کیوں حاصل ہے؟۔ بقولِ اقبال

تجھے آباء سے اپنے کوئی نسبت ہو نہیں سکتی

کہ تو گفتار ،وہ کردار ،تو ثابت ،وہ سیّارا

لیکن اِن حالات میں بھی امید کا دامن ہاتھ سے نہیں جانے دینا چاہیے کیونکہ مایوسی کفر ہے اور بندہ مومن کبھی مایوس نہیں ہوتا بلکہ اپنی تمام تر صلاحیتیں بہتری کے لئے صرف کرتا ہے اور صلاحیت خالقِ کائنات نے ہمیں دے رکھی ہے صرف کوشش کی ضرورت ہے ۔ جیسے حکیم الامت نے کہا ہے ۔

خدائے لم یزل کا دستِ قدرت تو زبان تو ہے
یقین پیدا کر اے غافل کہ مغلوبِ گماں تو ہے

اور

خونِ صد ہزار انجم سے ہوتی ہے سحر پیدا

آج ہماری نگاہیں پھر کسی دیدہ ور کی متلاشی ہیں ہمیں اُس قیادت کی تلاش ہے جس میں شجاعت بھی ہو اور عدالت بھی ہو نگاہ بلند اور سخن دلنواز ہو ۔ آج امتِ مسلمہ اور اہلِ پاکستان پھر روحِ عمرؓ کے منتظر ہیں کسی اقبال کی ضرورت ہے جو اُن میں نظریاتی انقلاب بھر پا کر دے کسی جناح کی ضرورت ہے جو اُن کی کشتی کو منجدھار سے نکال کر کنارے لگا دے اور اُس قیادت کو

ترپنے پھڑکنے کی توفیق دے
دلِ مرتضیٰؓ سوزِ صدیقؓ دے

اقبال اور جناح کا تصورِ پاکستان

14 اگست 1947ء کا دن برصغیر کے مسلمانوں کے لئے نہایت اہمیت کا حامل ہے۔ زندہ اقوام میں اس طرح کے ایّام بہت ہی ممتاز حیثیت رکھتے ہیں اس دن اسلامیانِ ہندوستان نے قائد اعظم محمد علی جناح کی قیادت میں اپنے واضح نصب العین کی روشنی میں دنیا کی واحد نظریاتی اسلامی مملکت حاصل کی تھی۔ علمِ سیاست کی رو سے ایک خطہ زمین میں بسنے والے ایک قوم کہلاتے ہیں خواہ اُن کا مذہب کوئی سا بھی کیوں نہ ہو۔ اور مملکت کو اس سے غرض نہیں ہوتی کہ اس کے باشندے کس طرح کے نظریات یا معتقدات کے حامل ہیں اس کے برعکس قرآن نے یہ تصور دیا ہے کہ ایک ہی قسم کے نظریۂ حیات اور فلسفۂ زندگی پر عمل پیرا افراد باوجود لسانی، ثقافتی اور نسلی تفریق کے ایک قوم کے افراد ہیں۔ اس حقیقت کا واضح اعلان یوم فرقان (غزوۂ بدر) کے موقع پر ہو گیا تھا۔ اِسی نظریہ کو لے کر پاکستان کے قیام کی جدوجہد کی گئی اور ایک نظریاتی مملکت کے حصول کے لئے جدوجہد کی گئی اور واضح طور پر کہا گیا کہ یہ مملکت ایک خاص نظریہ کی بنیاد پر حاصل کی جائے گی جسے عمومی طور پر نظریۂ پاکستان یا دو قومی نظریہ بھی کہا جاتا ہے اور یہی علامہ اقبال اور قائد اعظم کا تصورِ پاکستان تھا۔

کچھ لوگ حقائق کو مسخ کرتے ہوئے یہ کہتے ہیں کہ پاکستان ہندو کی تنگ نظری کی وجہ سے بنا اور اگر ہندو کشادہ دل ہوتا تو پاکستان نہ بنتا۔ بعض افراد اِسے معاشی مسئلہ کا حل قرار دینے کی کوشش کرتے ہیں اور کچھ انگریز کی سازش کا نتیجہ قرار دیتے ہیں۔ کوئی اِسے مسٹر جناح کی انانیت اور بابائے قوم بننے کی خواہش کا حامل سمجھتے ہیں جب کہ حقیقت یہ ہے کہ یہ تمام حقائق کے منافی اور ذہنی اختراع کے سوا کچھ نہیں۔ اگر چہ ہندو قیادت کی تنگ نظری نے مسلم اکابرین کو مستقبل کے بارے میں سنجیدگی سے سوچنے پر مجبور کر دیا لیکن حقیقت یہی ہے کہ قیام پاکستان کی جدوجہد پر گہری نظر رکھنے والے حضرات اور غیر جانبدارانہ تحقیق کرنے والے اس نتیجہ پر پہنچتے ہیں کہ قیامِ پاکستان دو قومی نظریئے کی بنیاد پر ہی معرضِ وجود میں آیا اور تحریکِ پاکستان جوں جوں آگے بڑھتی گئی اس کے خط و خال نمایاں ہوتے گئے۔

1857ء کی جنگِ آزادی کے بعد سرسید احمد خان نے قوم کی رہنمائی کی اور واضح طور پر کہا کہ مسلمان ہندوؤں سے الگ قوم ہیں ۔ تاریخ میں چوہدری رحمت علی پہلے رہنماء ہیں جنہوں نے 1915ء میں بزم شبلی لاہور میں خطاب کرتے ہوئے اسلامیان ہند کے لیے الگ ملک کا مطالبہ کیا۔

علامہ اقبال نے 1930ء میں آلہ آباد کے مقام پر آل انڈیا مسلم لیگ کے جلسہ کی صدارت کرتے ہوئے اپنے مشہور خطبہ میں فرمایا''ہندوستان دنیا بھر میں سب سے بڑا اسلامی ملک ہے اس ملک میں اسلام بحیثیت تمدنی قوت کے اُس صورت میں زندہ رہ سکتا ہے کہ اسے ایک علاقے میں مرکوز کر دیا جائے حقیقت یہ ہے کہ اسلام خدا اور بندے کے درمیان ایک روحانی واسطہ کا نام نہیں بلکہ یہ ایک نظامِ مملکت ہے۔اسی لئے میری آرزو یہ ہے کہ پنجاب ،صوبہ سرحد ،سندھ اور بلوچستان کو ملا کر ایک واحد اسلامی ریاست قائم کی جائے ۔ مجھے تو یہی نظر آتا ہے کہ شمال مغربی ہندوستان میں ایک متحد ،اسلامی ریاست کا قیام کم از کم اس علاقہ کے مسلمانوں کے مقدر میں لکھا جا چکا ہے''۔

علامہ کا یہ کہنا تھا کہ ہندوستان میں ایک بھونچال آ گیا ایک طرف ہندو اور انگریز اس کی مخالفت کر رہے تھے تو دوسری طرف مسلمانوں کے اپنے رہنما خصوصاً مذہبی رہنما جو یہ کہہ رہے تھے کہ مسلمانوں کو ہندوستان میں مذہبی آزادی حاصل ہے اور ہم ایک ملک میں رہتے ہوئے ایک قوم یعنی ہندوستانی قوم کے افراد ہیں اس لئے ہمیں الگ ملک کی کیا ضرورت ہے اس میدان کارزار میں تنہاء اس مردِ قلندر نے معرکہ دین و وطن لڑا اور بتایا کہ قوم کی تشکیل وطن، زبان رنگ و نسل یا ثقافت سے نہیں ہوتی بلکہ قوم کی تشکیل رسول کی نسبت سے ہوتی ہے۔

اپنی ملت پر قیاس اقوامِ مغرب سے نہ کر

خاص ہے ترکیب میں قومِ رسول ﷺ ہاشمی

ان کی جمعیت کا ہے ملک و نسب پر انحصار

قوتِ مذہب سے مستحکم ہے جمعیت تیری

حالانکہ اقبال شروع میں خود نیشلسٹ تھے مگر بعد میں قرآن حکیم کی روشنی میں انہوں نے کہا

نرالا سارے جہاں سے اس کو عرب کے معمار نے بنایا

بنا ہمارے حصارِ ملت کی اتحادِ وطن نہیں ہے

انہوں نے مولانا حسین احمد مرحوم کو اپنے نظریۂ قومیت کی وضاحت کرتے ہوئے کہا کہ

بمصطفیٰ برساں خویش راکہ دیں ہمہ اوست

اگر بہ اُو نرسیدی تمام بو لہبی است

علامہ اقبال نے جب 1930ء میں تصورِ پاکستان دیا تو اس وقت اسے ایک شاعر کا خواب کہا گیا لیکن انہوں نے مسلمانانِ ہندوستان کو ایک راستے کی نشاندہی کر دی۔ اس طرح پاکستان کی بنیاد کی خشتِ اوّل رکھ دی۔ اسی نظریہ کی روشنی لیتے ہوئے 1933ء میں چوہدری رحمت علی نے پاکستان موومنٹ شروع کی اور اپنا پمفلٹ (Now or Never) شائع کیا جس میں انہوں نے نئی مملکت کا نام پاکستان تجویز کر کے اس کا نقش واضح کیا یہ وہ وقت تھا جب محمد علی جناح ہندوستان کی سیاست سے بدل ہو کر برطانیہ منتقل ہو چکے تھے وہ اس وقت بھی پکے نیشلسٹ اور ہندو مسلم اتحاد کے داعی تھے۔ علامہ اقبال نے جب تصورِ پاکستان دیا تو انہیں ہندوستان میں صرف ایک شخص اس مقصد کے لئے رہنمائی کے لائق نظر آیا اور وہ محمد علی جناح گویا دیدہ ور کو خضرِ راہ مل گیا۔ مگر وہ خضرِ راہ پکا نیشلسٹ تھا۔ اب اقبال نے جناح سے خط و کتابت شروع کی اور جناح کو تبدیل کرنا شروع کیا اور بالآخر اقبال نے جناح کو قائل کر ہی لیا اور اقبال نے یہ شمع محمد علی جناح کے ہاتھوں دی جو بعد میں قائدِ اعظم کی صورت میں سامنے آئے اور علامہ اقبال کے تصور کو 23 مارچ 1940ء میں مسلم لیگ کے سالانہ جلسہ میں قرار دادِ لاہور (جسے بعد میں قرار دادِ پاکستان کہا گیا) میں قوم کا نصب العین قرار پایا۔

وزیرِ اعلیٰ بنگال مولوی فضل الحق کی قرار دادِ کی بھر پور تائید ہوئی اور قیامِ پاکستان کو منزل قرار دیا گیا۔ اب اقبال کے بعد جناح کو اس معرکہ میں کودنا پڑا ہندو اور انگریز کی مخالفت کے ساتھ ساتھ خود مسلمانوں کو مذہبی آزادی حاصل ہے۔ لہٰذا ہمیں الگ ملک کی ضرورت ہے جب کہ قیامِ پاکستان کے حامی یہ واضح کر رہے تھے کہ اسلام مذہب نہیں بلکہ دین ہے اور انہیں نافذ کرنے کے لئے ایک خطہ ارض کی ضرورت ہے۔ جہاں اسلام بطورِ دین کے پروان چڑھ سکے۔ قرآنِ حکیم سورۂ حج کی آیت 41 اور سورۃ النور کی آیت 55 میں اس طرح واضح طور پر ارشاد فرماتا ہے کہ اپنی مملکت کے بغیر اسلام

دین کی حیثیت سے نہیں قائم رہ سکتا کیونکہ اسلام محض نماز، روزہ اور نکاح وطلاق کے احکام کا نام نہیں ہے۔ اسی بات کی وضاحت کرتے ہوئے قائد اعظم نے کہا''ہم دونوں قوموں میں صرف مذہب کا فرق نہیں۔ ہمارا کلچر ایک دوسرے سے الگ ہے۔ ہمارا دین ہمیں ایک ضابطۂ حیات دیتا ہے جو زندگی بسر کرنا چاہتے ہیں''

قائد اعظم نے اپنے تصورِ پاکستان کی وضاحت عثمانیہ یونیورسٹی حیدرآباد دکن کے طلباء کو خطاب کرتے ہوئے 1941ء میں یوں کی''اسلامی حکومت میں اطاعت اور جفاکشی کا مرجع خدا کی ذات ہے جس کی تعمیل کا عملی ذریعہ قرآن مجید کے احکام واصول ہیں۔ قرآن کے احکام ہی سیاست ومعاشرت میں ہماری آزادی اور پابندی کی حدود متعین کرتے ہیں''

ایک اور موقع پر انہوں نے کہا''قرآن مسلمانوں کا ضابطۂ اخلاق ہے جو تمام قوانین کو اپنا لئے ہوئے ہے۔ مذہبی رسوم ہوں یا معاشرتی معاملات تمام امور اس ضابطۂ حیات میں موجود ہیں۔ اسی لئے نبی اکرم صلی اللہ علیہ وسلم نے فرمایا تھا کہ ہر مسلمان کو قرآن کا نسخہ اپنے پاس رکھنا چاہیے اور اس طرح اپنا مذہبی پیشوا آپ بننا چاہیے''

مسلم لیگ کے سالانہ اجلاس (1943) کراچی میں خطاب کرتے ہوئے کہا''وہ کون سا رشتہ ہے جس میں منسلک ہونے سے تمام مسلمان جسدِ واحد کی طرح ہیں۔ وہ کون سی چٹان ہے جس پر ان کی ملت کی عمارت استوار ہے۔ وہ کون سا لنگر ہے جس سے امت کی کشتی محفوظ کر دی گئی ہے'' پھر ان سوالوں کا خود ہی جواب دیا۔

''وہ بندھن، وہ رشتہ، وہ چٹان، وہ لنگر خدا کی عظیم کتاب قرآن حکیم ہے۔ مجھے یقینِ محکم ہے کہ جوں جوں ہم آگے بڑھتے جائیں گے ہم میں زیادہ سے زیادہ وحدت پیدا ہوتی جائے گی۔ ایک خدا، ایک رسول، ایک کتاب۔''

علی گڑھ میں 1944ء میں تقریر کرتے ہوئے کہا''پاکستان کی ابتدا تو اُسی دِن سے ہوگئی تھی جب ہندوستان میں پہلا غیر مسلم مسلمان ہوا تھا''قیامِ پاکستان کے بعد اپنے ایک خطاب میں کہا''میرا ایمان ہے ہماری نجات اس اُسوۂ حسنہ پر چلنے میں ہے جو قانون عطا کرنے والے پیغمبر نے ہمیں دیا

ہے۔ ہمیں چاہیے کہ ہم اپنی جمہوریت کی بنیادیں سچے اسلامی اصولوں پر رکھیں‘‘۔

یہ تھا قائدِ اعظم اور اقبال کا تصورِ پاکستان اور یہ دونوں راہنما قرآنِ حکیم کے مطالعہ سے اِسی نتیجہ پر پہنچے تھے کہ ہماری قومیت کی بنیاد نسبتِ رسول ہاشمی ہے اور اسلام بطورِ دین تقاضا کرتا ہے کہ اس کے لئے ایک مملکت ہو۔ حصولِ پاکستان کی جدوجہد نہ تو سیاسی حربہ تھا اور نہ قائدِ اعظم کی وکیلانہ چال اور نہ ہی یہ کسی کی سازش تھی اور نہ کسی کی تنگ نظری کی وجہ۔

جن تصورات کی بنیاد پر پاکستان قائم ہوا تھا اگر اُن کو شروع ہی سے نافذ کیا جاتا اور قرآنِ حکیم کی روشنی میں مملکت کو چلایا جاتا تو پاکستان آج ایک عظیم فلاحی مملکت ہوتا۔ قائدِ اعظم نے جہاں اسلامی اصولوں کی وضاحت کی وہاں یہ بھی کہا کہ وہ تھیا کریسی کے مخالف ہیں۔ اور مذہبی راہنماؤں کے تسلط کی بجائے قرآن کے قوانین نافذ ہوں گے۔ ضرورت اس امر کی ہے کہ آج اُن تصورات اور نظریات کو عام کیا جائے۔ اُسے نظامِ تعلیم کا لازمی حصہ بنایا جائے حکومت کی طرف سے علامہ اقبال اور قائدِ اعظم کے فرمودات پر مشتمل ایک کتاب (Hand Book) شائع ہونی چاہیے جو ہر پاکستانی کے پاس ہو اور پاکستان کو حقیقی معنوں میں اقبال اور جناح کے تصورات کے مطابق بنانے کی کوشش کی جائے اور یہی ہمارے مسائل کا حل ہے۔ پاکستان کی نظریاتی شناخت کو واضح کرتے ہوئے اسی قومیت کے تصور کو عام کیا جائے۔

آج پاکستان میں صوبائی عصبیت اور علیحدگی پسند عناصر کے متحرک ہونے کی وجہ یہ ہے کہ قیامِ پاکستان کے بعد اس نظریہ کو فراموش کر دیا گیا جس کے تحت یہ ملک معرضِ وجود میں آیا تھا۔ اس قومیت کی بنیاد کو فراموش کر کے نئی مملکت کے بعد قومیت کی بنیاد پھر وطن پر رکھ کر مسلم قومیت اور دو قومی نظریہ کو فراموش کر کے پاکستان قومیت کے تصور کو اُجاگر کرنے کی کوشش کی گئی جس کی بنیاد دین کی بجائے زمین تھی۔ کانگرس بھی تو قوم کے لئے زمین کو بنیاد بنا کر تمام ہندوستانیوں کے لئے واحد قوم کا نعرہ بلند کر چکی تھی جب کہ مسلم لیگ نے دین کی بنیاد پر قومیت کو معیار بنایا مگر قیامِ پاکستان کے بعد اس نظریہ کو پسِ پشت ڈال دیا گیا جس وجہ سے لسانی علاقائی اور صوبائی قومیت کا تصور اُبھرا اور مشرقی پاکستان الگ ہوا اور آج بھی وہی باتیں پھر ہو رہی ہیں اور پاکستان کے اندرونی و بیرونی دشمن اسے ختم کرنے

کے لیے کوشاں ہیں۔ پاکستان کو اپنی بقا کے لیے چومکھی لڑائی لڑنا پڑ رہی ہے۔ پاکستان کا ازلی دشمن عالمی طاقتوں کی اعانت سے نہ صرف دہشت گردی کروا رہا ہے بلکہ مذہبی جنونی عناصر کو اس جنگ میں استعمال کروا رہا ہے جسے نظریاتی محاذ پر نام نہاد لبرل اور اسلامی نظریہ حیات کے مخالفین کا تعاون اور ارباب اختیار میں بھی بہت سے اُن کے حمایتی ہیں۔ تحفظ پاکستان کی اس جنگ میں ان چاروں دشمن عناصر کے خلاف جدوجہد ہر محبِ وطن اور اسلامی نظریہ حیات پر ایمان رکھنے والے کا فرض ہے۔ دوسری جانب یہ بات بھی نہایت اہم ہے کہ مملکت کے تمام شہریوں اور علاقوں کو برابر حقوق اور مراعات دی جائیں اور وہ وجوہات تلاش کرنی چاہیے کہ ایسے واقعات کیوں رونما ہوتے ہیں۔ ایسا تاثر کیوں ہے کہ جو حکومتِ وقت کی ہاں میں ہاں ملائے وہ محبِ وطن ہے لیکن اگر کوئی حکمران طبقہ کا ہر جائز و ناجائز میں ساتھ نہ دے وہ غدار اور سیکورٹی رسک کہلائے گا۔ ریاست اور حکومت کے مابین فرق کو روا رکھنا چاہیے۔ وہ وجوہات دور کی جائیں جس سے نفرتیں بڑھتی ہوں اور وہ اقدامات اُٹھائے جائیں جن سے محبتیں بڑھیں یہ عزم اور یہ سوچ ہی پاکستان کا تحفظ کر سکتی ہے۔

اقبال، اجتہاد اور عصرِ حاضر

جیسے جیسے انسان کی تمدنی زندگی میں تبدیلی آرہی ہے اور انسان سماجی طور پر ترقی کر رہا ہے ویسے ویسے نت نئے مسائل بھی پیدا ہو رہے ہیں اور نئے سوالات سامنے آرہے ہیں کی اسلام میں اِن نئے مسائل کا حل اور سوالات کے جوابات دینے کی صلاحیت ہے؟ علامہ اقبال نے اپنی کتاب (The Reconstruction of Religious Thought in Islam) کے چھٹے باب (The Principle Of Movement In The Structure Of Islam) قانونِ شریعت میں ارتقاء کی بنیاد اس نکتے پر رکھی ہے۔

علامہ اقبال کا ایک بڑا کارنامہ یہ ہے کہ انہوں نے مسلم قوم کو ایک بار پھر قرآن کی طرف رجوع کرنے کا درس دیا اور قرآن کو زندہ کتاب کی حیثیت سے متعارف کرایا اور اسی کی روشنی میں ''مسلمان قوم'' کی وضاحت کی جس کے لئے الگ مملکت ناگزیر تھی۔ جہاں وہ قرآنی قوانین کے مطابق مملکت کا نظام وضع کریں۔ ظاہر ہے امورِ مملکت کے لئے رہنما اصول تو کتابِ مبین سے حاصل ہوں گے اور جزئیات اُن کی روشنی میں خود طے کرنا ہوں گی اور نئے آنے والے مسائل کے حل کے لئے اجتہاد کا طریقہ اپنانا ایک ضروری امر ہوگا۔

علامہ نے اسلامی معاشرہ کے زوال کی ایک اہم وجہ دین کو جامد کر کے اجتہاد کا دروازہ بند کرنے کو قرار دیا

آئینِ نو سے ڈرنا طرزِ کہن پہ اُڑنا   منزل یہی کٹھن ہے قوموں کی زندگی میں

اسلام میں شرعی قانون کے مآخذ عمومی طور پر چار ہیں یعنی قرآن حدیث اجماع اور قیاس۔ علامہ نے اپنے خطبہ میں چار پر سیر حاصل بحث کی ہے۔ اگر قرآن و حدیث سے کوئی حکم نہ ملے تو اُن کی روشنی میں حکم تلاش کرنے کو قیاس کہا جاتا ہے۔ اس طرح نئے درپیش مسائل کے حل کی کوشش اجتہاد کہلائے گی۔ اسی کوشش میں علامہ کے الفاظ میں ''پہلی صدی کے تقریباً نصف سے لے کے چوتھی صدی

ہجری کے آغاز تک انیس فقہی مذاہب موجود تھے''جب کہ اس وقت فقہ جعفریہ کو شامل کر کے صرف پانچ فقہی مذاہب باقی رہ گئے ہیں ۔

فقہاء قرآن وسنت کی روشنی میں احکام وضع کرتے تھے لیکن کسی بھی امام نے اپنی رائے کو حرفِ آخر قرار نہیں دیا اور وہ ایسا کر بھی نہیں سکتے تھے کیونکہ حرفِ آخر صرف قولِ خدا ہے۔

حضرتِ عمرؓ کے دور میں جب اسلامی سلطنت میں وسعت آئی اور نت نئے مسائل سامنے آئے تو حضرت عمرؓ پہلے تو رسول اللہ اور حضرت ابوبکرؓ کے کئے گئے فیصلوں کے مطابق حکم جاری کرتے اور اگر وہاں سے حکم نہ ملتا تو اپنی رائے قائم کرتے لیکن بعض اوقات سابقہ فیصلوں کے برعکس حالات کو مدِ نظر رکھ کر فیصلہ کرتے مثلاً ابوبکرؓ کے دور میں شراب نوشی کی سزا چالیس کوڑے مقرر تھی لیکن حضرت عمرؓ نے سزا اسی کوڑے کر دی اور اسی طرح کے بہت سے اور دوسرے فیصلے بھی موجود ہیں ۔

علامہ اقبال کو حیرت ہوتی ہے کہ موجودہ دور کے حنفی علماء نے خود اپنی فقہ کی روح کے خلاف امام اعظم اور اُن کے رفقاء کے فیصلوں کو ابدی اور غیر متبدل قرار دے رکھا ہے حالانکہ خود امام ابوحنیفہ اپنی رائے کو حتمی اور غیر متبدل قرار نہیں دیتے تھے۔ بیشتر امور میں امام ابوحنیفہؒ اور ان کے شاگردوں میں بہت سے فقہی مسائل میں اختلاف تھا علامہ لکھتے ہیں ''لیکن اپنی تمام جامعیت کے باوجود یہ فقہی نظام آخر کار انفرادی تشریحات ہیں اور اس لحاظ سے حرفِ آخر ہونے کا دعویٰ نہیں کر سکتے''''کیا ہمارے آئمہ مذاہب نے کبھی اپنے استدلال اور تشریحات کے بارے میں قطعیت کا دعویٰ کیا تھا؟ ہرگز نہیں''

''میرے خیال میں موجودہ نسل کے آزاد خیال مسلمانوں کا یہ دعویٰ بالکل جائز اور درست ہے کہ انہیں اپنے تجربات اور زندگی کے بدلے ہوئے حالات کی روشنی میں فقہ کے بنیادی اصولوں کی تشریحِ جدید کا حق حاصل ہے''۔

امام ابوحنیفہؒ کا ایک شاگرد کچھ عرصہ اُن کی خدمت میں رہنے کے بعد جانے لگا تو آپؒ نے دیکھا کہ اُس کے پاس ایک نوٹ بک ہے۔ آپؒ کے دریافت کرنے پر کہنے لگا کہ آپ مسائل کے جو جوابات دیتے رہے ہیں میں وہ لکھتا رہا ہوں اور اُن کی روشنی میں دوسروں کو رائے دوں گا۔ اس پر آپؒ نے فرمایا کہ تمہیں کوئی حق نہیں کہ ابوحنیفہؒ کی رائے دوسروں پر مسلط کرو ہو سکتا ہے کہ بعد ازاں میں اپنی

رائے ہی تبدیل کرلوں ۔امام ابوحنیفہؒ نئے مسائل کے حل کے لئے قرآن کی روشنی میں عقل سے کام لیتے تھے اور بہت کم احادیث سے مدد لیتے تھے اور زیادہ سے زیادہ اٹھارہ احادیث ان کے ہاں ملتی ہیں اور علامہ اقبال کے مطابق نہ انہوں نے دیگر آئمہ کی طرح کوئی مجموعہ حدیث مرتب کیا ۔اقبال کے مطابق اگر آج بھی کوئی اس طریقہ کار کو اپنائے گا تو وہ امام ابوحنیفہؒ کی پیروی کرلے گا۔

اسی طرح ایک دفعہ امام ابوحنیفہؒ کے سامنے ایک معاملہ آیا جس پر آپؒ نے اپنی رائے دی وہاں موجود کسی نے کہا کہ آپ کی یہ رائے فلاں حدیث کے برعکس ہے اس پر آپؒ نے کہا کہ اس بارے میں رسول اللہ صلی اللہ علیہ وسلم نے باہمی مشورہ سے یہ فرمایا تھا اگر میں اُس دور میں ہوتا تو ہوسکتا ہے رسول اللہ میری رائے قبول فرما لیتے اس لئے اگر میں اُس دور میں پیدا نہیں ہوا تو اس میں میرا کیا قصور ہے۔علامہ اقبال حیرت کا اظہار کرتے ہیں کہ اب فقہ حنفی کے علماء کیوں فقہ کو جامد قرار دیتے ہیں ۔اُن کا کہنا ہے کہ ''اگر چہ اہل سنت نے اجتہاد کی ضرورت سے کبھی انکار نہیں کیا مگر جو شرطیں عائد کردی ہیں اُن کا پورا کرنا تقریباً ناممکن ہے اور اس طرح اجتہاد کا دروازہ بند کردیا گیا ہے''۔

علامہ اقبال کے نزدیک اس کی تین اہم وجوہات ہیں ۔عباسی دور میں معتزلہ وعقلیت پسندوں اور دوسرے علماء میں کشمکش، صوفیانہ تحریک کا فروغ اور تیرہویں صدی میں بغداد کی تباہی شامل ہے۔ سیاسی زوال اور انحطاط کے دور میں وقتی طور معاشرتی انتشار سے بچانے کے لئے تو شائد یہ درست تھا مگر اب اجتہاد کا دروازہ بند کرنا، قرآن کے زندگی کے بارے میں متحرک نظریئے کی بجائے قانونِ اسلام کو جامد بنانا ہے ۔اسی لئے علامہ اقبال فرماتے ہیں کہ ''بابِ اجتہاد کے بند ہونے کی بات خالص افسانہ ہے''۔دین کے پانچ ارکان یا قرآن کے واضح احکام میں تو اجتہاد ممکن نہیں یا یہ ممکن نہیں کہ قرآن کی قاتل کے لئے سزائے موت کے بجائے آپ عمر قید کے لئے اجتہاد کریں لیکن جو چیزیں قرآن نے واضح نہیں کیں وہ اپنے اپنے زمانے کے حالات کے مطابق وضع کی جائیں گی یہاں اقبال علامہ کرخیؒ کے اس موقف سے متفق ہیں کہ ''بعد کی نسلیں اجماعِ صحابہ کی پابند نہیں''علامہ ایک بار پھر کہتے ہیں کہ حنفی فقہ دوسروں کے مقابلہ میں زیادہ آزاد ہے مگر حنفی علماء نے امام ابوحنیفہ اور اُن کے شاگردوں کی آراء کو مستقل حیثیت دے دی ہے حالانکہ مذہبِ حنفی میں قرآنی حدود کے اندر رہ کر ہمیں قیاس کی پوری

آزادی ہونی چاہیے۔وہ اُمتِ مسلمہ کے ذہنی جمود اور فکرِ زوال کے بارے میں ضربِ کلیم میں اپنی نظم ''اجتہاد'' میں کہتے ہیں ۔

ہند میں حکمتِ دیں کوئی کہاں سے سیکھے   نہ کہیں لذّتِ کردار نہ افکارِ عمیق

حلقہ شوق میں وہ جرأتِ اندیشہ کہاں   آہ! محکومی و تقلید و زوالِ تحقیق

خود بدلتے نہیں ، قرآں کو بدل دیتے ہیں   ہوئے کس درجہ فقیہانِ حرم بے توفیق

علامہ اقبال اجتہاد کا حق کسی فردِ واحد کو دینے کی بجائے مسلمانوں کی منتخب مجلسِ شورٰیٰ (Parliament) کو یہ حق دیتے ہیں ۔اور علماء کے لئے بھی وہ دوسروں کی طرح باقاعدہ منتخب رکنیت کا طریقہ بتاتے ہیں ۔ اِن تمام حالات میں علامہ اقبال کو ترکی میں امید کی کرن دکھائی دیتی ہے اور وہ ترکوں کی جانب سے خلافت کے بارے میں معتزلہ کا نقطۂ نظر اپنا کر فردِ کی بجائے منتخب پارلیمان کو یہ حق دینے کو سراہتے ہیں ۔ اقبال کو نیا حقیقت پسند اور طاقتور اسلامی ملک اُبھرتا نظر آتا ہے جس کے تجربات سے دوسرے اسلامی ممالک بھی فائدہ اُٹھا سکیں گے۔

اسلامی قوانین میں ارتقاء کی گنجائش موجود ہے بشرطیکہ اسلامی دنیا اس کی طرف روحِ عمرؓ کو لے کے آگے بڑھے،وہ عمرؓ جنہوں نے کہا تھا ''حسبنا کتاب اللّٰہ'' ہمارے لئے اللّٰہ کی کتاب کافی ہے''۔

عالمِ اسلام پر نہایت اہم فریضہ عائد ہوتا ہے کہ وہ افکارِ اقبال کو مدِ نظر رکھتے ہوئے اپنے لئے مستقبل کی راہیں تلاش کرے جب ہماری موجودہ فقہیں مرتب ہوئی تھیں اس وقت اسلام اتنا زیادہ نہیں پھیلا تھا مگر اب جب کہ اسلام پوری دنیا میں پھیل چکا ہے اور بہت سے نئے مسائل سامنے آ رہے ہیں لہذا فقہی مسائل کو نئے سرے سے مرتب کرنے کی ضرورت ہے۔ مثلاً اسکینڈے نیویا کے ممالک میں جہاں گرمیوں میں تقریباً ہر وقت سورج چمکتا رہتا ہے اور سردیوں میں دن نہایت مختصر ہو جاتے ہیں نماز اور روزہ کے احکامات کے لئے متفقہ رائے کی ضرورت ہے یہ بھی وقت کا تقاضا ہے کہ اگر کسی ایک فقہ میں مسئلہ کا حل موجود نہ ہو تو دوسری فقہ سے راہنمائی لی جائے کیونکہ کوئی ایک فقہ تمام مسائل کا حل پیش نہیں کر سکتی۔ اس لئے تمام فقہوں سے مدد لی جائے ۔ اس طرح ایک فقہی پیراڈائم سے نکل کر دوسرے فقہی پیراڈائم میں داخل ہونے کی ضرورت ہے۔ اس آج کے دور میں قرآن،حدیث اور فقہ کا وسیع

ذخیرہ موجود ہونے سے نئے مسائل کے اجتہاد کے لئے آسانیاں موجود ہیں اور علامہ اقبال کے بقول ہمیں فقہ اسلامی کی تشکیل میں جرات سے کام لینا چاہیے۔

جہاں اسلامی ممالک کی منتخب پارلیمان قانون سازی کا فریضہ سرانجام دے سکتی ہیں وہاں عالمی سطح پر یہ فریضہ اسلامی کانفرنس میں ایک مستقل ادارہ یہ ذمہ داری ادا کر سکتا ہے اور یہ عصرِ حاضر کی اہم ضرورت ہے۔ اس طرح ہی ہم دورِ جدید کے مسائل کا حل اتفاقِ رائے سے تلاش کر سکتے ہیں۔

ہمارے بارے میں خدائی فیصلہ

قرآنِ حکیم نے اقوامِ سابقہ کی جو تفصیلات بیان کیں ہیں اُس کا مقصد محض داستان گوئی نہیں اور نہ ہی تاریخ نویسی۔ قرآنِ حکیم نے تاریخ بیان کرنے کی بجائے فلسفۂ تاریخ پیش کیا ہے کہ فلاں فلاں وقت فلاں قوم میں جو برائیاں اور بداعمالیاں تھیں اُن کا نتیجہ جو نکلا اور اگر آج بھی کوئی قوم اِنہی اعمال میں مبتلا ہوگی تو اس کا نتیجہ بھی وہی نکلے گا۔ یہ مسلمہ اصول ہیں جو تمام ادوار اور اقوام کے لئے ایک جیسے ہیں۔ قرآنِ حکیم ایک دعویٰ بیان کرتا ہے اور پھر اُس کی تائید میں تاریخی شہادتیں پیش کرتا ہے۔ اُن تاریخی شواہد کا تعلق اولین مخاطب قوم یعنی عرب سے تھا۔ ظاہر ہے اگر خطۂ عرب سے باہر کی مثالیں پیش کی جاتیں تو وہ مخاطب لوگ اُسے نہ سمجھ سکتے تھے۔ اس طرح قرآنِ پاک نے ہیگل سے کہیں پہلے فلسفۂ تاریخ سے انسانیت کو روشناس کرایا۔

اس لا ریب کتاب کا مطالعہ غور و فکر کے ساتھ کیا جائے تو بآسانی یہ حقیقت آشکار ہوتی ہے کہ ابتدائی سورتوں سے ہی یہ سلسلہ شروع ہو جاتا ہے جب تخلیقِ آدم کے بعد بنی اسرائیل کے واقعات کا آغاز ہوتا ہے۔ سابقہ اقوام جن جرائم کے نتیجہ میں تباہ ہوئیں اُن کی فہرست بناتے جائیں اور پھر اُمتِ مسلمہ خصوصاً پاکستان میں موجود برائیوں اور جرائم کا جائزہ لیتے جائیں نتیجتاً آپ کو وہ تمام برائیاں بدرجہ غایت یکجا ملیں گی جو اُن سابق اقوام میں ایک ایک کر کے تھیں، اُن اقوام کا مقدر ذلت و پستی تھی اور یہی نتیجہ ہمیں یہاں مل رہا ہے۔ قرآنِ حکیم نے جن اقوامِ سابقہ کا تذکرہ کیا ہے اور اُن کے جرائم کی جو تفصیل دی ہے اُس کے مطابق قوم نوحؑ کی تباہی طبقاتی ناہمواریوں، دولت، معیارِ تکریم، محنت اور دستکاری کو ذیل پیشے سمجھنا اور قومیت کی بنیاد نظریہ اور دین کی بجائے رنگ و نسل کو معیار قرار دینا جبکہ ظلم و استبداد کی حکمرانی قومِ عاد کی تباہی کا باعث بنی۔ قومِ ثمود (حضرت صالحؑ کی قوم) ذرائع پیدا اور تمام افراد کے مفاد کی بجائے ذاتی ملکیت کی بناء پر صفحۂ ہستی سے مٹ گئی نظامِ سرمایہ داری، مذہب اور روزمرہ کے معاملات میں شنویت کی وجہ سے حضرت شعیبؑ کی قوم ختم ہو کر رہ گئی۔ قومِ لوط کو جنسی بے

راہروی نے تباہ کر دیا۔ قوم فرعون کو استبدادِ ملوکیت مذہبی پیشوائیت (ہامان) اور سرمایہ داری (قارونیت) نے عبرت کا نشان بنایا جب کہ بنی اسرائیل کو اُن کی وعدہ خلافیوں اور دین خداوندی کو مذہب بنانے اور اپنے علماء و مشائخ کے ذاتی خیالات کی پیروی کی وجہ سے تباہی و بربادی اُن کا مقدر بنی۔

اب آیئے اپنی طرف جو جو برائیاں اُن اقوام میں ایک ایک کر کے تھیں وہ تمام ہمارے اندر موجود ہیں تو ظاہر ہے کہ ان کا نتیجہ یہی نکلے گا کیونکہ یہ قدرت کا قانون اور سنت اللہ ہے۔ علامہ اقبالؒ جیسے دیدہ ور نے اُمتِ مسلمہ کی پستی کی وجوہات کی طرف اکثر مقامات پر اشارہ کیا ہے مثلاً

باقی نہ رہی تیری وہ آئینہ ضمیری

اے کشتۂ سلطانی و ملائی و پیری

یعنی بادشاہت و ملوکیت، ملا ازم اور دین کی روح سے بے بہرہ علماء و مشائخ نے قوم کا ضمیر مردہ کر دیا ہے۔ اس کی طرف اشارہ کرتے ہوئے علامہ کہتے ہیں

چار مرگ اندر پئے ایں دیر میر

سواد خوار و والی و ملا و پیر

کہیں علامہ اقبال مسلمانوں میں مروجہ تہذیب و تمدن، شریعت، تصوف اور علم کلام کو عجم کے بُت کہتے ہیں اور کہیں روایات کی اندھا دھند پیروی کو تباہی کا موجب سمجھتے ہیں۔

تمدن، تصوف، شریعت، کلام

بتان عجم کے پجاری تمام

حقیقت خرافات میں کھو گئی

یہ اُمت روایات میں کھو گئی

پاکستانی معاشرے کا جائزہ لیجئے، سیاستدان، بیوروکریسی اور بالادست انہیں برائیوں میں مبتلا ہیں جو اقوام سابقہ کے انہی طبقات میں تھیں۔ استاد اپنے فرائض کی بجائے آوری کی بجائے طلبا کو زیورِ تعلیم

سے آراستہ کرنے کی بجائے ٹیوشن کے ذریعے مال بنا رہے ہیں۔ ڈاکٹر حضرات ہسپتالوں میں صرف نمائش کے لئے جاتے ہیں اور اصل توجہ پرائیویٹ پریکٹس سے جیبیں بھرنے پر ہوتی ہے۔ پرائیویٹ ڈاکٹر اور ہسپتالوں میں آنے والے اپنے خون پسینے کی کمائی وہاں لٹا کر جاتے ہیں، وکلاء تاخیری حربے کر کے نہ صرف انصاف کے حصول میں لمبی مدت کا باعث بنتے ہیں بلکہ خوب مال بٹورتے ہیں، جا گیردار زمین پر خدا بنے بیٹھے ہیں تو سرمایہ دار غریب عوام کو کبھی چینی اور کبھی آٹے کے لئے ذلیل کرتے ہیں، علماء و مشائخ اصل دین پیش کرنے کی بجائے اُمت کو فرقوں میں تقسیم کر کے اپنی دکان داری چلا رہے ہیں۔ ملکی میڈیا تمام حدود و قیود کو بالائے طاق رکھے ہوئے قوم کی رہی سہی اخلاقیات کا جنازہ نکالے ہوئے ہے۔ طلباء تعلیمی سرگرمیوں کی بجائے دیگر امور میں زیادہ متحرک ہیں جب کہ ملک کی جامعات کو تعلیم و تحقیق کے مراکز کی بجائے سیاسی اکھاڑہ میں تبدیل کر دیا گیا ہے اس کا نتیجہ ہمارے سامنے ہے۔ مگر ہم اس کے باوجود خود فریبی کا شکار ہیں ہم جس عذاب میں مبتلا ہیں ہمیں اس کا شعور تک نہیں۔ عذاب سے عموماً طور پر یہ مراد لیا جاتا ہے کہ گناہوں کی پاداش میں کہیں سے بارش شروع ہو جاتی ہے، کبھی زلزلہ آ جاتا ہے یا دیگر آفات آتی ہیں یا طاعون وغیرہ پھیل جاتی ہے۔ حقیقت یہ ہے کہ عذاب کی مختلف شکلیں ہیں اور قرآن کی تعلیمات کے انحراف کا نتیجہ تباہی اور عذاب ہے اور وہ عذاب ہم پر مسلط ہے۔ ہم اپنے کھانے پینے کے لئے دوسروں کے محتاج ہیں۔ ہم اپنی سلامتی کی بھیک دوسروں سے مانگتے ہیں۔ غیر ملکی افواج سرحدوں کی پرواہ کئے بغیر حملے کر رہی ہیں اور ہم صرف منت سماجت کرتے رہتے ہیں۔ قوم آٹے، چینی، پٹرول، گیس اور بجلی کو ترس رہی ہے۔ ہر فرد دہشت گردی سے خوف زدہ ہے۔ غم اور حزن میں مبتلا ہے یہ عذاب نہیں تو اور کیا ہے؟۔

منکرین حق تو مرنے کے بعد عذاب کے مستحق ہوں گے مگر ہم دوہرے عذاب کے حامل ہیں۔ مگر عملاً دین کو جھٹلا رہے ہیں۔

اس لئے قرآنِ حکیم نے سورۃ البقرہ میں واضح طور پر اعلان کر دیا ہے کہ ایمان کا دعویٰ کرنے کے باوجود اُس پر عمل نہ کرنے کی وجہ سے دنیا کی زندگی میں ذلت و رسوائی اور آخرت میں سخت عذاب کی طرف لوٹایا جائے گا۔ آگے ایک اور مقام پر یہ مزید واضح کر دیا ہے کہ جو احکامِ خداوندی سے

روگردانی کرے گا اس کی روزی تنگ کر دی جائے گی اور وہ قیامت کے روز بھی اندھا اُٹھایا جائے گا (20/124)

گویا رزق کی قلت بھی عذابِ خداوندی کی ایک شکل ہے اور عزت کی روٹی نعمتِ خداوندی ہے جس کا وعدہ مومنین کے لئے ہے (8/4) صرف عزت کی روٹی ہی نہیں بلکہ اُس ضابطۂ حیات پر عمل کی صورت میں حکومت اور اقتدار کی ضمانت بھی موجود ہے (24/55) قرآن جنتی معاشرہ کی خوبیاں بیان کرتے ہوئے کہتا ہے کہ اُس معاشرہ میں کوئی بھوکا، پیاسا اور لباس ور ہائش سے محروم نہیں ہوگا۔ (20/118-119)

اب ہم جب پاکستان کے معاشرہ کی موجودہ حالت پر نظر ڈالتے ہیں تو یہ بالکل واضح ہو جاتا ہے کہ ہم جنتی معاشرہ میں نہیں رہ رہے اور معلوم نہیں ہم کس جہنم کے منتظر ہیں اور کس قیامت کا انتظار کر رہے ہیں۔ قیامت تو موجود ہے ہم آنکھیں بند کر کے خود فریبی میں مبتلا ہے۔ ہمارا دوہرا جرم یہ ہے کہ ایک طرف ہم مسلمان ہونے کے دعویٰ دار ہیں۔ قرآن حکیم کو ضابطۂ زندگی اور دستور العمل کہتے ہیں جس میں غریب و امیر اور حاکم و محکوم سب کے لئے ایک جیسا قانون ہے اور کسی کو کسی قسم کا بھی استثناء حاصل نہیں لیکن عمل اس کے بالکل برعکس کرتے ہیں مثلاً پاکستان کے آئین میں سب سے پہلے لکھ دیا ہے کہ قرآن و سنت کے منافی کوئی قانون یا ضابطہ نہیں ہوگا اور قرآن حکیم سپریم لاء ہوگا مگر ساتھ صدر اور گورنرز کو عدالت میں پیشی اور بہت سے دیگر امور میں استثناء دے کر کیا تکذیبِ دین کے مرتکب نہیں ہو رہے جب ہم اُس طرح کریں گے تو نتائج وہی نکلیں گے جو ہمارے سامنے ہیں۔

اب بھی تمام مسائل کا حل ممکن ہے۔ اب بھی ہماری کشتی بھنور سے نکل سکتی ہے۔ اب بھی ہم دنیا میں عزت اور وقار کے ساتھ زندہ رہ سکتے ہیں یہ ممکن ہے کہ ہمارا معاشرہ جنتی معاشرہ بن جائے مگر اُس کے لئے اس ضابطۂ حیات پر دلی گہرائیوں سے ایمان لانے کے بعد عمل لازمی شرط ہے۔ عشقِ مصطفیٰ ﷺ کی شمع کو اپنے دلوں میں فروزاں کرنے کے بعد دنیا کے اندھیرے دور کئے جا سکتے ہیں جن عام تمام روزمرہ کی چیزوں کے لئے ہماری قوم ترس رہی ہے وہ کچھ بھی نہیں ہم تو دنیا کی تقدیر بھی خود لکھ سکتے مگر اُس کے لئے۔

کی محمد صلی اللہ علیہ وسلم سے وفا تو نے تو ہم تیرے ہیں

یہ جہاں چیز ہے کیا لوح و قلم تیرے ہیں

کی محمد صلی اللہ علیہ وسلم سے وفا تو نے تو ہم تیرے ہیں

یہ جہاں چیز ہے کیا لوح و قلم تیرے ہیں

قیامت موجود

پاکستان اِس وقت جس قسم کے حالات سے گزر رہا ہے اُس کی سنگینی کا اندازہ ہرشخص کو ہے ۔ پورا ملک صوبائیت ، لسانیت، سیاسی منافقت، جعل سازی، کرپشن، لوٹ مار، خودکش حملوں مذہبی انتہاء پسندی، مہنگائی ،ضروریاتِ زندگی کی عدم دستیابی ،حکمران طبقہ کی عیاشیوں ، بے سکونی اور افراتفری نے قیامت کا سامنظر پیش کر رکھا ہے جس کی جان چلی جائے اور جوزخمی بچ جائیں وہ ہمیشہ کے لئے معذور ہوجائیں اور جہاں بچے خوراک کے لئے ترس رہے ہوں اُن کے لئے اور قیامت کیا ہوگئی بقول اقبال :

یہ گھڑی محشر کی ہے تو عرصۂ محشر میں ہے

پیش کر غافل عمل کوئی اگر دفتر میں ہے

اس سے بڑی بدقسمتی اور کیا ہوگی کہ جو خطہ ایک نظریہ کے تحت حاصل کیا تھا اور جس نظریہ نے تمام بتانِ رنگ وخوں کو توڑ کر ایک ملّت کا تصور دیا تھا وہ نہ صرف پسِ پُشت ڈال دیا گیا ہے بلکہ رنگ ونسل اور زبان کی بنیاد پر ایک دوسرے کے گلے کاٹے جا رہے ہیں ۔ ٹارگٹ کلنگ ہورہی ہے ۔اس سے بدترین مثالیں شائد دورِ جہالت میں بھی موجود نہ تھیں ۔ بد دیانتی اور کرپشن کا یہ عالم ہے کہ پاکستان دنیا میں بدعنوان ممالک میں ’’اعلیٰ مقام‘‘ پر فائز ہے ۔قوم کے راہنما جنہوں نے قانون سازی کر کے ملک کا نظم ونسق طے کرنا ہوتا ہے جھوٹ ، مکاری اور فراڈ میں مبتلا ہیں اور ستم بالائے ستم یہ کہ ان کی جماعتیں انہیں دوبارہ ایوانوں میں لا رہی ہیں ۔ نبی رحمت صلی اللہ علیہ وسلم نے فرمایا ہے کہ ’’جس نے دھوکہ دیا وہ ہم میں سے نہیں ہے‘‘ ۔ یقیناً حضور صلی اللہ علیہ وسلم کا کوئی اُمتی اس طرح کی بد دیانتی کا مرتکب نہیں ہوسکتا ۔

قومی دولت کی لوٹ کھسوٹ جاری ہے ۔غریبوں کا نام لینے والے راہنماؤں کے مقبروں اور یادگاروں پر کروڑوں روپے خرچ کئے جا رہے ہیں مگر عوامی فلاح و بہبود اور مفادِ عامہ کے منصوبے مفقود ہیں ۔قرآن حکیم سورۂ ہود میں قومِ عاد جو اُس وقت ترقی کی معراج پر تھی کی تباہی کی یہی وجہ بتاتا ہے کہ اُنہوں نے بڑی بڑی یادگاریں تو بنارکھی تھیں تا کہ اُن کو شہرتِ دوام ملے مگر غریبوں کی بہتری کے لئے

کچھ نہیں کرتے تھے بلکہ اُن کا خون تک چوس لیتے تھے۔ حکمران طبقہ پاکستان میں کروڑوں روپے یادگاروں اور بیرونی دوروں پر لگا رہی ہے مگر اعلیٰ تعلیمی کمیشن کے بجٹ میں نصف کمی کردی ہے جو ملک کو جہالت میں رکھنے کی کوشش ہے۔ اس جمہوری دور سے تو آمرانہ دورِ حکومت اس اعتبار سے بہتر تھا۔ جب تعلیم کے فروغ کے لئے فراخدلی سے رقوم دی گئیں جس کا ثبوت بیرونِ ممالک میں وظائف کے ساتھ اعلیٰ تعلیم کے حصول میں طلباء ہیں افسوس کہ حاکموں کو اس کا احساس بھی رہا۔

وائے ناکامی متاعِ کارواں جاتا رہا

کارواں کے دل سے احساسِ زیاں جاتا رہا

ایک مخصوص مذہبی سوچ کی پشت پناہی نے پاکستان ہی نہیں عالمِ اسلام کو خودکش حملوں کے عذاب میں مبتلا کر رکھا ہے۔ حالات کی اس سنگینی کے باوجود کچھ مذہبی و سیاسی جماعتیں واضح طور پر اس کی شدید مذمت کرنے اور اسے خلافِ اسلام قرار دینے کی بجائے نیم دلانہ پالیسی پر عمل پیرا ہیں۔ اس وقت ملکی سطح پر ایک قومی تحریک کی ضرورت ہے اور وہ تمام ادارے بند کرنے کی ضرورت ہے جہاں سے یہ خودکش حملہ آور پیدا ہو رہے ہیں۔ ہم دین اور دنیا دونوں جہت سے زوال کا شکار ہیں جیسا کہ علامہ اقبال نے کہا ہے

اے بادِ صبا! کملی والے صلی اللہ علیہ وسلم سے جا کہیو پیغام مرا

قبضے سے امت بیچاری کے دیں بھی گیا، دنیا بھی گئی

کسی ملک کو ختم کرنے کے لئے پہلے اس ملک کے اہم اداروں کو ختم کرنا اور غیر فعال بنانا ضروری ہوتا ہے۔ اُس ملک کے انفرااسٹرکچر کو تباہ کر کے ہی ضربِ کاری لگائی جا سکتی ہے۔ پاکستان کے ساتھ بھی یہی کچھ ہو رہا ہے۔ اس کے دشمن خوش نصیب ہیں کہ اسے ختم کرنے کے لئے انہیں اپنے آدمی بھیجنے کی ضرورت نہیں صرف روپیہ اور اسلحہ درکار ہے جو وہ دے رہے ہیں ملک کو معاشی، سیاسی اور سماجی اعتبار سے کھوکھلا کر دیا گیا ہے۔ عام عوام معمولی ضروریاتِ زندگی نہ ملنے پر خودکشی کر رہے ہیں۔ دنیا کا بہترین نہری نظام رکھنے والے ملک کے باشندے روٹی کے حصول کے لئے ذلیل ہو رہے ہیں۔ پورے ملک کی عوام ڈپریشن اور پریشانی میں مبتلا ہے۔ ان حالات میں بیرونی عناصر کو کھل کر کام کرنے کا موقع مل رہا ہے۔ ایک ادارہ جو ملکی سلامتی کا ضامن ہے وہ فوج ہے جسے عصاب شکن جنگ میں ملوث کر کے

238

اس کی صلاحیت ختم کرنے کی کوشش جاری ہے۔ یہ سلسلہ ایسے ہی ختم نہیں ہوگا بلکہ یہ جاری رہے گا اور بالآخر ایک اور ڈھاکہ یا واویت نام پر جا کر ختم ہوگا۔ تاریخ ایک بار پھر اپنے آپ کو دہرانے جا رہی ہے یا تو یہ سرزمین دوسروں کے لئے ایک اور واویت نام بنے گا یا پھر ہمارے لئے ایک اور ڈھاکہ کہ۔ قدرت کے بنائے ہوئے قوانین اور اقوامِ سابقہ کی تاریخ سے سبق لینے کی ضرورت ہے جس کی جانب علامہ اقبال نے یوں توجہ دلائی ہے۔

اے مسلمان ہر گھڑی پیشِ نظر آئینہ لایخلف المیعاد رکھ
یہ ''لسان العصر'' کا پیغام ہے ''اِن وعد اللہ حق یاد رکھ''

پاکستانی قوم میں صلاحیت اور جذبہ موجود ہے۔ صرف ایک کمی ہے کہ وہ آزمائے ہوؤں کو پھر آزماتی ہے۔ جس دن انہوں نے لیٹروں اور نااہلِ قیادت کو سرے سے اُتار کر پھینک دیا وہ دن حقیقی معنوں میں انقلاب کا دن ہوگا۔ عوام اپنے حالات کے خود ذمہ دار ہیں بار بار غلط فیصلے کر کے اور آزمائے ہوؤں کو پھر آزمائیں گے تو یہی حالات پیدا ہوں گے۔ اور اگر یہی سلسلہ جاری رہا تو غلامی، ذلت اور رسوائی کے نہ ختم ہونے والے عذاب میں قوم مبتلا رہے گی۔ جس دن اس قوم کو محمد علی جناح جیسا با کردار اور اعلیٰ صلاحیتوں کا حامل راہنما مل گیا اُسی دن سے پاکستان کو حقیقی معنوں میں پاکستان بنانے کا آغاز ہو جائے گا۔ قوم کو فیصلہ کرنا ہوگا اور جمہوری انقلاب کے ذریعے اُن تمام راہنماؤں اور جماعتوں کو مسترد کر دیں جو موجودہ حالات کے بگاڑ کا باعث ہیں۔

پاکستانی قوم میں عزم، حوصلہ، ولولہ بہادری اور عزم موجود ہے ملکی تاریخ میں آنے والی آفات میں جو کردار انہوں نے ادا کیا ہے شائد ہی دنیا کی کسی قوم نے کیا ہو۔ دہشت گردی کے لاتعداد واقعات کے باوجود عوام نے امید اور بہادری کا عملی نمونہ پیش کیا ہے بقول اقبال

شامِ غم لیکن خبر دیتی ہے صبح عید کی
ظلمتِ شب میں نظر آئی کرن امید کی

نقاشِ پاکستان کا تصورِ پاکستان

برصغیر کی تاریخ اور تقسیم ہندوستان کے بعد پیدا ہونے والی صورتِ حال نے نقاشِ پاکستان چودھری رحمت علی کی سیاسی بصیرت اور اُن کے تصورِ پاکستان کو سچ ثابت کر دیا ہے۔ دیدہ ور واقعی ہی حقیقت کو اپنی دور بین نگاہوں سے ایک مدت پہلے ہی دیکھ ہی لیتا ہے اور قوم کو نشانِ منزل کی نشان دہی کر دیتا ہے۔ اسلامیان برصغیر دورِ غلامی میں زبوں حالی کا شکار تھے اور انہیں یہ بھی معلوم نہ تھا کہ اُن کی منزل ہے کیا، تو اِن حالات میں اسلامیہ کالج لاہور کی بزمِ شبلی سے خطاب کرتے ہوئے 1915ء میں سب سے پہلے چودھری رحمت علی نے اسلامیانِ ہند کے لئے الگ مملکت کو اُن کے مسائل کا حل قرار دیا یوں برصغیر کی تاریخ میں وہ پہلے راہنما ہیں جنہوں نے سب سے پہلے الگ وطن کی ضرورت محسوس کرتے ہوئے اُس کا مطالبہ کیا اُن کی اس آواز نے کئی دوسرے راہنماوٰں کو اسی سمت میں سوچنے پر مجبور کر دیا۔ 1917ء کو سٹاک ہوم سویڈن میں ہونے والی انٹرنیشنل سوشلسٹ کانفرنس میں ڈاکٹر عبدالجبار خیری اور پروفیسر عبدالستار خیری نے چودھری رحمت علی کے خیالات کی تائید میں مسلم ہندوستان اور ہندو ہندوستان کو مسائل کا حل قرار دیا۔ اسی طرح 1932ء میں سر ریمنالڈ کریڈوک نے اپنی کتاب ''ہندوستان کا المیہ'' میں تحریر کیا کہ ''اگر سویڈن اور ناروے متحد نہیں رہ سکے۔ آئرش فری سٹیٹ اور السٹر میں اتحاد ممکن نہیں تو پھر اُن سے زیادہ اختلافات کی وجہ سے ہندوستان کیسے متحدہ رہ سکتا ہے''۔

آل انڈیا مسلم لیگ کے سالانہ اجلاس منعقدہ آلہ آباد میں 1930ء کو علامہ اقبال نے شمال ہندوستان یعنی پنجاب، سرحد، بلوچستان اور سندھ کے لئے برطانوی ہند کے اندر یا باہر ایک خطہ کی ضرورت پر زور دیا۔ اُس وقت چودھری رحمت علی اعلٰی تعلیم کے لئے برطانیہ جانے کی تیاری میں تھے اور وہ نومبر 1930ء کو انگلستان پہنچے۔ یہاں آ کر انہوں نے اعلٰی تعلیم کے ساتھ برصغیر کی سیاست میں اپنی عملی دلچسپی جاری رکھی انہوں نے پاکستان نیشنل موومنٹ کی بنیاد رکھی اور اپنا مشہور مقالہ Now or Never تحریر کیا اور مسلمانوں کے لئے الگ ملک کا نام پاکستان تجویز کیا 1931ء تا

1933ء تک برصغیر کے مستقبل کے حل کے لئے تین گول میز کانفرنسیں برطانیہ میں منعقد ہوئیں تو چودھری رحمت علی گول میز کانفرنس کے شرکاء سے ملاقاتیں کر کے انہیں اپنے مطالبہ پاکستان کے بارے میں دلائل سے قائل کرتے رہے انہوں نے علامہ اقبال سے تفصیلی ملاقاتیں کیں اور قائدِ اعظم کے اعزاز میں کھانا دیا اور اپنے مطالبۂ پاکستان سے انہیں آگاہ کیا اس دوران چودھری رحمت علی کی سرگرمیوں کا اعتراف تحریکِ پاکستان کے ممتاز رہنما چودھری خلیق الزمان نے بر ملا کیا ہے۔ 1940ء میں جب لاہور میں آل انڈیا مسلم لیگ کا سالانہ اجلاس منعقد ہونا تھا تو چودھری رحمت علی لندن سے اجلاس میں شرکت کے لئے کراچی پہنچے لیکن انہیں معلوم ہوا کہ 19 مارچ کو خاکساروں کی شہادت کے بعد پنجاب حکومت نے امنِ عامہ کا بہانہ عائد کر کے چودھری رحمت علی کے لاہور داخلہ پر پابندی عائد کر دی اس طرح چودھری رحمت علی اُس تاریخی اجلاس میں شریک نہ ہو سکے۔ غالب امکان ہے کہ اگر وہ اس اجلاس میں شرکت کرتے تو اپنے مطالبۂ پاکستان کو بہتر طور پر پیش کر کے شرکاء کو قائل کر لیتے اور اس طرح اُس روز منظور ہونے والی قرار داد کا نام بھی قرار دادِ پاکستان ہو جاتا اور منزل کی بہتر طور پر نشان دہی ہو جاتی جو تین تین سال بعد 1943ء کو مسلم لیگ نے با قاعدہ طور پر اپنائی بلکہ یہ امکان بھی ہے کہ اگر چودھری رحمت علی کو اجلاس میں شرکت کا موقع ملتا تو آل انڈیا مسلم لیگ ایک خطہ کی بجائے اسلامیان ہندوستان کے لئے تین ممالک کا مطالبہ کرتی جس کا اعلان 22 مارچ 1940ء کو پاکستان نیشنل موومنٹ کے کراچی کے اجلاس میں ہوا اور برصغیر کے مسائل کا حل مسلمانوں کے لئے تین مملکتوں کے قیام میں واضح کیا گیا یہ تین ممالک موجودہ پاکستان حیدرآباد دکن کے خطہ کے لئے عثمانستان اور بنگال آسام کے مسلمانوں کے لئے بنگستان تجویز کیا گیا۔ چودھری رحمت علی اگر دوبارہ انگلستان نہ جاتے اور مسلم لیگ اُن کی تجاویز کو ساتھ لے کر چلتی تو برصغیر میں تین بڑے مسلمان ممالک کا ظہور ہوتا اور صورتِ حال اس کے لئے ساز گار بھی تھی۔ 1947ء میں جب تقسیم ہندوستان ہوئی تو حیدرآباد نے اپنی خود مختاری کا اعلان بھی کیا تھا اور وہ ایک سال تک خود مختار ملک کی حیثیت سے موجود رہا لیکن اگر آل انڈیا مسلم لیگ اس کو روزِ اوّل سے اپنا نصب العین بناتی تو آج برصغیر کی تاریخ مختلف ہوتی۔ تقسیم ہند سے قبل قائدِ اعظم محمد علی جناح نے اُس وقت کے بنگال کے وزیرِ اعلیٰ حسین شہید سہروردی سے کہا تھا کہ اگر متحدہ بنگال کو

آزادی مل سکتی ہے تو انہیں کوئی اعتراض نہیں اور وہ الگ ملک بنالیں مگر اب بہت دیر ہو چلی تھی۔ اگر تحریک انہی خطوط پر چلائی جاتی اور پاکستان کے ساتھ ہی بنگستان اور عثمانستان معرضِ وجود میں آتے تو نہ تو سقوطِ ڈھاکہ جیسا افسوس ناک واقعہ پیش آتا اور نہ ہی حیدرآباد کے مسلمانوں کو ہندو جنونیوں کے ظلم و ستم کا نشانہ بننا پڑتا۔

چوہدری رحمت علی نے برصغیر کے مسلمانوں کے لئے اِن تین خودمختار ممالک کے علاوہ اقلیتی مسلمانوں کو بھی فراموش نہ کیا بلکہ اُن کے لئے اپنا منصوبہ دیا انہوں نے مالوہ اور بندھیل کھنڈ کے علاقہ کے لئے صدیقستان، بہار اور اڑیسہ کے لئے فاروقستان۔ آگرہ اور اودھ کے لئے حیدرستان، مالا بار کے ساحلی علاقہ کے لئے ماپلستان، راجستان کے لئے معینستان، سیلون کے مشرقی علاقہ کے لئے ناصرستان اور سیلون کے اردگرد مسلم جزائر کے لئے صافتستان کے نام تجویز کئے جنہیں بالآخر ایک وسیع پاکستان کی تشکیل کرنا تھی اس طرح سے وہ اسلامی دولتِ مشترک کی تشکیل چاہتے تھے اور وہ انڈیا کو دینیہ کہنا پسند کرتے تھے جہاں بہت سے ادیان کی اقوام آباد ہیں۔

چوہدری رحمت علی اپنی سیاسی بصیرت کی بنا پر برصغیر کے مسلمانوں کے مسائل سے آگاہ تھے اور اگر 1946ء کے انتخابات انہی کی سیاسی فکر کی بنیاد پر لڑ کر مسلم لیگ سیاسی جدوجہد کرتی تو آج برصغیر کا نقشہ کچھ اور ہوتا اور بھارتی مسلمان بھی زیادہ محفوظ ہوتے۔ پاکستان ایک مستحکم اور بڑا ملک ہوتا مزید برآں بھارت میں رہ جانے والے مسلمانوں کو وہ مسائل درپیش نہ ہوتے جو آج اُن کے سامنے ہیں۔ قیامِ پاکستان کے بعد چوہدری رحمت علی لندن سے اپریل 1948ء کو لاہور پہنچے اور وہ یہاں قیام کے خواہش مند تھے مگر قائدِاعظم کی وفات کے بعد جب مسلم لیگی رہنما اقتدار کی کشمکش میں الجھ گئے اور تحریکِ پاکستان والا جذبہ مفقود ہونے لگا تو اور حکومتِ وقت کے دباؤ پر انہیں ایک بوجھل دل کے ساتھ چوہدری رحمت علی کو پاکستان کو خیرآباد کہنا پڑا اور بالآخر یہ عظیم رہنما 3 فروری 1951ء کو جہانِ فانی سے رخصت ہوا اور کیمرج برطانیہ میں ابھی بھی امانتاً دفن ہے۔ اسلامیانِ ہند کے اس عظیم رہنماء کا جسدِ خاکی اب بھی اپنے خوابوں کی سرزمین پاکستان میں آسودہ خاک ہونے کا منتظر ہے۔ نشان منزل کی طرف رہنمائی اور حصول پاکستان کی جدوجہد کا آغاز کرنے والے اس قوم کے اس عظیم قائد کا اتنا حق تو اُس سرزمین

پر ہے کہ انہیں اس میں پورے اعزاز کے ساتھ دفن ہونا نصیب ہو سکے۔ نقاش پاکستان کی روح آج بھی ہم سے یہ کہہ رہی ہے کہ

ہمارا خون بھی شامل ہے تزئینِ گلستان میں

ہمیں بھی یاد کرلینا چمن میں جب بہار آئے

اسلام اور سیکولر اِزم کی بحث

سیکولرازم کے حوالے سے اکثر اخبارات میں بحث پڑھنے کو ملتی ہے۔ کچھ احباب سیکولرازم کو لادینیت اور خدا کے انکار سے موسوم کرتے ہیں تو دوسری جانب اس کا اسلام سے تعلق جوڑا جاتا ہے اور کہا جاتا ہے کہ قائدِ اعظم پاکستان کو ایک سیکولر سٹیٹ بنانا چاہتے تھے بلکہ بعض تو یہ بھی فرماتے ہیں کہ حضور پاک صلی اللہ علیہ وسلم نے مدینہ منورہ میں سیکولر ریاست کی بنیاد رکھی تھی۔ سب سیکولرازم کی بات کرتے ہیں مگر وہ سیکولرازم کی تعریف نہیں کرتے اور نہ ہی یہ بتاتے ہیں کہ سیکولرازم ہوتا کیا ہے؟ یہی وجہ ہے سے بہت کالم نگار بھی یا تو سیکولرازم کی تعریف سے آگاہ نہیں یا پھر تجاہلِ عارفانہ سے کام لیتے ہیں۔ سیکولرازم کی مختصر تعریف (Defination) یوں کی جاسکتی ہے کہ وہ فلسفہ یا حکومتی طرزِ عمل جس میں مذہب کا کوئی کردار نہ ہو حکومتی اداروں میں مذہب یا مذہبی تعلیمات کو کوئی عمل دخل نہیں ہوتا اِنہی خصوصیات کی حامل ریاست ایک سیکولر سٹیٹ کہلاتی ہے سیکولرازم میں وحی کی تعلیمات کا کوئی عمل دخل نہ ہو اور نہ ہی قانونِ خداوندی کی اطاعت یا کوئی قدغن یا پابندیاں ہوتیں ہیں۔ مختصر یہ کہ سیکولرازم ایک ایسا مَیچ ہے جس کی کوئی متعین حدود (Boundary Walls) نہیں ہوتیں اور نہ ہی اس کے کوئی اصول وضوابط ہوتے ہیں۔ اس کے برعکس ایک مسلمان اور مسلم ریاست کے گرد دائرہ حدود اللہ کی صورت میں ہوتا ہے اور اس پابندی سے باہر نہیں جاسکتے۔ حدود اللہ کے بارے میں قرآنِ حکیم بار بار کہتا ہے کہ اِن حدود کے قریب بھی نہ جاؤ سیکولرازم کس قسم کی بھی حدود کا معاملہ نہیں ہوتا ایک سکولر ریاست میں اس کے شہری اور قانون ساز ادارے جو قانون چاہیں بنا سکتے ہیں۔ ایک سیکولر ریاست میں اس کے شہری اور قانون ساز ادارے جو قانون چاہیں بنا سکتے ہیں اِن پر کوئی قدغن نہیں ہوتی اور اکثریت اپنی مرضی کرتی ہے جب کہ ایک اسلامی ریاست اکثریت قانون سازی تو کر سکتی ہے مگر حدود اللہ کے اندر رہتے ہوئے بلکہ وہ قانون وحی یعنی قرآن کے وضع کردہ اصولوں کے مطابق ہی بنا سکتی ہے کیونکہ قرآن نے واضح کہا ہے کہ حکم صرف اللہ کا ہوتا (40/12) اور یہاں تک کہہ دیا کہ جو کتاب اللہ کی روشنی میں حکومت نہیں کرتے وہ کافر

ہیں (8/43) اور مومنین کو حکم دیا کہ وہ اقتدار ملنے کی صورت میں نظامِ صلوٰۃ قائم کریں (24/41)۔ لوگ یہ جانتے ہی نہیں سیکولرازم ہوتا کیا ہے لیکن اُس کا پرچار کر رہے ہوتے ہیں۔ سیکولرازم میں مذہبی تعلیمات کو بالائے طاق رکھا جاتا ہے۔ وحی اور خدائی احکامات کا کوئی کردار نہیں ہوتا نہ ہی ان احکامات کو ملحوظِ خاطر رکھا جاتا ہے اور اور نہ ہی یہ سیکولر ریاست کا طرہ امتیاز ہوتے ہیں۔ اس کے برعکس ایک مسلمان کی ذاتی زندگی ہو یا اجتماعی وہ خدائی احکامات اور تعلیمات کے اندر ہوتی ہے۔ یہ فرق سمجھنا بہت ضروری ہے۔   بعض احباب اسلام کی مذہبی آزادی، رواداری، اقلیتوں سے حُسنِ سلوک اور اُن کے حقوق کی تعلیمات کی وجہ سے اسلام اور سیکولرازم کو ایک ہی نظام قرار دیتے ہیں جو کہ دونوں کی تعریف اور عمل تعبیر کے خلاف ہے۔ اسلام ایک الگ طرزِ زندگی اور سیکولرازم ایک الگ نظام ہے۔ کئی شعبوں میں مطابقت تو اسلام کے بعض حوالوں سے دیگر کئی مذاہب اور نظاموں سے ملتی ہے مگر پھر ہم سب کو الگ الگ نظام ہی قرار دیتے ہیں۔ کوئی اگر سیکولرازم کو بہتر نظامِ زندگی سمجھتا ہے تو اس کا اُسے حق حاصل ہے مگر اسے اسلام کے ساتھ نتھی نہ کریں۔ حضور پاک صلی اللہ علیہ وسلم نے اسلام کا پیغام دیا تو کفار کے کچھ گروہ اور افراد نے آپ صلی اللہ علیہ وسلم سے کہا کہ آپ صلی اللہ علیہ وسلم ہمارے ساتھ کچھ لو اور دو کی بنیاد پر سمجھوتا کر لیں تو ہم آپ صلی اللہ علیہ وسلم پر ایمان لے آئیں گے۔ اس پر آپ صلی اللہ علیہ وسلم نے فرمایا کہ میں تو خود وحی کی پیروی کرتا ہوں اور اس میں رد و بدل کا کوئی اختیار نہیں رکھتا۔ قرآن حکیم کم از کم تیرہ بار زبانِ رسالت صلی اللہ علیہ وسلم سے یہ کہلوایا گیا ہے جب حضور کی تمام تر عظمت اور مقام کے باوجود یہ بیان ہے کہ میں کتابِ خداوندی کی پیروی کرتا ہوں تو ایک مسلمان اور مسلم ریاست کیسے اس سے باہر جا سکتی ہے۔ حضور صلی اللہ علیہ وسلم کے لئے یہ نہایت آسان تھا کہ آپ، ابوجہل، ابولہب اور اُن کے حواریوں سے کہتے کہ تم اپنی بُت پرستی پر قائم رہو اور ہم اپنے خدا کی عبادت کرتے رہتے ہیں اور رنگ، نسل، زبان اور وطن کے اشتراک کی بدولت ایک سیکولر ریاست قائم کر لیتے ہیں مگر ایسا نہ ہو سکتا تھا اور نہ ہی ہوا اسی طرح مدینہ میں پہلی اسلامی ریاست قائم ہوئی جو قرآن کی حکمرانی کے تحت تھی نہ کہ سیکولر ریاست تھی۔

جہاں تک اس بات کا تعلق ہے کہ قائداعظم پاکستان کو ایک سیکولر ریاست بنانا چاہتے تھے تو یہ تاریخ کا سب سے بڑا جھوٹ اور حقائق کو مسترد کرنے کے مترادف ہے اس ضمن میں قائداعظم کی

11 اگست 1947ء کی تقریر کو سمجھے بغیر اُن پر سیکولر ہونے کا الزام عائد کرتے ہیں حالانکہ قائد اعظم نے وہ تقریر مذہبی آزادی اور رواداری اور ریاست کی طرف سے تمام حقوق دینے کے تناظر میں کی تھی اور ان کی تقریر میں لفظ Not Religiously اس فرق کو واضح کرتا ہے جس پر لوگ غور نہیں کرتے۔ قائد اعظم نے بطور گورنر جنرل تعیناتی کے بعد 13 جولائی 1947ء دہلی میں پاکستان کو ایک اسلامی مملکت قرار دیا۔ قائد اعظم کی تقریباً ایک سو تقریب تقریریں اور بیانات ہیں جن میں انہوں نے قرآن کو مملکت کا دستور قرار دیا تھا لیکن قائد اعظم کی ایک تقریر یا بیان موجود نہیں جس میں انہوں نے سیکولرازم کا لفظ استعمال کیا ہو یا اپنے آپ کو سیکولر کہا ہو یا انہوں نے یہ کہا کہ وہ پاکستان کو ایک سیکولر سٹیٹ بنانا چاہتے ہیں کوئی شخص یہ ثبوت پیش نہیں کر سکتا بلکہ قیامِ پاکستان کی پہلی سالگرہ کے موقع پر 14 اگست 1948ء کو انہوں نے پاکستان کے لئے دنیا کی سب سے بڑی مسلم ریاست کا لفظ استعمال کیا۔

11 اگست 1947ء کے بعد بھی متعدد مواقع پر قائد اعظم نے پاکستان کے لئے اسلامی ریاست اور قرآن مجید کو دستور قرار دیا اس ضمن میں 14 فروری 1948ء کو سبی دربار سے خطاب، 21 مارچ 1948ء کو ڈھاکہ میں، 26 مارچ 1948ء کو چٹا گانگ، 11 اکتوبر 1947ء، 30 اکتوبر 1947ء لاہور، 3 فروری 1948ء کو ریڈیو آسٹریلیا سے خطاب اور یکم جولائی 1948ء کو سٹیٹ بینک آف پاکستان سے خطاب کیا، تفصیلات دیکھی جا سکتی ہیں، جہاں انہوں نے غیر مسلم باشندوں کو اقلیت کہا پکارا اور پاکستان کو اسلامی ریاست قرار دیا۔ قائد اعظم کی آخری تقریر جو انہوں نے یکم جولائی 1948ء کو سٹیٹ بینک کے افتتاح کے موقع پر کی تھی جو انٹرنیٹ پر موجود ہے اور انہیں سیکولر کہنے والوں کو میں دعوت دینا چاہوں گا کہ وہ قائد اعظم کی آخری تقریر خود دیکھ اور سنیں لیں جس میں مغربی اقتصادی نظام پر شدید تنقید کرتے ہوئے بار بار اسلامی نظریہ اور نظامِ حیات کی بات کرتے ہیں قائد اعظم کے اسلامی افکار کے حوالے سے پروفیسر شریف بقا کی حالیہ کتاب کے مطالعہ سے مزید تفصیلات سے آگاہی ہو سکتی ہے قائد اعظم کے اسلامی افکار کی آبیاری حکیم الامت علامہ اقبال کے ہاتھوں ہوئی تھی جنہوں نے ہمیں واضح پیغام دیا تھا کہ ؎

اپنی ملت پر قیاس اقوامِ مغرب سے نہ کر
خاص ہے ترکیب میں قومِ رسولِ ہاشمی

امورِ مملکت اور قرآن

ایک اسلامی حکومت اور سیکولر حکومت میں فرق کیا ہوتا ہے یہ سوال اکثر کیا جاتا ہے اور میڈیا میں اس موضوع پر مختلف خیالات سامنے آتے رہتے ہیں۔ بنیادی فرق یہ ہے کہ ایک اسلامی حکومت میں مملکت کے تمام امور قرآن حکیم کی روشنی اور اُس کی متعین کردہ حدود کے اندر رہ کر سرانجام پاتے ہیں اور کسی کو بھی ان حدود سے تجاوز کا اختیار نہیں ہوتا۔ سیکولر نظام حکومت یا مغربی جمہوری نظام میں پارلیمنٹ کے ایوان فی صدر اراکین جو چاہے قانون بنا سکتے ہیں اُن پر کوئی قدغن نہیں ہوتی وہ چاہیں تو مرد کو مرد کے ساتھ شادی کی قانونی اجازت دے دیں جیسا کہ کئی ممالک کی پارلیمان نے جمہوری طریق کے تحت یہ قانون وضع کر رکھا ہے۔ مگر ایک اسلامی مملکت میں ایوان فی صدر یا کیا سو فیصد بھی اس طرح کا کوئی قانون نہیں بنا سکتے۔ جو قرآن کی واضح تعلیمات کے منافی ہو۔ سیکولرازم اور اسلام میں یہ فرق ہے اسلامی جمہوریت قانون سازی میں شتر بے مہار نہیں ہے وہاں حقِ حکومت صرف خدا کی ذات کو حاصل ہے جیسا کہ سورۂ یوسف میں ہے اِنِ الۡحُکۡمُ اِلَّا لِلّٰہِ اسلامی حکومت میں عوامی نمائندے انہی حدود کے اندر کتاب اللہ کی روشنی میں قانون سازی کرتے ہیں۔ سورۂ آلِ عمران میں واضح کر دیا کہ کسی انسان کو اس کا حق حاصل نہیں کہ خدا اُسے ضابطہ قوانین، حکومت اور نبوت عطا کرے اور وہ لوگوں سے کہے کہ تم خدا کے احکام کی جگہ میرے احکام کی اطاعت کرو۔

اسلامی حکومت کا ضابطہ مملکت قرآن حکیم میں ہو گا جیسا کہ سورۃ الاعراف میں واضح کر دیا گیا ہے۔ حضور نبی کریم ﷺ نے اپنے تاریخی آخری خطبہ میں بھی یہی ارشاد فرمایا تھا کہ میں تم میں ایک چیز چھوڑے جا رہا ہوں جب تک تم اس کی پیروی کرو گے تو کبھی گمراہ نہیں ہو گے اور وہ ہے قرآن حکیم۔ تمام مستند روایات میں حضور ﷺ کے یہی الفاظ ہیں کہ تم قرآن کی پیروی کرو گے تو کبھی گمراہ نہیں ہوں گے۔ اگرچہ بعض روایات میں سنت اور کچھ میں اہلِ بیت کا اضافہ بھی شامل ہے۔ اگر سنت یا اہلِ بیت کے الفاظ میں سے کوئی ایک یا دونوں بھی ساتھ ہوں تو پھر بھی سپریم حیثیت قرآن حکیم کی ہے جو

ہمارے سامنے واضح تحریر کی صورت میں موجود ہے اور جس پر سب متفق ہیں ۔ اہم بات یہ ہے کہ اہل بیت کا عمل ہو یا حضور صلی اللہ علیہ وسلم کی سنت وہ بھی تو قرآن کی عملی تفسیر ہی ہوگی لہٰذا جب قرآن حکیم تحریری صورت میں ہمارے پاس موجود ہے تو ہمیں اس پر عمل پیرا ہونا چاہیے ۔ قرآن میں کم از کم تیرہ مقامات پر زبانِ مصطفے صلی اللہ علیہ وسلم سے یہ کہلوایا گیا ہے کہ میں خود وحی کی پیروی کرتا ہوں اور اس میں کوئی تبدیلی نہیں کر سکتا ۔ لہٰذا قرآن حکیم ہی ایک اسلامی مملکت کا منبع ہدایت ہے اور سپریم قانون ہوتا ہے ۔

اِسی حقیقت کی وضاحت قائد اعظم محمد علی جناح نے عثمانیہ یونیورسٹی حیدر آباد دکن کے طلباء سے 1941ء میں خطاب کیا جو لوگ کیا انہیں سیکولر جناح کہتے ہیں انہیں یہ بغور پڑھنی چاہیے ۔ انہوں نے فرمایا ''اسلامی حکومت کے تصور کا یہ امتیاز ہمیشہ پیشِ نظر رہنا چاہیے کہ اس میں اطاعت اور وفا کشی کا مرجع خدا کی ذات ہے ۔ جس کی تعمیل کا واحد ذریعہ قرآنِ مجید کے احکام اور اصول ہیں اسلام میں اصلاً نہ کسی بادشاہ کی اطاعت ہے نہ کسی پارلیمان کی نہ کسی اور شخص یا ادارہ کی ۔ قرآن کے احکام ہی سیاست یا معاشرت میں ہماری آزادی اور پابندی کی حدود متعین کرتے ہیں ۔ اسلامی حکومت دوسرے الفاظ میں قرآنی اصول اور احکام کی حکمرانی ہے اور حکمرانی کے لئے آپ کو علاقہ اور مملکت کی ضرورت ہے'' ۔ اسلامی مملکت کی ایک اور امتیازی خوبی یہ ہوتی ہے اس میں تمام افرادِ امت شریک حکومت ہوتے ہیں اور کاروبارِ حکومت باہمی مشورہ سے طے ہوتے ہیں ۔ مملکت کے فیصلے قوانینِ شریعت کہلائیں گے اور پبلک لاء اور پرائیویٹ لاء میں کوئی تخصیص نہیں ہوتی ۔

اسلامی مملکت عوام کے منتخب نمائندوں سے دستور سازی اور حکومت کا نظام چلاتی ہے ۔ اس میں مذہبی ، پیشوائیت یا تھیا کریسی کا کوئی کردار نہیں ہوتا ۔ کسی شخص کو حق حاصل نہیں کہ وہ دوسرے پر حکم چلائے یا قرآن و سنت کی من مانی تعبیر کر کے ریاست کے اندر ریاست قائم کرے ۔ دورِ رسالت یا خلفاءِ راشدین کے دور میں کوئی ایسی مثال نہیں ملتی کہ کسی صحابیؓ نے از خود ذاتی حیثیت میں ایسا کیا تھا یا کسی کو جرم کرتے دیکھ کر خود ہی سزا دی ہو ۔ اس طرح کے تمام امور مرکزی اتھارٹی سے سرانجام پاتے رہے ہیں ۔ قرآن حکیم نے جہاں یہ کہا کہ جو لوگ کتابِ خداوندی کے مطابق حکومت قائم نہیں کرتے انہی کو کافر کہا جاتا ہے (5/44) اس کا مطلب یہ نہیں کہ کوئی شخص یا گروہ اپنے طور پر فیصلہ کر کے حکومت

کو کافر قرار دے کر اس کے خلاف مسلح بغاوت شروع کر دے بلکہ اگر افرادِ معاشرہ سے کوئی یہ سمجھے کہ حکومت قرآنی احکامات کے مطابق نہیں یا فلاں فیصلہ قرآن سے متصادم ہے تو وہ اعلیٰ عدلیہ سے رجوع کر سکتا ہے اور وہی قولِ فیصل ہوگا۔ دورِ جدید میں پیش آنے والے نت نئے مسائل کو اسلامی مملکت کی منتخب پارلیمان اجتہاد کے ذریعے حل نکالتی ہے جیسا کہ علامہ اقبال نے اپنے خطبات میں وضاحت کی ہے مملکت کے تمام افراد ملی وحدت کی لڑی میں پروئے ہوتے ہیں اور فرقہ وارانہ، لسانی، علاقائی یا نسلی بنیادوں پر جماعتیں قائم نہیں کی جاسکتیں کیونکہ قرآن نے واضح طور پر فرقہ واریت سے منع کیا ہے۔ ایک اسلامی مملکت کے تین عناصر ترکیبی ہوتے ہیں جیسا کہ سورۃ الحدید کی آیت 25 میں بتایا ہے وہ تین عناصر، اللہ کی کتاب، عدل اور قوتِ نافذہ ہیں۔ اسلامی مملکت کتاب اللہ کی روشنی میں میزان عدل کھڑا کرتی ہے اور اس نظام کی مزاحم قوتوں کو اپنی طاقت سے ناکام بناتی ہے اور قانون کی حکمرانی کو یقینی بناتی ہے بقول اقبالؒ

ع   عصا نہ ہو تو کلیمی ہے کارِ بے بنیاد

ایک اسلامی مملکت میں غیر مسلموں کو انسان اور مملکت کا شہری ہونے کے ناطے تمام حقوقِ انسانیت حاصل ہوں گے لَا اکراہ فی الدین کی روشنی میں وہ بغیر کسی جبر کے اپنی تمام مذہبی سرگرمیاں آزادانہ سرانجام دے دیں اور مملکت کا فرض ہوگا کہ وہ اُن کی اور اُن کی عبادت گاہوں کی مکمل حفاظت کرے۔ قرآنِ حکیم کی یہ تعلیم کہ وَلَقَدْ کَرَّمْنَا بَنِی آدَمَ (17/70) تمام انسان ہونے کے ناطے واجب التکریم ہوں گے قرآن کا منتہی تمام انسانوں کے اختلافات مٹا کر انہیں ایک عالمگیر برادری بنانا ہے تا کہ اُن میں بھائی چارہ اور اچھے تعلقات قائم ہوں جیسا کہ سورۃ بقرہ کی آیت 213 میں ہے کَانَ النَّاسُ أُمَّۃً وَاحِدَۃً یعنی تمام انسانیت ابتداء میں ایک ہی برادری اور امت تھی لیکن جب انسانوں نے آپس میں اختلافات پیدا کرنا شروع کر دیئے تو اللہ تعالیٰ نے انبیاء اکرام کو بھیجنا شروع کیا تا کہ لوگوں کے باہمی اختلافات ختم ہوسکیں اور وہ دوبارہ پھر سے آپس میں صلح جوئی اور اختلافات کو بالائے طاق رکھتے ہوئے ایک برادری اور امت بن کررہ سکیں۔ یہ حقیقت بھی کتاب عظیم نے 13/17 واضح کردی ہے ہمیشہ رہنے والا اعمل اور بہترین کام وہی ہے جو تمام لوگوں اور عالمگیر انسانیت کے فائدے کے لئے

کیا جائے ۔اسلامی مملکت دنیا بھر کے انسانوں کی فلاح کے لئے کوشاں ہوتی ہے ۔کچھ احباب ان حقائق کو تو تسلیم کرتے ہیں مگر سوال یہ کرتے ہیں کہ اس دور میں شائد یہ ممکن نہیں اور اپنے خیال کی تائید میں اسلامی تاریخ میں طویل دورِ ملوکیت اور موجودہ دور میں فرقہ واریت اور دیگر تعصّبات کی مثال دیتے ہیں ۔ بلا شبہ اسلامی تاریخ خلفاء راشدین کے بعد قرآنی مملکت کی تصویر پیش کرنے سے قاصر رہی ہے اور خال خال ہی وہ زریں دور نظر آتا ہے اور یہ بھی حقیقت ہے کہ آج کے دور میں مسلمان لسانی، علاقائی، نسلی اور مذہبی فرقہ واریت کا شکار ہیں لیکن اس کا مطلب یہ نہیں کہ ہم بے عملی کا شکار ہو جائیں اور اسلام کی تعلیمات کی روشنی میں اپنی زندگی اور ایک معاشرہ کی تشکیل سے منہ موڑ کر دیگر نظام ہائے زندگی کو اپنانے کی کوشش کریں کمیونزم کا حشر ہمارے سامنے ہے اور سرمایہ داری کا سفینہ بھی مکافاتِ عمل کا شکار ہو گا اور بقا صرف اُس نظام کی ہے جو انسانیت کی فلاح و بہبود کے لئے ہے ۔خدا کو جب ہم رب کائنات مانتے ہیں اور اُس کے قوانین پر عمل پیرا ہیں تو پھر انسانی زندگی اور مملکت کے نظام میں بھی اُسی کے احکامات پر چلنا ہو گا۔قرآن کے احکامات اور قوانین کے تحت کوئی ایک مملکت بھی قائم نہ ہو مگر پھر بھی کوئی یہ نہیں کہہ سکتا کہ قرآنی اصول و تعلیمات غلط ہیں ۔قصور ہمارا ہی ہے کہ ہم نے اُس کتاب کو محض برکت کے لئے اور بغیر سمجھے پڑھنے کے لئے رکھ چھوڑا ہے ۔ اگر اُس میں غور و فکر کیا جائے اور زندگی کا رہنما بنایا جائے تو انسانیت کے نام خدا کا آخری پیغام آج بھی بھر پور نتائج پیدا کر سکتا ہے بقول اقبالؒ

آں کتابِ زندہ قرآنِ حکیم   حکمت او لایزال است و قدیم

نوعِ انسان را پیامِ آخریں   حامل او رحمۃ اللعالمین

نظریہ پاکستان سے پاکستانی قوم تک

ہم نے نظریہ پاکستان کو خلیج بنگال میں ڈبو دیا ہے"۔ یہ الفاظ بھارت کی وزیرِاعظم اندرا گاندھی نے 17 دسمبر 1971ء کو سقوطِ ڈھاکہ کے ایک دن بعد اپنی پارلیمنٹ میں کھڑے ہو کر کہے تھے۔ انہوں نے مزید کہا کہ یہ کامیابی نہ ہماری فوجوں کی کامیابی ہے اور نہ ہی حکومت کی کامیابی، یہ کامیابی ہے حق پر مبنی نظریہ کی۔ اس نظریہ کے خلاف جو باطل پر مبنی تھا۔ مسلمانوں نے تحریکِ پاکستان کی بنیاد ایک باطل نظریہ پر رکھی تھی اور ہم جو کہتے تھے وہ حق تھا۔ یہ ان کے باطل نظریہ کی شکست ہے۔ مشرقی پاکستان کے بنگلہ دیش بننے پر اندرا گاندھی کا یہ اعلان اُن کی نظریہ پاکستان کے بارے میں ذہنیت کا عکاس ہے۔ دوسری جانب پاکستان میں یہ روش بھی موجود ہے کہ یہاں ایک قوم نہیں بلکہ مختلف قومیں آباد ہیں اور اس کے ساتھ جب دین کی بنیاد پر مبنی نظریہ قومیت جسے دو قومی نظریہ یا نظریہ پاکستان بھی کہا جاتا ہے اُسے ترک کر کے خطہ زمین کی بنیاد پر، جب پاکستانی قوم کی اصطلاح وضع کی گئی تو نظریہ پاکستان کو خود ہم نے عملاً پسِ پشت ڈال دیا تھا۔ آئیڈیالوجی یا نظریہ وہ بنیادی تصورات ہوتے ہیں جن پر کسی نظام کی عمارت استوار ہوتی ہے آئیڈیالوجی اپنے اندر شدید قوتِ محرکہ رکھتی ہے اور اس میں بموں سے زیادہ طاقت ہوتی ہے جب ہم نظریہٴ پاکستان کی بات کرتے ہیں تو اس سے مراد وہ تصورات اور آئیڈیالوجی جس کی بنیاد پر پاکستان حاصل کیا تھا حصولِ مملکت کے لئے جس نظام کو منتخب کیا گیا تھا اور نظریہٴ پاکستان کی وضاحت بانیٴ پاکستان قائدِاعظم محمد علی جناح نے مارچ 1944ء میں علی گڑھ میں تقریر کرتے ہوئے یوں کہا کہ پاکستان کی ابتداء تو اُسی دن ہو گئی تھی جس دن ہندوستان میں پہلا شخص مسلمان ہوا تھا۔ ظاہر ہے جو شخص بھی مسلمان ہوا ہوگا وہ کلمہ طیبہ پڑھ کر اور اُس پر ایمان لا کر دائرہ اسلام میں داخل ہوا ہوگا، لہٰذا پاکستان کی نظریاتی بنیاد کلمہ طیبہ ٹھہری۔ پنجاب سٹوڈنٹس فیڈریشن کے اجلاس سے خطاب کرتے ہوئے انہوں نے پھر کہا کہ میں نہیں سمجھتا کہ کوئی دیانتدار آدمی اس حقیقت سے انکار کر سکتا ہے کہ مسلمان بجائے خویش ہندوؤں سے الگ قوم ہیں۔ ہم دونوں میں صرف مذہب کا فرق نہیں بلکہ

ہماری تاریخ و ثقافت بھی ایک دوسرے سے الگ ہے ایک قوم کے ہیرو دوسری قوم کے ولن ہیں ۔

مسلمان دیگر مذاہب کے ماننے والوں سے الگ قوم ہیں اس کا عملی اعلان رسول اللہ صلی اللہ علیہ وسلم نے اعلانِ نبوت کے بعد کر دیا تھا کہ ابوجہل اور ابولہب زبان، نسل، وطن، ثقافت اور دیگر کئی ایک جیسی چیزوں کے باوجود رسول پاک صلی اللہ علیہ وسلم سے الگ قوم کے فرد تھے جب کہ سلمان فارسیؓ، صہیب رومیؓ اور بلال حبشیؓ مختلف نسل، زبان، وطن اور کلچر رکھنے کے باوجود اُسی قوم کے فرد تھے جس کے ابوبکرؓ، عمرؓ، اور علیؓ، تھے اِسی دو قومی نظریہ کا عملی اظہار جنگ بدر پر ہوا اور یوم فرقان نے واضح کر دیا کہ دنیا میں قوم کی بنیاد رنگ، نسل، زبان اور کلچر نہیں بلکہ مشترکہ نظریات، تصورِ حیات اور دین ہے ۔ اسی نظریہ کو برصغیر میں سر سید احمد خان نے واضح کی اور قیامِ پاکستان کی پہلی اینٹ انہوں نے 24 مئی 1875 ء کو رکھی ۔ سر سید نے یہ شمع سیالکوٹ کے فرزند اقبالؒ کے ہاتھوں میں دی ۔ یہ وہی اقبالؒ تھا جو پہلے خاکِ وطن کے ہر ذرہ کو دیوتا کہتا تھا اور اپنے نیشلسٹ ہونے پر نازاں تھا مگر اسی اقبالؒ نے کہا کہ

ان تازہ خداؤں میں بڑا سب سے وطن ہے

جو پیرہن اس کا ہے وہ مذہب کا کفن ہے

جب عالمگیر انسانیت کو وطنیت کی بنیاد پر تقسیم کیا جانے لگا تو علامہ نے کہا

یہ بت کہ تراشیدہ تہذیب نوی ہے ۔۔۔ غارت گر کاشانۂ دین نبوی صلی اللہ علیہ وسلم ہے

بازو ترا توحید کی قوت سے قوی ہے ۔۔۔ اسلام تیرا دین ہے تو مصطفوی صلی اللہ علیہ وسلم ہے

نظارہ دیرینہ زمانے کو دکھا دے

اے مصطفوی علیہ السلام خاک میں اس بت کو ملا دے

کیونکہ

اقوام میں مخلوق خدا بٹتی ہے اس سے

قومیتِ اسلام کی جڑ کٹتی ہے اس سے

اور انہوں نے قومیت کی بنیاد کا وہی واضح تصور دیا جسے پڑھ کر اور جس پر ایمان لا کر کوئی

مسلمان کہلاتا ہے۔

اپنی ملت پر قیاسِ اقوامِ مغرب سے نہ کر   خاص ہے ترکیب میں قوم رسولِ صلی اللہ علیہ وسلم ہاشمی

ایک طرف سرسید، اقبالؒ اور جناحؒ دین کی بنیاد پر قومیت کے نظریہ کی وضاحت کر رہے تھے تو دوسری جانب کچھ مسلمان رہنما جن میں علماء بھی شامل تھے اس نظریہ کی کھل کر مخالفت کرتے ہوئے ہندو رہنماؤں کی ہمنوائی میں قومیت کی بنیاد وطن کو قرار دے رہے تھے اور مسلمانوں اور ہندوؤں کو ایک ہی قوم کا فرد کہہ رہے تھے۔ انہی علماء میں سے ایک مولانا حسین احمد مدنی بھی تھے جو فرما رہے تھے کہ قومیں اوطان سے بنتی ہیں۔ علامہ اقبالؒ اس وقت بسترِ مرگ پر تھے اور انہوں نے اپنا آخری معرکہ وہیں سے لڑا۔ جب انہوں نے مولانا حسین احمد مدنی کی یہ آوازِ سنی تو انہوں کے دل سے ایک چیخ نکلی اور رکھا کہ

عجم ہنوز نداند رموزِ دیں ورنہ   ز دیوبند حسین احمد! ایں چہ بو الجیبی است

سرود برسرِ منبر کہ ملت از وطن است   چہ بے خبر ز مقامِ محمد عربی است

بمصطفیٰ برساں خویش را کہ دیں ہمہ اوست

اگر بہ اُو نہ رسیدی تمام بو لہبی است!

یہ بہت ہی قابلِ غور الفاظ ہیں۔ علامہ فرماتے ہیں رسول پاک صلی اللہ علیہ وسلم کے مقام سے بے خبر ہو کر یہ کہا جا رہا ہے کہ ملت یعنی قوم وطن کی بنیاد پر تشکیل پاتی ہے حالانکہ یہ رسول پاک صلی اللہ علیہ وسلم کی نسبت کی بنتی ہے اور ابھی تک اس بات کو وہ سمجھ ہی نہیں پائے۔

یہ نظریہ قیامِ پاکستان کی بنیاد بنا کر اور قرآن حکیم تو یہ اعلان کر رہا ہے کہ جب مؤمنین کو زمین پر اختیار حاصل ہوتا تو نظامِ صلوٰۃ و زکوٰۃ قائم کرتے ہیں (24/41) اس سے مراد وہ مملکت ہے جو اسلامی نظریہ کی بنیاد پر تشکیل پاتی ہے ورگنہ نماز ادا کرنے اور زکوٰۃ دینے کی اجازت تو ہر غیر مسلم ملک میں موجود ہے۔ اس کے لئے زمین پر اختیار کی ضرورت نہیں۔ قیامِ پاکستان کے بعد قائدِاعظمؒ نے بہت سے مواقع پر یہی کہا کہ ہمیں قرآن حکیم سے رہنمائی لینی چاہیے۔ آج ضرورت اس امر کی ہے اسی نظریہ کو پھر سے اُجاگر کیا جائے تاکہ نوجوان نسل اُس سے مکمل طور پر آگاہ ہو سکے کیونکہ بہت عناصر مملکتِ

خدا داد کی نظریاتی بنیادوں کو مسمار کرنے کے درپے ہیں اور بانی پاکستان کو سیکولرشخصیت کے طور پر پیش کرنے کی مذموم کوشش کرتے ہیں۔ جسے وہ سیکولر جناح کہتے ہیں اور اُن کی 11 اگست 1947ء کی تقریر کی غلط تعبیر کرتے ہیں میں اُن پر واضح کرنا چاہوں گا کہ اُس تقریر کے بعد قائدِاعظم تیرہ ماہ زندہ رہے اور اپنی بعد کی تقریروں میں بھی اسلامی نظریہ حیات اور قرآن سے رہنمائی پر آمادہ کرتے رہے ہیں۔ 11 اگست 1947ء میں انہوں نے اقلیتوں کے حقوق کا ذکر کرتے ہوئے اُن کے تحفظ کا یقین دلا یا تھا۔ اس کا مطلب ہرگز یہ نہیں کہ وہ اُس نظریہ سے روگردانی کر چکے تھے جس کے تحت انہوں نے جدوجہد کی۔ بعض ناقدین یہ بھی کہتے ہیں کہ جناح نے حصولِ پاکستان کے لئے اس نظریہ کو اپنایا مگر بعد میں ترک کر دیا یہ بھی حقائق ہے۔ 14 اگست 1948ء کو قیام پاکستان کی پہلی سالگرہ پر وہ اُسے ''دنیا کی سب سے بڑی اسلامی مملکت'' کہتے ہیں پھر اس سے قبل جولائی 1948ء میں اسلامی نظریہ اور قرآن سے رہنمائی لے کر نظام مملکت چلانے کی بات کرتے ہیں اور یہ تقریر اپنے الفاظ کے ساتھ آج بھی محفوظ ہے۔ سیکولرازم کے کے پیامبروں سے میرا سوال یہ ہے کہ کیا وہ کوئی ایسا بیان یا تحریر پیش کر سکتے ہیں جس میں جناح نے کہا وہ سیکولر ریاست کے لئے جدوجہد کر رہے ہیں یا پاکستان ایک سیکولر سٹیٹ ہے۔ مشہور مسیحی رہنما مسٹر جوشوا فضل دین نے اپنے پمفلٹ (Rationale of Pakistan's Constitution) میں قائدِاعظم کی 11 اگست 47، کی تقریر پر تبصرہ کرتے ہوئے کہا تھا یہ کہنا کہ تخلیقِ پاکستان کے بعد قائدِاعظم نے اپنی پہلی ہی تقریر میں کوئی ایسی بات کہہ دی ہے۔ جس سے اس بات کا دور کا بھی امکان ہے کہ اُس سے پاکستان کی بنیاد ہی منہدم ہو جائے گی بالکل پاگل پن ہے۔ قائدِ اعظمؒ نے اتنا ہی کہا تھا کہ پاکستان میں بلالحاظ مذہب وملت ہر ایک کو مساوی حقوقِ شہریت حاصل ہوں گے۔ مختصر الفاظ میں نظریہ پاکستان اور قائد کے تصور کے مطابق ایسی مملکت تھی جس میں آزادی اور پابندی کی حدود قرآن کریم کی رو سے متعین ہوں جس میں کوئی قانون قرآن کے منافی نہ ہو اور نہ ہی مذہبی پیشوائیت کی اجارہ داری ہو۔ جس کا جمہوری اور معاشی نظام سچے اسلامی اصولوں اور اسوۂ حسنہ کے مطابق ہو۔

قوم کے جس تصور کی تشریح سرسید، اقبالؒ اور جناحؒ نے کی اُس کے مطابق قوم خطہ زمین کی

نسبت سے نہیں بلکہ مشترکہ نظریۂ حیات کی بنا پر بنتی ہے۔ اس اعتبار سے کسی ایک مملکت میں رہنے والے تمام باشندے اُس ملک کے شہری تو ہو سکتے ہیں مگر ایک قوم کے افراد نہیں ہو سکتے لہٰذا پاکستانی قوم کی اصطلاح بھی دو قومی نظریہ اور نظریہ پاکستان کے منافی ہے۔ پاکستان کے رہنے والے اس کے شہری ہونے کے ناطے اس مملکت کے تمام حقوق اور مراعات تو لے سکتے ہیں وہ پاکستان کے شہری تو ہیں لیکن تمام پاکستانی ایک قوم کے فرد نہیں ہیں۔ اگر آج ہم سب پاکستانیوں کو ایک قوم مان لیں تو پھر نظریہ پاکستان خود بخود ختم ہو جائے گا اور کسی اندرا گاندھی کو یہ کہنے کی ضرورت نہ ہوتی کہ ہم نے نظریہ پاکستان کو خلیج بنگال میں غرق کر دیا ہے۔ اندرا گاندھی کی خوش فہمی تھی اور اُس کی آتما کو آج بھی شانتی نہیں ہوگی کیونکہ پاکستان ایک اسلامی جمہوریہ اور دو قومی نظریہ کا علمبردار ہے اور جس مشرقی پاکستان کو انہوں نے الگ کر کے بنگلہ دیش بنا دیا تھا اُس نے بھی اپنے آئین میں 2011ء میں یہ شامل کیا کہ اسلام بنگلہ دیش کا سرکاری مذہب ہے۔ مشترکہ دینی نظریات امت مسلمہ میں اتحاد اور ایک ملت کا باعث ہوں گے۔ بقول اقبال

یہ ہندی وہ خراسانی ، یہ افغانی وہ تورانی

تو اے شرمندہ ساحل اچھل کر بے کراں ہو جا

عوام خود ذمہ دار ہیں

ہماری جماعت میں رشوت ستانی، بدعنوانی، غنڈہ گردی، رسہ گیری، منافع خوری، ذخیرہ اندوزی، اختیارات سے ناجائز فائدہ اٹھانے اور اجتماعی مفادات کو پامال کرنے والے گھس آئے ہیں اور جب تک اُن کا استیصال نہیں ہوگا، ملک میں انقلاب نہیں آ سکتا۔ اگر مجھے پانچ سوفدائی مل جائیں تو میں ملک کی کایا پلٹ سکتا ہوں"۔ یہ خطاب وزیرِ اعظم ذوالفقار علی بھٹو نے اپنے دورِ عروج میں دسمبر 1974ء کو بہاول پور میں ایک اجتماع میں کیا تھا۔ یہ چیخ اُس شخص کے سینۂ فگار سے نکلی تھی جسے اس وقت پاکستان کی سیاست میں مکمل دسترس حاصل تھی اور ہر طرف اُن کا طوطی بولتا تھا۔ یہ صدا اُس شخص کی تھی جس نے پاکستانی عوام میں سیاسی شعور بیدار کیا اور لاکھوں کو اپنا گرویدہ بنایا مگر اپنے مضبوط اقتدار کے زمانے میں بھی تبدیلی نہ لا سکنے کی بے بسی کا اظہار کیا کہ لاکھوں کارکنوں اور راہنماؤں کی ایک بڑی فوج کے باوجود اُن کے پاس پانچ سوافراد بھی ایسے نہ تھے جو گفتار کی بجائے کردار کے غازی ہوں۔ بھٹو کیوں بصد حسرت و یاس یہ کہہ رہے تھے بلکہ اُن کے اُس دور میں پنجاب کے وزیراعلیٰ حنیف رامے نے تو یہاں تک کہہ دیا تھا کہ انہیں گیارہ ایسے رفقاء نہیں مل سکے جن کی امانت و دیانت پر اعتماد کیا جا سکے۔ اُس وقت ملک کی سب سے بڑی جماعت کا یہ حال تھا۔ کروڑوں کی آبادی میں ایسا قحط الرجال کیوں؟ یہ اُس دور کی بات ہے جسے آج سنہری دور کی حیثیت سے یاد کیا جاتا ہے اور جب دورِ حاضر کی کرپشن اور لوٹ مار نہیں تھی لیکن آج صورت حال اس سے کہیں بدتر ہے۔ اُس وقت حالات ایسے نہ تھے جس سے آج پاکستانی عوام گذر رہی ہے۔ پھر آج کے حالات کے بارے میں کیا کہا جا سکتا ہے۔ کسی نے درست ہی کہا ہے کہ اس قوم کے کانوں میں پڑی میل نکالنے کی ضرورت ہے تا کہ یہ کچھ سن سکیں ۔ رہبرِ قوم اور میرِ کارواں کی اہمیت اپنی جگہ مسلمہ ہے مگر جب تک قوم کی سوچ اور فکر و عمل میں تبدیلی نہیں آتی وہاں حقیقی انقلاب نہیں آ سکتا ۔

کرپشن، بددیانتی اور لوٹ کھسوٹ صرف سیاستدانوں، افسر شاہی اور بالادست طبقے تک

محدود نہیں معاشرے کا ہر فرد اپنی اپنی بساط کے مطابق جہاں جہاں جو بے ایمانی اور لوٹ مار کر سکتا ہے
وہ کر رہا ہے مگر مطالبہ اپنے ساتھ ایمان داری کرتا ہے اور حکومتی کار کردگی کا رونا روتا ہے۔ یہ حقیقت ہے
کہ ہم زندگی کی ہر جہت میں، نیچے سے اوپر تک، ہر شعبہ زندگی میں، بد دیانتی کے مرتکب ہو رہے ہیں
یقین نہ ہو تو خود چیک کر لیں۔ ایک مزدور کو کام پر لگا دیں اور اس پر نظر نہ رکھیں آپ خود دیکھیں گے کہ وہ
کس انداز سے کام کر رہا ہے۔ ایک ریڑھی والے سے کہیں کہ دو کلوگرام پھل دے اور اپنا دھیان کسی
اور طرف رکھیں۔ گھر آ کر دیکھیں تو خود علم ہو جائے گا کہ کتنے خراب پھل اُس نے دے دیئے ہیں۔ یہی
ماجرا قصاب دودھ والے اور دیگر دکانداروں کا ہے۔ یہی نہیں ڈاکٹر حضرات مریض پر توجہ اور اوقات کار
کی پابندی صرف پرائیویٹ پریکٹس میں ہی کرتے ہیں۔ اساتذہ محنت اور توجہ سے ٹیوشن پڑھنے والے
طلباء کو ہی پڑھاتے ہیں۔ پولیس اور محکمہ مال ہی نہیں اس رو میں سب بہتے چلے جا رہے ہیں۔ عوام کو سب
علم ہوتا اور خود بھی کرپشن کے حصہ دار ہیں۔ عوام اپنی روش چھوڑنا ہی نہیں چاہتے۔ سب کے سب کرپشن
میں غرق ہیں اور اتنے بے حس ہو چکے ہیں کہ اب وہاں ایمانداری کی بات کرنے والے کو بے وقوف، نا
سمجھ اور دنیا داری کے معاملات سے نابلد سمجھا جاتا ہے۔ کردار، اخلاق اور اقدار نہ صرف ختم ہوتی جا رہی
ہیں بلکہ اس نقصان کا شعور ہی نہیں رہا۔ بقول حکیم الامت :

وائے ناکامی متاعِ کارواں جاتا رہا   کارواں کے دل سے احساسِ زیاں جاتا رہا

عوام کو یہ احساس ہی نہیں کہ اقدار کیا ہیں اور دولت کی ہوس میں سب مبتلا ہیں۔ عزت کا معیار صرف
دولت ہے، چاہے حرام سے ملے۔ جب حلال حرام کی تمیز ختم ہو جائے اور پورا معاشرہ اس میں مبتلا ہو تو
پھر حالات وہی ہوں گے جو ہمارے سامنے ہیں۔ اس کے برعکس یورپی معاشرہ میں عوام کے شعور اور
ایمانداری کی ایسی مثالیں سامنے آتی ہیں جو ہمارے لئے تازیانے سے کم نہیں اگرچہ انتہائی قلیل تعداد
میں یہاں بھی ایسے لوگ ہیں جو کرپشن میں مبتلا ہیں اکثریت ایسی نہیں جب کہ پاکستان میں غالب
اکثریت کرپشن میں سر تا پا ڈوبی ہوئی ہے۔ المیہ یہی ہے ہم میں کریکٹر نہیں ہے اور جب تک ہم میں
کردار نہیں ہو گا تبدیلی ممکن نہیں۔ برتری اُسی کی ہے جس کا کردار بلند ہے اور یہ حقیقت انسان کے خالق
نے واضح طور پر اپنی کتاب میں بتا دی ہے سوال یہ کیا جاتا ہے کہ ہم فرشتے کہاں سے لائیں فرشتے نہ

سہی لیکن ہمیں شیطان بھی تو نہیں چاہیے۔ عوام کا یہ فرض ہے کہ اب وہ اپنی ذمہ داری محسوس کریں اور اسی قیادت کا انتخاب کریں جو خود بھی صاحب کردار ہوں اور ملک کو بھی موجودہ مسائل سے باہر نکالنے کا عزم مصمم رکھتے ہوں۔ عوام کا فرض ہے کہ وہ انتخاب کے وقت امیدواروں کو اخلاق و کردار کی چھلنی سے گزاریں۔ عوام اپنے نمائندوں کو بہت بہتر جانتے ہیں وہ الیکشن کمیشن کے عملہ سے بھی بہتر جانتے ہیں اور آئین نے 62 اور 63 کا معیار بھی دیا ہے جسے مذاق بنایا جاتا ہے۔ سیدھا سا اصول ہے کہ جو بھی اخلاقی برائیوں اور پست کردار کا حامل ہے وہ قیادت کا اہل نہیں۔ یہ اصول اقوامِ مغرب میں غیر تحریری انداز میں مروج ہے لیکن پاکستان میں قانون کو بھی مذاق بنا دیا گیا ہے اور اس پر عمل کی بجائے بے مقصد بحث کی جاتی ہے۔ Spirit of Law کی بجائے Letter of the Law پر زور دیا جاتا ہے۔

آئین کی وہ دفعات یہی کہتی ہیں کہ جس نے کرپشن بد دیانتی، ٹیکس چوری، جھوٹ، اخلاقی برائی یا مملکت کے نظریہ کے خلاف کام کیا ہے وہ انتخاب میں حصہ لینے کا اہل نہیں۔ اس سب کو صادق و امین کے دو لفظوں میں سمویا جا سکتا ہے مگر حیرت اُن پر ہے جو کہتے ہیں کہ صادق و آمین کہاں سے آئیں گے۔ یہ شرائط تو دنیا کے دیگر جمہوری ممالک میں بھی ہے۔ سویڈن کے انتخابات میں جو صادق و آمین نہ ہو حصہ لے ہی نہیں سکتا اور نہ ہی کوئی جماعت کسی ایسے شخص کو اپنا امیدوار بنائے گی جو جھوٹا، دغاباز، فراڈ کرنے والا، بد دیانت، ناجائز دولت کمانے والا اور ٹیکس چور ہو بلکہ انتخاب کے بعد بھی اگر کسی میں یہ برائیاں نظر آ جائیں تو اُسے چھٹی کرا دی جاتی ہے۔ دونوں جانب کے فریقین کو کہیں گے آئین کی ان دفعات کو جو اچھے صاحب کردار افراد کے انتخاب میں چھلنی کا کام کرتی ہیں تختہ مشق نہ بنائیں اور کچھ نہیں تو دنیا کے دیگر ممالک سے سبق حاصل کریں اور کرپشن میں ملوث افراد کو سخت سزا دیں۔ عوام پر بھاری ذمہ داری عائد ہوتی ہے ہماری عوام کو علم ہوتا ہے کون اچھا اور برا ہے وہ پھر بھی اچھے کا انتخاب کرنے میں پہلو تہی کر جاتے ہیں جن جماعتوں اور رہنماؤں نے پاکستان کو اس مقام تک پہنچایا ہے اگر عوام نے انہی کا دوبارہ انتخاب کرنا ہے تو پھر بہتری کی توقع نہیں کی جا سکتی۔ ملک میں تبدیلی کے لیے ایک پرامن اور جمہوری طریقہ موجود ہے اور وہ ہے انتخابات کے موقع پر اچھے نمائندوں کا چناؤ کرنا۔ ایمان داری سے ایسی جماعت اور لوگوں کو منتخب کرنا چاہیے جو کردار و عمل میں بہتر ہوں۔ ووٹ دینا دراصل ایک گواہی ہے

اور غلط امیدوار کو ووٹ دینے کا مطلب غلط گواہی ہے جس کی یقیناً بازپرس بھی ہوگی کیونکہ اللہ تعالیٰ نے قرآنِ حکیم میں واضح طور پر حکم دیا ہے کہ گواہی سچی دو خواہ تمہارے والدین یا تمہارے اپنے ہی خلاف کیوں نہ ہو۔ غلط امیدوار کو ووٹ دینا جھوٹی گواہی دینے کے مترادف ہے اور انتخاب کے نتائج میں ووٹر بھی ذمہ دار ہوتا ہے۔ اگر عوام نے اب بھی اپنی ذمہ داری محسوس نہ کی جن لوگوں نے مذہبی، لسانی، علاقائی، تعصّبات اور نفرتیں، پھیلائی ہیں اور جنہوں نے ملک کو تباہی کے دہانے پر لا کھڑا کیا ہے اگر انہیں پھر منتخب کیا تو پھر قیامت تک چیختے چلاتے رہیے تبدیلی نہیں آئے گی اور نہ ہی حالات بدلیں گے۔ فیصلہ عوام کے ہاتھوں میں ہے وہ خود منصف ہیں اس لئے انہیں حشر اٹھا دینا چاہیے اور اسی قیادت کو منتخب کرنا چاہیے جو امانت، دیانت، شرافت اور صداقت کی امین ہو۔ جو قیادت کی اہل ہو اور اعلیٰ کردار کی حامل ہو۔ پاکستان کے انتخابی نظام میں اگرچہ بہت سی خامیاں اور نقائص ہیں لیکن پُرامن تبدیلی کا یہی ایک طریقہ ہے۔ عوام کو سوچنا چاہیے کہ انہیں کس طرح کا نظام اور ملک چاہیے اور آنے والی نسلوں کا مستقبل کیسے بہتر اور محفوظ ہو سکتا ہے۔ فیصلہ عوام کو کرنا ہے کیونکہ

اٹھو ! وگرنہ حشر نہیں ہوگا پھر کبھی

دوڑو ! زمانہ چال قیامت کی چل گیا

نسل ِ انسانی کی بقا خطرے میں

نسل انسانی کو اپنی بقا کے لیے سب سے بڑا خطرہ ماحولیاتی آلودگی سے ہے جس کا سبب بھی خود حضرت انسان ہی ہے جس نے اس کرہ ارض کے حسن اور قدرتی توازن کو بگاڑ کر رکھ دیا ہے۔ موسمیاتی تبدیلیاں، درجہ حرارت میں اضافہ، سیلاب، خشک سالی، طوفان، سمندری سطح میں اضافہ، ماحولیاتی آلودگی، سیلاب اور دیگر قدرتی آفات سے ہمارا پالا پڑ رہا ہے۔ انسانی عوامل کی وجہ سے آلودگی اور درجہ حرارت میں اضافہ ہوا ہے۔ گرین ہاوس گیسوں بطور خاص کاربن ڈائی آکسائیڈ کے اخراج، حدت میں اضافہ سے قطبین میں برف پگھلنے کا عمل شروع ہو چکا ہے۔ ۲۰۱۵ء گرم ترین سال ثابت ہوا ہے اور اگر یہی صورت حال رہی تو ہماری آئندہ آنے والی نسلوں کے لیے اس کرہ ارض پر زندہ رہنا محال ہوگا۔ ان تبدیلیوں کے اثرات نسل انسانی کی بقا پر مرتب ہو رہے ہیں اور بیماریوں میں اضافہ ہو رہا ہے۔ پیچیدہ جینیاتی بیماروں کے ساتھ بانجھ پن کے مسائل بھی سامنے آرہے ہیں۔ ماحولیاتی آلودگی کے سبب مردوں کے مادہ منویہ میں نطفہ (Sperms) کی تعداد میں کمی واقع ہو رہی ہے جس سے نسل انسانی کی بقا کو خطرہ درپیش ہے۔ اس چیلنج کا مقابلہ کرنے کے لیے اقوام عالم مل کر کوئی قابل عمل منصوبہ تیار کرنے کے لیے کوشاں ہیں۔ اقوام متحدہ نے پانچ جون کو ماحولیات کا عالمی دن قرار دیا۔ ۲۰۰۹ء میں کوپن ہیگن میں عالمی کانفرنس منعقد ہوئی اور دسمبر ۲۰۱۵ء میں پیرس میں ہونے والی کانفرنس میں ۱۹۵ ممالک کے سربراہان اور سیاسی رہنما اس کانفرنس میں شریک ہوئے جبکہ ہزاروں ماہرین بھی موجود تھے۔ اس اجلاس کے دوران زیادہ تک گفتگو کا محور عالمی درجہ حرارت میں اضافے کو دو سنٹی گریڈ تک محدود کرنا تھا۔ سویڈن نے پچیس کروڑ سویڈش کرونا ماحولیات کے لیے مختص کیے ہیں۔ اس سے قبل چار ارب سویڈش کرونا دیئے جا چکے ہیں جبکہ دس کروڑ کرونا کی مدد کم ترقی یافتہ ممالک کو دی گئی ہے ۔ ماحولیاتی آلودگی کم کرنے کے لیے سویڈن ایک منصوبہ پر کام کر رہا ہے جس کے تحت ۲۰۳۰ء تک یہ دنیا کا پہلا ملک ہوگا جو پیٹرول اور اس کی مصنوعات کا استعمال ترک کر دے گا۔

ماحولیاتی مسائل کی وجہ سے نسل انسانی کو اپنی بقا کا مسئلہ درپیش ہے، دین اسلام جو ایک مکمل اور آخری دین ہے اس نے ان مسائل اور معاملات کے بارے میں اہم تعلیمات دی ہیں۔ یہ ہو ہی نہیں سکتا کہ انسان جسے خدا نے اس زمین پر خلیفہ بنا کر بھیجا ہے اور بقول اقبال زوالِ آدم خاکی تو خود خدا کا زیاں ہے۔ خدا نے اپنی آخری وحی میں اور ختم المرسلین ﷺ نے اپنی ارشادت میں اس بارے میں جو تعلیمات دی ہیں انہیں ہم فراموش کئے بیٹھے ہیں اور نہ اُن پر غور کرتے ہیں۔ منبر و محراب اور ہمارے مذہبی حلقوں نے بھی ماحولیات کے بارے میں کبھی بات نہیں کی۔ جب ہم قرآن حکیم کی روشنی میں اس کائنات پر غور کرتے ہیں تو یہ حقیقت سامنے آتی ہے کہ اس کائنات میں ایک ہی خدا کا بنایا ہوا قانون نافذ العمل ہے (۲۲/۲۱)۔ کوئی بھی قوانین فطرت میں تبدیلی نہیں کر سکتا اور خدا کے اس بنائے ہوئے قانون کی خلاف ورزی زمین پر فساد پھیلانے کے مترادف ہے۔ خدا کے قوانین کی اعلانیہ مخالفت اور سرکشی شرک کے مترادف ہے جس کا نتیجہ فساد فی الارض ہے۔ قرآن حکیم نے فساد اور اصلاح دو اصطلاحات بیان کی ہیں جو ایک دوسرے کی متضاد ہیں۔ فساد کا معنی درست حالت میں نہ ہونا، تناسب میں بگاڑ ہونا Distruction ,Disorder, Chaos, ہے۔ قرآن حکیم نے زمین میں فساد پھیلانے سے منع کیا ہے۔ زمین میں فساد پھیلانے سے مراد اس کے قدرتی حسن کو تباہ کرنا اور تناسب کو بگاڑنا بھی ہے۔ یہ انسانی بقا اور ماحولیات کے مسائل پر قابو پانے کے لیے بہترین لائحہ عمل ہے۔ بہت سے لوگ اس بات کا شعور ہی نہیں رکھتے کہ کہ زمین میں فساد پھیلا رہے ہیں (۱۲/۲)۔ رب العزت نے کائنات کی تخلیق کرنے کے بعد اُس کی حفاظت کا نظام بھی بنایا جس طرف سورۃ الرحمٰن کی ساتویں اور آٹھویں آیت میں اشارہ کیا ہے۔ اگر زمین کے گرد کرہ ہوائی نہ ہوتا تو زمین کا درجہ حرارت منفی ۱۸۱ ڈگری سینٹی گریڈ ہوتا۔ کرہ ہوئی ایک ہزار میل تک اوپر جاتا ہے۔ پہلی تہہ Trofosphere سطح زمین سے سات میل اوپر ہے۔ موسمیات کا خطہ Stratosphere دوسری تہہ اس میں ہوا گردش نہیں کرتی ہے اس لیے یہ گرم ہے۔ Mesophere تیسری تہہ ہے یہ بہت اہم ہے اس میں اوزون گیس ہے۔ جسے قرآن نے میزان سے تعبیر کیا ہے۔ یہ زیادہ توانائی کی لہروں کو آسمان سے زمین تک نہیں پہنچنے دیتی۔ انسانی کاروائیوں سے گرین ہاوس گیسوں کے بے انتہا اخراج سے اس تہہ کو بہت نقصان پہنچا

ہے۔جس کی وجہ سے دنیا میں تبدیلیاں آرہی ہیں۔ چوتھی تہہ Ionoshere اس سے اوپر خلا ہے جہاں درجہ حرارت C 1600 ہے۔ دفاعی رکاوٹیں جو زمین تک مہلک قوتوں مثلاً کا سمک ریز،گاما ریز،ایکس ریز،الٹراوائلٹ اور گرمی وغیرہ کی لہروں کوروک لیتی ہیں۔ انہیں روکنے کے لیے اللہ تعالٰی نے پیمانے مقرر کیے ہیں جن کا قرآن میں بار بار ذکر آتا ہے۔مثلاً ہم نے سہمالدنیا کوروشن چراغوں سے مزین کررکھا ہے اور اسے سرکش قوتوں (Rebellious Forces) کو مار بھگانے والا بنایا ہے (۳۲/ ۲۱)۔سورہ فصلت کی آیت ۱۲ میں ہے اور ہم نے آسمان دنیا کو چراغوں (یعنی ستاروں) سے مزین کیا اور محفوظ رکھا۔ یہ زبردست (اور) خبردار کے (مقرر کئے ہوئے) اندازے ہیں۔سورہ ملک کی آیت تین اور چار میں اس کائنات کے نظام اور حفاظت کا کیا سائنسی اور عقلی انداز میں بیان کیا۔ ارشاد ہوتا ہے کہ جس نے سات (یا متعدد) آسمانی کرّے باہمی مطابقت کے ساتھ (طبق درطبق) پیدا فرمائے،تم (خدائے) رحمان کے نظام تخلیق میں کوئی بے ضابطگی اور عدم تناسب نہیں دیکھو گے،سو تم نگاہِ (غوروفکر) پھیر کر دیکھو،کیا تم اس (تخلیق) میں کوئی شگاف یا خلل (یعنی شکستگی یا اِنقطاع) دیکھتے ہو تم پھر نگاہِ (تحقیق) کو بار بار (مختلف زاویوں اور سائنسی طریقوں سے) پھیر کر دیکھو،(ہر بار) نظر تمہاری طرف تھک کر پلٹ آئے گی اور وہ (کوئی بھی نقص تلاش کرنے میں) ناکام ہوگی۔سبحان اللہ۔ اگر زمین پر دباؤ نہ ہوتا تو ہم یہاں عدم توازن کی وجہ سے رہ ہی نہ سکتے۔صرف ایک منٹ دماغ کو آ کسیجن نہ ملے تو اس کے خلیات مرنا شروع ہو جاتے ہیں اور اگر یہ سلسلہ تین منٹ تک جاری رہے تو انتہائی شدید نقصان پہنچتا ہے جو موت تک جا پہنچتا ہے۔ زمین میں ماحولیات کے مسائل خود انسان کے اپنے پیدا کردہ ہیں جیسا کہ قرآن حکیم میں نوع انسانی کو آگاہ کیا گیا ہے کہ خود تمہارے اپنے ہاتھوں کی کارستانیوں سے خشکی وتری ہر جگہ ناہمواریاں اور خرابیاں پیدا ہو چکی ہیں (۹/ ۳۰)۔سورہ حٰم السجدہ میں اسی موضوع کو دہرایا گیا ہے۔

حضور اکرم صلی اللہ علیہ وسلم نے فرمایا'اگر کسی نے ایک پودا لگایا یا اس پودے کو انسان اور جانور جب تک کھاتے رہیں گے یا اس سے انسانوں کو فائدہ (سایہ کی صورت میں) ملتا رہے گا تو اس کا اجر اس شخص کو ملتا رہے گا۔رسول اکرم صلی اللہ علیہ وسلم کی تعلیمات میں درختوں کو کاٹنے کی واضح ممانعت آئی

ہے۔ حتیٰ کہ حالت جنگ میں بھی درخت کاٹنے سے منع کیا گیا ہے مسلمان فوجوں کو اس بات کی ہدایت تھی کہ وہ شہروں اور فصلوں کو برباد نہ کریں۔ نبی آخرالزمان صلی اللہ علیہ وسلم کی تعلیمات ہمیں اعتدال پسندی کی تلقین کرتی ہیں۔ آپ صلی اللہ علیہ وسلم نے فرمایا کہ اعتدال اختیار کرو۔ گویا انسانوں سے مطالبہ ہے کہ وہ اپنے تمام اعمال مثلاً کھانے، پینے، کمانے، خرچ کرنے، صنعتی پیداوار اور اس کے استعمال، وغیرہ سب میں جس کا تعلق قدرتی وسائل سے آتا ہو اور آخر کار جو ماحول پر اثر انداز ہوتے ہوں، ان سب میں حد درجہ اعتدال سے کام لیں۔ امام ابو یوسف کے نزدیک وہ شخص جو قدرتی ماحول کو ٹھیک طرح سے نہیں سمجھتا، اسلامی شریعت کے نفاذ کے مناسب طریقہ کار کو بھی نہیں سمجھ سکتا۔ قرآن پر ایمان رکھنے والوں کا فرض ہے کہ وہ زمین اور اس کی فضا کو آلودگی سے بچائیں اور اس میں اپنا کردار ادا کریں اور ہر اُس عمل سے اجتناب کریں جس سے زمین کے حسن اور ماحولیات کو نقصان پہنچنے کا اندیشہ ہو۔

صرف تعلیم نہیں تربیت بھی

''دنیا میں نبوت کا سب سے بڑا کام تکمیل اخلاق ہے۔ چنانچہ حضورﷺ نے فرمایا کہ میں نہایت اعلیٰ اخلاق کے اہتمام کے لئے بھیجا گیا ہوں اس لئے علماء کا فرض ہے کہ وہ رسول اللہﷺ کے اخلاق ہمارے سامنے پیش کیا کریں تا کہ ہماری زندگی حضورﷺ کے اسوۂ حسنہ کی تقلید سے خوشگوار ہو جائے اور اتباعِ سُنت زندگی کی چھوٹی چھوٹی چیزوں تک جاری و ساری ہو جائے''۔ یہ الفاظ علامہ اقبالؒ کے ہیں جو انہوں نے 1926ء میں لاہور میں عید میلاد النبیﷺ کے جلسہ میں اپنے خطاب کے ہیں کہے تھے۔ انہوں نے مزید فرمایا ''ایک شور بر پا ہے کہ مسلمانوں کو تعلیم حاصل کرنی چاہیے لیکن جہاں تک میں نے غور کیا ہے تعلیم سے زیادہ اس قوم کو تربیت کی ضرورت ہے اور ملّی اعتبار سے یہ تربیت علماء کے ہاتھ میں ہے۔ اسلام ایک خالص تعلیمی تحریک ہے۔ صدرِ اسلام میں اسکول نہ تھے کالج نہ تھے یونیورسٹیاں نہ تھیں لیکن تعلیم و تربیت اس کی ہر چیز ہے۔ خطبہ جمعہ، خطبہ عید، حج وعظ و غرض تعلیم و تربیتِ عوام کے بیشمار مواقع اسلام نے بہم پہچائے ہیں لیکن افسوس کہ علماء کی تعلیم کا کوئی صحیح نظام قائم نہ تھا اور اگر کوئی رہا بھی تو اس کا طریق عمل ایسا رہا کہ دین کی حقیقی روح نکل گئی۔ جھگڑے پیدا ہو گئے اور علماء کے درمیان جنہیں پیغمبر علیہ السلام کی جانشینی کا فرض ادا کرنا تھا سر پھٹول ہونے لگی۔ جس کی تکمیل کے لیے حضور علیہ الصلوٰۃ السلام مبعوث ہوئے تھے اور ہم ابھی اس معیار سے بہت دُور ہیں''۔

حکیم الامت نے قوم کے مرض کی نہ صرف تشخیص کی بلکہ اس کا علاج بھی تجویز کر دیا۔ علماء کے مابین سر پھٹول کا جو ذکر انہوں کیا وہ دورِ حاضر میں نہ صرف جاری بلکہ اس کی شدت مزید بڑھ چکی ہے جس کا تازہ مظاہرہ اسلامی نظریاتی کونسل کے اجلاس میں ہوا ہے۔ علماء، اساتذہ اور اہلِ علم و دانش ہی قوم کی تربیت کرتے ہیں لیکن جب اُن کی اپنی حالت ایسی ہو تو وہ کیسے تربیت کر سکتے ہیں۔ تعلیم حاصل کرنا جاننے اور معلومات کے حصول کا نام ہے لیکن قوم تربیت سے بنتی ہے جیسا کہ علامہ نے رسول اکرمﷺ کے ارشاد سے وضاحت کی ہے۔ قرآن حکیم مقصد رسالت تذکیہ نفس کو قرار دیتا ہے۔ سورہ

جمعہ کی دوسری آیت اور سورۃ البقرہ کی آیت ۱۲۹ اور ۱۵۱ میں اس کی وضاحت کر دی گئی ہے۔ بدقسمتی سے ہم میں رسمی عبادات اور ظاہریت باقی رہ گئی ہے اور ہم دین کی اصل روح سے بہت دور ہیں۔ نماز جو نظم و ضبط سکھاتی ہے لیکن نماز سے فوراً بعد نمازی مسجد سے نکلتے ہوئے آپس میں لڑ رہے ہوتے ہیں۔ روزہ جس کا مقصد ہی تقویٰ اور نظم و ضبط پیدا کرنا ہے وہ محض فاقہ کشی بن کر رہ گیا ہے۔ حج جیسی عظیم عبادت سے بھی ہم نے اپنی تربیت کے لیے کچھ نہیں سیکھا۔ ہمارے سیاستدانوں، اعلیٰ سرکاری افسروں یہاں تک کہ اہل علم کے غیر تربیت یافتہ ہونے کے مظاہرے سامنے آتے ہیں کہ سر شرم سے جھک جاتا ہے۔ ہم میں (Manners) ادب آداب، طور طریقے اور تہذیب و شائستگی کی بہت کمی ہے۔ یہ فقدان اعلیٰ تعلیم یافتہ طبقے میں بھی ہے۔ بہت سے چھوٹی چھوٹی باتیں ہیں جن کا خیال نہیں رکھا جاتا لیکن ان کی اہمیت بہت زیادہ ہے اور اُن سے کسی کی شخصیت ظاہر ہوتی ہے۔ ایک دفعہ استنبول سے سٹاک ہوم ترکش ایئرلائن سے آنے کا اتفاق ہوا۔ جہاز میں اکثریت ترک مسافروں کی تھی۔ فلائیٹ جب سٹاک ہوم ایئرپورٹ پر پہنچی تو امیگریشن کاؤنٹر پر رش کی وجہ سے مسافروں میں جھگڑا شروع ہو گیا اور نوبت پولیس بلانے تک پہنچ گئی۔ پولیس نے آتے ہی کہا یہاں آرام سے کھڑے ہو جائیں یہ ترکی نہیں بلکہ سویڈن ہے۔ مغربی حکومتوں کی پالیسیاں ایک طرف لیکن اقوام مغرب نے اپنی زندگی میں جو نظم و ضبط اور اچھے اخلاق اپنا رکھے ہیں مجھے اُن کا اعتراف کرنے میں کوئی امر مانع نہیں۔ ہمیں یہ ضرور سوچنا چاہیے کہ ہم میں تربیت اور تہذیب و شائستگی کی کمی کیوں ہے اور ہم میں کیریکٹر کیوں نہیں ہے۔ ہمیں اُن خوبیوں اور اوصاف کو اجاگر کرنا چاہیے جن سے انسانی شخصیت کی تعمیر ہوتی ہے اور اُن امور سے دور رہنا چاہیے جو منفی خصوصیات کی حامل ہیں۔

علامہ فرماتے ہیں کہ میرا عقیدہ ہے کہ نبی کریم ﷺ زندہ ہیں اور اِس زمانے کے لوگ بھی اُسی طرح مستفیض ہو سکتے ہیں جس طرح صحابہ اکرامؓ ہوا کرتے تھے۔ علامہ نے اپنے اردو اور فارسی کلام میں متعدد مقامات پر بارگاہِ رسالت ﷺ میں اپنی گذارشات پیش کی ہیں۔ اُن کا کہنا تھا کہ خوش شاوہ دل جو عشق نبوی ﷺ کا نشیمن ہو۔ اسلام بحیثیت دین خدا کے طرف سے ظاہر ہوا لیکن سوسائٹی یا ملت کے رسول کریم ﷺ کی شخصیت کا مرہونِ منت ہے۔ معجزے یا پیشین گوئیاں نہیں بلکہ نبی کی تعلیم اور

اس کی زندگی نبوت کے لیے حجت ہوتی ہے۔ گجرات سے شائع ہونے والے ایک قدیم صوفی رسالہ کے اکتوبر ۱۹۲۶ء کے شمارہ میں علامہ اقبال کی شائع ہونے والی تقریر میں انہوں نے حصول تربیت کا جو لائحہ عمل دیا اس کے مطابق ان جذبات کو قائم رکھنے کے تین طریقے ہیں۔ پہلا طریق درود و سلام ہے جو مسلمانوں کی زندگی کا جزو لاینفک ہے۔ وہ ہر وقت درود پڑھنے کے طریقے نکالتے ہیں۔ عرب میں کہیں دو آدمی بازار میں لڑ پڑتے ہیں تو تیسرا بلند آواز میں اللھم صلی علی سیدنا محمد و بارک وسلم پڑھ دیتا ہے تو لڑائی فوراً رُک جاتی ہے۔ یہ درود کا اثر ہے اور لازم ہے کہ جس پر درود پڑھا جائے اس کی یاد قلوب کے اندر اپنا اثر پیدا کرے۔ پہلا طریق انفرادی جبکہ دوسرا اجتماعی ہے۔ یعنی مسلمان کثیر تعداد میں جمع ہوں اور ایک شخص جو حضورﷺ آقائے دو جہاں صلعم کے سوانح زندگی بیان کرے تا کہ اُن کی تقلید کا ذوق و شوق مسلمانوں کے قلوب میں پیدا ہو۔ اس طریق پر عمل پیرا ہونے کے لیے ہم سب آج جمع ہیں۔ تیسرا طریق اگر چہ مشکل ہے لیکن بہر حال اس کا بیان کرنا نہایت ضروری ہے وہ یہ کہ یاد رسولﷺ اس کثرت سے اور ایسے انداز میں کی جائے کہ انسان کا قلب نبوت کے مختلف پہلوؤں کا مظہر ہو جائے یعنی آج سے تیرہ سو سال پہلے جو کیفیت حضور سرور کائنات صلی اللہ علیہ وسلم کے وجود مقدس سے ہویدا تھی وہ آج تمہارے قلوب کے اندر پیدا ہو جائے۔ حضرت مولانا روم فرماتے ہیں

آدمی دید ست باقی پوست است   دید آں ست آنکہ دید دوست است

یہ جوہر انسانی کا کمال ہے کہ اسے دوست کے سوا اور کسی چیز کی دید سے مطلب نہ رہے۔ یہ طریقہ بہت مشکل ہے۔ کتابوں کے پڑھنے یا میری تقریر سننے سے نہیں آئے گا۔ اس کے لیے کچھ مدت نیکوں اور بزرگوں کی صحبت میں بیٹھ کر روحانی انوار حاصل کرنا ضروری ہے، اگر میسر نہ آئے تو پھر ہمارے لئے یہی طریقہ غنیمت ہے جس پر آج عمل پیرا ہیں۔ علامہ اقبال اپنے خطاب میں مزید فرماتے ہیں کہ ''افسوس کہ ہم میں بعض چھوٹی چھوٹی باتیں بھی نہیں ہیں جن سے ہماری زندگی خوشگوار ہو اور ہم اخلاق کی فضا میں زندگی بسر کر کے ایک دوسرے کے لئے باعث رحمت ہو جائیں۔ اگلے زمانہ کے مسلمانوں میں تقلید رسول صلی اللہ علیہ وسلم اور اتباع سُنت سے ایک اخلاقی ذوق اور ملکہ پیدا ہو جاتا تھا اور وہ ہر چیز کے متعلق خود ہی اندازہ کر لیا کرتے تھے کہ رسول اللہ صلی اللہ علیہ وسلم کا رویہ اس چیز کے متعلق کیا

ہوگا۔قرآن وحدیث کے غوامض بتانا بھی ضروری ہے لیکن عوام کے دماغ ابھی ان مطالب عالیہ کے متحمل نہیں۔انہیں فی الحال اخلاق نبوی صلی اللہ علیہ وسلم کی تعلیم دینی چاہیے''۔

اُسوہ حسنہ سے ہمیں یہ درس ملتا ہے کہ ہم اپنی زندگی میں وہی اخلاق واطوار اپنائیں جو ہادی برحق کے تھے۔دوسروں کے بارے میں انتقامی جذبات نہ رکھنا، دوسروں کو معاف کرنا،سچائی،ایفائے عہد، صلہ رحمی، انسانیت سے محبت ، حلم، نرمی اور اچھے اخلاق کی جوتعلیم ہمارے پیارے نبی رحمت صلی اللہ علیہ وسلم نے دی ہے اُسے اپنائیں اور دنیا کو بھی اس کی روشنی سے منور کردیں بقول حکیم الامت

قوت عشق سے ہر پست کو بالا کر دے   دہر میں اسم محمد صلی اللہ علیہ وسلم سے اُجالا کر دے

عارف کسانہ باشعور ادیب اور صحافی ہے۔ وہ صاحب مطالعہ ہیں ملکی اور عالمی سیاست کا مکمل ادراک رکھتے ہیں۔ ان کے کالم میری تمام باتوں کی تصدیق کرتے ہیں۔ افکار تازہ کے چیدہ چیدہ کالموں کا مطالعہ کرنے کے بعد آپ اگر عارف کسانہ سے متعارف ہوتے ہیں وہ ایک منجھا ہوا صحافی اور ادیب دکھائی دیتا ہے۔ طویل عرصہ سے وہ مغرب میں مقیم ہیں لیکن ان کا اپنی زمین اور لوگوں سے مضبوط رابطہ ہے۔ وہ پاکستانی سیاست پر گہری نظر رکھتے ہیں اور دیار مغرب کے باسیوں کا مکمل شعور بھی۔ خصوصا مقامی پاکستانیوں کو نائن الیون کے بعد جو چیلنج درپیش ہیں ان پر کسانہ کی گہری نظر ہے۔

افکار تازہ کا مطالعہ قارئین پر کئی بند دروازے کھولتا ہے۔ میں نے عارف کسانہ کی تحریروں میں وہ درد محسوس کیا ہے جس سے ہر باشعور پاکستانی گذر رہا ہے۔ ان کا کڑوا سچ مجھے میٹھا محسوس ہوا کیونکہ میں بھی اسی راستے کا مسافر ہوں جس پر عارف کسانہ چلتا چلا جا رہا ہے۔

طارق اسمعیل ساگر

(ادیب، صحافی، ڈرامہ نگار، ناول نگار، کالم نویس)

مجھے ہر وہ تحریر اچھی لگتی ہے جس سے مجھے پاکستان اور اسلام سے محبت کی خوشبو آئے یہی وجہ ہے کہ مجھے عارف محمود کسانہ کی تحریریں پسند ہیں۔ مجھے امید ہے کہ قارئین بھی اُن کے کالموں اور مضامین کو پسند کریں گے۔

اللہ کرے زورِ قلم اور بھی زیادہ۔

ڈاکٹر صفدر محمود

سابق وفاقی سیکریٹری

مورخ، مصنف، محقق اور کالم نگار روزنامہ جنگ

ادارہ نکس کی مطبوعات

مصنف	نام کتاب	نمبر شمار
مقبول حسین	ریت کے گھروندے (افسانے)	1
اشتیاق حسین	آس کی بستی (آپ بیتی)	2
مقبول بٹ شہید	سرینگر جیل سے فرار کی کہانی	3
عبدالخالق انصاری ایڈووکیٹ	التائبون (جلد سوئم)	4
جسٹس عبدالمجید ملک	مسئلہ کشمیر، قانونی و آئینی حیثیت	5
چوہدری محمد صادق	یادوں کی سوغات (سوانح)	6
جہانگیر احمد	سچی سحر کی تلاش (کہانی)	7
بشیر چغتائی	رستہ بہت کٹھن ہے (شاعری)	8
ڈاکٹر زاہدہ قاسم	پھر فصلِ بہاراں آئے گی (شاعری)	9
ڈاکٹر شبیر چوہدری	گلگت بلتستان اور کشمیر	10
پروفیسر ایم۔اے۔خان	کشمیر تاریخ کے آئینے میں	11
چوہدری علی شان	نقشِ علی شان (سوانح)	12
لہراسب ہنجرا	منگلا قلعہ کی تاریخ	13
لہراسب ہنجرا	حضرت پیرے شاہ غازی قلندر (سوانح)	14
ڈاکٹر شبیر چوہدری	کشمیر اور قبائلی حملہ	15
ڈاکٹر جویریہ شجاع	کلیسا میں اذان	16
خواجہ محمد لطیف	مٹیال سے سے انگلستان تک	17
غلام مرتضیٰ نقشبندی	ہنسنا منع ہے	18
امان اللہ خان	Idealogy of an Independent Kashmir	19
ڈاکٹر شبیر چوہدری	The bitter facts about Kashmir dispute	20
ڈاکٹر شبیر چوہدری	Kashmir and the Partition of India	21
قمر زمان ، نعیم افتخار	Galliformes of AJK	22
پروفیسر ڈاکٹر محمد عارف خان	Kashmir-Emerging Concept of Sovereign State	23
پروفیسر ڈاکٹر محمد عارف خان	سیرت محمد مصطفیٰ ﷺ	24

پروفیسر ڈاکٹر محمد عارف خان	علومُ القرآن-مطالعہ قرآن کا ضابطہ	25
کرشنا مہتا	ایک ماں کی سچی کہانی	26
عارف شاہد	داغ داغ اُجالا	27
محمد الدین فوق	تاریخ اقوامِ پونچھ (جلد دوم)	28
نقی اشرف	حرفِ ضمیر	29
شمس رحمان	مقبول بٹ، حیات و جد جہد	30
شمس رحمان	Azad Kashmir&British Kashmiries	31
مقبول الرحمن قاسمی	تصویرِ حیات	32
خالد نظامی	دھوپ چھاؤں	33
راجہ قدرت اللہ	میری زندگی کا سفر	34
پروفیسر نذیرا نجم	قرضِ سخن	35
ڈاکٹر محمد صغیر خان	دھند میں لپٹا سفر	36
نیاز کشمیری	کشمیر اپنا دیس اپنی جنت	37
مولوی خلیل الرحمن	خلاصۃ التجوید	38
طارق نظامی	سرد ہوا اور جلتے پھول	39
عابد علی خاکسار	ذوقِ عروج	40
احمد وقار	کہکشاں (وادیٔ نیلم کے شعراء کا کلام)	41
پروفیسر نذیر نازش	Kashmir A Divided State	42
جسٹس محمد اکرم خان	جو ہم گزار چکے	43
پروفیسر عبدالرزاق چودھری	ہندوکش کی وادیوں میں	44
عبدالخالق انصاری	متاعِ فکر	45
عبدالخالق انصاری	متاعِ غرور	46
بیرسٹر قربان علی	سیاسی اور سائنسی فکر	47
سید غلام احمد آزاد ہمدانی	محاذِ کشمیر ہماری ناکامی کیوں؟	49
عامرہ نور	بارہ مولہ ماضی اور حال کے تناظر میں	50
عبدالحکیم کشمیری	تنازعِ کشمیر، حقیقت کے آئینے میں	51
نسیم اقبال خان	کرچیاں	52

#	عنوان	مصنف
53	سردار شمس خان ملد یال شہید	محمد صدیق خان چغتائی
54	متاعِ حسن	سید شہباز گردیزی
55	اپنا دیس اپنی یادیں	ثریا کے ایچ خورشید
56	مسئلہ جموں کشمیر	پروفیسر ڈاکٹر محمد عارف خان
57	اجلی مٹی	سید شہباز گردیزی
58	نعت کا سفر	پروفیسر شفیق راجہ
59	تھکیال راجپوت تاریخ کے آئینے میں	نذیر احمد عسکری
60	کشمیر سلاطین کے عہد میں	پروفیسر محب الحسن
61	تاریخِ ادبِ اردو	پروفیسر نور الحسن نقوی
62	Kashmiris Fight for freedom(vol1,2)	جسٹس یوسف صراف
63	Kashmir an Issue of Nation not dispute of land	ڈاکٹر شبیر چوہدری
64	ادراکِ حقیقت	محمد لطیف بھٹی
65	شعورِ حقیقت	محمد لطیف بھٹی
66	یادوں کی مہک (ماجد جاوید یادیں باتیں)	غزالہ ناہید
67	مری تکمیل تم سے ہے (شاعری)	فوزیہ صادق چندا
68	My struggle for Independent Kashmir	ڈاکٹر شبیر چوہدری
69	اپنا دیس اپنی یادیں	ثریا خورشید
70	میں کون ہوں (عدالتی بیان)	مقبول بٹ
71	آتش چنار	جی ایم لون
72	فرض نماز کے بعد مسنون اذکار	محمود الحسن انصاری
73	افکارِ تازہ	عارف محمود کسانہ
74	درِ زنداں	امجد شریف
75	S.C.R Digest	محمد فاضل ہاشمی